GESCHICHTE SCHLESIENS

BAND 2

GESCHICHTE SCHLESIENS

Herausgegeben von der Historischen Kommission für Schlesien

Band 1
Von der Urzeit bis zum Jahre 1526

Band 2
Die Habsburgerzeit 1526—1740

Band 3
Die preußische Zeit 1740—1945

J.G. BLÄSCHKE-VERLAG DARMSTADT

GESCHICHTE SCHLESIENS

Band 2

Die Habsburgerzeit 1526—1740

Im Auftrage der Historischen Kommission für
Schlesien unter Mitarbeit von Hermann Aubin (†),
Fritz Feldmann, Dagobert Frey (†), Hans Heckel (†),
Hans M. Meyer und Ludwig Petry

herausgegeben
von

Ludwig Petry und J. Joachim Menzel

J.G. BLÄSCHKE-VERLAG DARMSTADT

1. Auflage
© 1973 by J.G. Bläschke Verlag, Darmstadt
Reinzeichnung der Karten Heinz Hinkel Marburg/Lahn
Gesamtherstellung Anton Hain, Meisenheim/Glan
Printed in Germany
ISBN—3—87561—175—6

VORWORT

Am 30. Mai 1938 wurde im Arbeitsraum der Historischen Kommission für Schlesien im zweiten Stock des Breslauer Seminargebäudes in der Schuhbrücke 49 in einer schlichten Feierstunde der fertiggestellte erste Band der "Geschichte Schlesiens" den damaligen Mitarbeitern und Beratern überreicht. Noch im selben Jahre hat er eine zweite und im Jahre 1961 — unter Neufassung des vorgeschichtlichen Beitrags durch Otto Kleemann — eine dritte Auflage erlebt. Der zweite Band des Werkes sollte nach dem 1934 aufgestellten Plan die Zeit von 1526 bis 1933 umfassen und von einem dritten gefolgt werden, für den das Register und der kritische Apparat vorgesehen waren. Das Register für den ersten Band, erstellt von Max-Josef Midunsky, lag im Manuskript bereits vor; die Manuskripte des zweiten Bandes wurden noch vor Kriegsausbruch 1939 zum Druck gegeben; sie sind aber über das Stadium von Korrekturfahnen nicht hinausgelangt, vielmehr durch amtliche Papierbeschlagnahme zum Schreibtischdasein verurteilt worden; auch von diesen — in der jüngsten polnischen Forschung vereinzelt zitierten — Fahnen konnte nach dem Zusammenbruch von 1945 nur ein Teil von Autorenhand wieder der Historischen Kommission zur Verfügung gestellt werden. Völlig verloren gingen mit Kriegsende auch die von Herbert Schlenger in Verbindung mit den Autoren entworfenen Karten, die ebenfalls schon fast bis zum Ausdruck gelangt waren.

Nach der Wiederaufnahme ihrer Arbeit im Jahre 1951 war die Historische Kommission für Schlesien sowohl um eine Neuauflage des viel gefragten ersten Bandes bemüht, die der Brentano-Verlag in Stuttgart unter mancherlei Schwierigkeiten 1961 verwirklichte, wie um die Fortführung des gesamten Werkes im Rahmen der nunmehrigen personellen und sachlichen Möglichkeiten. In mehrfachen Anläufen versuchten Hermann Aubin, Herbert Schlenger und Ludwig Petry als beauftragte Herausgeber die noch lebenden früheren Autoren zur Überprüfung und Ergänzung ihrer Manuskripte zu ermuntern, bzw. für unbetreute Abschnitte neue Mitarbeiter zu gewinnen. Verhältnismäßig leicht gelang die erste Aufgabe: Für die politische Geschichte der Habsburgerzeit war dem Bearbeiter Ludwig Petry für sein Manuskript noch in Breslau der Rat der beiden Kirchenhistoriker Hans Leube († 1947) und Franz Xaver Seppelt († 1956) zugute gekommen und wurde nun der Gedankenaustausch vor allem mit Ernst Birke und Gotthard Münch von Nutzen. Für Literatur und Geistesleben der entsprechenden Epoche war das noch ungleich erstellte Manuskript von Hans Heckel († 1936) schon vor 1938 in die Betreuung von Hans M. Meyer übergegangen. Der Musikgeschichte, im ersten Bande von Arnold Schmitz dargestellt und für den zweiten ebenfalls durch wertvolle Anregungen von seiner Seite bereichert, hatte sich schon seit 1939 sein Schüler Fritz Feldmann mit Nachdruck angenommen. Auch die Lösung der zweiten Aufgabe — Gewinnung neuer Mitarbeiter für die vor allem durch den Tod von Friedrich Andreae (1939) und Kurt Groba (1943) verwaisten Bereiche des 18. und 19. Jahrhunderts — ließ sich zunächst günstig an. Die Schaffung einer halben Assistentenstelle durch den Marburger Johann Gottfried Herder-Forschungsrat im Jahre 1962, besetzt mit Dr. Helmut Neubach bis zu seinem Eintritt in den Schuldienst im Oktober 1968, sowie drei Arbeitstagungen in Goslar (1962), Mainz (1963) und Dortmund (1964) dienten vorrangig dem Bemühen, die Bände II und III der alten Planung dem Abschluß näher zu bringen; zustatten kam der Kommission dabei auch die Erfahrung ihres Mitgliedes Ernst Birke, dem die Abfassung der schlesischen Abschnitte im "Territorien-Ploetz" (I, 1964; II, 1971) sowie die Durchführung der Würzburger Nachwuchstagungen des Kulturwerks Schlesien (seit 1959) anvertraut waren.

Der Widerruf schon gegebener Zusagen durch anderweitig ausgelastete Mitarbeiter in drei Fällen, das Ausscheiden von Dr. Neubach aus der Assistentenstelle, deren Wiederbesetzung nicht gelang, sowie der Tod von Herbert Schlenger und Hermann Aubin im Winter 1968/69 führten zu einer Reduzierung des Programms, wie sie bereits in einer Marburger Besprechung mit dem Nachfolger des Brentano-Verlags, Herrn Josef G. Bläschke (Darmstadt) im Frühjahr 1968 ins Auge gefaßt worden war: Beschränkung des Bandes II im Blick auf die gesicherten Manuskripte auf die Habsburgerzeit (1526-1740), jedoch unter Beigabe des kritischen Apparates und eines Registers zunächst für diesen Zeitabschnitt. Von den einstigen Autoren konnten Fritz Feldmann, Hans M. Meyer und Ludwig Petry nochmals Hand an ihr erhaltenes Manuskript legen und Einzelfußnoten erstellen; für die — auch von Ursula Lewald (Bonn) und Marie Scholz-Babisch (Bonn) beratend durchgesehene — Druckfahne aus dem Nachlaß von Hermann Aubin besorgte Ludwig Petry die abschließende Prüfung sowie die Abfassung einer Übersicht über die — zum Teil von Aubin selbst noch geleistete, bzw. weithin von ihm angeregte — deutsche Forschung zur schlesischen Wirtschaftsgeschichte zwischen 1526 und 1740 in dem Vierteljahrhundert seit Kriegsende; der gleichen Aufgabe für die hinterlassene Druckfahne von Dagobert Frey unterzogen sich bereitwillig hinsichtlich der jüngsten deutschen Forschung Günther Grundmann (Hamburg) und Dieter Großmann (Marburg). So konnte unter Heranführung an den Forschungsstand etwa der Jahreswende 1971/72 ein Haupttext und ein kritisch-bibliographischer Anhang geboten werden, welche das unter den gegebenen Umständen mögliche Maß an Geschlossenheit erreicht haben dürften, jedenfalls die Grundlage für eine Weiterbeschäftigung mit dem Gesamtkomplex wie mit Einzelfragen bieten.

Die Reinzeichnung der zum Teil älteren Kartenentwürfe, bzw. einzelner Neuvorschläge übernahm Kart. Ing. Heinz Hinkel im Marburger Johann Gottfried Herder-Institut, die ebenfalls zum Teil auf frühere Planungen zurückgehende Bildausstattung erfolgte in enger Zusammenarbeit mit Dr. Dieter Großmann und in bereitwilliger Beratung durch Prof. Dr. Grundmann. Mühe und Last aller Arbeitsgänge trug in zunehmendem Maße seit der abschließenden Zurichtung der Texte von 1970 an der nach Herbert Schlengers Tod zum Geschäftsführer der Historischen Kommission gewählte jetzige Mainzer Prof. Dr. J. Joachim Menzel, ein gebürtiger Schlesier, der bei dem Leiter des Schlesischen Urkundenbuches Prof. Dr. Heinrich Appelt (Graz-Wien) promoviert und in Mainz bei Ludwig Petry sich habilitiert hat — jedesmal mit einem Thema aus der schlesischen Geschichte.

Einschneidender Änderungen an der Erstfassung der fünf Beiträge aus den Jahren 1938-42 bedurfte es nicht. Die drei noch lebenden

Autoren haben ihre Texte nochmals vor Druckbeginn und während der Korrekturgänge in mehrfachem Gedankenaustausch untereinander im erforderlichen Maße abgestimmt. Die Schreibweise der Personen- und geographischen Namen wurde zuletzt noch einmal bei der Erstellung des Registers, welches Sach- und Namenweiser in einem ist, auf Einheitlichkeit überprüft; Verweisstichworte in Einzelfällen sollen zur Vermeidung von Mißverständnissen dienen. Bei Auftreten mehrerer Formen für einen Ortsnamen ist das Prinzip der Doppelnennung, bzw. der Verweisung im Register befolgt. Für die heutigen polnischen Entsprechungen ist das von der Bundesanstalt für Landeskunde herausgegebene "Amtliche Gemeinde- und Ortsnamenverzeichnis der Deutschen Ostgebiete unter fremder Verwaltung" (Remagen 1955) heranzuziehen. Die in Klammern stehenden mehrfachen Rückverweise auf Band I beziehen sich auf die Seitenzählung von dessen dritter Auflage aus dem Jahre 1961.

Aus der vorstehenden Entstehungsgeschichte unseres Bandes mag schon deutlich geworden sein, daß die Historische Kommission für Schlesien für die Verwirklichung ihres Vorhabens mannigfachen Dank abzustatten hat. Voll dankbarer Bewegung gedenken wir der inzwischen uns entrissenen Herausgeber und Mitarbeiter Hermann Aubin, Dagobert Frey, Hans Heckel und Herbert Schlenger, deren Konzeptionen der jetzige Text ebensowenig wie die Karten- und Bildfolge verleugnen können und wollen. Der Johann Gottfried Herder-Forschungsrat in Marburg hat mit über zehnjährigen regelmäßigen Sachbeihilfen zur Bestreitung der Kosten für Reisen, Korrespondenzen und Literaturversendung beigetragen, sowie 1972 ein Hermann Aubin-Stipendium für eine Hilfskraft auf mehrere Monate bewilligt. Das Johann Gottfried Herder-Institut in Marburg hat mit seiner einmaligen Bibliothek wie mit seinem Mitarbeiterstab ein hohes Verdienst an dem Zustandekommen des Bandes; unter den Marburger Fachkennern sind die Herren Dr. Dieter Großmann, Kart. Ing. Heinz Hinkel und Dr. Hugo Weczerka mit besonderer Anerkennung hervorzuheben. Die Bibliotheksdirektoren Dr. Heinrich Jilek und Dr. Herbert Rister haben uns ihren bibliographischen Rat bereitwillig gewährt. Herr Dr. Helmut Neubach hat als Kommissionsassistent mit Hilfen verschiedenster Art unsere Vorarbeiten gefördert und sich dann aus dem Schuldienst heraus die

Zeit für mehrere Korrekturgänge genommen. An den Korrekturen hat ferner Herr Dr. Karl Scheerer mitgewirkt, dem auch die kritische Sichtung einschlägigen Schrifttums für den Nachspann zum Beitrag Aubin zu danken ist. Bibliographische Hilfe in Mainz haben außerdem als Mitarbeiter des Instituts für geschichtliche Landeskunde und der gleichnamigen Seminarabteilung Frl. Dr. Christel Krämer sowie die Herren Michael Kläger, Volker Schmelzeisen und Karl Heinz Spieß geleistet — dieser Letztgenannte hat außerdem in der Datenergänzung zum Namenregister außergewöhnlichen Eifer erfolgreich bewiesen. Aus Würzburg war als Berater für literaturgeschichtliche Einzelfragen Herr Oberstudienrat Dr. Franz Heiduk ein verläßlicher Helfer. Beim Register standen für die Verzettelung der Einzelstichworte und deren Ordnung, bzw. Umsetzung in eine Manuskriptreinschrift Herr Oberstudienrat Waldemar Zylla (Schlüchtern) und Frau Eva-Maria Engelhaupt (Mainz) den Herausgebern zur Seite. Auch in diesem Zusammenhang darf eine Sachbeihilfe des Johann Gottfried Herder-Forschungsrates mit Dank verzeichnet werden. Nicht zuletzt aber ist dem Verleger, Herrn Josef Gotthard Bläschke aufrichtig zu danken: er hat aus dem übernommenen Programm des Brentano-Verlages gerade die "Geschichte Schlesiens", bestärkt durch den verstorbenen Landsmann Prof. Dr. Will Erich Peuckert, als eine vorrangige Aufgabe empfunden und für das Wagnis des Druckes an die Historische Kommission keine finanziellen Forderungen gestellt, sich vielmehr in zahlreichen Gesprächen allen Anliegen, Sorgen und Wünschen der Herausgeber wie der Autoren denkbar aufgeschlossen gezeigt.

Wohl niemand ist sich so stark wie gerade die Herausgeber und Mitarbeiter dieses Bandes dessen bewußt, was auf dem Arbeitsfeld der schlesischen Geschichte in der Habsburgerzeit an Forschung und Klärung noch zu leisten ist — dennoch erfüllt es den Vorstand der Historischen Kommission mit einer berechtigten Genugtuung, nach so mannigfachen Stockungen und Widrigkeiten nunmehr den eben in den letzten Jahren mit einem so positiven Widerhall vorgelegten "Landesgeschichten" — seien es nun Gemeinschaftswerke wie im Falle von Bayern, Böhmen und Thüringen oder Monographien wie im Falle von Brandenburg und Hessen — einen entsprechenden Band mit wissenschaftlichem Apparat für eine bedeutsame Periode schlesischer Geschichte zur Seite stellen zu können. Wieweit der mit manchen Erschwernissen belastete Versuch gelungen ist, wird das Echo aus dem Leserkreis zu zeigen haben. Eben dieses Echo wird bei einem positiven Grundton die stärkste Triebkraft sein, die wiederum von anderen, kaum geringeren Schwierigkeiten überschatteten Vorarbeiten für einen dritten, der preußischen Ära von 1740 an gewidmeten Band der "Geschichte Schlesiens" ohne Illusionen, doch mit Entschiedenheit in Angriff zu nehmen.

Mainz, den 30. Mai 1973

Der Vorstand der Historischen Kommission für Schlesien

Ludwig Petry   Heinrich Appelt   Josef Joachim Menzel

INHALT

Vorwort V
Inhalt XI
Übersicht der Bildtafeln XIII
Übersicht der Karten XIV
Abkürzungen und Siglen XV

Ludwig Petry
Politische Geschichte unter den Habsburgern 1

Hermann Aubin (†)
Die Wirtschaft 136

Hans Heckel (†) *und Hans M. Meyer*
Literatur und Geistesleben 181

Dagobert Frey
Die Kunst 230

Fritz Feldmann
Die Musik 261

Anmerkungen und Literaturhinweise 284
Sach- und Namenweiser 329

NACHWEIS DER ABBILDUNGEN

Bayerische Staatsbibliothek, München: Taf. 21

J.G. Herder-Institut, Marburg: Taf. 1, 2, 3, 4, 5, 6, 7, 8, 9, 10, 12, 16, 17, 18, 19, 20, 22

Herzog August-Bibliothek, Wolfenbüttel: Taf. 13, 14, 15

Lichtbild-Archiv Löhrich, Gröbenzell: Taf. 11

Kulturwerk Schlesien, Würzburg: Einbanddeckelinnenseite vorn (Ortelius 1595), Einbanddeckelinnenseite hinten (Merian 1650)

BILDTAFELN   Seite

1   a) Brieg, Portalbau des Schlosses (1551-53), Ausschnitt   1
    b) Haynau, Portal des Schlosses (1546-47)
2   Daniel Caspar Schwenckfeld (1489-1561).   16
3   Oberglogau, Schloßportal (1671-72)   32
4   Freiherr Hans Ulrich von Schaffgotsch (1595-1635)   50
5   Schweidnitz, Ev. Friedenskirche (1657-58), Altar und Kanzel (1777-84)   66
6   Rosenberg OS, Schrotholzkirche St. Anna (1668-70)   82
7   Franz Ludwig von Pfalz-Neuburg, Kurfürst von Trier und Mainz,
    Bischof von Breslau (1683-1732). 100
8   Hirschberg, Ev. Gnadenkirche (1709-18), Altar und Orgel (1729) 116
9   Breslau, Ehem. Jesuitenkolleg (Universität), Oderseite (1728-40) 134
10 Christian Menzel (1667-1748), Hirschberger Kaufmann. 150
11 Neisse, Schöner Brunnen (1686). 166
12 Wohlau, Marktplatz mit Rathaus und Mariensäule (1731). 174
13 Eigenhändiger Sendbrief Jakob Böhmes (1575-1624) von 1619. 184
14 Titelblatt des 'Buches von der Deutschen Poeterey' von Martin Opitz
    (1597-1639) 200
15 Titelblatt des 'Cherubinischen Wandersmann' von Angelus Silesius
    (1624-77). 218
16 Daniel Casper von Lohenstein (1635-1683). 226
17 Breslau, Rybisch-Epitaph in St. Elisabeth (um 1550) 234
18 Leubus, Gemälde von Michael Willmann (1630-1706): Maria erscheint
    dem hl. Bernhard. 242
19 Liegnitz, Piastengruft an der Johanneskirche (1677) 250
20 Himmelwitz, St. Andreas von J.G. Lehnert in der Klosterkirche (1762) . 258
21 Titelseite des Lehrbuchs 'Musices Poeticae' von Johannes Nucius
    (1556-1620) 266
22 Breslau, Maria-Magdalenenkirche, Orgel von J.M. Röder (1721-25) . . . 282

ÜBERSICHT UND NACHWEIS DER KARTEN IM TEXT

Seite

1. Besitz und Anwartschaften der Hohenzollern vom Ende des 15. Jhs. bis gegen Mitte des 16. Jhs. 8
   (Aus: Schlesische Blätter Jg. 1939, Heft 3, S. 48)
2. Schlesien 1571 35
   (Aus: Atlas Östliches Mitteleuropa, hrsg. von Th. Kraus u.a., Bielefeld 1959, Blatt 15)
3. Die habsburgische Machtstellung in Ostdeutschland um 1630 81
   (Aus: Schlesischer Erzieher Nr. 50, Breslau 1937, S. 3)
4. Oberschlesien 1648 91
   (Aus: Der Oberschlesier Jg. 19, 1937, S. 509)
5. Schlesien nach 1648 97
   (Aus: Atlas Östliches Mitteleuropa, hrsg. von Th. Kraus u.a., Bielefeld 1959, Blatt 16)
6. Stützpunkte der Gegenreformation in der 2. Hälfte des 17. Jhs. 103
   (Entwurf: J.Joachim Menzel)
7. Festungen und befestigte Orte in der 2. Hälfte des 17. Jhs. 107
   (Entwurf: J.Joachim Menzel, nach W. Klawitter, Geschichte der schlesischen Festungen in vorpreußischer Zeit, Breslau 1941)
8. Die evangelischen Kirchen in Schlesien 1740 119
   (Aus: G. Grundmann, Der evangelische Kirchenbau in Schlesien, Frankfurt 1970, Karte 1)
9. Postverbindungen in Schlesien um 1740 177
   (Aus: Archiv für deutsche Postgeschichte 1959, Heft 2, S. 31, mit Ergänzungen nach E. Kutsche, Postgeschichte von Schlesien bis zum Jahre 1766, Breslau 1936)
10. Lebensstationen des Martin Opitz 201
    (Entwurf: J.Joachim Menzel, nach M. Opitz, Weltliche Poemata, hrsg. von E. Trunz, Tübingen 1967, Anhang S. 11-21)

ABKÜRZUNGEN UND SIGLEN

B	Bartsch: Peintre-graveurs 1803 — 1821
ASKG	Archiv für schlesische Kirchengeschichte
BHS	Biuletyn Historii Sztuki
Bll	Blätter
BLVS	Blätter des Literarischen Vereins Stuttgart
CDS	Codex Diplomaticus Silesiae
CVGKS	Corresp.-blatt des Vereins für Geschichte der evangelischen Kirche Schlesiens
DgD	Die großen Deutschen
d. i.	das ist
Diss.	Dissertation
DN	Deutsche Neudrucke
DLE	Deutsche Literatur in Entwicklungsreihen
DQ	Darstellungen und Quellen zur schlesischen Geschichte
DV	Deutsche Vierteljahrsschrift für Literaturwissenschaft und Geistesgeschichte
ebd	ebenda
fl.	Floren, Gulden
FU	Freie Universität
GDS	Große Deutsche aus Schlesien
Habil. Schr.	Habilitationsschrift
HKSchl	Historische Kommission für Schlesien
Jb	Jahrbuch
JSFWUB	Jahrbuch der Schlesischen Friedrich-Wilhelms-Universität Breslau
JSKG	Jahrbuch für schlesische Kirchengeschichte
LThK	Lexikon für Theologie und Kirche
MGG	Die Musik in Geschichte und Gegenwart
Ms.	Manuskript
MSGV	Mitteilungen der Schlesischen Gesellschaft für Volkskunde
NDB	Neue Deutsche Biographie
NdL	Neudrucke deutscher Literaturwerke
NF	Neue Folge
OT	Ordo (-inis) Teutonicus (-i)
PMLA	Publications of the Modern Language Association of America
QD	Quellen und Darstellungen zur schlesischen Geschichte
RGG	Die Religion in Geschichte und Gegenwart
RSS	Roczniki Śląskiej Sztuki
SL	Schlesische Lebensbilder

Slg, Slgn	Sammlung, Sammlungen
s. Zt.	seiner Zeit
Tlr	Taler
u. d. T.	unter dem Titel
Verf.	Verfasser
VSWG	Vierteljahrsschrift für Sozial- und Wirtschaftsgeschichte
WD	Wissenschaftlicher Dienst für Ostmitteleuropa
WrTN	Wrocławskie Towarzystwo Naukowe
Z	Zeitschrift
ZfD	Zeitschrift für Deutschkunde
ZfO	Zeitschrift für Ostforschung
ZGORh	Zeitschrift für Geschichte des Oberrheins
Zss	Zeitschriften
ZVGS	Zeitschrift des Vereins für Geschichte Schlesiens

1. a) Brieg, Portalbau des Schlosses (1551-1553), Ausschnitt
   b) Haynau, Portal des Schlosses (1546-1547)

Ludwig Petrÿ

POLITISCHE GESCHICHTE UNTER DEN HABSBURGERN

Auf dem Schlachtfeld von Mohács war am 29. Aug. 1526 das ungarische Heer der türkischen Übermacht erlegen, der junge, kinderlose König Ludwig hatte auf der Flucht den Tod gefunden, die Länder der Stephans— und Wenzelskrone waren ohne Oberhaupt und anerkannten Thronfolger. Seit zwei Jahrhunderten in enger politischer Verbindung mit Böhmen, seit einem halben mit Ungarn sah sich auch Schlesien an einem bedeutungsvollen Wendepunkt seiner Geschichte. Würde einer von Ludwigs männlichen Anverwandten Ansprüche auf die Nachfolge erheben und durchsetzen — etwa sein Oheim, der Polenkönig Siegmund, der vor seinem Regierungsantritt einst schon schlesischer Fürst und Oberlandeshauptmann gewesen war (I, S. 294), — und damit die jagellonische Machtstellung zwischen Ostsee und Adria sich noch verstärken? Oder würde der mit dem verstorbenen Herrscher zweifach verschwägerte Erzherzog Ferdinand v. Österreich seine Rechte aus dem Ehevertrag von 1515 (I, S. 297) zur Geltung bringen können und damit ein Reich neu errichten, wie es schon einmal ein Habsburger, Albrecht II., vorübergehend besessen hatte (I, S. 259f.), einen Länderblock also im Mittel— und Südabschnitt der deutschen Ostgrenze, dessen Sicherung das in erbitterte Kämpfe mit Frankreich verstrickte Kaiserhaus vor neue europäische Aufgaben stellen mußte? Oder würden einheimische Kräfte die Oberhand gewinnen, das Schauspiel Podjebrads und Hunjadis sich wiederholen, das locker gefügte, von inneren Spannungen erfüllte Reich Ladislaus' und Ludwigs auseinanderfallen und ein Unruheherd kleinerer Staatswesen entstehen, der zur Abwehr der drohenden Osmanenflut unfähig sein mußte? So lauteten die Schicksalsfragen, in deren Entscheidung auch Schlesiens Zukunft beschlossen lag.

In dem am meisten gefährdeten Ungarn kam es tatsächlich zu einer Doppelwahl: Schon einen Monat, bevor Ferdinand in Preßburg von seinen Anhängern zum König ausgerufen wurde (17. Dez. 1526), hatten die Gegner Habsburgs in Stuhlweißenburg den Grafen Johann Sapolja auf den Thron erhoben und damit eine unheilvolle Spaltung verursacht, die dem Sultan das Schiedsrichteramt in die Hände spielte und binnen kurzem den Hauptteil des Landes für anderthalb Jahrhunderte unter türkische Herrschaft brachte. Günstiger gestaltete sich die Lösung für Böhmen und seine Nebenländer Mähren, Schlesien und Lausitz. Zuerst freilich hatte es den Anschein, als werde eine ganze Reihe von Thronanwärtern auftreten: Neben verschiedenen böhmischen Herren trugen sich zwei schlesische Fürsten, Karl I. v. Münsterberg—Oels und Friedrich II. v. Liegnitz, beide Enkel Georgs v. Podjebrad, Friedrich zudem den Jagellonen nahe verwandt, sowie flüchtig auch König Siegmund v. Polen mit dem Gedanken einer Bewerbung; schon bald zeigte sich aber, daß die Entscheidung nur zwischen zwei Parteien zu fallen hatte, zwischen der habsburgischen und der von Frankreich, dem Papst und Polen unterstützten der Herzöge Wilhelm und Ludwig v. Bayern. Auch sie waren Nachbarn Böhmens wie Ferdinand, hatten im Gegensatz zu ihm jedoch keine Erbansprüche vorzubringen und hofften gerade deshalb die Gunst ihrer stolzen Wähler zu finden. Die Nebenländer Mähren und Schlesien hatten polnische Anträge auf eine Absonderung von Böhmen zurückgewiesen, sie erhofften — schon seit einem Jahrhundert Vertreter des Erbgedankens — den Sieg Ferdinands, der in allen Kronländern durch eigene Gesandtschaften für seine Ansprüche warb, und erwarteten die Ladung zu einem Prager Generallandtag, um dort bei einer Königswahl ihre Stimme für den Habsburger in die Waagschale werfen zu können. Um so größer war daher ihre Enttäuschung, als die böhmischen Herren auf die Nebenländer keine Rücksicht nahmen, sondern unter sich die Wahlhandlung vollzogen, und es konnte nur eine halbe Genugtuung für die Übergangenen sein, daß diese Wahl am 23. Okt. 1526 trotzdem auf Ferdinand fiel. Auf jeden Fall aber hatte damit die im Sudetenraum vor 200 Jahren begründete politische Einheit die neue Bewährungsprobe besser bestanden als das alte Reich der Stephanskrone; denn bei einem Erfolg der bayrischen Partei wären ernste Auseinandersetzungen zwischen Prag und den Ständen der Nebenländer kaum vermeidbar gewesen und das böhmische Staatswesen unter inneren Erschütterungen und äußerem Druck leicht ebenso wie das ungarische zerrissen worden. Diese Gefahr war durch die Erhebung des 23jährigen Erzherzogs glücklich gebannt; Böhmen und Mähren lenkten zurück in eine seit der Hussitenzeit bedrohte Entwicklung: ihre

Geschicke verbanden sich wieder aufs engste mit denen des Deutschen Reiches. Ihr neues Königshaus war das mächtigste Fürstengeschlecht jener Tage, dessen deutscher Zweig bereits — neben alten Besitzkomplexen am Oberrhein — über Tirol, Kärnten, Krain, Steiermark, Ober— und Niederösterreich gebot und trotz aller Beanspruchung auf dem italienischen und französischen Kriegsschauplatz doch zugleich als Herr der östlichen Alpenländer der berufene und fähigste Vorkämpfer gegen die andringenden Türken war. Diesen Übergang an das Haus Habsburg, der die im Siegeszug der Reformation soeben wieder bekundete geistige Verbundenheit mit dem Binnendeutschtum nun von der politischen Seite her ergänzte und sicherte, mußte von allen Gliedern des böhmischen Staatswesens Schlesien am dankbarsten empfinden. Einmütig hat der Leobschützer Fürstentag Anfang Dezember der Wahl Ferdinands zugestimmt; im Januar 1527 ging eine schlesische Gesandtschaft nach Wien, um dem neuen König die besonderen Anliegen des Landes vorzutragen, im Februar folgte die feierliche Krönung in Prag, im April und Mai schloß sich die Huldigungsreise durch Mähren und Schlesien mit einem Fürstentag in Breslau an.

Wenn wir diese entscheidenden Monate zwischen dem Tode König Ludwigs und der Annahme des neuen Oberhauptes durch die schlesischen Stände auf dem Breslauer Ring zum Anlaß genommen haben, uns den großen europäischen Rahmen zu vergegenwärtigen, in welchem damals auch die Würfel über Schlesiens Zukunft fielen, so dürfen wir noch aus einem anderen Grunde bei diesem kurzen Vorspiel der 200jährigen Habsburgerzeit verweilen: Ist es doch nicht nur als Ganzes die Übergangsstufe vom schlesischen Mittelalter zur schlesischen Neuzeit, sondern läßt es auch in mannigfachen Einzelheiten Züge grundsätzlicher Art aufblitzen, die schon der spätmittelalterlichen Entwicklung unseres Landes eigen waren und es noch weit in die Habsburgerzeit hinein begleiten werden. So ist die abwartende Haltung der Schlesier in der Frage der Wahl kennzeichnend für ihre von den Hussitenstürmen bis in die Anfänge des 30jährigen Krieges hinein hervortretende und sich verstärkende Neigung, den Ständen des Kernlandes Böhmen — trotz aller Vorliebe für den Erbrechtsgedanken und wiederholter Zurücksetzung — den Vortritt bei großen Entscheidungen zu überlassen. Die entschlossene Ablehnung der Versuche Sapoljas, Mähren und Schlesien auf seine Seite zu ziehen, zeigen uns, wie bewußt beide Nebenländer, ungeachtet der Bestimmungen des Olmützer Vertrages (I, S. 284) und ihrer seitdem oft umstrittenen staatsrechtlichen Stellung, in Prag, nicht in Ofen die Hauptstadt ihres Staatsverbandes sehen. Ein mißglückter Anbiederungsversuch des Adels von Schweidnitz—Jauer, der mit den böhmischen Herren über eine unmittelbare Teilnahme an der Wahl verhandelt, liegt ganz im Zuge seiner Absonderung, deren ersten Spuren wir schon um 1400, deren letzten wir noch im 17. Jh. begegnen. Neben diesen nach rückwärts und vorwärts zugleich weisenden Zügen stehen weitere, die wie eine sinnbildliche Vorwegnahme kommender Entwicklungen anmuten: Der Vergleich der verfassungsmäßigen und wirtschaftlichen Sonderwünsche, die nacheinander eine böhmische und eine schlesische Gesandtschaft dem neuen Herrscher zwischen Wahl und Krönung vortrugen, mußte Ferdinand die Gegensätze offenbaren, die zwischen den einzelnen Gliedern seines künftigen Reiches bestanden, und ihm die willkommene Aussicht eröffnen, durch geschicktes Eingreifen die königliche Macht zu festigen; dabei war schon jetzt vorauszusehen, daß die Errichtung einer straffen Staatsgewalt über Böhmen schwerer sein werde als über Schlesien. Wenn ferner die Glaubensfrage zum ersten Mal beim Prager Empfang der Breslauer Krönungsgesandtschaft zur Sprache kommt, wenn die schlesische Hauptstadt dabei in Bischof Jakob einen Fürsprecher findet, wenn umgekehrt beim Breslauer Aufenthalt des Königs im Mai als die eifrigsten Wortführer einer entschieden katholischen Politik neben dem Domkapitel eben jene beiden schlesischen Herzöge auftreten, die zugleich Reichsfürsten sind — der Besitzer von Krossen, Kurfürst Joachim I., und der Saganer Gebieter, Herzog Georg v. Sachsen —, wenn zuletzt aber für Ferdinand der Eingang der bewilligten Türkenhilfe wichtiger ist als die Sorge um die unbedingte Befolgung seines scharfen Religionserlasses vom 18. Mai, so finden wir schon bei dieser ersten Begegnung des neuen Oberherrn mit seinen schlesischen Untertanen die gleichen Vorzeichen, unter denen sich der Sieg der Reformation in Schlesien während der nächsten Jahrzehnte vollenden sollte: Für die Schlesier selbst war die Glaubensfrage kein Anlaß zu ernster Entzweiung und innerer Entfremdung; die Auseinandersetzung der beiden Bekenntnisse sollte ihre verhängnisvolle Verschärfung in der

Hauptsache von außen her erfahren, und dem altgläubigen Königshause sollten dabei die Hände noch lange durch seinen Geldbedarf und seine außenpolitischen Verwicklungen gebunden bleiben. Eine führende Rolle aber bei solcher Sicherung der evangelischen Lehre war — wie schon bei ihrer Ausbreitung — neben den Fürsten des Landes seinem städtischen Mittelpunkte Breslau zugewiesen.

I. Der Aufbau der landesherrlichen Gewalt unter Ferdinand I. (1527—64)

Die nahezu vier Jahrzehnte umfassende Regierungszeit Ferdinands I. in Schlesien gliedert sich deutlich in zwei ziemlich gleich lange und klar voneinander geschiedene Abschnitte: Einer Spanne von zwei Jahrzehnten, in denen der neue Oberherr die von schlesischen Gegenspielern drohenden Gefahren eindämmt und seine eigenen Kräfte sammelt, folgt nach dem großen Fürstentag von 1546 ein Zeitraum entschlossener Vorstöße der Krone auf den verschiedenen Gebieten des staatlichen Lebens. Jeder dieser beiden Hauptabschnitte zerfällt wieder in zwei Teile; für den späteren bildet die Errichtung der Kammer i. J. 1558 den Einschnitt, für den früheren der Breslauer Aufenthalt des Königs v. J. 1538. Diese Anlehnung unserer Unterteilung an die drei Herrscherbesuche von 1527, 1538 und 1546 bringt zugleich ein äußerliches, aber sehr wesentliches Kennzeichen der neuen Regierung zum Ausdruck: Ferdinand ist derjenige Habsburger, der am häufigsten nach Schlesien gekommen ist und sich dadurch von seinen Nachfolgern ebenso wie von seinen beiden Vorgängern abhebt. Über Ludwig, der überhaupt nicht, und über dessen Vater Ladislaus hinweg, der erst zwei Jahrzehnte nach seinem Regierungsantritt einmal in das Land gekommen war, knüpft Ferdinand so an jenen Oberherrn an, auf dessen Wegen er auch sonst entschlossen und erfolgreich fortgeschritten ist, an Matthias Korvin[1].

Freilich muß er im Lande selbst mit größeren Widerständen rechnen als jener. Der schlesische Fürstenstand nimmt in seiner Gesamtheit wie in seinen führenden Vertretern dem königlichen Oberherrn gegenüber jetzt eine stärkere Stellung ein und sieht wieder reichere Entwicklungsmöglichkeiten vor sich als in jenen Tagen völliger Zersplitterung und Ohnmacht, wo er befürchten mußte, ohne wirksamen Schutz von Ungarn her zwischen Böhmen und Polen zerrieben zu werden. Ein Blick auf die Gebietsgliederung von 1526 zeigt uns, daß die Aufspaltung des 15. Jhs. einer entgegengesetzten Bewegung Platz gemacht hat.[2] Im Nordwesten sind Krossen und Sagan in den Händen jener beiden Reichsfürstenhäuser, die in der Habsburgerzeit immer wieder zum Wettlauf um die politische und wirtschaftliche Einflußnahme in Schlesien ansetzen werden, der märkischen Hohenzollern und der Wettiner; beide haben nach Preisgabe weitergehender Wünsche zunächst eine Rückzugsstellung bezogen. Krossens Zugehörigkeit zu Schlesien wird bald zu einer bloßen Scheinverbindung verblassen. Unter den übrigen Herzogtümern Niederschlesiens — die Erbfürstentümer kommen in diesem Zusammenhang nicht in Betracht — hat die größte Bedeutung unstreitig das Friedrichs II. v. Liegnitz. Außer den nach dem Tode seines Bruders Georg wieder vereinigten Stammlanden (I, S. 299) gebietet er über Wohlau, Winzig und Herrnstadt; er steht vor der Auslösung der an Oppeln verpfändeten Weichbilder Kreuzburg und Pitschen (1536), wozu er ein Jahr später noch den Pfandbesitz von Trebnitz und Konstadt fügt, und als letztes Ziel seiner Wünsche mag ihm vorgeschwebt haben, mit einem Gebietsstreifen zwischen den Fürstentümern Breslau und Oels — vielleicht unter Einbeziehung des Namslauer Weichbildes — eine Brücke von seinem Liegnitz–Wohlauer zu seinem Brieger Landesteil zu schlagen. Das Selbstgefühl und der Unternehmungsgeist dieses mit namhaften fremden Höfen verkehrenden Fürsten[3] sprechen sich in der Gründung einer Universität in Liegnitz aus (1526), der ersten evangelischen, die Deutschland besessen, die allerdings dann nur drei Jahre ein bescheidenes Dasein gefristet hat. Erschwerend für Friedrichs Stellung gegenüber dem neuen Oberherrn wird freilich der offene Bruch, der sich eben 1526 zwischen seinem geistlichen Berater Kaspar Schwenckfeld und Luther auftut; es kommt zu einem mehrjährigen "Stillstand" der Abendmahlsspendung, und die Liegnitzer Reformation wird in eine Richtung gedrängt, die Ferdinand ganz andere Handhaben zum Eingreifen bietet als etwa das behutsamere Vorgehen des Breslauer Rates. Im Gegensatz zu Liegnitz ist Oels in dem Zustand der Ohnmacht verblieben, in den es die Aufsplitterung der Jahre 1489/93 geworfen hat (I, S. 289 u. 293); die Standesherrschaften Trachenberg, Militsch und Groß Wartenberg haben die errungene Selbständigkeit festigen können und verfügen zusammen mit dem oberschlesischen Pleß über eine besondere Stimme in der ersten Kurie des Fürstentages. Zudem besteht zwischen den Podjebrad in Münsterberg-Oels als Emporkömmlingen und den alteingesessenen Piastenhäusern noch immer ein gewisser Rangunterschied: daran ändert auch wenig, daß Ferdinand gleich 1527 die bisher von Friedrich v. Liegnitz und Kasimir v. Teschen verwaltete Oberhauptmannschaft (I, S. 300) in die Hände Karls I. v. Oels legt; Münsterberg, das Karl noch in Händen hat, wird seinen geldbedürftigen Nachkommen bald genug entgleiten. In Oberschlesien ist das Piastenhaus 1526 noch mit zwei Linien, der Teschener und der Oppelner, vertreten. Beide haben wie Liegnitz die Zersplitterung des 15. Jhs. überwinden können, Johann v. Oppeln hat sogar 1521 das Erbe des letzten Přemysliden in Ratibor angetreten und damit ein Gebiet wieder an die Piasten gebracht, das ihnen schon 1336 verloren gegangen war. Aber der Aufstieg Teschens hat schon in den letzten Jahren Kasimirs (1477—1528) seinen Höhepunkt überschritten, und Johann ist kinderlos. Sein von vielen umworbenes Erbe soll nach den letzten Vereinbarungen von 1522 (I, S. 298) nunmehr der Hohenzoller Georg v. Ansbach antreten, der 1523 mit dem Kauf von Jägerndorf schlesischer Fürst geworden ist und inzwischen den vorläufigen Besitz von Oderberg wie die Anwartschaft auf Beuthen—Tarnowitz erlangt hat[4]. Den fränkischen Hohenzollern eröffnet sich damit die Aussicht auf eine überragende Machtstellung in Oberschlesien — das dritte Teilgebiet in Schlesien, wo ein Reichsfürst Fuß gefaßt hat — (Karte S. 8), und hier kann Ferdinand der Entwicklung weniger ruhig zusehen als bei Sagan und Krossen: Im Gegensatz zu seinem märkischen Vetter und zu dem sächsischen Herzog ist der Ansbacher Markgraf ja im Begriff, seinen schlesischen Herrschaftsbereich in umfassender Weise auszubauen, und tritt zudem als eifriger Anhänger der evangelischen Lehre auf, die an ihm einen tatkräftigen Förderer besitzt. Wenn irgendwo, so war es hier ein dringendes Gebot für den neuen Oberherrn, das bedrohte Gleichgewicht zwischen Krone und fürstli-

chem Untertan wiederherzustellen.

So ist es begreiflich, daß der erste Schritt Ferdinands zur Festigung seiner Regierungsgewalt in Schlesien nach dem Fürstentag von 1527 eine Auseinandersetzung mit dem Markgrafen Georg war. Es ging darum, nach dem Beispiel der Luxemburger den Heimfallsanspruch des obersten Lehnsherrn auf den Besitz seiner Vasallen zur Geltung zu bringen, Oppeln—Ratibor zu einem Erbfürstentum zu machen und so zugleich der Ausbreitung der Hohenzollern wie dem Vordringen des Protestantismus einen wirksamen Riegel vorzuschieben. Zum ersten

Mal machte der König sich den Gegensatz der böhmischen und schlesischen Stände zunutze: er lud den alten Herzog Johann 1528 nach Prag und schüchterte ihn mit dem Hinweis auf böhmische Rechtsansprüche derart ein, daß er auf den Erbvertrag mit Georg verzichtete. Die Einführung der Reformation in Ansbach im gleichen Jahre und Georgs entschiedenes Auftreten für die Sache Luthers auf dem Augsburger Reichstag von 1530 vertieften noch die Kluft zwischen ihm und den Habsburgern. Wollte er den Gedanken an weitere Erwerbungen in Schlesien nicht völlig aufgeben, so mußte er sich um eine Verständigung mit Ferdinand bemühen; der Geldbedarf des Königs begünstigte diesen Versuch und führte zu dem Prager Vertrag vom 17. Juni 1531. Darin wurde Georg gegen eine Zahlung von 183 333 fl. der Pfandbesitz von Oppeln—Ratibor, auf zwei Leibeserben der von Beuthen, auf drei der von Oderberg zugesagt; ferner sollte ihm von neu eröffneten Bergwerken ein Viertel der Nutzung zustehen. Ein Jahr später erneuerte ihm Ferdinand auch die von Ludwig 1523 gewährte Belehnung mit Jägerndorf. So konnte Georg, als Johann 1532 starb, als Pfandherr die Nachfolge antreten, in der Hauptstadt Oppeln selbst freilich gemäß einer Sonderbestimmung des Vertrages von 1531 erst nach Jahresfrist, in der sich Ferdinand den reichen persönlichen Nachlaß des verstorbenen Herzogs zu sichern wußte, vor allem den Silberschatz Johanns, den er in Übertretung seines eigenen eben ergangenen Silberausfuhrverbotes in die Linzer Münze überführte. Mochte auch der Erfolg dieser ersten Auseinandersetzung zwischen dem Oberherrn und einem schlesischen Fürsten nicht vollständig auf seiten der Krone liegen — es war unverkennbar, daß die bisher am Boden schleifenden Zügel der Regierung von einer kräftigen und geschickten Hand aufgenommen worden waren.

Aber nicht allein infolge der besprochenen Gebietsentwicklung hatte das schlesische Fürstentum seit den Tagen Matthias Korvins an Bedeutung wieder gewonnen, auch der von Matthias geförderte Zusammenschluß der Fürsten zu einer ständischen Körperschaft war inzwischen weitergegangen und hatte in dem großen Privileg von 1498 (I, S. 367) eine feste und breite Rechtsgrundlage gefunden. Mit der Einrichtung regelmäßiger Fürstentage und eines obersten Gerichtes, des für

Streitigkeiten der Fürsten und Stände sowie bei Rechtsverweigerung örtlicher Gerichte zuständigen "Ober— und Fürstenrechtes", in Verbindung mit dem Ausbau der obersten Landeshauptmannschaft war der Weg zur Begründung einer ständischen Zentralgewalt beschritten; dadurch mußte das Königtum in Schlesien in eine ähnliche Lage geraten, wie sie in Böhmen mit seiner einflußreichen Landesvertretung schon lange bestand. Dieser Entwicklung hatte Ferdinand bei den Anforderungen der Türkenabwehr, dem Fehlen ausreichender Kroneinkünfte und eines zuverlässigen Beamtenstabes und bei der aus alledem sich ergebenden Abhängigkeit von den Steuerbewilligungen der Stände zunächst weitgehend Rechnung zu tragen. Da den Versuchen, aus Vertretern aller Erbländer einen Generallandtag zu bilden und hier die benötigte Türkenhilfe durchzusetzen, kein bleibender Erfolg beschieden war, sah sich der König immer wieder auf Einzelverhandlungen verwiesen. In Schlesien ließ es das Bewußtsein der gemeinsamen Gefahr vorerst zu keiner ernsten Entzweiung zwischen Krone und Fürstentag in Verfassungsfragen kommen, ein wechselseitiges Nachgeben kennzeichnet das Verhältnis beider in der ersten Zeit.

Schon auf der Huldigungsfahrt 1527 erreichte Ferdinand die Bewilligung einer Türkenhilfe von 100 000 fl. für drei Jahre. Es war die erste allgemeine Landessteuer, die in Schlesien erhoben wurde; ihre Aufbringung erfolgte auf Grund eines Katasters, der schon 1479 beschlossen war und jetzt nach den eigenen Angaben der Steuerpflichtigen — daher der Name Indiktion — aufgestellt wurde. Der Fürstentag gewährte die Summe um so bereitwilliger, als der König ihm die Eintreibung gänzlich überließ und man allgemein der Ansicht war, diese damals etwa 1 v.H. betragende Vermögenssteuer sei eine einmalige Beihilfe. Hätte man freilich geahnt, daß der Anschlag von 1527 zwei Jahrhunderte lang die Grundlage aller unmittelbaren Steuerforderungen und Landesumlagen sein werde, so hätten sich wohl kaum Stände gefunden, die — wie es tatsächlich geschah — aus Kreditrücksichten und Geltungsbedürfnis in ihrer Selbsteinschätzung zu hoch gingen. Für die zunächst noch recht bescheidenen Einnahmen der Krone aus den Kammergütern und den Regalien (Münz—, Berg— und Zollregal) der 1526 neu erworbenen böhmischen Länder richtete Ferdinand eine Kammer in Prag ein, der auch Schlesien zugewiesen wurde. Das Jahr 1528 erfüllte den Schlesiern nach einer weiteren Steuerbewilligung den Wunsch einer Erneuerung des Landfriedens, den schon ihre erste Gesandtschaft dem König vorgetragen hatte. Die ernste Türkengefahr des Jahres 1529, die an zahlreichen Orten einschneidende Vorkehrungen verursachte (Abbruch des Vinzenzklosters auf dem Elbing vor Breslau, Ausbau der Patschkauer Wehrkirche), brachte einen weiteren Fortschritt in dieser Richtung: es kam zu dem Beschluß eines "Defensionswerkes", das Schlesien in vier Kreise unter Friedrich v. Liegnitz, dem Breslauer Landeshauptmann Achatius Haunold, Bischof Jakob und Johann v. Oppeln als Hauptleuten teilte und mit gewissen Abwandlungen bis in die Anfänge des 30 jährigen Krieges in Geltung blieb. Die gleichberechtigte Stellung des Breslauer Ratsältesten Haunold unter seinen fürstlichen Mithauptleuten läßt dabei deutlich das Ansehen erkennen, das Breslau im Kreise der schlesischen Stände genoß und das eben damals auch in der Verleihung eines neuen Wappens durch Kaiser Karl auf dem Augsburger Reichstag und in der kurzen Verwirklichung hochfliegender Landerwerbspläne sich kundtat. Wenn die Stände dann bei der ersten Erweiterung ihrer Defensionsordnung i. J. 1532, die mit der Bewilligung von Hilfstruppen und der Einführung von Türkengebet und Türkenglocke verbunden war, dem Oberhauptmann Karl v. Oels erhöhte Befugnisse für die Landesbereitschaft einräumten, so konnte das dem König nur willkommen sein: War doch die Stellung des Oberhauptmanns verfassungsrechtlich von doppelter Art, da er von den Ständen und der Krone zugleich abhängig war. Bis zur Errichtung der schlesischen Kammer i.J. 1558 blieb er der einzige dauernd im Lande wirkende Vertreter des Königs, und wenn Ferdinand auch durch das Privileg von 1498 verpflichtet war, ihn aus den Reihen der schlesischen Fürsten zu wählen, so sicherte ihm doch das grundsätzliche Ernennungsrecht Einfluß genug auf dieses Amt, und er säumte nicht, seine Befugnis bei der ersten Gelegenheit zugunsten der oberherrlichen Gewalt und des Katholizismus auszuüben: Nach dem Tode Karls (1536) übertrug er das Oberamt — so pflegte man das Amt des Oberlandeshauptmanns kurz zu bezeichnen — an Bischof Jakob, den einzigen einheimischen Fürsten, bei dem nicht zu befürchten stand, er werde seine Stellung dynastischen Zielen nutzbar machen oder die Ausbreitung des Protestantismus fördern. Die Krone hat diese Ämterverbindung daher auch in der Folgezeit aufrecht erhalten, obwohl sich die für die Behauptung der alten Kirche daran geknüpften Hoffnungen nur in geringem Maße erfüllen sollten. Zugleich mit der Betrauung Bischof Jakobs erging ein Verbot Ferdinands an den neuen Oberhauptmann, künftig von sich aus ohne königlichen Auftrag einen Fürstentag zu berufen. Die Betroffenen haben zwar Widerspruch gegen diese Anordnung erhoben, doch ist sie nicht zurückgenomen, sondern vielmehr 1552 nochmals eingeschärft worden: Ein erster Schritt war getan, den Fürstentag unter Versagung des Selbstversammlungsrechtes auf die Beratung und Bewilligung der vom Hofe kommenden Forderungen einzuschränken.

Im Vergleich mit den Erfolgen seines Vorgehens gegen Markgraf Georg und den Ergebnissen erster Einflußnahme auf das schlesische Verfassungsleben mußte das Bild der kirchlichen Entwicklung Schlesiens im ersten Jahrzehnt seiner Regierung für Ferdinand recht unbefriedigend sein[5]. Wie im Deutschen Reiche allgemein erscheint nämlich auch in Schlesien das Schicksal der evangelischen Lehre weitgehend bestimmt durch die territorialen Verhältnisse. Wie dort die einzelnen Landesherren, nicht Kaiser und Reichstag Sieg oder Hemmung der Reformation entschieden, so wurde auch in Schlesien die Haltung der einzelnen Fürsten und Stände maßgebend für den Umfang der Neuerungen, nicht Fürstentagsbeschlüsse oder Befehle des königlichen Oberherrn, an denen es seit jenem ersten Gebot vom 18. Mai 1527 wahrlich nicht gefehlt hat. Beim Regierungswechsel von 1526 standen in Schlesien ähnlich wie im Reiche zwei konfessionelle Lager einander gegenüber, das altgläubige vertreten durch Bischof Jakob, durch Johann v. Oppeln, Karl v. Münsterberg—Oels, der bis 1533 auch Landeshauptmann von Glogau war, und den bekannten Widersacher Luthers Georg v. Sachsen und Sagan, auf der anderen Seite die Anhänger der Reformation unter Führung Friedrichs v. Liegnitz und Georgs v. Jägerndorf. Schon innerhalb eines Jahrzehnts aber hat sich dieses Bild vollständig zugunsten der zweiten Gruppe verschoben: Nicht nur in Liegnitz-Brieg und in Jägerndorf ist die Reformation durchgeführt und — noch ohne endgültigen Bruch mit der alten Kirche — der Aufbau eines evangelischen Kirchenwesens im Gang, auch in Münsterberg und Oels ist nach dem Tode Karls (1536) der Sieg der neuen Lehre gesichert, in den eben von Friedrich zurückgewonnenen Weichbildern Kreuzburg und Pitschen beginnt sie sich auszubreiten, in Troppau hat sie noch während der Verwaltung durch Kasimir v. Teschen (gest. 1528), in Oppeln—Ratibor, Beuthen und Oderberg seit der Pfandherrschaft des Markgrafen Georg Eingang gefunden, wenn Georg auch in diesen Gebieten den königlichen Religionserlassen nicht mit solcher Mißachtung begegnen kann wie in seinem Jägerndorfer Fürstentum. Immerhin bleibt ein Versuch zur Auslösung von Oppeln—Ratibor, der auf Betreiben Ferdinands von dem Passauer Bistumsverwalter Ernst v. Bayern 1537 unternommen wird, ohne Erfolg, und Georg ist weiter in der Lage, die Sache Luthers in Oberschlesien, die auch vor dem slawischen Bevölkerungsteil nicht Halt macht, in wirksamer Weise zu fördern; auch in Sagan droht mit dem bevorstehenden Regierungswechsel das Ende des katholischen Übergewichts, und die am 19. Okt. 1537 geschlossene Erbverbrüderung Friedrichs v. Liegnitz mit Kurfürst Joachim II. v. Brandenburg (s. S. 15) bedeutet bei dem zu erwartenden Übertritt des Kurfürsten den Gewinn eines weiteren starken Rückhaltes für den schlesischen Protestantismus. In den Erbfürstentümern schließlich war die Stellung der Ritterschaft und der Stadtobrigkeit gegenüber der Krone meist so gefestigt, daß auch hier Ferdinand die Glaubensneuerung nur hinzuhalten, nicht aber gänzlich zu unterbinden vermochte. Vor allem gilt dies von Breslau, das im Besitze der Landeshauptmannschaft seines Fürstentums und infolge seiner Unentbehrlichkeit als Geldgeber und Bürge für die dauernd stark beanspruchten königlichen Kassen sich einer fast reichsstädtischen Unabhängigkeit erfreute und der Ausbreitung der evangelischen Lehre nicht nur innerhalb seiner Mauern, sondern im ganzen Bereiche des Fürstentums, ja noch darüber hinaus eine wertvolle Stütze bot.[6] Den mit der Türkengefahr begründeten Abbruch des Vinzenzklosters (oben S. 11), die Verwendung der seit 1522 beschlagnahmten Kirchenkleinodien zu Befestigungszwecken, die Schritt für Schritt in ständiger Fühlung mit den Hauptpredigern Johann Heß und Ambrosius Moiban erfolgenden Neuerungen des Rates im Kirchen- und Schulwesen ließ Ferdinand hingehen, ohne nachdrücklich einzugreifen oder Einspruch zu erheben.

Als entschiedener Verfechter der katholischen Belange blieb somit eigentlich nur noch das Breslauer Domkapitel; es übertraf seinen Bischof bei weitem an religiösem Eifer und scheute sich auch nicht, polnische Hilfe in Anspruch zu nehmen, deren Anrufung man sonst sorgsam vermieden hatte, um das nur noch schattenhafte Abhängigkeitsverhältnis des Bistums vom Gnesener Erzbischof nicht wieder zu neuem Leben zu erwecken. Politisch bedeutete ein solches Eintreten des polnischen Oberhirten und des gleichfalls angerufenen Krakauer Hofes, der sich im wesentlichen mit wirtschaftlichen Vergeltungsmaßnahmen begnügte, keine Gefährdung der habsburgischen Stellung in Schlesien, da uns von Gebietsansprüchen König Siegmunds nach der mißglückten Thronbewerbung von 1526 nichts weiter bekannt ist, vielmehr bestanden die polnisch—schlesischen Spannungen seitdem nur in kleineren, freilich bis ins 18. Jh. nicht abreißenden Grenz— und Handelsstreitigkeiten, und die Habsburger und Jagellonen wurden in der europäischen Politik als Anhänger der alten Kirche bald natürliche Bundesgenossen, welche diese Gemeinsamkeit auch durch Eheverbindungen bekräftigten. Der Ruf der katholischen Geistlichkeit Schlesiens nach polnischer Hilfe aber ist uns jedenfalls ein beredtes Zeugnis dafür, wie wenig damals die berufenen Schützer der Altgläubigen in Schlesien, der Bischof und der königliche Oberherr, willens oder in der Lage waren, die Erhaltung des katholischen Besitzstandes zum obersten Gebot ihrer Politik zu machen und alle anderen Gesichtspunkte hinter dieser Aufgabe zurücktreten zu lassen. Es sind die gleichen finanziellen und politischen Rücksichten, die auch im europäischen Kräftespiel Kaiser und Papst die Hände banden, nur daß in Schlesien den Vertretern der katholischen Belange ihr Verzicht auf entschlossenes Vorgehen gegen den Protestantismus erleichtert wurde durch die fast ausnahmslos besonnene und behutsame Durchführung der Neuerungen, die Schlesien in der deutschen Reformationsgeschichte eine bezeichnende Sonderstellung zuweist[7].

Angesichts dieser Lage stand auch der zweite Besuch, den Ferdinand i. J. 1538 dem nordöstlichen Außenland seines Reiches abstattete, ganz unter dem Zeichen der neuen großen Anstrengungen, welche die Habsburger nach dem Waffenstillstand mit Frankreich erneut zur Abwehr der Türken und zur völligen Eroberung Ungarns unternahmen. Wie diese Pläne in der Reichspolitik im folgenden Jahre zum Frankfurter Abkommen mit den Protestanten führen sollten, so waren sie schon jetzt in Schlesien maßgebend für das versöhnliche Auftreten Ferdinands gegen seine überwiegend evangelischen Stände, voran die beiden Fürsprecher der kirchlichen Neuerungen beim ersten Königsbesuch, den Breslauer Rat und Friedrich v. Liegnitz. Besonders bemerkenswert ist diese Zurückhaltung des Königs deshalb, weil Friedrich i. J. 1537 nicht nur eine erste Annäherung an den Schmalkaldischen Bund versucht, sondern vor allem noch einen anderen Schritt von höchster politischer Tragweite gewagt hatte, der ein ebenso rasches Handeln Ferdinands zu fordern schien wie zehn Jahre zuvor der Erbfall von Oppeln–Ratibor. Bei einem Besuch des Kurfürsten Joachim II. v. Brandenburg in Liegnitz hatte der Herzog am 19. Okt. 1537 eine Doppelheirat mit ihm vereinbart, indem der Kurprinz die einzige Tochter Friedrichs, Sophie, und Friedrichs zweiter Sohn Georg die Prinzessin Barbara v. Brandenburg zur Gattin erhalten sollten. Mit dieser Eheabrede wurde nun der Abschluß einer Erbverbrüderung verknüpft, wonach bei einem Aussterben der Liegnitzer Piasten die Hohenzollern in sämtlichen Besitzungen die Nachfolge antreten sollten, während umgekehrt der Einsatz der Kurlinie für den gleichen Fall des Erlöschens nur in ihren ursprünglich schlesischen und lausitzischen Gebieten, d.h. Krossen, Züllichau, Sommerfeld, Kottbus, Peitz und Zubehör, bestand. Durfte sich Friedrich infolge einer königlichen Urkunde von 1511 zu freier Verfügung über sein Land und zum Abschluß einer Erbverbrüderung für berechtigt halten, so erforderte die von der Kurlinie eingegangene Verpflichtung zweifellos eine Zustimmung König Ferdinands, der nicht nur Oberlehensherr jener brandenburgischen Besitzungen war, sondern außerdem noch ein besonderes Rückkaufsrecht an ihnen besaß. Friedrich hatte also guten Grund, mit hartnäckigem Widerstand Ferdinands zu rechnen, und bestimmte daher ausdrücklich, daß seine Verschreibung Geltung haben solle, auch wenn die der Gegenseite auf Schwierigkeiten stoße. Der König hielt jedoch die Zeit noch nicht für reif zum Einschreiten, er verzichtete sogar auf sein Rückkaufsrecht und ließ eine ausdrückliche Bestätigung des Liegnitzer Vertrages nach

Prüfung der Rechtsgrundlagen erhoffen. So ging der zweite schlesische Besuch Ferdinands 1538 ohne jeden Zusammenstoß mit Herzog Friedrich vorüber; das wichtigste Anliegen des Oberherrn an die schlesischen Fürsten schien die Bewilligung einer neuen Türkenhilfe, die ihm auch in Höhe von 60 000 fl. zugesagt, freilich dann sehr langsam gezahlt wurde. Im übrigen begnügte sich Ferdinand damit, dem Breslauer Rat den Schutz der Geistlichkeit sowie die Bekämpfung der Wiedertäufer und der schwenckfeldischen Sekte ans Herz zu legen, Forderungen, die auch den Hauptinhalt seiner Erlasse in den folgenden Jahren ausmachten; so ermahnte ein neues Religionsmandat vom 30. Dez. 1541 die Patronatsinhaber, das Kirchengut zu schützen, alle offenen Pfarrstellen zu besetzen und die Bestätigung der Geistlichen beim Bischof nachzusuchen, die dieser — seit 1539 als Nachfolger Jakobs Baltasar v. Promnitz[8] — auch evangelischen Predigern unbedenklich erteilte.

Diese vorwiegend abwartende Haltung König Ferdinands in den Kirchen- und Verfassungsfragen Schlesiens bis hin zum Vorabend des Schmalkaldischen Krieges findet ihre volle Entsprechung in der gleichzeitigen Reichspolitik der Habsburger; die Rücksicht, die man dort auf Joachim v. Brandenburg nehmen mußte, kam in Schlesien dem Liegnitzer Herzog zugute. Friedrich hatte 1539 mit der Entlassung seines schwenckfeldischen Hofpredigers Siegmund Werner und der Bitte an den sächsischen Kurfürsten um lutherische Theologen endgültig den Anschluß an die Wittenberger Richtung gefunden; 1540 überließ ihm Ferdinand gegen Zahlung von 60 000 fl. den Pfandbesitz des Erbfürstentums Glogau, wo sich nun sogleich die evangelische Lehre freier entfalten konnte, und zwei Jahre später trat dazu noch das von den Oelser Herzögen verpfändete Fürstentum Münsterberg, womit Friedrichs Machtstellung ihren Höhepunkt erreichte. Ungestraft konnte er die mehrmalige Aufforderung seines Oberherrn zur Einstellung seiner 1541 aufgenommenen Silbermünzprägung mißachten, ungehindert 1542 eine Kirchenordnung erlassen und in Kraft setzen. Ebensowenig gebot Ferdinand 1540 der Durchführung der Reformation in Sagan unter dem Wettiner Heinrich und in Teschen unter dem mündig gewordenen Herzog Wenzel III. Einhalt. Auch die durch die Türkengefahr von 1541 bewirkte Annäherung der schlesischen Protestanten an den Schmalkaldischen Bund und die mit fadenscheinigen Gründen bemän-

2. Daniel Caspar Schwenckfeld (1489-1561)

telte Ablehnung seiner Münzreform durch die Stände 1542 nahm der König zunächst gelassen hin; nur im Gerichtswesen mehrten sich trotz wiederholtem Einspruch die Versuche des Oberherrn, ausschließlich Prag zur übergeordneten Instanz für die schlesischen Rechtsfälle zu machen.

Deutlich kündigt sich der beginnende Umschwung aber dann nach dem Tode des Markgrafen Georg (7. Dez. 1543) an. Hatte sich Georg auch seit dem Regierungsantritt in Ansbach i.J. 1528 seinen schlesischen Besitzungen meist nur aus der Ferne widmen können, so hat seine Regierung in Jägerndorf, seine Pfandherrschaft in Oppeln—Ratibor, Oderberg und Beuthen doch tiefere Spuren hinterlassen als die Wirksamkeit mancher einheimischer Vorgänger und Nachfolger im gleichen Gebiet. Seinen Versuchen, dem ganzen, auf verschiedenen Rechtstiteln beruhenden oberschlesischen Machtbereich eine einheitliche Verwaltung zu geben, war freilich kein bleibender Erfolg beschieden. In Jägerndorf selbst aber hatte er in jahrelangem Ringen mit seinen unbotmäßigen Landständen, für die oft genug sein Oberlehnsherr Ferdinand Partei ergriff, und in planmäßigem Ankauf von Adelsgütern die fürstliche Macht fest begründet. Die Durchführung der erforderlichen Maßnahmen hatte der Markgraf weitgehend Beamten seiner fränkischen Erblande anvertraut, wie auch die kirchlichen Neuerungen sich sehr eng an das Ansbacher Vorbild anlehnten; der Aufschwung des Tarnowitzer Bergbaus geht zu einem erheblichen Teil auf fränkische Ansiedler zurück, die Georg seit 1528 dort angesetzt hatte, und so empfing das Deutschtum in Oberschlesien durch diese vielfachen Einflüsse und Zuwanderungen aus dem Herzen des Reiches eine spürbare Belebung und Kräftigung, die manche in dem vorausgehenden Jahrhundert erlittene Einbuße wieder wettzumachen geeignet war. Da beim Tode des Markgrafen sein Sohn Georg Friedrich erst fünf Jahre zählte, trat eine vormundschaftliche Regierung unter dem Statthalter Friedrich v. Knobelsdorff ein, der schon bald über ausgesprochene Aufwiegelung der Untertanen durch Ferdinand zu klagen hatte und sogar persönlich vorübergehend in königliche Haft geriet. Mochte auch der Geldmangel der Krone noch nicht erlauben, die Verpfändung von Oppeln—Ratibor oder gar von Oderberg und Beuthen sogleich rückgängig zu machen, so schien doch die Aussicht auf eine Verdrängung der fränkischen Hohenzollern aus ihrem oberschlesischen Besitz jetzt wesentlich näher gerückt; nicht minder wichtig aber war es, daß mit Georgs Tod der andere gefährliche Gegenspieler des Königs, Herzog Friedrich, seinen stärksten Bundesgenossen verloren hatte und in seiner Widerstandskraft gegen die Habsburger geschwächt war, die eben jetzt nach dem neuen Friedensschluß mit Frankreich daran gingen, die lange aufgeschobene Auseinandersetzung mit dem Protestantismus zum Austrag zu bringen, und nun auch auf den brandenburgischen Kurfürsten keine Rücksicht mehr zu nehmen brauchten. So wurde 1544 zunächst die Verpfändung von Glogau unter Abwälzung der Pfandsumme auf die dortigen Stände wieder rückgängig gemacht, Kurfürst Joachim aber erhielt beim Speyerer Reichstag von Ferdinand auf die Bitte um Bestätigung der Erbverbrüderung eine ausweichende Antwort, und als 1545 die acht Jahre zuvor zwischen Liegnitz und Berlin verabredete Doppelhochzeit stattfand, holte Ferdinand zum entscheidenden Schlag aus: Die böhmischen Stände unternahmen eben damals einen neuen grundsätzlichen Vorstoß gegen die ihnen angeblich schädlichen Sonderrechte Schlesiens und wollten ihr großes Privileg von 1510 als oberste Richtschnur anerkannt sehen, in dem u.a. bestimmt war, das schlesische Oberamt müsse einem Böhmen übertragen werden, und jede Neuvergebung eines der noch nicht heimgefallenen schlesischen Fürstentümer sei unzulässig. Dem König kamen diese Ansprüche jetzt sehr gelegen, und so lud er die böhmischen Stände und Herzog Friedrich für Ostern 1546 zu einem Fürstentag nach Breslau, den er persönlich leitete.

Dieser dritte Aufenthalt Ferdinands in Schlesien brachte der Krone eine Reihe wichtiger Erfolge und schuf damit die Voraussetzungen, auf denen die einschneidenden Neuerungen der folgenden Jahrzehnte im schlesischen Verfassungsleben beruhen. Der Fürstentag hatte zunächst die Absicht, die gleich anfangs geforderten Geldbewilligungen abhängig zu machen von einer Bestätigung der Privilegien, welche die böhmischen Stände gerade anfochten; aber schon der Bischof als Oberhauptmann ließ sich auf dieses Wagnis nicht ein, sondern entfernte den entsprechenden Absatz aus dem Beschluß der Stände. So gewann Ferdinand freie Hand für die anderen Verhandlungen. Noch während die Aussprache über die allgemeine Privilegienfrage im Gange war, nahm das Verfahren gegen den alten Herzog Friedrich seinen Anfang, der gezwungen wurde, wenigstens der Eröffnung persönlich beizuwohnen, während dann seine Söhne und Räte die Sache weiterführen durften. Am 18. Mai erging das königliche Urteil, das dem Herzog das freie Verfügungsrecht über sein Land absprach und die Erbverbrüderung für nichtig erklärte. Die Urkunden sollten binnen sechs Wochen ausgeliefert, die Landstände von dem entsprechenden Eid gelöst werden; schließlich behielt sich Ferdinand eine besondere Bestrafung Friedrichs noch vor. Der tief gedemütigte Fürst nahm das Urteil schweigend hin, unternahm allerdings bis zu seinem Tode im Herbst 1547 nichts zu seiner Ausführung. Dafür mußten dann seine Söhne und auch später ihre sämtlichen Nachfolger vor der Belehnung mit dem Fürstentum Liegnitz—Brieg ausdrücklich auf die Erbverbrüderung verzichten; Kurfürst Joachim aber fühlte sich zu schwach, eine Rettung des aussichtsreichen Erbplanes zu versuchen; nach den fränkischen Hohenzollern hatten nun auch ihre märkischen Vettern bei dem Versuch, in Schlesien festen Fuß zu fassen, einen empfindlichen Rückschlag erlebt. Natürlich war es nach der Niederlage vom 18. Mai 1546 mit dem Widerstand gegen das königliche Münzprägeverbot für Friedrich gleichfalls vorbei; auch die Stadt Breslau mußte ihre Silbermünzstätte jetzt schließen, ebenso Markgraf Johann in Krossen und Graf Pernstein in der Grafschaft Glatz. Ferdinand erließ am 12. Juni 1546 aus Regensburg eine neue Münzordnung für Schlesien und die Lausitz und nahm seine schon mehrfach begonnenen, aber stets rasch wieder im Sande verlaufenen Bemühungen um den Betrieb eines eigenen Münzwerkes in Breslau mit Entschiedenheit wieder auf. Ferner mußte der Fürstentag dem Oberherrn noch eine regelmäßige Biersteuer als Zuschuß zu den Hofhaltskosten bewilligen, über deren Erhebung in den nächsten Jahrzehnten ein wechselvolles Ringen zwischen beiden stattfand. Den großen Privilegienstreit aber, auf dessen Erledigung es den Schlesiern am meisten ankam, ließ Ferdinand mit Absicht in der Schwebe und vertröstete beide Parteien auf einen späteren Zeitpunkt. Diese peinliche Ungewißheit bot dem König die beste Gewähr für das Wohlverhalten Schlesiens in dem bevorstehenden Waffengang mit dem Protestantismus und verhinderte ein Zusammengehen der böhmischen und schlesischen Stände in der gemeinsamen Glaubensfrage. Nicht zuletzt dank dieser Spannung konnte der Habsburger schon ein Jahr nach seinem großen schlesischen Erfolg auch in Böhmen, dessen Adel während des Schmalkaldischen Krieges in offene Empörung getreten war, den ständischen Widerstand niederwerfen. Auch weiterhin blieb Ferdinand bestrebt, den ihm willkommenen Gegensatz zu schüren: Der Gerichtshof, der über die böhmischen Aufrührer abzuurteilen hatte, setzte sich nur aus Vertretern der Nebenländer — unter ihnen der Herzog von Teschen und Bischof Baltasar v. Breslau — zusammen; der Prager Landtag wiederum übte Vergeltung, indem er 1549 Ferdinands ältesten Sohn Maximilian als künftigen König ohne Zuziehung der Nebenländer annahm.

Die Glaubensfrage hat auf dem Breslauer Fürstentag von 1546 keine besondere Rolle gespielt. In Schlesien selbst hatte die katholische Sache keinen Wortführer unter den Fürsten, der den König zu Schritten gegen die kirchlichen Neuerungen gedrängt hätte; Bischof Baltasar (1539—62) stand nicht nur mit Ferdinand, sondern auch mit den evangelischen Fürsten und dem Breslauer Rat in gutem Einvernehmen und war in religiösen Dingen kein Eiferer, in erster Linie bedacht auf die Versorgung seiner Familie, für die er 1548 die Standesherrschaft Pleß, zehn Jahre später auch Sagan (vgl. S. 23) erwarb. Aber nicht nur über mangelnden Rückhalt im Kreise der schlesischen Stände hatte die schon zur Minderheit herabgesunkene altgläubige Partei zu klagen — ein bedenkliches Beispiel der Schwächung des katholischen Besitzstandes gab ja auch der König selbst immer wieder: durch die schon erwähnte Heranziehung von Kirchengut zur Türkenabwehr, durch die Verpfändung der Johanniterkommende in Breslau an den dortigen Rat (1540), des dem Breslauer Sandstift gehörigen Städtchens Zobten (1545) und zwei Jahre später wieder durch die drei Breslauer Stiften auferlegten Zwangsanleihen für den Schmalkaldischen Krieg. Und die von katholischer Seite erhoffte Rückwirkung des kaiserlichen Sieges über die Protestanten im Reich auf Schlesien blieb gänzlich aus, in der Hauptsache wieder, weil Ferdinands Vorgehen solchen Erwartungen nicht entsprach. Die trüben Erfahrungen, die in jenen Jahren sein kaiserlicher Bruder im Reiche mit seiner allzu engen Verquickung von politischen und kirchlichen Plänen machen mußte, haben auf Ferdinand offensichtlich ihren Eindruck nicht verfehlt und ihn ja dann auch befähigt, die Reichspolitik der Habsburger aus ihrer Sackgasse herauszuführen und mit dem Passauer Vertrag 1552 auf eine neue Grundlage zu stellen. Demgemäß hat er sich in seinen Erbländern vor einer ähnlichen Verquickung zu hüten gewußt und seine ganzen Bemühungen, dem aussichtsreichsten Teil seines Programms, dem Ausbau seiner politischen Machtstellung und der Steigerung der Kroneinkünfte, gewidmet. So ruht das Schwergewicht der königlichen Maßnahmen auch nach 1546 auf dem Gebiet verfassungs- und finanzpolitischer Maßnahmen, und die Glaubensfrage bleibt weiterhin im Hintergrund.

Bezeichnend für diese Rangordnung ist besonders der Pönfall von 1549, jene königliche Anklage, welche damals — nach dem Vorbild des Strafgerichtes in der Lausitz — gegen die Städte der schlesischen Erbfürstentümer, vor allem gegen Breslau, erhoben wurde. Gewiß griffen Ferdinands Vorwürfe auch auf die frühere Fühlungnahme mit den Schmalkaldenern zurück, die Hauptklagepunkte jedoch betrafen im Falle Breslaus den hartnäckigen Widerstand des Rates gegen die neue königliche Münze, und die Strafe der Stadt bestand in einer Geldbuße von 80 000 Tlr und der Auferlegung eines ewigen Biergeldes sowie einem Verbot selbständiger Einberufung von Gemeindeversammlungen; die Gegenvorstellungen der Ratsherren aber gegen den Befehl zur Durchführung des Augsburger Interims, der vorläufigen kaiserlichen Regelung der Kirchenfrage, blieben ohne Nachteil für die Stadt. Und wenn Ferdinand zur gleichen Zeit den Rechtszug aus Schlesien nach dem in Reichsacht gefallenen protestantischen Magdeburg verbot und ihn nach Prag verwies, so war die Absicht bei diesem Eingriff und der damit verbundenen Errichtung der Prager Appellationskammer (1548) wiederum die Einengung des ständischen Einflußbereiches, nicht die Schwächung der evangelischen Partei: Es war der entscheidende Schritt auf dem schon seit Jahren begangenen Wege, Schlesien einem höchsten Krongericht zu unterwerfen und den Anspruch des Ober- und Fürstenrechtes als letzter Berufungsinstanz abzutun. Auch die folgenden Jahre bis zum Augsburger Religionsfrieden zeigten den schlesischen Protestanten immer wieder, daß sie im Hinblick auf ihr Bekenntnis von dem Oberherrn wenig zu besorgen hatten. Dem jungen Brieger Herzog Georg gestand Ferdinand gegen ein Darlehen von 14 000 Tlr die Verfügung über die in seinem Herzogtum liegenden Güter des aufgehobenen Strehlener Klarenklosters zu; der wohl vom Domkapitel veranlaßte Antrag des Breslauer Bischofs, in den Rat aller Städte der Erbfürstentümer nur Altgläubige aufzunehmen, stieß schon am Hofe auf Bedenken und Ablehnung, und zu der Kommission, die für den Schutz der Geistlichkeit sorgen sollte, bestimmte Ferdinand 1551 neben dem Bischof zwei Protestanten: Herzog Georg und den Freiherrn Schaffgotsch. Die königlichen Religionserlasse richteten sich auch in diesen Jahren nur gegen Schwenckfelder, Wiedertäufer sowie ungeweihte Geistliche und bemühten sich daneben, die Zahlung der kirchlichen Einkünfte sicherzustellen. Die vom Domkapitel betriebene strenge Durchführung des Mandates von 1527/28 wurde durch die Passauer und Augsburger Friedensschlüsse endgültig hinfällig.

Um so stärker hebt sich von dieser Zurückhaltung und Nachgiebigkeit Ferdinands in der Glaubensfrage die Zielsicherheit und Tatkraft ab, mit der er gleichzeitig seine politischen Pläne verfolgte. Auf der einen Seite nutzte er jede Gelegenheit, in gebietsmäßiger Hinsicht die Stellung der Krone zu verbessern, auf der anderen arbeitete er umsichtig und planvoll an der Festigung und Erweiterung der oberherrlichen Befugnisse innerhalb der Verfassung Schlesiens. Seine Territorialpolitik erreichte zwar so gut wie keine unmittelbare Ausdehnung des Kronlandes, dafür aber Besitzverschiebungen innerhalb des schlesischen Fürstenstandes, die nicht minder vorteilhaft für den Oberherrn waren. Gleich nach dem Schmalkaldischen Krieg tauschte er von seinem Bundesgenossen Moritz v. Sachsen gegen einige böhmische Exklaven das Herzogtum Sagan ein und schaltete so das Haus Wettin aus dem Kreise der schlesischen Fürsten aus, dem es nahezu 80 Jahre angehört hatte. Dem gleichen Ziel der Fernhaltung auswärtiger Einflüsse diente die Verpflichtung, welche die Familie Promnitz 1549 für Pleß übernehmen mußte: ihr Land an keinen Reichsfürsten zu veräußern. Als bedrohlicher Fremdkörper im schlesischen Fürstentum blieben nach Abfindung der Wettiner einzig noch die fränkischen Hohenzollern, und auch ihnen gegenüber ist Ferdinand in jenen Jahren einen entscheidenden Schritt vorangekommen. 1551 kündigte er ihnen die Pfandschaft von Oppeln—Ratibor, und da er selbst nicht in der Lage war, die Geldablösung vorzunehmen, zwang er zunächst die katholische Geistlichkeit zu einer Beisteuer und half sich im übrigen mit einem Tausch: Georg Friedrich erhielt das der Krone eben zugefallene Sagan mit den Herrschaften Sorau, Priebus und Naumburg; damit war der räumliche Zusammenhang zwischen dem Fürstentum Jägerndorf und den Pfandherrschaften Beuthen und Oderberg unterbrochen. Außerdem ging der König auf Betreiben seines gleichnamigen zweiten Sohnes, der seit 1548 als Statthalter in Prag residierte, während des Augsburger Reichstages von 1555 an die Prüfung der Rechtslage in Beuthen, dessen Abtretung er mehrfach von dem Ansbacher verlangte — wieder unter Berufung auf das Veräußerungsverbot im Privileg der böhmischen Stände von 1510. Wenn sich der Markgraf hiergegen wenigstens erfolgreich zu wehren wußte, so verlor er dafür 1558 auch den niederschlesischen Pfandbesitz, den der königliche Oberherr — wieder unter zahlender Mitwirkung der Geistlichkeit — einlöste. Zu einer Erweiterung des Kronbesitzes freilich führte die Abfindung des hohenzollernschen Pfandinhabers vorerst nicht: Sagan gab Ferdinand sogleich wieder an die Familie Promnitz, Oppeln—Ratibor aber diente ihm zur Abfindung Isabellas, der Witwe seines ungarischen Gegenkönigs Sapolja, und ihres unmündigen Sohnes, die allerdings schon nach drei Jahren auf diesen Besitz wieder verzichteten, um nach Siebenbürgen zurückzukehren. Damit kam Oppeln—Ratibor erneut an die Krone zurück, jedoch nur, um sogleich eine andere Art der Vergebung zu erfahren: Ferdinand ersetzte die bisherige Form der Gesamtverpfändung beider Fürstentümer durch die Auflösung in eine Reihe von Einzelpfandschaften der ertragreichsten Kammergüter, die sich später dann in erblichen Besitz verwandelten. So traten in rascher Folge jene bekannten oberschlesischen Herrschaften ins Leben, die sich bis in die Industrialisierung des 19. Jhs. hinein als Grundkräfte der sozialen und wirtschaftlichen Entwicklung des Landes erweisen sollten: 1557 Krappitz, Falkenberg, Schurgast, 1558 Neustadt, Ehrenforst, Tost, 1559 Oberglogau, Cosel, in den 60 er Jahren Ratibor, Lublinitz, Rosenberg, Groß Strehlitz — um nur die namhaftesten hier hervorzuheben[9]. So wurde Oppeln—Ratibor kein Erbfürstentum im Sinne der älteren (Breslau, Schweidnitz—Jauer, Glogau, Troppau), dennoch aber hatte die Krone mit der Abfindung der bisherigen Gesamtpfandinhaber einen unbestreitbaren Erfolg zu verzeichnen.

Neben der Ausschaltung der Wettiner und der Beschränkung der fränkischen Hohenzollern auf Jägerndorf und Oderberg—Beuthen ging eine Schwächung des einheimischen Fürstenstandes einher, die ebenfalls dem König zugute kam und von ihm nach Kräften gefördert wurde. Der Niedergang der Liegnitzer Piasten setzte sich nach dem Tode Friedrichs II. (17. Sept. 1547) infolge der Landesteilung seiner Söhne fort, deren älterer, Friedrich III. v. Liegnitz, zudem von des Vaters Herrschergaben nicht das geringste geerbt hatte. Seine Träume, Goldberg zu einer Universität und einem Oberhof zu machen, brauchte Ferdinand nicht zu fürchten; seine abenteuerlichen Fahrten durch das Reich und ins Ausland nahm er 1552 zum Anlaß, sein Herzogtum mit Beschlag zu belegen. Auch Friedrichs Bruder Georg II. v. Brieg[10], der damals als Verweser in Liegnitz eingesetzt wurde, war kein gefährlicher Gegner für die Krone. Georgs Streit mit der Geistlichkeit seines Fürstentums um die "Mitleidung" — die Verpflichtung zur Zahlung der Landessteuern —, der uns auch in anderen Teilen Schlesiens immer wieder begegnet, sowie sein Versuch, die landesherrliche Gewalt über Stifte und Klöster zu voller Geltung zu bringen, boten dem König mehrfach Gelegenheit, als Schiedsrichter aufzutreten und Kommissionen einzusetzen, die den Herzog die Grenzen seiner Macht empfinden ließen. Vergebens wandte Georg dem Klerus gegenüber die erprobte Methode seines Oberherrn an, die Vorlage aller Privilegien zu fordern und durch strengste Auslegung die eigenen Befugnisse zu vermehren: Ferdinand wußte dieser unbequemen Nachahmung seines eigenen Beispiels sehr rasch ein Ende zu bereiten und das Übergewicht der Krone über den fürstlichen Vasallen Schritt um Schritt zu verstärken, wie besonders das schon unter Friedrich II. begonnene Ringen um Kloster Leubus und dann der Streit um die schlesischen Güter des Cölestinerklosters Oybin zeigen. Den Pfandbesitz von Münsterberg löste der König 1551 mit Vorschüssen des Abtes von Heinrichau und des Landeshauptmannes Hans v. Oppersdorff von den Liegnitzer Piasten wieder ein; von der früheren Machtstellung ihres Vaters war wenig genug mehr übrig geblieben. Münsterberg diente Ferdinand zunächst neben Oppeln—Ratibor zur Abfindung des Hauses Sapolja und fiel dann 1559 nochmals an sein früheres Herrschergeschlecht zurück, die Podjebrads in Oels, deren Uneinigkeit und Geldnöte jedoch diesen vorübergehenden Machtzuwachs nicht weiter zur Auswirkung kommen ließen. Diese Gebietsverschiebungen und der Mangel an politisch bedeutenden Persönlichkeiten im schlesischen Fürstenstande machen uns erst die großen Erfolge voll verständlich, die Ferdinand bei der Schaffung einer leistungsfähigen und schlagkräftigen Gesamtstaatsverwaltung für Schlesien in den 50er Jahren beschieden waren. Im Finanzwesen folgte der Biersteuerbewilligung des Fürstentages von 1546 die Umwandlung der Schatzung von 1527 in eine jährliche Steuer (1552); allerdings mußte sich die Krone dabei die für sie nachteilige Umsetzung von ungarischen Gulden auf schlesische Taler gefallen lassen. Da es jetzt zwei regelmäßige Landessteuern, die immer mehr zur reinen Grundsteuer werdende Indiktion von 1527 und das Biergeld, gab, wurden die ständischen Generalsteuereinnehmer mit ihren Helfern zu einer dauernden Einrichtung; neben das Oberamt trat als rein ständische Behörde — entsprechend einem Prager Landtagsbeschluß vom Januar 1552 — das Generalsteueramt, das der König trotz wiederholten Anläufen nicht unter seinen Einfluß zu bringen vermochte. Die Einsetzung der Untereinnehmer blieb sogar in den Erbfürstentümern mit einer kurzen Ausnahme von 1553—56 in der Hand der Stände. Bei dieser Landessteuer mußte der König zufrieden sein, wenn die Stände sich mit der Eintreibung begnügten und nicht auch noch die Verwendung der Gelder beschränkten, wie das ein Beschluß des böhmischen Generallandtages von 1557 wollte, der für Schlesien zur vorübergehenden Schaffung eines Landeszahlamtes führte. Ferdinand verlegte sich daher im Finanzwesen vorerst auf den Ausbau der ihm unbestritten zustehenden Regalienverwaltung. Als ersten Zoll hatte er 1549 einen Viehzoll eingeführt; 1553 bestellte er den tüchtigen Georg Friedrich v. Redern zum Vitztum für die königlichen Einkünfte in Nieder- und Oberschlesien. 1556 folgte ein Grenzzoll, an dem Ferdinand trotz allen Beschwerden des Fürstentages und der Breslauer Kaufmannschaft unbeirrt festhielt. In diesen Zusammenhang gehören auch die — freilich wenig nachhaltige — Ausdehnung der Reichsmünzordnungen von 1551 und 1559 auf die böhmischen Länder, das Einfuhrverbot von nichtböhmischem Alaun und Vitriol, das erneuerte Gold- und Silberausfuhrverbot von 1556, die Fürsorge für die Erhaltung des Waldbestandes sowie die wiederholten

Bemühungen um eine Hebung der Oderschiffahrt[11]. Gerade in dieser Frage sticht die Tatkraft des Königs wohltuend ab von der Umständlichkeit des Fürstentages, der über schwerfällige Beratungen und unwirksame Beschlüsse nicht hinauskam. Es war nicht die Schuld Ferdinands, sondern seines Vertragspartners Joachim II. v. Brandenburg, wenn der seit 1548 erörterte, acht Jahre später vereinbarte und von schlesischer Seite 1558 auch begonnene Kanalbau von der Oder zur Spree nach wenigen Jahren schon stecken blieb und erst ein Jahrhundert später seine Verwirklichung erleben durfte.

Besonders augenfällig ist der Vorsprung, den die Krone in jenen Jahren in der Frage eines obersten Gerichtshofes vor ihren Ständen errungen hat. Die 1548 begründete Prager Appellationskammer, die zunächst nur als Oberinstanz für die Stadtgerichte in den böhmischen Kronländern und für Fälle eines königlichen Appellationsrechtes bestimmt war, begann schon in den ersten Jahren ihres Bestehens mit Versuchen, sich auch die Fürsten und anderen Stände Schlesiens, ja sogar das schlesische Ober- und Fürstenrecht unterzuordnen. Vergebens wurde der Fürstentag dagegen vorstellig und bemühte sich um den Aufbau eines auf Schlesien beschränkten ständischen Instanzenzuges durch die Schaffung eines Quartalgerichtes als Zwischenstufe unter dem Oberrecht wie um die Befugnis, Grenzprozesse allein oder durch ein von ihm abhängiges Gericht entscheiden zu lassen. Ferdinand gab diese Möglichkeiten nicht aus der Hand, zumal ihm die Absonderung der Stände von Schweidnitz—Jauer und Troppau zustatten kam, die sich an dem Versuche, das Oberrecht zum Appellationshof für Schlesien zu erheben, nicht beteiligten.

Konnte sich der König im Rechtsleben so mit der Erwartung zufrieden geben, daß die getroffenen Maßnahmen hinreichen würden, den Einfluß der Zentralgewalt auch künftig sicherzustellen, so bedurften die Ansätze auf anderen Gebieten zweifellos noch eines besonderen Rückhaltes an einem königlichen Organ, das wirksamer als das dualistische Oberamt und mit einem jeden Augenblick verfügbaren Beamtenstab im Lande selbst dem Willen des Oberherrn Geltung verschaffte und dauernd alle Möglichkeiten überwachte, die Rechte der Krone wahrzunehmen und zu erweitern. Dieser entscheidende Schritt erfolgte i. J. 1558 mit der Errichtung der Schlesischen Kammer[12], die ihren Sitz in der Breslauer Kaiserburg erhielt und ihre Tätigkeit im August aufnahm. Als Nebenbehörden waren ihr ein Rentamt, eine Kanzlei und eine Buchhalterei angegliedert; erster Präsident wurde der bisherige Vitztum Redern, der eben damals noch mit den Herrschaften Tost und Friedland i.B. belohnt wurde. Die Organisation der Kammer beruhte auf dem Gedanken der Kollegialität, der Ständigkeit und des Berufsbeamtentums; ihre vorgesetzte Behörde war die Wiener Hofkammer, deren ausdrücklicher Genehmigung sie im Ausgabewesen fast bei allen Anweisungen bedurfte. Der königliche Prokurator oder Fiskal, dessen Amt in Schlesien schon vorher auftaucht und dem die Vertretung der landesherrlichen Ansprüche im Gerichtsverfahren oblag, unterstand nunmehr einzig und unmittelbar der Kammer, auch für die neuen Aufgaben in Strafprozessen, die ihm bald zufallen sollten. War die Kammer zunächst beauftragt mit der Verwaltung des Kronvermögens sowie der königlichen Einkünfte aus den Regalien und dem Biergeld, so wuchs ihr Wirkungskreis bald, wie das Beispiel des königlichen Fiskals zeigt, über das ihr zugewiesene Finanzgebiet hinaus. Man hat sie nicht mit Unrecht als eine Art oberster Staatsanwaltschaft bezeichnet, deren Schaffung einen Bruch mit der mittelalterlichen Rechtsauffassung: "Wo kein Kläger, da kein Richter" bedeutete. Es ist unverkennbar, daß dem fiskalischen Interesse der Krone ein starker Anteil an dieser Neuschöpfung zukommt; ausgewirkt aber hat sie sich auch für die Begründung einer leistungsfähigen Zentralgewalt überaus segensreich. In der Schlesischen Kammer fand Ferdinand die beste Stütze, um den maßgebenden Grundsatz seiner Staatsführung bei den Ständen des Landes zur Anerkennung zu bringen: daß es nicht Sache des Oberherrn, sondern der Gegenseite sei, den urkundlichen Beweis für die Stichhaltigkeit strittiger Ansprüche anzutreten, daß Rechte, Einkünfte u.ä. im Zweifelsfalle stets der Krone zukämen, Fürsten und Ständen aber nur, wenn sie ausdrückliche königliche Verleihungen darüber vorweisen könnten. Daß solchen Gedanken und jedem davon beseelten tatkräftigen Verwaltungsorgan die Zukunft gehörte, kam sinnfällig darin zum Ausdruck, daß aufstrebende Kräfte aus bisher fürstlichem oder städtischem Dienst gern in den der Kammer übertraten. Das Mißtrauen der Stände gegen die neue Behörde und ihre Sorge vor einer weiteren Einschränkung ihres Einflußbereiches wie vor der erhöhten Anziehungskraft des königlichen Beamtentums spiegeln sich am deutlichsten in den Hindernissen, die der Breslauer Rat dem unbequemen Nachbar bei seinem Einzug in den Weg zu legen suchte, und in den endlosen Reibereien, die sich zwischen beiden bis in den Beginn des 17. Jhs. hinzogen; sie sollten erst nachlassen, als die Krone während des 30 jährigen Krieges dazu überging, das Oberamt zu einer rein königlichen Behörde umzugestalten und die Kammer langsam wieder auf ihr ursprüngliches Aufgabengebiet zu beschränken (S. 88f.). In den ersten 70 Jahren ihres Bestehens jedenfalls ist sie das wichtigste Mittel der Zentralgewalt gewesen, den unter Ferdinand I. errungenen Vorsprung vor den ständischen Bestrebungen im Ausbau des schlesischen Verfassungswesens ungeachtet mancher spürbaren Rückschläge unter Rudolf und Matthias zu behaupten, bis unter dem zweiten Ferdinand die Krone zu einem neuen entscheidenden Vorstoß gegen Fürsten und Stände ausholen konnte.

Die Begründung der Kammer bedeutete für Ferdinand, der seit 1558 auch die deutsche Kaiserkrone trug, eine willkommene Entlastung in seinen schlesischen Regierungssorgen und erlaubte ihm eine folgerichtige Fortführung der bisherigen Politik gegen seine fürstlichen Vasallen, auch wenn er jetzt noch weniger als seit dem Schmalkaldischen Krieg schon in der Lage war, persönlich nach Schlesien zu kommen. Noch immer sah er in dem Hohenzollern Georg Friedrich[13] und in den Piasten von Liegnitz—Brieg trotz aller Schwächung seine gefährlichsten Gegner. 1559 ließ er den zwei Jahre zuvor nochmals in sein Herzogtum eingesetzten Friedrich III. wegen seines leichtfertigen Lebenswandels in dauernden Gewahrsam nehmen; sein Herzogtum wurde ihm abgesprochen, und sein Sohn Heinrich XI. erhielt die Belehnung nur unter persönlich recht demütigenden Bedingungen. Mit der Leubuser Abtsvakanz von 1561 drohte ein neuer Konflikt zwischen Georg v. Brieg und dem König; den herzoglichen Ansprüchen begegnete Kammerpräsident Redern mit dem bezeichnenden Hinweis, daß man sehr wohl zwischen den fürstlichen Patronatsrechten im alten Fürstentum Liegnitz—Brieg und denen in dem erst 1523 erworbenen Fürstentum Wohlau unterscheiden müsse. Die schroffe Art jedoch, mit der Redern den Nachlaß des verstorbenen Abtes beschlagnahmte und die Leubuser Gewölbe in Breslau versiegeln ließ, fand selbst bei Ferdinand keine

Billigung, der seiner Kammer hierfür einen Verweis erteilte. In der Sache selbst bestand er freilich darauf, daß der Konvent mit der Nachlaßsumme die verpfändete Propstei Kasimir einlöse und so seine Leistungsfähigkeit zu neuen Darlehen an die Krone wieder erhöhe, und Georgs Wunsch nach Berücksichtigung seiner landesfürstlichen Rechte erfuhr eine klare Zurückweisung. Gleichzeitig hatte er sich auch wegen der Zollerhebung von kaiserlichem Tafelholz auf der Oder bei Steinau zu verantworten. Seine Bemühungen, 1563 Oppeln—Ratibor zu erwerben, scheiterten an der Abneigung des Königs, er mußte schon froh sein, wenn der Oberherr, der ihn erst 1560 beim Streit mit einem Brieger Vasallen vor eine Kommission geladen hatte, nicht auch den Gegensatz, der zwischen dem Herzog und seiner Geistlichkeit über den Umfang der fürstlichen Befugnisse in Kirchenfragen entstanden war, zu einer Einmischung benutzte. Auch Georgs Versuch, die kaiserliche Zustimmung zum Betrieb eines eigenen Salzsiedewerkes zu erreichen, war zum Mißlingen verurteilt angesichts der Initiative, welche die Krone selbst gerade jetzt auf diesem Gebiete entfaltete und mit der Anlage besonderer Siedewerke in Guben und Neusalz bekundete. Dem zumeist in Ansbach residierenden Georg Friedrich gegenüber verzichtete Ferdinand zwar 1559 auf seine Forderung nach Rückgabe der Herrschaft Beuthen, allein der allgemeine Kammerbefehl an die schlesischen Fürsten, ihre Bergwerksprivilegien vorzulegen, und die eingehenden Erkundigungen nach dem Ertrag des Beuthener Pfandschillings ließen erkennen, daß der König seinen Vorstoß wieder aufnehmen werde, nur mit anderen Mitteln. 1560 erging an den Markgrafen die Vorladung vor das Fürstenrecht; der Oberherr verlangte von ihm die Rückgabe der zu Unrecht ausgenutzten Bergwerke des Beuthener Landes und die Zahlung einer Abnutzungssumme von 200 000 Tlr. Die Verwendung mehrerer Reichsfürsten für Georg Friedrich und die Einholung von Gutachten an den verschiedensten Universitäten zogen das Verfahren so in die Länge, daß Ferdinand seinen Abschluß nicht mehr erlebte. Sehr zustatten kam der Krone der gleichzeitige Streit des Markgrafen mit seinem Jägerndorfer Adel über das Landrecht und die ständischen Privilegien, dessen Beilegung schon der befreundete Brieger Herzog und der Oberlandeshauptmann vergeblich versucht hatten. Während diese beiden auf der Seite der Jägerndorfer Regierung standen, fand der Adel des Fürstentums in Wien Gehör und Hilfe, die ihm so den Rücken steifte, daß die Auseinandersetzung sich ein volles Jahrzehnt hinzog und ebenfalls erst unter Maximilian zur Beilegung gelangte.

Während es so zwischen den mittelbaren Fürstentümern und der Krone immer wieder zu Kraftproben kam, hatten die Erbfürstentümer damals weniger über Beeinträchtigung ihrer — freilich auch nicht so umfassenden — Rechte zu klagen. Die Stände von Schweidnitz-Jauer konnten 1559 gegen den Willen des Prager Statthalters Erzherzog Ferdinand einen einheimischen Ritter mit der Landeshauptmannschaft ihres Fürstentums betrauen. Die auf dem letzten Privileg Herzog Johanns von 1531 beruhende Landesordnung für Oppeln–Ratibor von 1562, die im folgenden Jahre ihre Bestätigung durch den Oberherrn fand, verbriefte den Ständen diesen Indigenatsanspruch für das höchste Landesamt ausdrücklich und ließ eine Berufung des Landtages auch ohne königlichen Befehl zu. Der beste Gradmesser für die Nachgiebigkeit des Herrschers gegenüber den Ständen des unmittelbaren Kronlandes ist die fast überall in diesen Gebieten ungestört fortschreitende Festigung des evangelischen Besitzstandes, die der in den Herzogtümern und Standesherrschaften um nichts nachsteht. Am weitesten voran in der Entwicklung war bei der Bedeutung der Landeshauptstadt das Fürstentum Breslau. Wieviel das Beispiel der Stadt für den Sieg der Reformation in Schlesien bedeutet hatte, lag klar zutage, und so haben die eifrigsten Vorkämpfer einer katholischen Erneuerung, die Jesuiten, schon sehr früh daran gedacht, den schlesischen Protestantismus hier an seiner stärksten Stelle anzugreifen und die Gegenreformation von da wirksam in Gang zu bringen. Die erste in den Jahren 1561/62 drohende Gefahr einer Niederlassung von Jesuiten in Breslau wußte der Rat jedoch geschickt abzuwehren, und im Dezember 1563 erlebte er die Genugtuung, daß der Thronfolger Maximilian bei seinem Breslauer Aufenthalt auch die evangelischen Geistlichen der Stadt empfing und sie wohlwollend beschied. In Troppau bürgerte es sich ein, daß man neben dem katholischen Pfarrer, dessen Erhaltung durch einen königlichen Entscheid von 1542 gesichert war, einen evangelischen Prediger berief. Schweidnitz brachte durch gütliche, in gewissen Abständen immer wieder erneuerte Vereinbarung das dem Breslauer Klarenstift zustehende Patronat seiner Stadtpfarrkirche in seine Hand; nur Glogau gelangte infolge hartnäckigen Widerstandes seines Kollegiatstiftes nicht zu einer evangelischen Kirche in seinen Mauern und konnte erst 1564 in dem nahe gelegenen Brostau einen regelmäßigen protestantischen Gottesdienst für seine Bürger einrichten. Auf dem Lande war in den Erbfürstentümern die Haltung der Gutsherren für den Bekenntnisstand entscheidend, und diese hingen zum größten Teil der neuen Lehre an. Selbst in Oppeln—Ratibor hatte das Luthertum in einem heute meist unterschätzten Umfange an Boden gewonnen; hier wirkte die Pfandherrschaft der Hohenzollern sowie Isabellas, die während ihrer kurzen Wirksamkeit ebenfalls Maßnahmen zugunsten der Evangelischen getroffen hatte, noch lange nach, und der Krone waren zudem durch ihre eigene Verpfändungspolitik bei vielen an Protestanten gelangten Kammergütern die Hände stark gebunden; das Bestreben der evangelischen Geistlichen, dem slawischen Bevölkerungsteil die Seelsorge in seiner Muttersprache zuteil werden zu lassen, ist einer Ausbreitung der Reformation über den Kreis des deutschen Elementes hinaus nur förderlich gewesen[14]. Von den weltlichen Fürstentümern und Standesherrschaften hatten bis zu Ferdinands Tod in ganz Schlesien einzig Loslau, Pleß und Trachenberg die neue Lehre noch nicht offiziell eingeführt, und selbst im Bistumslande hatte sie zahlreiche Anhänger gefunden. Beschwerte sich doch der Papst beim Kaiser über die Lauheit des Breslauer Bischofs, unter dessen Augen in Neisse ein offener Abfall vom Katholizismus eingesetzt hatte. Wie notwendig der Oberherr selbst ein Entgegenkommen in der religiösen Frage erachtete, um die noch vorhandenen Reste des Katholizismus wenigstens einigermaßen zu halten, beweist die Vergünstigung des Laienkelches für seine Erblande, die er in seinem Todesjahre beim Papst erwirkte und die für Schlesien amtlich bis 1584 in Kraft blieb, aber auch später noch mehrfach bis in die Anfänge des 30jährigen Krieges von der katholischen Geistlichkeit gewährt wurde[15].

Die römische Kirche sah mit Sorge die wachsenden Schwierigkeiten, den Priesternachwuchs für die noch altgläubig gebliebenen Gemeinden aus dem Lande selbst sicherzustellen; es wurde erforderlich, fremde Kräfte aus dem benachbarten Polen heranzuziehen, und auch in mehreren großen Stiften und Klöstern, die nicht der Auflösung anheim gefallen waren, läßt sich mit dem Ausbleiben des heimischen

Zuganges seit der Jahrhundertmitte ein Anwachsen des polnischen beobachten; so begann sich z.B. in Trebnitz, im Breslauer Adalbertkloster und bei den Prämonstratenserinnen in Klosterbrück (Czarnowanz) ein für die Geschlossenheit der katholischen Abwehr nicht unbedenklicher Konfliktstoff anzuhäufen. Schon 1552 sah sich der Fürstentag veranlaßt, gegen die Aufnahme von landfremden Geistlichen Beschwerde zu führen, 1557 erneuerte er das Ansuchen an Ferdinand, keine Ausländer in schlesische Pfründen und Stifte einzulassen. In einer Zeit, da der schlesische Protestantismus eine feste Ordnung seiner Kirche gewann, da er die Kräfte in sich aufbrachte, seine Sendboten über die Grenzen hinauszuschicken und an der Verbreitung der Reformation im Vorfeld Schlesiens, vor allem in Oberungarn und Polen, lebhaften Anteil zu nehmen, war die katholische Kirche des Landes so geschwächt, daß sie selbst ihren stark zusammengeschrumpften Besitzstand nur durch Zuzug von außen halten und in dem erforderlichen Umfang geistlich versorgen konnte. So bietet Schlesien am Ende der Regierung Ferdinands in religiöser Hinsicht ein getreues Spiegelbild des Kräfteverhältnisses beider Bekenntnisse im Reiche, dessen Bevölkerung damals ebenfalls zu neun Zehnteln als nicht katholisch gelten konnte. Die inneren Spannungen und äußeren Verirrungen, die der Glaubenswandel mit sich gebracht hatte, waren Schlesien fast ganz fremd geblieben. Die schwenckfeldische Richtung, die sich in Teilen des Fürstentums Liegnitz wie in der Grafschaft Glatz behaupten konnte, weist nichts von den abstoßenden Zügen auf, welche die Sektenbildung, vor allem der Wiedertäufer, anderorts mehrfach angenommen hat, und der Breslauer Rat konnte sich 1552 rühmen, drei Jahrzehnte lang alle Abendmahlsstreitigkeiten von der Stadt ferngehalten zu haben.

Die fast 40 jährige Herrschaft Ferdinands in Schlesien schließt also mit einem Ergebnis, das in staatlicher und volksmäßiger Hinsicht gleichermaßen erfreulich und verheißungsvoll anmutet. Der Übergang des Landes an das Haus Habsburg und das fast gleichzeitige Eindringen der Reformation haben in glücklicher Ergänzung die Bindung Schlesiens an den großen deutschen Volkskörper und seine damalige politische Gestalt vertieft. Brachte jenes Ereignis die Verbindung mit der führenden deutschen Territorialmacht, die Ausrichtung auf Wien als staatlichen Mittelpunkt neben Prag, so unterstrich dieses den seit der mittelalter-

3. Oberglogau, Schloßportal (1671-1672)

lichen Ostwanderung lebendigen Zusammenhang mit den mittel- und niederdeutschen Kraftquellen des schlesischen Volkstums und verhinderte eine einseitige Wendung zum Süden hin, Schlesien blieb offen und empfänglich nach beiden Seiten; von den zwei großen Entscheidungen der ostdeutschen Geschichte des 16. Jhs.: der Begründung eines großen Habsburgerreiches, das den möglichen Druck auf die deutsche Ostgrenze in ihrem mittleren Abschnitt unwirksam machte und der vom Süden drohenden osmanischen Gefahr einen Riegel vorschob, wie dem Vordringen der Reformation, das dem Deutschtum neue Wege kultureller Ausstrahlung erschloß — ist Schlesien in gleicher Weise berührt worden und hat ihren Segen an sich erfahren.

II. Stillstand und Rückschläge unter Ferdinands Nachfolgern (1564 — 1611)

Als Ferdinand I. am 25. Juli 1564 starb, war für den Staat der deutschen Habsburger und besonders für die böhmischen Länder die Grundlage geschaffen, auf der — trotz nochmaliger Erbteilung, die eine eigene Tiroler und steiermärkische Linie schuf — seine Nachfolger nur weiterzubauen brauchten; in der Hauptländergruppe Österreich–Böhmen–Ungarn war die Nachfolge genügend sichergestellt durch die noch zu Ferdinands Lebzeiten erfolgte Annahme seines ältesten Sohnes Maximilian durch die betreffenden Stände. Der neue Herrscher ist schon 1563 zur Huldigung und dann 1567 zum Troppauer Fürstentag nochmals nach Schlesien gekommen, während ein mehrfach verheißener dritter Besuch sich nicht verwirklicht hat. An den bewährten Grundsätzen der königlichen Politik hat sich unter ihm nichts geändert; bot für ihre Fortführung doch schon das Bestehen der schlesischen Kammer eine hinreichende Gewähr. 1572 erhielt diese Behörde eine neue Geschäftsanweisung; in der Salzverwaltung wurde ihre Zuständigkeit auf die Lausitz ausgedehnt, die dafür im Zollwesen verselbständigt wurde. Den Hauptstreitpunkt zwischen der Schlesischen Kammer und dem Breslauer Rat, die Frage der Gerichtshoheit über die Kammerbeamten, entschied der Kaiser 1571 dahin, daß die oberen Beamten nur für ihren der Stadt unterstehenden Grundbesitz vor das Stadtgericht gehören und im Falle seiner persönlichen Anwesenheit das gesamte Personal dem Hofmarschallamt unterworfen sein sollte.

Von Gebietsveränderungen ist aus der Regierungszeit Maximilians an erster Stelle zu nennen der endgültige Verlust des Fürstentums Münsterberg—Frankenstein für die Oelser Podjebrads in den Jahren 1569/70. Damals vollzogen die Stände des Fürstentums nach dem zwei Jahre zuvor in Glatz gegebenen Beispiel aus eigenen Mitteln den Loskauf von ihren bisherigen hoch verschuldeten Landesherren, unterstellten sich der Krone unmittelbar und ließen sich von ihr verbriefen, daß ihr Land künftig stets ein Erbfürstentum bleiben und nie wieder vergeben werden solle. Dieser Schritt zeigt uns deutlich, daß die Landstände in dem Übergang aus dem Herrschaftsbereich eines schwachen Fürstenhauses in den unmittelbaren Kronbesitz eine Verbesserung erblickten und in religiöser Hinsicht davon nicht einmal eine Gefährdung ihres Protestantismus befürchteten. Der Tiefstand, den die Oelser Herzöge unter Maximilian erlebten, offenbart sich besonders in den Versuchen zur Regelung ihres Schuldenwesens: Die Veräußerung von Gütern zur Schuldentilgung durfte nur mit kaiserlicher Genehmigung erfolgen, und auch in den Vergleichsverhandlungen mit seinen 90 Gläubigern mußte sich das Herzogshaus die Vermittlung des Oberherrn gefallen lassen. Die von dem Verkauf des Fürstentums Münsterberg—Frankenstein ausgenommenen Bergstädte Reichenstein und Silberberg gelangten dabei in die Hände der Gläubiger, da der Kaiser nicht Mittel genug hatte, sie selbst zu erwerben; 1581 kaufte schließlich der böhmische Magnat Wilhelm v. Rosenberg beide Städte und erwirkte von seinem Oberherrn als persönliche Vergünstigung für seine Familie sogar das Recht der Münzprägung an diesen Orten. Auch die Teschener Linie der Piasten hat damals beträchtliche Einbußen erlitten. Die finanzielle Bedrängnis zwang sie 1572 zum Verkauf von Mistek, Freistadt, Friedeck, Bielitz, Skotschau und Schwarzwasser, von denen sie nur die beiden letzten zwei Jahrzehnte später wieder erwerben konnte; Mistek fiel an den Olmützer Bischof zurück, Freistadt, Friedeck und Bielitz wurden Minderherrschaften, die nicht mehr zum Fürstentum Teschen rechneten, und verbreiterten so die schon vorhandene Schütterzone klein-

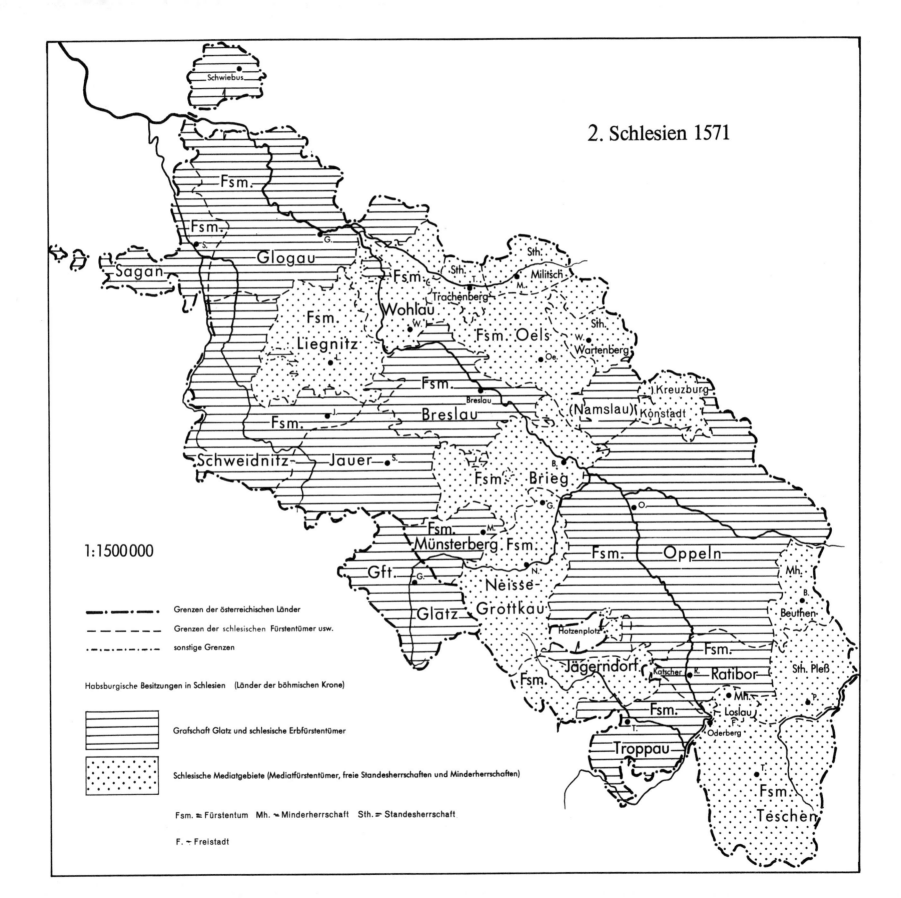

staatlicher Sonderbildungen, welche Teschen von dem übrigen Schlesien trennte[16].

Die mittelschlesischen Piasten erscheinen in ihrem Liegnitzer Zweig weiterem Niedergang preisgegeben. Die Träume Heinrichs XI. von der polnischen Krone, deren letzter Träger aus jagellonischem Stamm, Sigismund August, kinderlos war, vermehrten nur die Schuldenlast des kleinen Liegnitzer Landes und gaben Maximilian 1567 Anlaß zu der uns schon aus den Oelser Vorgängen bekannten Feststellung, daß die schlesischen Fürsten für Verkauf, Verpfändung oder sonstige Veränderungen ihrer Kammergüter die Zustimmung ihres Oberherrn benötigten. Einem Bergbaukonflikt i.J. 1570 folgte zwei Jahre später der Einspruch der Schlesischen Kammer gegen die vom Herzog zur Deckung seiner Schulden ausgeschriebene Steuer, weil das Fürstentum Liegnitz dadurch unfähig zur Zahlung der allgemeinen Landessteuer werde. Der Brieger Zweig, von dem noch einmal ein letzter Aufschwung des Piastenhauses ausgehen sollte, besaß in Georg II. den einzigen Fürsten, der damals — neben dem nur selten in Jägerndorf weilenden Georg Friedrich — als wirklicher Landesvater aus dem Kreise seiner Standesgenossen hervorragte und wachsam die Möglichkeiten wahrnahm, die sich ihm zur Festigung seiner Stellung boten. So hielt er die Verbindung mit dem Berliner Hof aufrecht und betrieb im Einvernehmen mit seinem kurfürstlichen Schwager Johann Georg die Bewerbung um die Magdeburger Dompropstei für seinen Sohn Joachim Friedrich, der schon mit päpstlicher Bestätigung die Brieger Dechantei innehatte. Zu dem neuen Oberherrn Maximilian stand Georg in einem besseren Verhältnis als zu seinem Vorgänger Ferdinand; der Türkenfeldzug von 1566 bot ihm Gelegenheit, sich dem Kaiser als Führer der Hilfstruppen aus Schlesien und der Lausitz dienstwillig zu erzeigen. So war er der gegebene Vertrauensmann der Krone, um im Januar 1574 den von den polnischen Großen zum Nachfolger des letzten Jagellonen erwählten französischen Prinzen Heinrich v. Anjou bei seiner Durchreise durch die Lausitz das Geleit zu geben und zur Krönung in Krakau seinen Sohn Joachim Friedrich abzuordnen, und wenige Monate später wirkte er als kaiserlicher Kommissar bei der Breslauer Bischofswahl mit. Hatte er seine Wünsche auf Oppeln–Ratibor aufgeben müssen (S. 29), so hoffte er dafür durch Vermittlung des Kurhauses Brandenburg vielleicht die Übertragung der Pfandschaft von Beuthen und Oderberg zu erreichen, gewiß nicht aus einem Gegensatz zu dem ihm sonst eng befreundeten Ansbacher Markgrafen, sondern in der Voraussicht, daß spätestens mit dessen kinderlosem Tode die beiden Herrschaften der Krone zufallen müßten, während es im anderen Falle möglich schien, diesen Besitz dem schlesischen Fürstenstand zu erhalten. Daß der Jägerndorfer jedenfalls wie schon bei Ferdinand auch bei Maximilian nicht gut angeschrieben war, zeigt der Nachdruck, mit dem der Kaiser die Politik seines Vaters gegen ihn fortführte. Der Bergwerksstreit, in dem selbst Georg v. Brieg dem Markgrafen zu einer Bittschrift an den Oberherrn riet, beschäftigte den Hof und die Kammern in Breslau und Prag noch jahrelang, ohne daß es zu einem gütlichen Vergleiche kam; durch Revisionsbefehle und Einholung weiterer Rechtsbelehrungen wurde das Verfahren so umständlich gestaltet, daß der Prozeß in den 70 er Jahren im Sande verlief und Georg Friedrich die Beuthener Bergwerke bis zu seinem Tode tatsächlich in der Hand behielt. In der anderen Streitfrage konnte sich der Markgraf nicht so erfolgreich behaupten: Maximilian versagte ihm 1565 die Bestätigung seiner Hofgerichtsordnung und befahl ihm wiederholt, das ständische Landrecht wieder aufzurichten. Schließlich mußte sich der Herzog zu einem Ausgleich mit seinen Ständen verstehen, der am 17. Febr. 1570 in Prag geschlossen wurde, der Jägerndorfer Ritterschaft das mährische Recht beließ und die Gleichberechtigung der deutschen und tschechischen Amtssprache verfügte. 1571 wurde das Landrecht nach 11jähriger Pause wieder eröffnet, Georg Friedrich ließ sich aber in seinen Reformbestrebungen dadurch nicht beirren, sondern erklärte schon zwei Jahre später Berufungen an das Oberrecht nach Breslau für zulässig. Waren somit hier Wille und Einfluß des Landesherrn eine ausreichende Sicherung der Zugehörigkeit Jägerndorfs zu Schlesien, so bestand für das gebietsmäßig so eng mit ihm verzahnte Troppauer Land die Gefahr der Entfremdung noch weiter, obwohl man sich gerade damals von schlesischer Seite lebhaft bemühte, endlich eine Entscheidung dieser Frage herbeizuführen. Nachdem die Troppauer die Breslauer Ständeversammlungen in den Jahren 1565 und 1566 nicht beschickt hatten, hielt man 1567 den Fürstentag selbst in Troppau ab, um den Zugehörigkeitsstreit zu beenden, und erlangte von dem persönlich erschienenen Oberherrn ein Mandat an das Erbfürstentum, sich künftig zu Schlesien zu halten. Während die Städte auch dazu neigten, konnte sich der Adel des Landes nicht zum Nachgeben bereit finden, da die größeren Freiheiten und geringeren Abgaben im Landesverband Mähren eine zu starke Verlockung für ihn bedeuteten. So dauerte es noch ein halbes Jahrhundert, bis unter ganz anders gelagerten Verhältnissen nach den Städten auch die Troppauer Ritterschaft sich bewogen sah, die Zugehörigkeit des Landes zu Schlesien anzuerkennen (S. 74).

Für Schweidnitz — Jauer[17] hatte schon Ferdinand 1562 festgestellt, es habe die behauptete unmittelbare und gesonderte Zugehörigkeit zu Böhmen nicht beweisen können und sei daher zur Teilnahme an den schlesischen Landesumlagen sowie — für den Fall königlicher Anliegen — auch am Fürstentag und Oberrecht verpflichtet. Den innerständischen Gegensatz, der auch in diesem Erbfürstentum bestand, beleuchtet der sog. Tausdorfsche Handel von 1572, die übereilte und rechtlich nicht einwandfreie Verurteilung und Hinrichtung eines adligen Friedensbrechers durch die Stadt Schweidnitz, die der Kaiser 1575 mit der Entziehung des Obergerichtes und der freien Ratswahl sowie mit der Verlegung des Land— und Mannrechtes nach Jauer bestrafte. Die Stadt erlangte erst nach Zahlung einer hohen Buße von Maximilians Nachfolger Rudolf i.J. 1580 Begnadigung und Zurücknahme der ausgesprochenen Strafe. Im Fürstentum Breslau waren die inneren Spannungen anderer Art, da hier als dritte wichtige Gruppe neben Adel und Bürgerschaft noch der katholische Klerus — das Domkapitel und eine Reihe von Stiften — vorhanden war; begehrte die Ritterschaft immer wieder gegen die Verwaltung der Landeshauptmannschaft durch den Breslauer Rat auf, da sie sich in ihrer Standesehre gekränkt fühlte, von Kaufleuten und Zunftmeistern abhängig zu sein, so herrschte zwischen der Geistlichkeit und der Stadt der Streit um die außerzünftigen Handwerker; Geistlichkeit und Ritterschaft aber entzweite der wiederholte Versuch des Klerus, jede Pflicht zur "Mitleidung" abzulehnen, ein Gegensatz, der naturgemäß dem Breslauer Rat ein willkommenes und gern genutztes Schiedsrichteramt in die Hand spielte.

Die Frage der Mitleidung wurde nun gerade unter Maximilian mehrfach brennend infolge der verschiedenen Fürstentagsbeschlüsse über die Landesverteidigung und die Geldbewilligungen an die Krone, die durch die neuen Türkenkämpfe seit 1566 veranlaßt waren. Die Wehrfähigkeit des Landes suchte schon 1566 ein kaiserliches Edikt zu heben, das den Bürgern die Veranstaltung von Scheiben— und Vogelschießen zur Pflicht machte; gleichzeitig wurden die Musterungen wieder aufgenommen und 1572 die schon mehrfach geforderte Beratung einer neuen Bereitschaftsordnung begonnen, deren Erledigung aber gerade durch die Weigerung der Breslauer Geistlichkeit, ihre Häuser und Hufen zur Mitleidung anzugeben, noch um Jahre verzögert wurde. Maximilian selbst erlebte daher nur die im Zuge der Landessicherung 1571 erfolgte Erneuerung der Fehdeordnung aus der Zeit Ferdinands und die gleichzeitige Einrichtung einer Landespolizei — beides Maßnahmen, bei denen die Stände sich den entscheidenden Einfluß der Krone gegenüber zu sichern wußten. Die Geldforderungen des Kaisers wurden dafür rascher bewilligt als die militärischen: 1570 beschloß der Fürstentag die Einführung einer jährlichen Türkensteuer von 70 000 Tlr, allerdings ohne dem Oberherrn eine Mitwirkung bei der Erhebung zuzugestehen. Der wiederholte Wunsch Maximilians, wenigstens in den Erbfürstentümern die Einsetzung der Steuer—Untereinnehmer wieder in seine Hand zu bekommen, blieb unerfüllt. Ein weiterer Erfolg der schlesischen Stände — diesmal gegen die böhmischen Mitstände gerichtet — war das kaiserliche Zugeständnis von 1573, daß künftig in Schlesien auch Münzen nichtböhmischer Prägung gültiges Zahlungsmittel sein sollten.

Der schlesische Protestantismus hat unter Maximilian seine größte Ausdehnung noch nicht ganz erreicht, aber die ihm drohenden Gefahren und Anfechtungen sind damals auf ein vorher und nachher unbekanntes Mindestmaß herabgesunken. Das lag in der Hauptsache an der versöhnlichen, der Lehre Luthers anfangs nicht abgeneigten Haltung des Kaisers, der sich ja auch in Böhmen sehr um die kirchliche Befriedung bemühte, wie an der geringen Anteilnahme, die der gleichzeitige Breslauer Bischof, Maximilians Jugendgespiele Kaspar v. Logau (1562—74), für die Verteidigung der katholischen Belange und die Aufnahme eines Gegenangriffs bewies[18]. Der Kaiser selbst richtete bereits im Jahre seines Regierungsantrittes einen Erlaß an das Oberamt, Schmähreden katholischer Geistlicher von der Kanzel herab zu verhindern, 1566 sann er dem Bischof sogar die Einsetzung eines Seelsorgers

Augsburgischer Konfession in dem Stiftsdorf Herzogshufen (Oltaschin) an, 1572 erließ er ein Reskript zugunsten freier Religionsübung in Oberglogau, und zwei Jahre darauf fand der evangelische Pfarrer in Trebnitz Schutz bei ihm gegen den schärfer vorgehenden Nachfolger Kaspars, Martin v. Gerstmann. Die Lauheit Bischof Kaspars wurde besonders fühlbar in der mangelnden Unterstützung des 1565 begründeten Priesterseminars und in der Gleichgültigkeit gegen die seit 1547 bestehende Vakanz im Amt des Weihbischofs, zu dessen Neubesetzung er sich nicht entschließen konnte. So ruhte die ganze Last des katholischen Abwehrkampfes immer noch auf dem Breslauer Domkapitel, welches die Übergangszeit nach Kaspars Tod 1574 auch sofort dazu benutzte, verschiedene gegenreformatorische Anordnungen zu erlassen und in die Wahlkapitulation des neuen Oberhirten in Gestalt von 18 zusätzlichen Artikeln noch stärkere Sicherungen einzubauen, als das schon bei Kaspar geschehen war: so die Forderung, im ganzen Bistum nur katholische, unbeweibte Priester zu dulden, in allen vom Bischof zu besetzenden Ämtern den Katholiken den Vorzug vor Andersgläubigen zu geben, die leerstehenden Klöster wieder zu füllen u.ä. Mit der nun folgenden Erhebung des Konvertiten Martin v. Gerstmann[19], eines Bunzlauer Bürgersohnes, der als kaiserlicher Rat und Gesandter wie als Lehrer der Erzherzöge Matthias und Maximilian in nahe Beziehung zum Hofe getreten war, ist die Entwicklung der katholischen Kirche in Schlesien an einem Wendepunkt angelangt, ein neuer Aufstieg kündete sich an, den die protestantische Seite mit wachsender Besorgnis verfolgte, zumal sie jetzt ihre eigene Einheit bedenklich gefährdet sah. Bei der engen geistigen Verbindung Schlesiens mit dem Ausgangslande der Reformation konnte es nicht ausbleiben, daß die nach Melanchthons Tod offen ausgebrochene Entzweiung im evangelischen Lager auch auf Schlesien übergriff, und mochte das Ringen der verschiedenen Parteien hier auch nicht so bedrohliche Formen annehmen wie etwa in Kursachsen, so war doch unverkennbar, daß seit Beginn der 70er Jahre mehrere Glaubensrichtungen miteinander stritten. Am wenigsten Anhang fanden noch die radikalen Strömungen des besonders in Polen verbreiteten Sozinianismus und des starren Luthertums, obwohl dessen Wortführer Flacius Illyricus auf zwei Religionsgesprächen in Schlesien — auf Burg Lehnhaus und in Langenau — auftrat; die breiteste Anhängerschaft besaßen immer noch die Mittelgruppen, aber auch sie verfolgten verschiedene Wege: So erklärte sich die Brieger Geistlichkeit 1574 im Heidersdorfer Bekenntnis für die Konkordienformel, während die Prediger in Breslau zumeist "Philippisten" blieben; der kleine, aber einflußreiche Kreis von Gebildeten schließlich, dessen Haupt, Crato v. Krafftheim[20], als kaiserlicher Leibarzt besonders berufen gewesen wäre, dem schlesischen Protestantismus die Gunst des Hofes zu erhalten, vertrat eine Auffassung, die ihn leicht in den Verdacht des Kalvinismus bringen und der evangelischen Sache damit empfindlich schaden konnte. So hat sich das Zukunftsbild für die fast ausnahmslos protestantischen Fürsten und Stände Schlesiens in der 12 jährigen Regierungszeit Maximilians weitgehend gewandelt: Galt ihre Sorge beim Tode Ferdinands vorwiegend dem Schicksal ihrer verfassungsmäßigen Rechte, während in der Glaubensfrage wenig zu befürchten stand, so schien jetzt die Krone in ihrem politischen Vordringen der gefährlichsten Stoßkraft beraubt und zu manchen Zugeständnissen genötigt, während auf konfessionellem Gebiet mit der beginnenden Sammlung der katholischen Kräfte und der wachsenden Uneinigkeit der evangelischen Seite sich die Möglichkeit neuer Auseinandersetzungen und — im Hinblick auf Maximilians Nachfolger — einseitiger Parteinahme des Herrscherhauses für die altgläubigen Belange in ersten Umrissen abzeichnete.

Der Regierungswechsel von 1576 hat sich ebenso reibungslos vollzogen wie der von 1564. Der neue Herrscher Rudolf ist im Frühjahr 1577 zur Huldigung nach Schlesien gekommen, um das Land dann während seiner 35 jährigen Regierung nicht mehr zu sehen[21]. Der Plan eines neuen Besuches ist wohl noch manches Mal bei Hofe erörtert worden, aber nie zur Ausführung gelangt, da der Kaiser sich immer unzugänglicher auf der Prager Burg einschloß; erst in der höchsten Not des allgemeinen Abfalls i.J. 1611 ist er dem Gedanken nahe getreten, sich noch einmal nach Schlesien zu begeben, um hier vielleicht einen Rückhalt für den letzten Versuch zur Selbstbehauptung zu finden, ohne Vorstellung davon, wie sehr selbst in diesem bisher willfährigsten seiner Erbländer das ständische Bewußtsein inzwischen noch einmal erstarkt und willens war, dem Beispiel Österreichs, Böhmens und Mährens zu folgen. Mit der Erhebung Prags zu seiner dauernden Residenz zog Rudolf die Folgerung aus der Gebietsteilung, welche die deutschen Habsburger nach dem Tode Ferdinands I. vorgenommen hatten, zugleich unterstützte er aber damit auch eine von seinem Großvater bekämpfte Entwicklung: er ließ es geschehen, daß innerhalb seines Teilreiches die Länder der Wenzelskrone wieder einen eigenen Körper bildeten, in dem der böhmische Herrenstand seine Vorzugsstellung den Nebenländern gegenüber erneut durchzusetzen suchte. In den Verkehr Schlesiens mit seinem Oberherrn schoben sich — auch auf Gebieten, wo dies garnicht vorgesehen war — böhmische Behörden ein. So gewann die mit Böhmen besetzte Prager Kammer einen tatsächlichen Einfluß auf die Leitung des schlesischen Finanzwesens. Auch die schon von Ferdinand und Maximilian vorbereitete Regelung des schlesischen Bergwesens kam nun unter diesem Gesichtspunkt enger Anlehnung an Böhmen zum Abschluß. Sahen die früheren Vorschläge für Oberschlesien die Gültigkeit der Tarnowitzer, für Niederschlesien der Joachimstaler Bergordnung vor, so erhielt in dem endgültigen Gesetz von 1577 ganz Schlesien die Joachimstaler Bestimmungen zum Vorbild und zur Ergänzung den Hinweis auf das böhmische Bergwerksgesetz von 1575. Im Gegensatz zu dem bisherigen Brauch beanspruchte der Oberherr in der neuen schlesischen Bergordnung auch vom niederen Metall ein Zehntrecht; dem drohenden Rückgang des schlesischen Bergbaus suchte eine Reihe von Vergünstigungen zu steuern: Die Pflichten der Grundherren wurden näher festgelegt, Schürfbelohnungen und Stollenhilfen ausgesetzt, Zehntfreijahre verheißen und den Bergwerkssiedlungen Gewerbefreiheit zugesagt. Für ganz Schlesien erlassen, blieb die Bergordnung von 1577 jedoch in ihrer Geltung im wesentlichen auf die Erbfürstentümer beschränkt und hat auch hier den allmählichen Niedergang der Förderung nur hinhalten, nicht aber wenden können[22].

Die Sonderstellung der Sudetenländer innerhalb des Habsburgerreiches unterstrich auch die Neuordnung des Zollwesens i.J.1600, nach der nicht mehr der gesamte Staat, sondern nur noch die böhmische Ländergruppe eine Zolleinheit bildete — eine Verengung des bisherigen Wirtschaftsraumes, die besonders der schlesische Kaufmann in seinem Handel nach Oberungarn verspüren mußte. Wenn Rudolfs Wunsch nach einem Generallandtag seines ganzen Reiches an dem Widerspruch Böhmens und seiner Nebenländer scheiterte, so kam das ebenfalls von der Krone begehrte einheitliche Defensionswerk nicht einmal für diesen kleineren Bereich zustande. Der schlesische Fürstentag brachte es zwar 1578 glücklich zu einer Verteidigungsordnung ähnlich der von 1529 (S. 11), wahrscheinlich unter dem Eindruck der Spannung mit Polen, die durch erfolglose Thronbewerbungen der Habsburger in den Jahren 1573 und 1576 und durch die Erhebung ihres siebenbürgischen Widersachers Stephan Bathory entstanden war; steigerten sich doch damals die ständigen kleinen Grenzreibereien zu ernsten Überfällen schlesischer Herren auf polnische Edelleute und umgekehrt. Der böhmische Generallandtag dagegen hatte es nicht sehr eilig damit, dem schlesischen Beispiel zu folgen, zumal Mähren und die Lausitz sehr unzugänglich für größere Bewilligungen waren und auch der Kaiser keinen Anteil an den Kosten übernehmen wollte — trotz seiner Forderung, das Aufgebot dürfe nicht auf den Dienst im Lande beschränkt bleiben. Kein Wunder, daß die verärgerten Schlesier, besonders nach den trüben Erfahrungen der Prager Zusammenkünfte von 1585 und 1587, keine Lust mehr verspürten, überhaupt noch Vertreter zu den allgemeinen Verhandlungen zu entsenden.

Auch an den Leistungen, die tatsächlich regelmäßig zustande kamen, den Geldbeihilfen, sollte Rudolf keine reine Freude erleben. Hatten die Schlesier nach dem kurzen Zwischenspiel des Landeszahlamtes unter Ferdinand I. (oben S. 25) die ursprünglich ja als Türkenhilfe bewilligte Landessteuer bisher nach Einsammlung durch die ständischen Einnehmer dem Oberherrn ausgehändigt und zur freien Verfügung gestellt, so machten sie sich 1579 den Beschluß des Prager Generallandtages zu eigen, wonach die Auszahlung der Summen unmittelbar an die in Ungarn kämpfenden Truppen erfolgen sollte, damit man die Gewähr der Verwendung zu dem angegebenen Zwecke hatte; diese Vorsichtsmaßregel war gewiß nicht unbegründet angesichts der hohen Verschuldung der Krone, die gerade unter Rudolf Anleihen auf Anleihen häufte, stellte zugleich aber auch einen unerhörten Eingriff in die königliche Handlungsfreiheit dar, den ein Ferdinand I. auf die Dauer nicht so hingenommen hätte, wie es sein Enkel nach vergeblichen Gegenvorstellungen schließlich tat. Die schlesischen Stände setzten nunmehr einen eigenen Zahlmeister ein, der die Hilfsgelder selbst nach Ungarn brachte und die Auszahlung an die dortigen Truppen persönlich vornahm. Im J. 1580 konnte der Kaiser diese Niederlage wenigstens z.T. wieder wettmachen: Er erzielte einen Ausgleich mit den Ständen über das 1546 bewilligte Biergeld, wonach wenigstens bei dieser Steuer dem Oberherrn neben der freien Verwendung auch die Erhebung zugestanden wurde, so daß für diesen Zweck nun auch eigene kaiserliche Einnehmer bestellt werden konnten.

Wenn sich im Rechtsleben die Abhängigkeit Schlesiens von der Prager Appellationskammer behaupten und vertiefen konnte, so liegt dies wohl daran, daß hier das Interesse der böhmischen Herren mit dem kaiserlichen besonders eng verknüpft war. Mochte Rudolf auch 1584 einmal einen Prozeß von den Prager "Landesoffizieren" an das schlesische Oberrecht verweisen — im allgemeinen hielt er darauf, daß dieses nun meist im Anschluß an die Fürstentage abgehaltene Gericht sich nicht doch noch zu einem höchsten Gerichtshof Schlesiens entwickeln konnte, der einer Berufung nach Prag nicht mehr stattzugeben brauchte. Um den Schein der Unabhängigkeit zu wahren und jedem Appellationsversuch der streitenden Parteien zuvorzukommen, fand das Oberrecht den Ausweg, bereits vor dem Spruch ein Belehrungsurteil in Prag einzuholen, eine tatsächliche Anerkennung des Rechtszuges an die dortige Appellationskammer, mit welcher der Kaiser zufrieden sein konnte. Reibungslos vollzog sich übrigens auch die von der Krone befohlene Annahme des Gregorianischen Kalenders i.J. 1583/84. Ein Feld weitgehender Übereinstimmung zwischen oberstem Landesherrn und schlesischem Fürstentag war schließlich die schon seit den 50er Jahren sich verschärfende Judenpolitik. Das vom Breslauer Rat am 2. Mai 1582 publizierte Judenpatent Rudolfs vom 26. März d.J. verfügte die Austreibung der Juden aus Schlesien, die mit verschwindenden Ausnahmen (vgl. unten S. 166f.) von den Fürsten und Ständen des Landes gebilligt und mitvollzogen wurde.

In den Beziehungen zwischen dem Herrscher und seinen fürstlichen Vasallen ist auch unter Rudolf zunächst das starke Übergewicht noch unverkennbar, das die Krone sich errungen hat. Im Fürstentum Liegnitz brachte der liederliche, unstete Heinrich XI.[23] durch seine Abenteurerfahrten, durch maßlose Verschwendung und schwere Übergriffe sein ganzes Land gegen sich auf. Da er auch durch eine vorübergehende Absetzung nicht zur Vernunft zu bringen war, ließ ihn der Kaiser — wie einst Ferdinand I. Heinrichs Vater Friedrich III. — schließlich 1581 in Haft nehmen und auf der Breslauer Burg gefangen halten; während der Pest i. J. 1585 gelang es dem Herzog zwar freizukommen, doch war in Schlesien seines Bleibens nicht länger — drei Jahre später endete er sein Leben als hilfloser Flüchtling in der Hauptstadt jenes Reiches, dessen Krone er dem Piastenstamm hatte zurückgewinnen wollen, in Krakau; die deutschen Schlesier der Krakauer Weißgerberzunft sicherten ihm wenigstens eine letzte Ruhestätte. Sein Bruder und Nachfolger Friedrich IV. bemühte sich redlich, die Entwicklung des Landes wieder in gesunde Bahnen zu lenken. Besonders drückte ihn die Sorge, daß sein noch aus Schwenckfelds Zeiten verrufenes Fürstentum dem Kalvinismus zufallen und damit die Rechtsgrundlage des Augsburger Religionsfriedens sich verscherzen könne. Im J. 1583 ging er seinen Brieger Oheim Georg um Rat an, wie er sich den streitenden Richtungen gegenüber verhalten solle, und wurde von Georg auf sein Strehlener Dekret verwiesen, mit dem er ein Jahrzehnt zuvor die Gegensätze innerhalb der Brieger Geistlichkeit zu schlichten versucht hatte. Die Brieger Linie konnte endlich 1585 unter wohlwollender Duldung des Kaiserhofes in der Magdeburger Pfründenangelegenheit zu ihrem Ziel gelangen, für das sie schon so viele Opfer gebracht hatte. In dem Bemühen, sich unter den Reichsfürsten einen Rückhalt für seine Stellung zu schaffen, betrieb Georg Verschwägerungspläne mit den Häusern von Kurpfalz und Württemberg, im zweiten Falle schließlich auch mit Erfolg. Auf seine Anregung mag auch der letzte Vorstoß zurückgehen, den die Kurlinie der Hohenzollern i. J. 1584 in der Frage der Erbverbrüderung unternahm; Rudolf lehnte jedoch jedes Entgegenkommen ab und sicherte sich 1585 durch einen neuen Revers der Fürsten von Liegnitz—Brieg, der ihren Verzicht von 1546 bekräftigte. Eine Schwächung erfuhr der Brieger Piastenzweig nach Georgs Tod (1586) dadurch, daß selbst für einen solchen Kleinstaat der Grundsatz des Erstgeburtsrechtes sich noch nicht durchsetzen konnte, sondern die beiden Söhne Joachim Friedrich und Johann Georg nochmals eine Teilung vornahmen, in der jenem Brieg, diesem Wohlau zufiel; dazu belasteten das Ohlauer Wittum der Herzogin Barbara wie die hohen Schulden, die der baufreudige Georg hinterließ, das kleine Land ungemein und machten 1591 bedenkliche Veräußerungen von Kammergütern notwendig. Der Niedergang der Podjebrads in Oels war nun endlich zum Stillstand gekommen; nach dem Tode seiner Brüder gebot Karl II. als alleiniger Herr im Fürstentum und konnte in jenen 80er Jahren einen beachtlichen Erfolg für sich buchen, indem unter seinem landesherrlichen Schutz die evangelische Gemeinde in Trebnitz sich gegen die Äbtissin des dortigen Klosters zu behaupten vermochte, obwohl jene Unterstützung bei ihrem unmittelbaren Vorgesetzten, dem Leubuser Abt, wie auch bei dem Breslauer Bischof und dem Kaiser fand. Als entschlossener Förderer der neuen Lehre betätigte sich Karl gleichzeitig auch in der durch Heirat ihm angefallenen nordmährischen Herrschaft Sternberg.

Diese Trebnitzer Kraftprobe gehört in die Reihe jener ersten tastenden Versuche der schlesischen Gegenreformation, die nicht zufällig mit einer zum Katholizismus zurückgekehrten Persönlichkeit als Bischof und einem in Spanien erzogenen Erzherzog als Oberherrn ihren Anfang nahm. Martin v. Gerstmann (1574—85) kann man freilich noch nicht zu dem Typ des glaubenseifrigen, in seinen Mitteln wechselnden, doch im Ziele unbeirrbaren Kirchenfürsten rechnen, der uns seit dem Tridentiner Konzil so häufig in der deutschen Reichsgeschichte begegnet; seine bürgerliche Herkunft wie seine Stellung als Oberlandeshauptmann wiesen ihn auf ein gutes Einvernehmen mit seinen weltlichen Mitfürsten hin. Er war befreundet mit dem damaligen Wortführer der schlesischen Protestanten, Georg v. Brieg, und sogar mit dem des Kalvinismus verdächtigen Humanisten Crato (oben S. 42). Auch konnte Martin für die Geschäfte des Oberamts evangelische Räte so wenig entbehren wie der kaiserliche Hof, dem damals nicht nur in der Schlesischen Kammer, sondern auch in den höchsten Wiener und Prager Beamtenstellen Protestanten dienten. Dennoch hat dieser Bischof den späteren Erfolgen der Gegenreformation in Schlesien schon an vielen Punkten vorgearbeitet und sich um die innere Kräftigung seines Sprengels sehr verdient gemacht, welche die Voraussetzung für den äußeren Wiederaufstieg bildete. Um überhaupt einen zuverlässigen Überblick über den katholischen Besitzstand, die bestehenden Mängel und die Möglichkeiten einer Reform zu gewinnen, ordnete Martin eine allgemeine Visitation an, wie sie nach jahrzehntelanger Pause zuerst wieder Bischof Kaspar in Anregung gebracht hatte. Synoden des

Diözesanklerus wurden wieder regelmäßig veranstaltet und beschäftigten sich zunächst mit den Beschlüssen des Tridentiner Konzils, bei deren Einführung Bischof Martin die tatsächliche Unabhängigkeit seines Bistums von Gnesen geschickt zum Ausdruck zu bringen verstand. Das unter Kaspar begründete Priesterseminar (S. 41) verlegte er 1575 nach Neisse, wo es nun unmittelbar seiner Aufsicht und Obhut unterstand, zugleich ein äußeres Zeichen dafür, daß die führende Rolle in der Vertretung der katholischen Belange sich von der Seite des Domkapitels wieder mehr auf die des Bischofs zu verschieben begann. Erst 1577 kam es zur Anerkennung des Collegium Germanicum als einer Ausbildungsstätte von Universitätsrang durch das Domkapitel. Im J. 1581 erging ein kaiserlicher Sonderbefehl an Martin, in allen Kommenden und Kirchen des Erbfürstentums Oppeln—Ratibor, die kaiserlichem Patronat unterstanden, die abtrünnigen Geistlichen durch rechtgläubige Priester zu ersetzen, und im gleichen Jahre zogen die beiden ersten Jesuiten auf der Breslauer Dominsel ein, ohne daß es freilich hier, in Glogau oder Neisse bei der sonstigen starken Beanspruchung des Ordens und dem Widerstand der schlesischen Protestanten gegen alle weitergehenden Pläne zu der von katholischer Seite begehrten und immer wieder angeregten Gründung einer wirklichen Niederlassung kam. Wie trostlos im Grunde die Lage des schlesischen Katholizismus zu Beginn von Martins Regierung gewesen sein muß, das geht am besten aus den Klagen hervor, die noch nach Martins 11jährigem erfolgreichen Wirken sein Nachfolger, der Schwabe Andreas v. Jerin, 1586 an den Wiener Nuntius gerichtet hat[24]: Noch damals waren unter einigen hundert dem Bischof unterstehenden Adligen nur vier Katholiken, und den 160 katholischen Seelsorgern in ganz Schlesien standen sieben— bis zehnmal soviel evangelische gegenüber. Jerin selbst, der erste Zögling des Collegium Germanicum auf dem Breslauer Bischofsstuhl, sah sich, wie er in seinem Bericht entschuldigend fortfuhr, nicht in der Lage, die übernommenen protestantischen Räte zu entlassen, da sie für die Geschäfte des Oberamtes unentbehrlich seien, ein Verzicht auf das Oberamt aber nicht ratsam erscheine, da nur so der Bischof seinen Klerus und die Reste des Katholizismus noch einigermaßen schützen könne. Wie vorsichtig und noch ganz ohne umfassenden Angriffsplan man von katholischer Seite damals die ersten ausgesprochen gegenreformatorischen Schritte tat, zeigt nicht nur die Beschränkung des erwähnten kaiserlichen Erlasses auf die Patronatsfälle eines Erbfürstentums, die also erst in der Verbindung landesherrlicher und grundherrlicher Befugnisse die Möglichkeiten zum Einschreiten erblickte, sondern ebenso auch die zögernde Haltung Rudolfs in der Glogauer Frage, die ja schon seinen Vater beschäftigt hatte. Zwar ließ er 1579 die 15 Jahre zuvor den Protestanten der Stadt zugebilligte Kirche von Brostau — ebenfalls in seiner doppelten Eigenschaft als Landesherr und Patron — wieder schließen und den bisherigen Prediger ausweisen; als aber die Glogauer 1581 in einem Auflauf sich ihrer Stadtkirche bemächtigten, um endlich der mühseligen und gefährlichen Wege zu auswärtigen Gotteshäusern enthoben zu sein, sah der Kaiser von einer Bestrafung und einem Verbot dieser Neuerung ab und beließ es bei dem Spruch seiner Kommission, die eine wechselseitige Benutzung der Kirche durch die beiden Bekenntnisse verfügte. Wie einst unter Ferdinand I. waren es auch jetzt wieder die Türkengefahr, das Ringen um Ungarn mit inneren und äußeren Widersachern und die damit zusammenhängende unaufhörliche Geldnot, die den sonst dem Protestantismus abgeneigten Oberherrn immer wieder zur Mäßigung und Nachsicht bewogen und den Evangelischen in Schlesien weiterhin die Möglichkeit zu friedlicher Festigung ihres Besitzstandes beließen.

Zu jener dauernden Bedrohung von Südosten durch die Osmanen trat im ersten Drittel der Regierungszeit Rudolfs eine zweite außenpolitische Belastung von Osten her, die Schlesien noch viel näher anging und die wir schon kurz erwähnten: die Spannung mit Polen infolge der mehrfachen Bewerbung von Habsburgern um die Nachfolge der Jagellonen auch in diesem Reich[25]. Die Mißerfolge des Erzherzogs Ernst i.J. 1573 und seines kaiserlichen Vaters drei Jahre später hatten das österreichische Herrscherhaus nicht entmutigt; wirklich gelang es denn auch Rudolfs Bruder, dem Erzherzog Maximilian, nach dem Tode des Königs Stephan einen ansehnlichen Teil der polnischen Großen für sich zu gewinnen, die ihn am 22. Aug. 1587 zum König ausriefen, während die Gegenpartei drei Tage zuvor den schwedischen Prinzen Siegmund Wasa erhoben hatte. War Schlesien bis dahin nur durch die Teilnahme eines seiner Fürsten an der vorbereitenden Gesandtschaft, Karls II. v. Oels, von dieser Bewerbung berührt worden, so ließen nun nach erfolgter Doppelwahl weitere Rückwirkungen nicht auf sich warten. Schon in den ersten Septembertagen empfingen die schlesischen Stände die kaiserliche Aufforderung zur Waffenhilfe, Breslau auch zu Geldleistungen; die zum Zug nach Krakau geforderte Rittermannschaft lehnte das Land jedoch ab, um den Polen keinen Anlaß zu Beschwerden und Vergeltungsmaßnahmen zu geben; es bewilligte nur ein Ehrengeleit und Bereitschaft innerhalb der Grenzen und ließ Werbungen für Maximilian zu. Mit dieser Verlegenheitslösung konnte man aber nicht verhindern, daß schon bald polnische Scharen in das Herzogtum Teschen einbrachen und Breslauer Guthaben in Krakau beschlagnahmt wurden. Als Maximilians Sturm auf die polnische Hauptstadt am 24. Nov. mißglückte und sein Heer den Rückmarsch antreten mußte, zog sich der Kriegsschauplatz immer bedrohlicher in die Nähe Schlesiens; auch jetzt noch war von den Erbländern einzig Mähren bereit, dem Erzherzog Hilfstruppen zu schicken, die aber auch die polnische Grenze nicht überschreiten sollten. Maximilian fühlte sich seinerseits nicht stark genug, das gegen ihn anrückende Heer des Kanzlers Zamoiski auf polnischem Boden zu erwarten, und setzte seinen Rückzug am 22. Jan. 1588 über die schlesische Grenze fort. Zamoiski, der unbedingt eine Entscheidung herbeiführen wollte, ließ sich dadurch nicht beirren, sondern folgte dem Erzherzog nach, schlug am 24. Jan. sein Heer bei Pitschen und führte ihn selbst als Gefangenen mit sich fort. Das mittelschlesische Grenzgebiet litt einige Tage unter den Streifzügen und Plünderungen der Polen, die dann aber rasch wieder über ihre Grenze zurückkehrten. Das Aufgebot, das die schlesischen Fürsten jetzt endlich zusammenbrachten, fand nichts mehr zu tun; dafür hatte diese kurze Kriegsgefahr wenigstens das Gute, daß nun endlich in Anlehnung an den nicht in Kraft getretenen Prager Beschluß vom 20. März 1587 eine neue Defensionsordnung für Schlesien geschaffen wurde (Oktober 1588). Der Friede zwischen Rudolf und Siegmund kam durch Vermittlung des Kardinallegaten Aldobrandini, des späteren Papstes Clemens VIII., am 9. März 1589 in Beuthen zum Abschluß; er enthielt den völligen Verzicht der Habsburger auf ihre polnischen Pläne gegen die Freilassung Maximilians und bildete die wichtigste Voraussetzung dafür, daß sich schon in wenigen Jahren zwischen dem Hause Österreich und dem katholischen Zweig der Wasa in Polen ein ähnlich freund-

4. Freiherr Hans Ulrich von Schaffgotsch (1595-1635)

schaftliches Zusammengehen in der großen Politik herausbildete, wie es mit den letzten Jagellonen schon bestanden hatte — eine bald noch durch Ehebündnisse bekräftigte Mächtegruppierung, die jede ernste Bedrohung Schlesiens von polnischer Seite auch künftig ausschloß.

Dieser vorübergehende, in den Jahren 1587—89 seinen Höhepunkt erreichende Gegensatz zu Polen war sicher nicht ohne Einfluß auf Rudolfs Verhalten in einer innerschlesischen Frage, die zu gleicher Zeit an mehreren Orten brennend wurde: die Frage der Überfremdung katholischer Stifte und Klöster durch das einheimische und mehr noch durch das zuwandernde polnische Element, die mit dem weitgehenden Ausfall des deutschen Zustromes seit der Reformation zusammenhing. Damit drohten nicht nur Spannungen innerhalb der katholischen Geistlichkeit, die ihre Schlagkraft gerade in einer schicksalsschweren Lage lähmen mußten, sondern auch das Neuaufleben von kirchlichen Bindungen zum polnischen Nachbarlande hinüber — zwei Gefahren, die den Habsburgern schon im Hinblick auf die erstrebte Vereinheitlichung und Zusammenfassung ihres Staatswesens nicht gleichgültig bleiben konnten. Für das Bistum vermochten Bischof und Domkapitel unter ausdrücklicher Zustimmung des obersten Landesherrn solche polnischen Absichten, vor allem anläßlich der Provinzialsynode von Petrikau i.J. 1577, unschwer abzuwehren; in Fällen zweiten Ranges fehlte es dagegen nicht an polnischen Erfolgen[26]. Das seit 1432 dem Ordensgeneral unmittelbar unterstellte Dominikanerkloster von St. Adalbert in Breslau, das seit der Ausbreitung der Reformation zusehends verödete, konnte der Krakauer Provinzial 1569 erneut in Abhängigkeit von der Ordensprovinz Polen bringen und durch Zuweisung polnischer Brüder wieder etwas füllen. Die Weigerung dieses polonisierten Konventes, Deutschen Aufnahme zu gewähren, veranlaßte 1589 einen lebhaften Protest des Domkapitels und bewog die wenigen deutschen Insassen des Klosters im folgenden Jahre bei der Visitation durch den polnischen Provinzial, die Schlesische Kammer um Hilfe anzugehen. Tatsächlich stellte der Ordensgeneral bei seiner Anwesenheit in Breslau i.J. 1594 die frühere Exemtion wieder her; sie sollte aber nur für ein Jahrzehnt von Bestand sein. Auch im Kloster Trebnitz kam es nur zu Augenblickserfolgen gegen die Polen. Trotz Vorkehrungen, um die sich die deutsche Minderheit schon seit 1583 bemühte, wurde 1589 beim

Tode der deutschen Äbtissin die aus Polen stammende Anna v. Jemilowsky zur Nachfolgerin erhoben. Ihre kurze Regierung ließ es nicht zum Austrag des Gegensatzes zu dem Kaiser und seinen Behörden kommen. 1594 konnte unter starkem Druck des Hofes die deutsche Sabina v. Naß Äbtissin werden, jedoch ihr ungeschicktes Auftreten verschaffte den polnischen Nonnen wieder Oberwasser, die bei der nächsten Wahl (1602) ohne Einspruch Rudolfs ihre Anwärterin durchsetzen konnten. Noch einmal folgte dann 1603 eine Deutsche, Maria v. Luck; aber ihr Übertritt zum Protestantismus i. J. 1610 verscherzte der deutschen Partei die Gunst des Hofes restlos, so daß nunmehr das ganze 17. Jh. hindurch die Würde der Äbtissin von Trebnitz in polnischen Händen lag und Polonisierungsmaßnahmen ein weiter Spielraum verblieb. Auch in Oberschlesien kam es zu ähnlichen Kämpfen: 1585 versagte der Kaiser dem von den Raudener Mönchen gewählten Abt die Bestätigung, weil er Pole war, und erließ eine grundsätzliche Verfügung, bei Abtswahlen keine Polen zuzulassen; 1594 erging sich der Abt des Breslauer Vinzenzstiftes in bitteren Vorwürfen gegen die polnischen Insassen in dem ihm unterstehenden Czarnowanz (Klosterbrück), die der Wiederherstellung strenger Zucht ebenso widerstrebten wie sie jenseits der polnischen Grenze Hilfe und Rückhalt suchten. Auch das Breslauer Sandstift hatte über Unbotmäßigkeit seiner Rosenberger Propstei zu klagen.

Solche nationalen Gegensätze waren nicht die einzigen Hemmungen, die damals innerhalb der katholischen Reihen selbst einem planvollen Vormarsch der Gegenreformation im Wege standen. Es trat dazu seit der Erhebung des Bischofs Andreas, der verschiedene schwäbische Landsleute in Breslauer Pfründen brachte, eine ernste Spaltung im Domkapitel[27]. Dieser Streit beeinträchtigte auch das Wirken der Jesuiten auf der Dominsel, gegen die zudem der Breslauer Rat und der schlesische Fürstentag immer wieder Sturm liefen, so daß der Orden, im Stich gelassen auch von Rudolf, dem an dem Bewilligungseifer seiner Stände mehr gelegen war als an dem Erfolg der Jesuiten in Schlesien, i.J. 1595 seine Breslauer Mission wieder aufgab. Die Parteiung innerhalb des Domkapitels sollte jedoch noch schwererwiegende Folgen haben: Nach dem Tode Jerins kam es 1596 zu einer Doppelwahl, bei der die Mehrheit sich für den Glogauer Bonaventura Hahn, die schwäbische Minderheit für ihren Landsmann Paul Albert aussprach. Für jenen erklärte sich auch der schlesische Fürstentag, für diesen dagegen der Kaiser, der alle Vermittlungsvorschläge — auch seiner Räte, des Prager Nuntius und des Papstes — ablehnte und verlangte, daß die Wahl Hahns als ungültig verworfen werde. Er säumte auch nicht, die böhmischen Stände mit der Angelegenheit zu befassen, die in gewohnter Feindschaft gegen die schlesischen Fürsten die Anerkennung Hahns ablehnten. Auch der Papst trat schließlich auf die Seite des Kaisers, da ihm dessen Zustimmung für seinen Olmützer Bistumskandidaten, den Kardinal Dietrichstein, erwünscht war, und so mußte sich das Kapitel 1599 zur Abbitte, Hahn zum Verzicht verstehen. Aus der Neuwahl ging dann tatsächlich Paul Albert hervor, der sich seines Sieges freilich nur ein Jahr zu erfreuen hatte und noch vor Empfang der Weihe starb; Nachfolger wurde der einem schlesischen Adelsgeschlecht entstammende, auch dem Hof genehme Johann v. Sitsch (1600—08).

Den größten Vorteil aus derartigen Spannungen auf katholischer Seite zog natürlich das evangelische Fürstentum Schlesiens. So war es schon Karl II. v. Oels gelungen, bei den verschiedenen Wahlen im Kloster Trebnitz seinen landesherrlichen Einfluß zur Geltung zu bringen, obwohl Kaiser, Bischof und der Leubuser Abt das ihrige taten, ihn fernzuhalten. Die Doppelwahl des Domkapitels von 1596 machte den fast rein protestantischen Fürstentag — wenn auch in bescheidenem Maße — zum Schiedsrichter über katholische Anwärter; Hahns Rücktritt war keine Niederlage für die Stände, da sie seine Sache zwar befürwortet, doch nicht zu einer solchen Ehrenfrage erhoben hatten wie der Kaiser, und es ist eine nicht zu unterschätzende Tatsache, daß während der mehr als dreijährigen Vakanz das seit 1536 vom Bischof versehene Oberamt wieder einmal von einem weltlichen Fürsten — Karl II. v. Oels — verwaltet und diese zu fester Gewohnheit gewordene Ämterverbindung somit unterbrochen wurde. Die Wahl des Schlesiers Johann v. Sitsch schließlich konnte als eine Rückkehr zu den ständischen Forderungen des Kolowratschen Vertrages gelten (I, S. 295 f.), die unter Jerin und Paul Albert verletzt worden waren. Auch sonst konnte das Fürstentum als ständische Körperschaft wie in gebietsmäßiger Hinsicht damals verschiedene Erfolge dem Oberherrn gegenüber für sich buchen, der seine Machtstellung in Schlesien eben jetzt wieder einmal durch die zeitweilige Abfindung seines siebenbürgischen Gegners Siegmund Bathory mit dem Erbfürstentum Oppeln—Ratibor schmälerte und auch einen so erwünschten Anfall wie z.B. den der großen Herrschaft Carolath nach dem kinderlosen Tod des Inhabers Fabian v. Schoenaich (1591) nur zu einem Neuverkauf an den Neffen des Verstorbenen zu nutzen wußte. Der letzte Rest eines königlichen Mitprüfungsrechtes beim schlesischen Generalsteueramt wurde 1592 beseitigt; die Teschener Stände glaubten bei ihrem Antrag auf Wiederaufnahme der herzoglichen Münzprägung die Bestätigung des Oberherrn als überflüssig bezeichnen zu dürfen; die Landesordnung dieses Fürstentums von 1599 weiß von keinem Supplikations- oder Appellationsrecht des Kaisers. Der entschiedenen Absicht einer Beschränkung des oberherrlichen Einflusses standen freilich zukunftweisende Gedanken eines Ausbaues der eigenen ständischen Einrichtungen im Sinne neuzeitlicher Staatsschöpfung kaum gegenüber; das geht sehr deutlich aus den ergebnislosen Verhandlungen etwa des Fürstentages von 1593 hervor, bei denen einzelne Stände sich nur zu den dem Kaiser zustehenden Zahlungen bereitfinden wollten, während sie jede Bewilligung für das Land als solches, die erste Voraussetzung für ein erfolgreiches Wirken ständischer Behörden, kurzsichtig ablehnten. Der unter Ferdinand I. spürbare Anlauf, im Wetteifer mit der Krone eine ständisch begründete Gesamtstaatsverwaltung ins Leben zu rufen, ist in eine Nachahmung des königlichen Vorbildes ohne eigene schöpferische Leistung gemündet, ein ständisches Gemeinschaftsgefühl nur in der Abwehr oberherrlicher Zentralisierungsmaßnahmen wirksam. Sonst beschränkt sich der tätige Anteil der schlesischen Fürsten an der politischen Entwicklung auf den nächsten Bereich, auf die Fürsorge für ihr unmittelbares Herrschaftsgebiet und die Bedürfnisse ihrer Hofhaltung, die auch Schlesien noch etwas von der kulturellen Förderung verspüren läßt, wie sie von den kleinen deutschen Residenzen seit dem 16. Jh. ausgeht, und einen gewissen Ersatz für das Fehlen einer königlichen Hofhaltung im Lande selbst gewährt (vgl. S. 234f.).

Am deutlichsten tritt der mit einer inneren Kräftigung Hand in Hand gehende äußere Aufschwung bei den Liegnitz—Brieger Piasten in Erscheinung. Georgs II. ältester Sohn Joachim Friedrich beerbt 1592 seinen Bruder Johann Georg, den Teilfürsten von Wohlau. 1596 kann er auch die Nachfolge seines ohne männliche Nachkommenschaft verstorbenen Vetters Friedrich IV. v. Liegnitz antreten und so das piastische Kernland, über das Friedrich II. geboten hatte, wieder in einer Hand vereinigen. 1599 glückt ihm noch eine bedeutsame Neuerwerbung mit dem Kauf der Städte Silberberg und Reichenstein von dem letzten Rosenberg (vgl. S. 34), die nun völlig aus dem Verbande des Fürstentums Münsterberg gelöst und mit dem Fürstentum Brieg vereinigt werden, die letzte wichtige Grenzveränderung, die sich — von der Absplitterung weiterer Standes— und Minderherrschaften abgesehen — vor 1740 in Schlesien noch vollzogen hat. Die beiden Städte mit ihren Bergwerken gelten den Piasten als ein so wertvoller Besitz, daß sie bei den noch folgenden Zwei— und Dreiteilungen des Landes stets Gemeinbesitz der verschiedenen Linien geblieben sind. Ein weiterer Erfolg Joachim Friedrichs ist, daß ihm der Kaiser 1601 in gewissem Umfang wieder die seit Ferdinand I. verlorene und noch in der Bestätigung des Kaufs von 1599 ausdrücklich vorenthaltene Münzprägung zugesteht, ein Entgegenkommen, das den Gewinn der beiden Neuerwerbungen erst zu voller Auswirkung gelangen läßt. Joachim Friedrich wie seine Nachfolger haben denn auch eifrig Gebrauch von dem neuen Münzprägungsrecht gemacht; schon 1601 ergeht auch ein Aufruf des Herzogs zur Hebung des Bergbaus in Reichenstein. Als Joachim Friedrich 1602 stirbt, ist das Erbe der niederschlesischen Piasten wieder ein festgefügtes Territorium geworden, dessen kirchliche Ordnung durch landesherrliche Erlasse ausgebaut wird und dessen Fürstenhaus sich manchen Rückhalt im Reiche geschaffen hat. Allerdings tritt nach dem Tode des Herzogs — bei kaiserlicher Gesamtbelehnung — wieder eine Zweiteilung unter seine Söhne Georg Rudolf und Johann Christian ein, bei der es bezeichnend für den Niedergang des Liegnitzer Teilgebietes unter der Mißwirtschaft Friedrichs III. und Heinrichs XI. ist, daß zum Ausgleich Wohlau nunmehr zu diesem Fürstentum, nicht mehr wie 1547 zum Brieger geschlagen wird; doch ist es unter den beiden Brüdern niemals zu einem solchen Auseinanderleben gekommen wie früher zwischen Georg II. und Friedrich III., beide haben vielmehr, wenngleich mit Unterschieden des Temperaments, auch in den trübsten Zeiten des 30jährigen Krieges stets Hand in Hand gearbeitet, so daß ihre Teilfürstentümer wohl als Einheit gelten konnten.

Ein Jahr nach dem Heimgang Joachim Friedrichs trat ein anderer Todesfall unter den schlesischen Fürsten ein, mit dem man schon länger gerechnet und für den man daher Vorkehrungen zu treffen versucht hatte: das Ableben Georg Friedrichs v. Ansbach, des Herzogs von Jägerndorf und Pfandherrn von Beuthen und Oderberg (26. April 1603). Schon sein Vater Georg d. Fr. hatte 1543 letztwillig verfügt, falls sein Sohn kinderlos sterbe, sollten ihm die etwa noch vorhandenen Glieder des Ansbacher Zweiges, sonst die Kurlinie folgen. Dieses Testament hatte Karl V. auf dem Reichstag zu Speyer 1544 veröffentlicht; Ferdinand I., Maximilian II. und Rudolf II. hatten Georg Friedrich mit einer auch seine Erben umfassenden Formel im Besitz seines Herzogtumes bestätigt. Offen blieb schon damals die Frage der Nachfolge in den beiden Pfandherrschaften, von denen Beuthen dem Markgrafen auf zwei, Oderberg auf drei Leibeserben verschrieben war. Der kinderlose Georg Friedrich trug nun kein Bedenken, in seinem Vermächtnis von 1595 den nächsten Erbberechtigten, seinen unter Vormundschaft der Kurlinie stehenden geisteskranken Vetter in Königsberg, zu übergehen und den Berliner Vetter zum Erben seiner Länder zu bestimmen; seine mehrjährigen Versuche, den Kaiser zur Billigung seiner Pläne zu bewegen, blieben allerdings erfolglos. Rudolf hatte seinerseits schon 1592 ein Gutachten des schlesischen Oberhauptmanns Bischof Andreas über den Besitztitel des Ansbachers an Jägerndorf eingefordert. Das Gutachten vom 3. April 1592 legte dar, daß der Kauf von Jägerndorf zu Erbrecht erfolgt und bestätigt worden sei, daß man bei einer Nachfolge der Kurlinie aber rechtzeitig einer Entfremdung vorbeugen müsse. Hatte man doch eine solche gerade seitens der Hohenzollern bei dem Krossener Lande erlebt, das infolge der Weigerung des Berliner Hofes, an der schlesischen Steuerleistung teilzunehmen, spätestens seit der Mitte des 16. Jhs. dem schlesischen Landesverband völlig entfremdet war. Der Bischof riet, die kaiserliche Zustimmung zur Nachfolge von der Anerkennung der "Mitleidung" für Krossen wie für Jägerndorf abhängig zu machen und die Hohenzollern wie die anderen schlesischen Stände ausdrücklich dem schlesischen Landrecht und obersten Fürstenrecht zu unterstellen. Auch solle die seit einiger Zeit bestehende Erbeinigung zwischen Brandenburg, Sachsen und Hessen nicht für die schlesischen Besitzungen gelten. Rudolf scheint zunächst aus diesem Gutachten keine Folgerungen gezogen zu haben, doch war sich der Berliner Hof darüber klar, daß der Antritt der Jägerndorfer Erbschaft beim Kaiser auf Schwierigkeiten stoßen werde, und versuchte noch bei Lebzeiten des Ansbacher Vetters i.J. 1601 in Prag eine Anerkennung der Nachfolge zu erwirken. Er bot dafür an, der zweite Sohn des Kurfürsten, der junge Johann Georg, dem nach dem Geraer Hausvertrag (1599) Jägerndorf bestimmt war, werde auf seine damals noch aufrecht erhaltene, freilich schon ziemlich aussichtslose Bewerbung um den Straßburger Bischofsstuhl gegen den Erzherzog Leopold verzichten. Doch war dieser Vermittlungsvorschlag noch ohne Antwort, als Georg Friedrich starb und die Entscheidung fallen mußte. Es scheint, als habe Rudolf zunächst keinen Weg gesehen oder nicht die Entschlußkraft aufgebracht, das Fürstentum Jägerndorf der Kurlinie vorzuenthalten; nur Beuthen und Oderberg sagte er schon 1603 seinem Hofbankier Lazarus Henckel v. Donnersmarck, einem Protestanten, zur Sicherstellung eines Darlehns von 100 000 fl. zu, ohne daß dieses Versprechen vorläufig mehr als eine ungewisse Anwartschaft bedeutete[28]. Ungehindert konnte Kurfürst Joachim Friedrich das gesamte schlesische Erbe seines Ansbacher Vetters antreten, der Kaiser behandelte ihn auch als schlesischen Fürsten und ließ nur mit der Bestätigungsurkunde auf sich warten. Erst als der junge Johann Georg 1606 von seinem Vater in die schlesischen Besitzungen eingewiesen wurde und im folgenden Jahre persönlich dort erschien — in den Pfandherrschaften freilich unter Verzicht auf feierliche Huldigung wegen der noch schwebenden Verhandlungen —, erklärte sich der Oberherr offen gegen die bisher geduldete Nachfolge und verlangte die Abtretung des ganzen Besitzes. Auf seine Weisung schloß der Bischof als Oberhauptmann im Herbst 1607 Johann Georg von allen Fürstentagen und Ständeversammlungen aus und erkannte nur Städte und Adel des Fürstentums als vertretungsberechtigt an.

Die Entschiedenheit, mit der Rudolf jetzt gegen die Festsetzung der märkischen Hohenzollern in Oberschlesien vorging, entsprach jedoch nicht im entferntesten mehr den Machtmitteln, die ihm für die Durchführung seiner Absichten noch zur Verfügung standen. Zogen sich doch von allen Seiten damals drohende Wolken über seinem Haupte zusammen, die bei seinem aus Eigensinn und Entschlußlosigkeit seltsam gemischten Wesen nur zu bald zu einer Entladung gelangen sollten. Schon in Schlesien selbst war die Enttäuschung über Rudolf, die Mißachtung seiner Weisungen seit der Jahrhundertwende ständig gewachsen. Die Glogauer Protestanten sahen sich erneut in ihren 1582 errungenen Rechten bedroht und mußten erleben, daß ihre zur Rechtfertigung nach Prag vorgeladenen Kirchenväter fast ein Jahr lang in Gefangenschaft gehalten wurden; immer wieder fühlte sich der Fürstentag gedrängt, zu ihren Gunsten am Hofe vorstellig zu werden. Während die Schlesier ihr Oberrecht als den hierfür zuständigen Gerichtshof anerkannt wissen wollten, behauptete Rudolf, Fürsten und Stände seien in den Augsburger Religionsfrieden nicht gleich den andern Reichsgliedern eingeschlossen, sondern nur er als Kurfürst und König von Böhmen habe das den Reichsständen zustehende Recht, das Glaubensbekenntnis seiner Vasallen und Untertanen zu bestimmen — ein Anspruch, der zu dem früheren Verhalten des Kaisers in schroffem Widerspruch stand und im Falle seiner Verwirklichung die völlige Vernichtung des Protestantismus in Schlesien zur Folge haben mußte. Fürsten und Stände empfanden diese Bedrohung um so mehr, als die gegenreformatorischen Bestrebungen nicht nur in Glogau sich erneuerten, sondern auch anderorts in Schlesien spürbar wurden, so in dem bald zur Standesherrschaft erhobenen Groß Wartenberg, dessen Besitzer, der katholische Abraham v. Dohna, den Protestanten 1601 die Pfarrkirche der Stadt wegnahm, und vor allem im Erbfürstentum Troppau, wo es zu einer förmlichen Achterklärung gegen die Hauptstadt kam. Es ist bezeichnend, daß dieser erste Versuch gewaltsamer Zurückführung größeren Stiles in jenem Teile Schlesiens erfolgte, der kirchlich nicht dem Bistum Breslau, sondern dem Bistum Olmütz angehörte, und daß er von einem landfremden Kirchenfürsten, dem in Rom erzogenen Kardinal Dietrichstein, ausging. Als dieser mit der strengen Durchführung des kaiserlichen Entscheides von 1542 (oben S. 30) einen Tumult der Troppauer hervorrief, benutzte Rudolf den Anlaß, um 1603 die Acht über die Stadt zu verhängen; ihre Verkündigung und Vollstreckung zog sich zwar durch Schlichtungsversuche einer kaiserlichen Kommission und durch den Aufstand in Ungarn noch etwas hin, traf dann aber 1607 die Bürgerschaft in voller Schwere: Das Regiment des Obersten v. Geißberg wurde zur Abdankung dorthin gewiesen, erzwang sich auch nach vergeblicher Gegenwehr den Eintritt und hauste dann acht Monate lang in der Stadt. Der Eindruck dieses Ereignisses mußte die protestantischen Fürsten Schlesiens, sofern sie überhaupt noch unschlüssig waren, zu der Überzeugung bringen, daß die Verfechtung der hohenzollernschen Rechte auf das Troppau benachbarte Jägerndorf nur zu ihrem eigenen Vorteil gereiche und das einzige Mittel sei, wenigstens in diesem Fürstentum, für das schon damals der Konvertit Karl v. Liechtenstein als Anwärter galt, die evangelische Lehre zu erhalten. Und ebenso mußte sich ihre bisher ziemlich geringe Neigung verstärken, zum Schutz ihres Bekenntnisses in engere Verbindung mit der ständischen Opposition der anderen Erbländer zu treten, unter Betonung der glaubensmäßigen Gemeinsamkeit und Zurückstellung der vorhandenen politischen Gegensätze.

Das Jahr 1608 brachte die ersten Entscheidungen. Am 25. April starb Bischof Johann, und das Oberamt ging — zunächst für die Zeit der Vakanz — an Herzog Karl II. v. Oels über; inzwischen war aber auch der Bruderzwist im Hause Habsburg zum offenen Ausbruch gekommen, und der von Rudolf schon immer am meisten beargwöhnte und durch Undank verletzte Erzherzog Matthias marschierte mit seinen Truppen gegen Böhmen. Ungarn, Österreich und Mähren standen auf seiner Seite, während die böhmischen Herren beim Kaiser ausharrten. Ehe noch die schlesischen Stände sich entschließen konnten, die Annäherungsversuche des Erzherzogs zu einem Druck auf Rudolf auszunutzen oder mit Matthias ein Abkommen zu treffen, das ihnen von dieser Seite die Abstellung ihrer Beschwerden gesichert hätte, einigten sich die beiden Brüder am 25. Juni dahin, daß Matthias Österreich, Ungarn und Mähren erhielt und von Rudolf als Nachfolger angenommen wurde. Die Schlesier hatten zunächst das Nachsehen, sie mußten eine fast vollständige Ablehnung ihrer Anliegen und einen Verweis des Oberherrn für ihr zweideutiges Verhalten hinnehmen, ja die am 7. Juli erfolgte Wahl des Erzherzogs Karl aus der durch ihre Unduldsamkeit besonders gefürchteten steiermärkischen Linie zum Bischof von Breslau[29] mußte auf die schlesischen Stände geradezu wie eine Kampfansage wirken. Nicht nur, daß diese Erhebung die Grundsätze des Kolowratschen Vertrages wieder mißachtete, sie kam auch einem klaren Nein auf das eben geäußerte Verlangen gleich, daß der Bischof in den schlesischen Gebieten, wo er als Landesherr auftrete, nicht berechtigt sein solle, seine evangelischen Untertanen zum Glaubenswechsel zu zwingen. Der Fürstentag ließ denn auch keinen Zweifel, daß er eine weitere Verbindung der bischöflichen Würde mit dem Oberamt in der Person des Erzherzogs Karl nicht zulassen werde. In der Jägerndorfer Frage konnte es als ein bescheidener Erfolg der schlesischen Stände gelten, daß Rudolf versprach, seinen Streit mit Johann Georg vor ihrem Oberrecht zum Austrag zu bringen; in der Religionsfrage dagegen blieb es bei der kaiserlichen Abneigung gegen irgendwelche Zugeständnisse, die in einem Bescheid vom 16. Dez. 1608 nochmals mit aller Deutlichkeit zum Ausdruck kam. Die schlesischen Fürsten jedoch fanden sich damit nun nicht mehr so leicht ab, sie wußten um die Schwierigkeiten, mit denen Rudolf zu ringen hatte; die Nachsicht des Oberherrn gegen den Breslauer Rat, der es in den Weihnachtstagen des Jahres 1608 zu einem Volksauflauf gegen die polnischen Mönche des Adalbertklosters hatte kommen lassen, und die gleichgerichteten Bestrebungen der böhmischen Stände ermutigten den Fürstentag Pfingsten 1609 erstmalig zur Verweigerung der begehrten Steuern. Wenige Wochen später setzten die Böhmen bei Rudolf die Ausstellung eines Majestätsbriefes zur Sicherung ihrer Religionsfreiheit durch (9. Juli) und schlossen fast gleichzeitig (13. Juli) mit den Schlesiern ein Verteidigungsbündnis ab, das — unter dem Vorbehalt des Gehorsams gegen den Oberherrn — gegenseitige bewaffnete Unterstützung für den Fall der Glaubensbedrückung bestimmte. Mit Hilfe ihrer neuen böhmischen Verbündeten erreichten nun auch die Schlesier die Gewährung eines Majestätsbriefes (20. Aug.), der ihnen die Erfüllung ihrer Wünsche feierlich verbriefte[30]: Beide Bekenntnisse wurden für völlig gleichberechtigt erklärt; nicht nur die Stände, sondern jeder einzelne Einwohner sollte freie Religionsübung genießen, und ebenso sollte es mit der Errichtung von Gotteshäusern und Schulen in den Erbfürstentümern gehalten werden — beides Zugeständnisse, die noch über die entsprechenden Bestimmungen des böhmischen Majestätsbriefes hinausgingen. Auch das Bistumsland wurde, gegen Rudolfs ursprüngliche Absicht, von dieser Regelung nicht ausgeschlossen. Die für Ehestreitigkeiten und die Ordination der evangelischen Geistlichen bestehenden fürstlichen Konsistorien wurden bestätigt, die Errichtung neuer durch Fürsten und Stände erlaubt. Die kaiserlichen Maßnahmen im Troppauer und Glogauer Streit wurden alsbald rückgängig gemacht, und ergänzt wurden alle diese Bewilligungen noch durch die wichtige Verfügung, der oberste Landeshauptmann solle künftig nur aus den Reihen der weltlichen Fürsten genommen werden.

So groß dieser Erfolg der schlesischen Stände war, die beiden nächsten Jahre bewiesen, daß es noch mancher Anstrengungen bedurfte, um ihn sicherzustellen. Es war verständlich, daß Erzherzog Karl sich durch den Majestätsbrief nicht für gebunden erachtete, und ebenso klar, daß Rudolf in seinem nach allen Demütigungen nur noch empfindlicheren Selbstbewußtsein nichts unterlassen würde, eine Lockerung der ihm auferlegten Fesseln zu bewirken. Gegen seine Zusage von 1608 versuchte er schon im Herbst 1609 das Jägerndorfer Verfahren vor die böhmische Hofkanzlei zu ziehen, beauftragte Anfang des nächsten Jahres das Oberamt, gegen Empfang der Pfandsumme von der Schlesischen Kammer die Herrschaften Beuthen und Oderberg auszulösen sowie Johann Georg das seit 1608 verwaltete Kriegsgeneralat zu nehmen, und erklärte die Ansprüche der Hohenzollern auf Jägerndorf für null und nichtig. Daß die Annahme des Erzherzogs Matthias zum Nachfolger in Böhmen seitens der Stände i.J. 1610 wieder unter Übergehung der Nebenländer Schlesien und Lausitz erfolgte, mochte der Kaiser als willkommenes Anzeichen deuten, daß der Bund von 1609 durch das Aufleben des politischen Gegensatzes bald wieder zerfallen werde; jedenfalls versuchte er 1611 nochmals, das Rad der Entwicklung rückwärts zu drehen, seine Handlungsfreiheit wiederzugewinnen und mit Waffengewalt dem verhaßten Matthias die Beute von 1608 streitig zu machen. Der junge Erzherzog Leopold, Bischof von Passau, rückte auf Veranlassung Rudolfs mit Truppen in Böhmen ein und bemächtigte sich der Kleinseite von Prag. Die böhmischen Stände riefen sogleich die Bundeshilfe der Schlesier an, die der Fürstentag auch bewilligte, setzten eine besondere Regierung von 30 Direktoren ein, traten mit Matthias in Verbindung und beriefen einen Generallandtag nach Prag, dem auch der Kaiser notgedrungen zustimmte. Bei aller Verwahrung gegen jede Mißachtung ihrer Rechte durch die Böhmen ließen die schlesischen Vertreter in Prag doch keinen Keil zwischen sich und ihre böhmischen Bundesgenossen treiben, schlossen sich vielmehr deren Abfall von Rudolf zu Matthias an, indem sie die Erledigung ihrer Streitpunkte mit den Böhmen auf den kommenden Herrscherbesuch in Breslau vertagten. Am 18. Sept. traf Matthias in der schlesischen Hauptstadt ein. Drei Wochen währte das Ringen zwischen dem Oberherrn und seinen schlesischen Ständen, die hartnäckig die Huldigung verweigerten, solange nicht ihre Privilegien einschließlich des Majestätsbriefes bestätigt und ihre Hauptanliegen in dem Verhältnis zu Böhmen erledigt waren. Vergeblich suchte Matthias den Oberhauptmann Karl v. Oels durch Drohungen einzuschüchtern; er mußte nachgeben, wenn er die Huldigung nicht ernstlich gefährden und dem gestürzten Bruder eine neue Möglichkeit zum Widerstand eröffnen wollte. Am 7. Okt. 1611 bewilligte er die entscheidende Forderung der Schlesier und verfügte die Errichtung einer von der böhmischen Kanzlei unabhängigen, besonderen deutschen Kanzlei für Schlesien und die Lausitz, die ihren Sitz zwar in der Hauptstadt Prag haben sollte, deren Vizekanzler und Sekretär jedoch nach dem Vorschlag der beiden Nebenländer zu ernennen waren. Ferner durften Schlesien und die Lausitz noch vier Räte wählen, von denen zwei dem Vizekanzler der deutschen Kanzlei als Helfer beigegeben wurden, die beiden andern in der Prager Appellationskammer die Bearbeitung der betreffenden Rechtsfälle übernehmen sollten, unter Ausschaltung der böhmischen Herren, die bisher sehr zum Mißvergnügen der Nebenländer über solche Berufungen zu entscheiden hatten. Am 9. Okt. erfolgte dann die Huldigung der Schlesier, am 17. verließ Matthias die Stadt, in der er den Ständen dieses Nebenlandes Rechte hatte zugestehen müssen wie kein Habsburger später oder zuvor.

Das schlesische Fürstentum hatte auf verfassungsrechtlichem wie auf bekenntnismäßigem Gebiete Sicherungen erreicht, die man sich noch wenige Jahre zuvor kaum hätte träumen lassen. Das Oberamt lag wieder in den Händen eines weltlichen, eines evangelischen Fürsten, von dem zu erwarten stand, daß er mehr als bisher der Bischof Vollstrecker des ständischen Willens und nicht so sehr gefügiges Werkzeug der Krone sein werde. Mochte der Zusammentritt des Fürstentages im allgemeinen weiterhin von der Zustimmung des Oberherrn abhängen, so hatte der oberste Landeshauptmann in der Berufung von sog. "Nächstgesessenentagen" eine bedeutsame Möglichkeit zu ständischen

Vorberatungen und Beschlüssen im kleineren Kreise, von der man in der Folgezeit auch häufig Gebrauch machte. In zwei entscheidenden Zentralbehörden hatte man maßgebenden Einfluß gewonnen: in der böhmischen Hofkanzlei durch Errichtung einer eigenen Abteilung für die Lausitz und Schlesien, in der Prager Appellationskammer durch die Aufnahme von Vertretern dieser Nebenländer. Die unter Rudolf verstärkte böhmische Einwirkung auf die schlesischen Angelegenheiten war auf ein erträgliches Maß zurückgeführt, das erstrebte Gleichgewicht zwischen Neben- und Kernland schien verbürgt durch das eigene Interesse des nun wieder in Wien residierenden Oberherrn, die errungene Religionsfreiheit umgekehrt durch den Fortbestand des Bündnisses mit den böhmischen Ständen; all dies war erreicht durch die Gunst der äußeren Umstände, ohne daß die Schlesier dem Grundsatz der Erbmonarchie hatten untreu werden und selbst das Zeichen zum Widerstand gegen die Krone hatten geben müssen. Sie waren nur dem Beispiel der anderen Erbländer gefolgt und hatten die Schwächung der Krone durch den Bruderzwist mit Mäßigung ausgenutzt. Der allen Extremen abgeneigte Sinn, der einen durchgehenden Wesenszug des Schlesiertums ausmacht, spricht sich besonders stark in den konfessionellen Bestimmungen des Majestätsbriefes aus, die Zeugnis ablegen von dem klaren Willen zur Duldsamkeit in Glaubensfragen und von dem festen Vertrauen in die Gültigkeit einer auf solcher Grundlage errichteten Rechtsordnung. In jenen gewitterschwülen Jahren, wo im Reiche die beiden Bekenntnisse in der protestantischen Union und der katholischen Liga bewaffnet zu gewaltsamem Austrag ihres Gegensatzes aufmarschieren, wo die Erhaltung des Augsburger Religionsfriedens immer unwahrscheinlicher wird, gibt Schlesien das Beispiel einer Regelung der Glaubensfrage im Geiste vollkommener Toleranz, das in jener Zeit fast einzig dasteht und auf dem nur durch die Nichtanerkennung des Kalvinismus noch ein Schatten ruht: Nicht der Landesherr – sei es nun der kaiserliche Oberherr oder seien es seine fürstlichen Vasallen – sollte die Entscheidung über den Glaubensstand seiner Untertanen treffen, wie es im Reich der Augsburger Friede wollte, sondern jedem einzelnen war freie Stellungnahme gewährt; kein Gewissenszwang sollte von der Obrigkeit ausgehen, jedes Bekenntnis vielmehr seine Kirchen und Schulen frei errichten und unterhalten, seinen Gottesdienst unbehindert ausüben und die Sakramente nach seinem Gebrauch spenden dürfen.

Es war eine Lösung, die dem Friedensbedürfnis der Schlesier zutiefst entsprach, die uns das Land aber zugleich auch in dem größeren Zusammenhang der allmählichen Verlagerung der Glaubenskämpfe in Europa von Westen nach Osten zeigt. Die von Deutschland und der Schweiz ausgehende Reformation hat den von ihr ergriffenen Staaten die schwersten Erschütterungen in einer zeitlichen Abfolge gebracht, die jeweils den weiter westlich gelegenen einen Vorsprung vor ihren östlichen Nachbarn zuwies. Frankreich und die Niederlande sind zuerst, in der 2. Hälfte des 16. Jhs., an den Rand des Abgrundes geraten; jenes hat unter heftigen Bürgerkriegen gelitten, diese haben ihre Zerreissung erlebt, während im Deutschen Reiche mit dem Augsburger Religionsfrieden ein leidlicher Ruhezustand einkehrte, die Auseinandersetzung der beiden Bekenntnisse mehr örtlichen Charakter trug und weiter ostwärts in Polen der Waffenstillstand ausgesprochen unter dem politischen Vorzeichen der Erhaltung der Staatseinheit geschlossen wurde. Mit der Jahrhundertwende haben die westlichen Länder die ärgste Krise bereits überwunden, in Frankreich beginnt das Königshaus sich über den konfessionellen Streit zu erheben und seine Bundesgenossen in Europa wieder unter politischen Gesichtspunkten, nicht mehr nach der Glaubensgemeinschaft, zu suchen. Das Deutsche Reich hingegen treibt unaufhaltsam dem großen, bisher noch vermiedenen grundsätzlichen Waffengang der beiden Religionsparteien zu, der am Niederrhein schon 1610 unmittelbar vor dem offenen Ausbruch steht, während im Osten zu gleicher Zeit Schlesien noch eine Lösung verwirklicht, die vorbildlich für ein friedliches Nebeneinander der verschiedenen Glaubensrichtungen hätte werden können, und das benachbarte Polen in der Hauptsache den Geist der Toleranz gleichfalls und nur zu seinem eigenen Segen noch bewahrt[31]. Diese west–östliche Phasenverschiebung der Religionskämpfe ist am Vorabend des 30jährigen Krieges bis an die Schwelle Schlesiens gelangt. Unmittelbar vor dem Aufflammen des erbitterten Ringens, in dem das deutsche Volk sich fast verbluten und sein Reich ein Spielball fremder Mächte werden sollte, läßt Schlesien, seiner Zeit vorauseilend, für einen Augenblick ein Bild konfessioneller Verständigung und Befriedung ahnen, wie sie sich im

Reiche dann nach dem Westfälischen Frieden langsam anbahnen sollte. Das Land freilich, in dem dieses Ziel seine erste kurze Verwirklichung erfuhr, hatte nach dem Ende des Krieges noch fast ein Jahrhundert länger auf die Wiederkehr des religiösen Friedens zu warten.

III. Politische und kirchliche Umwälzungen im Zeitalter des 30jährigen Krieges (1611—48)

Die Ereignisse der Jahre 1609—11 trugen in sich bereits den Keim neuer Verwicklungen, da die Gegenspieler, auf deren Kosten die Schlesier ihre Erfolge errungen hatten — die Krone, die katholische Kirche und die böhmischen Herren — nicht gewillt waren, ihre Zugeständnisse als unwiderruflich und bindend anzusehen. Mochten Fürsten und Stände nach der Breslauer Huldigung von 1611 stolze Freude über die Sicherung des Majestätsbriefes empfinden und sich der Hoffnung auf Bestand der neuen Ordnung hingeben, so war schon die Entwicklung der nächsten Monate dazu angetan, sie von voreiligen Erwartungen zu bekehren und zu weiterer Wachsamkeit aufzurufen. Matthias, dem der Tod Rudolfs am 20. Jan. 1612 die letzte Sorge vor einem Wiederaufleben des Bruderkampfes benahm und die am 13. Juni folgende Kaiserwahl eine weitere Stärkung seiner Stellung brachte, empfand am drückendsten die Bindungen, die er auf konfessionellem Gebiet hatte eingehen müssen. So war es ihm hochwillkommen, daß sich in Schlesien nunmehr, nicht zuletzt unter dem Einfluß des tatkräftigen Erzherzogs Karl, eine katholische Partei zu bilden begann, die daran denken konnte, auf dem Fürstentag eine gewisse Rolle zu spielen. In der Fürstenkurie war der Bischof bisher der einzige Katholik gewesen; i.J. 1611 trat an seine Seite der zum Katholizismus zurückgekehrte Herzog Adam Wenzel v. Teschen, zwei Jahre später der Konvertit Karl v. Liechtenstein, dem der Kaiser gegen Übernahme einer Pfandsumme von 125 000 Tlr. und gegen die Verpflichtung auf das katholische Bekenntnis das bisherige Erbfürstentum Troppau — wenn auch mit eingeschränkten herzoglichen Rechten — übertrug. In der Sammelstimme der Standesherren konnte der eifrige Dohna auf Groß Wartenberg die katholischen Belange entsprechend zur Geltung bringen. Auch die

Wiederaufnahme des Verfahrens gegen den Hohenzollern Johann Georg v. Jägerndorf durch Matthias bezweckte mindestens ebensosehr die Entfernung eines konfessionellen Gegners aus Schlesien wie die Durchsetzung der oberherrlichen Rechte. Hatte der Kaiser bis zur Breslauer Huldigung den Fürsten in der Hoffnung auf Anerkennung seines schlesischen Besitzes gelassen, so versagte er ihm nunmehr den schon von Rudolf entzogenen Titel eines Herzogs von Jägerndorf und verwies nach einigem Abwarten 1615 den Streit erneut vor das Oberrecht, diesmal getrennt nach den Ansprüchen auf Jägerndorf und denen auf die beiden Pfandherrschaften, mit dem Erfolg, daß Johann Georg 1617 zur Abtretung von Beuthen und Oderberg gegen Erstattung der Pfandsumme verurteilt wurde, worauf der Kaiser beide Herrschaften erneut Lazarus Henckel zusprach: zur Ausführung des Urteils war es freilich noch nicht gekommen, als der 30jährige Krieg hereinbrach.

Der Stärkung des Katholizismus in der Gruppe der Fürsten und Standesherren entsprach die Zunahme gegenreformatorischer Vorstöße an verschiedenen Orten[32]. Im Breslauer Dorotheenkloster, das seit 1534 leer stand, zogen 1612 die vor der Aufhebung zuletzt dort ansässigen Minoriten wieder ein; die Franziskaner—Observanten gründeten im gleichen Jahre in Gleiwitz, 1614 in Neisse eine neue Niederlassung. Herzog Adam Wenzel erklärte das von ihm selbst ausgestellte Teschener Religionsprivileg von 1598 für erloschen und machte dem evangelischen Gottesdienst in seiner Hauptstadt ein Ende. Aus Ratibor, Oppeln, Liebenthal kamen Klagen über Bedrückungen der Protestanten und Verletzungen des Majestätsbriefes, in Troppau setzte mit dem Regierungsantritt Liechtensteins ein neuer Abschnitt der Gegenreformation ein. Am meisten Aufsehen erregten die harten Maßnahmen des Bischofs gegen seine Residenz Neisse, deren Bürgerschaft er jede Ausübung des evangelischen Gottesdienstes unmöglich machen wollte. Unter einem politischen Vorwand ließ er ihren Wortführer ergreifen und hinrichten. Auf Betreiben Johann Georgs entschloß sich der Fürstentag endlich 1616, nachdem alle Vorstellungen fruchtlos geblieben waren, zu einer spürbaren Vergeltungsmaßnahme, indem er die bewilligte Defensionssteuer zurückbehielt. Der Kaiser antwortete Anfang 1617 nach dem Tode Karls II. v. Oels mit der Ernennung des katholischen Adam Wenzel zum Oberhauptmann; nur dessen Tod am 17. Juli 1617 brachte

5. Schweidnitz, Ev. Friedenskirche (1657-1658), Altar und Kanzel (1777-1784)

das Oberamt schon nach einem halben Jahre wieder an einen evangelischen Fürsten, Johann Christian v. Brieg, zurück, freilich mit der Auflage, den Bischof in der Neisser Frage unbehelligt zu lassen. Innerhalb der protestantischen Fürstengruppe war inzwischen eine bedeutsame Veränderung eingetreten durch den Übertritt Johann Georgs und — nach seinem Beispiel — der Liegnitz—Brieger Piasten zum Kalvinismus. Dieser Schritt entsprach ebensosehr der persönlichen Gesinnung der Herzöge wie dem aktiveren Zug, den sie bereits in die evangelische Politik in Schlesien gebracht hatten, erschien aber in seinen Folgen für die Sache der Protestanten nicht unbedenklich. In Jägerndorf führte er zu Zerwürfnissen des Markgrafen mit seinen lutherischen Untertanen; er brachte die Gefahr einer allgemeinen Entfremdung zwischen den kalvinistischen Herzögen und den Führern der Lutheraner mit sich, d.h. in Schlesien dem Oelser Fürstenhaus und der Stadt Breslau, im Reich dem benachbarten Kurfürsten von Sachsen, und schließlich erschütterte er die Rechtsgrundlage des Majestätsbriefes, der nur den Anhängern des unveränderten Augsburger Bekenntnisses erteilt war. Die engere Verbindung mit den Kalvinisten im Reich, vor allem Kurpfalz und Anhalt, die diese drei Fürsten dafür eintauschten, war wohl kaum geeignet, die Nachteile ihres Glaubenswechsels ganz aufzuwiegen.

Wie wenig aber trotz aller Verschärfung der konfessionellen Gegensätze die Stände Schlesiens daran dachten, eine Abhilfe für ihre Beschwerden in der Lossagung vom Hause Habsburg zu suchen, beweist die Anerkennung des bekannten Protestantenfeindes Ferdinand v. Steiermark als Nachfolger, dem man noch zu Lebzeiten seines kaiserlichen Oheims nach Bestätigung der Landesprivilegien im November 1617 unbedenklich huldigte: Ferdinands damaliger Aufenthalt in Breslau sollte der letzte Besuch Schlesiens durch einen Oberherrn aus dem Hause Habsburg sein. Wenn etwas den Unwillen des Fürstentages bei diesem Akt erregte, so war es nicht die religiöse Frage, sondern die alte Überheblichkeit der Prager Herren, die wieder die Nebenländer bei der Annahme des Erzherzogs übergangen hatten, ein beredtes Zeichen für das Fortbestehen der politischen Gegensätze im Bereich der böhmischen Länder ungeachtet des Bündnisses von 1609 und des gemeinsamen Vorgehens i.J. 1611. Diese Gegensätze waren schon gleich nach dem

Regierungsantritt von Matthias in ihrer alten Schärfe wieder aufgebrochen und fanden ihr Betätigungsfeld in dem Kanzleistreit zwischen Schlesien und Böhmen sowie in dem Ringen zwischen Schlesien und Mähren um die Zugehörigkeit Troppaus, beides Zerwürfnisse, bei denen der Oberherr gern genug den Schiedsrichter spielte. Gegen die Errichtung einer besonderen schlesisch—lausitzischen Kanzlei unter dem Vizekanzler Schönaich hatte schon 1611 in Breslau der böhmische Oberstkanzler Lobkowitz Einspruch erhoben; auch die Mährer stellten sich hierin auf die Seite Prags. Matthias fällte nach eingehendem Verhör und langen Verhandlungen mit beiden Parteien am 19. Sept. 1616 die Entscheidung, daß die vor fünf Jahren bewilligte deutsche Kanzlei ihre Selbständigkeit wieder verlieren und künftig nur als schlesisch—lausitzische Sonderabteilung innerhalb der böhmischen Hofkanzlei fortbestehen solle. Wenn der Kaiser kurz vorher in der anderen, der Troppauer Streitfrage zugunsten der Schlesier gegen die Mährer entschieden hatte, so war das nur ein unzulänglicher Trost für den Verlust der eigenen Kanzlei, da die Troppauer Ritterschaft noch immer zögerte, sich dem kaiserlichen Spruch zu fügen. Wenige Jahre hatten also genügt, um die günstige Lage, aus der die Erfolge von 1609/11 entsprungen waren, bedenklich zu verändern und damit diese Errungenschaften selbst ziemlich fragwürdig zu machen. In Schlesien eine Verschärfung des religiösen Gegensatzes und eine Schwächung der ständischen Widerstandskraft gegen die langsam erstarkende Krongewalt, im größeren Bereich der böhmischen Erbländer nationale Abneigung und ständische Eifersucht als Hindernis eines bitter notwendigen gemeinsamen Vorgehens in der Glaubensfrage — das war die Lage, in der unser Land vom Ausbruch des 30jährigen Krieges überrascht wurde[33].

Als der Fürstentag im Mai 1618 auf der Breslauer Burg über die verschiedensten wirtschaftlichen und politischen Anliegen des Landes beriet, lag ihm schon die Mitteilung der Böhmen vor, daß man wegen der — die Schlesier besonders angehenden — Braunauer und anderer Religionsbeschwerden beim Kaiser vorstellig geworden sei, mit der Bitte um Unterstützung dieses Schrittes; man ahnte jedoch nicht im geringsten, daß eben am Tage der Hauptbeschlüsse (23. Mai) diese Spannung in dem folgenschweren Prager Fenstersturz ihre Entladung finden würde. Die Nachricht davon kam erst in den letzten Maitagen an den Hof des Oberhauptmanns nach Brieg, der sofort eine Fußpost nach Prag legen ließ und eine Umfrage bei den "Nächstgesessenen" veranstaltete, wie er es mit dem geplanten Verwendungsschreiben für die böhmischen Religionsanliegen halten solle. Ehe aber dieser Umlauf beendet war, lagen schon weitere Nachrichten aus Prag, vor allem die Bitte um Bundeshilfe, und kaiserliche Schreiben vor, welche die böhmische Bewegung als politischen Vorgang hinzustellen suchten und den Entschluß zu eigener Rüstung bekundeten. Eine Zusammenkunft der mittelschlesischen Stände in Brieg wich der Entscheidung aus angesichts der Einberufung eines neuen Fürstentages zum 3. Juli. Dort waren beide Religionsparteien sich einig, daß Schlesien selbst rüsten müsse und neben der Landesbereitschaft noch besondere Werbungen ratsam seien. Auch dem Durchzug fremder Söldnerhaufen sollte möglichst vorgebeugt werden. Schließlich wurden drei Gesandtschaften abgeordnet, die erste nach Wien unter Johann Christian selbst, um den Kaiser zur Mäßigung zu veranlassen und zugleich über die alten Streitpunkte Schlesiens mit Böhmen und Mähren am Hofe zu verhandeln, die zweite nach Prag, um den dortigen Ständen keinen Zweifel zu lassen, daß man nur in der Religionsfrage zu ihnen stehen, sonst aber unbedingt zum Kaiser halten werde, die dritte nach Warschau, um König Siegmund III. über die bevorstehenden Rüstungen zu beruhigen. Obwohl weder die Böhmen noch der Kaiserhof sich durch diese Vorstellungen in ihrem Entschluß zu gewaltsamem Austrag des Gegensatzes beirren ließen, hielten die Schlesier doch vorläufig an ihren Vermittlungsversuchen fest; noch im September wurde Markgraf Johann Georg, der mit den ihm unterstellten Truppenteilen in die Grafschaft Glatz einrücken wollte, dieser Schritt als eine unzulässige Überschreitung der schlesischen Landesgrenze untersagt. Erst im Oktober bewilligte der Fürstentag, da er auf eine gütliche Beilegung kaum mehr hoffen durfte, der Wiener Hof vielmehr auf bedingungsloser Unterwerfung der böhmischen Aufrührer bestand, eine Truppenhilfe von 3000 Mann, die sich dann Ende November — allerdings sehr gegen den Willen der schlesischen Stände — sogar an dem böhmischen Vorstoß nach Österreich beteiligte. Vornehmlich die Zurückhaltung Mährens verhinderte, daß schon damals ein Bündnis der protestantischen Stände aller Erbländer gegen das Haus Habsburg zustande kam; noch schien die verschiedenen Reichsfürsten übertragene Vermittlung zwischen Wien und Prag eine gewisse Aussicht auf Erfolg zu haben. So fanden nach dem Tode des Kaisers (10. März 1619) die Ansprüche Ferdinands auf Anerkennung in Schlesien keine grundsätzliche Ablehnung; man dachte zunächst nur an einen Aufschub der endgültigen Huldigung, bis man — wie bei seinem Vorgänger Matthias — die erforderlichen Zusagen für Erhaltung der Privilegien und Abstellung der augenblicklichen Beschwerden erzielt hätte, und war bereit, an weiteren Ausgleichsverhandlungen mitzuwirken.

Erst der fortschreitende Abfall der Erbländer von Ferdinand, dem sich nun auch Mähren nicht mehr versagte, und vor allem das Entgegenkommen der Prager Herren, die den Schlesiern am 22. April die Erfüllung aller ihrer politischen Wünsche zusagten (Wiedererrichtung ihrer Kanzlei, Gleichberechtigung im böhmischen Staatsverband und Zugehörigkeit von Troppau) senkten die Waagschale zugunsten der ständisch—protestantischen Opposition. Die Entscheidung erfolgte nicht auf einem Fürstentag, sondern wurde von den schlesischen Gesandten vorweggenommen, die Ende Juni nach Prag gereist waren, um die neue Verfassung für die böhmischen Länder zu beraten. Diese am 31. Juli feierlich verkündete und beschworene "Konföderation" sah eine starke Beschränkung der königlichen Gewalt und eine Sicherung des Protestantismus durch Bestimmungen vor, die noch über den Majestätsbrief hinausgingen und ihm ein verfassungsmäßiges Übergewicht über die katholische Partei verschaffen sollten. Die Zugeständnisse vom April an die Schlesier waren in dieser bundesstaatlichen Verfassung verankert, ihre Ausdehnung über den Bereich der Wenzelskrone hinaus ins Auge gefaßt. Nach Abschluß der Konföderation war als zweite Frage das künftige Verhältnis der verbündeten Stände zu Ferdinand zu regeln, dessen Kaiserwahl in Frankfurt nahe bevorstand. Die schlesischen Gesandten waren hierfür ohne Weisung, aber im Gegensatz zu den mährischen unterließen sie es, eine Rückfrage nach der Heimat zu richten, von der sie wohl mehr Verwirrung als Nutzen erwarteten, und schlossen sich auf eigene Verantwortung, nicht zuletzt im Hinblick auf den bedenklichen Erbvertrag des Wiener Hofes mit der spanischen Linie, dem Antrag der Böhmen auf Ausschluß des Habsburgers und

Vornahme einer Neuwahl an; aus ihr ging am 27. Aug., am Vortag der Kaiserwahl Ferdinands, das Haupt des protestantischen Fürstenbundes, der junge Kurfürst Friedrich V.v.d. Pfalz, als König hervor[34].

Auf dem im Oktober folgenden Fürstentage bestätigten die schlesischen Stände diesen entscheidenden Bruch mit dem bisher stets verfochtenen Erbrechtsgedanken und billigten nachträglich das Verhalten ihrer Gesandtschaft, wenn sie auch, im Gegensatz zu den Böhmen, bereit blieben, auf konfessionellem Gebiet an dem Grundsatz der vollen Gleichberechtigung festzuhalten; von den katholischen Ständen waren Liechtenstein, Dohna und der Bischof bereits außer Landes gegangen, dieser an den Hof des ihm verwandten Polenkönigs nach Warschau, wo er alles aufbot, um den abgefallenen Schlesiern Schwierigkeiten von polnischer Seite zu bereiten. Die Habsburger scheinen in ihrer damaligen Bedrängnis sich nicht gescheut zu haben, König Siegmund für sich oder seine Söhne schlesischen Besitz in Aussicht zu stellen; Erzherzog Karl brachte zudem die frühere Abhängigkeit des Bistums Breslau von Gnesen wieder in Erinnerung und nahm am 20. Dez. 1619 den 6jährigen polnischen Prinzen Karl Ferdinand zum Koadjutor an. Die Versuche Siegmunds, eine offene Parteinahme Polens gegen die unierten Stände herbeizuführen, scheiterten an dem Widerstand seiner Senatoren; er mußte sich mit einem Entlastungsvorstoß gegen Ferdinands ungarischen Widersacher Bethlen Gabor und mit der Förderung von Truppenwerbungen begnügen, durch die Schlesien freilich auch in Mitleidenschaft gezogen wurde, indem mehrfach Einfälle und Durchzüge solcher Söldnerscharen das Land beunruhigten. Das von seinem Oberhirten ohne Weisung gelassene Domkapitel leistete am 21./22. Okt. mit der übrigen katholischen Geistlichkeit den verlangten Eid auf die Konföderation. Die Landesverteidigung wurde besonderen Defensoren anvertraut, die kaiserlichen Räte der Schlesischen Kammer entlassen, Johann Georg zum Generalobersten ernannt und die Beschwerden der Protestanten, vor allem in Oberschlesien und in Neisse, abgestellt. Eine Gesandtschaft ging nach Prag, um den neuen Herrscher bei seiner Krönung zu begrüßen, der dann zu Beginn des Jahres 1620 die Huldigungsfahrt durch die Nebenländer antrat. Am 23. Febr. traf Friedrich in Breslau ein und empfing hier am 27. das Treugelöbnis sowie die Bewilligung einer beträchtlichen Steuer. Gleichzeitig kamen die seit

1618 wieder in Gang geratenen Verhandlungen des Fürstentages über die Landesverteidigung in einem neuen Defensionswerk zum Abschluß (vgl. S. 50). Für die vorgesehene regelmäßige Defensionssteuer sollte eine eigene Kasse unter ständischen Kommissaren eingerichtet werden. Ein Schreiben Ferdinands vom 22. April 1620, das die Schlesier zwar wegen ihres Abfalls tadelte, zugleich aber diesen Schritt mit der übereilten Eigenmächtigkeit ihrer Prager Vertreter zu entschuldigen versprach und Erhaltung ihrer Privilegien zusagte, falls sie nur jetzt noch dem kaiserlichen Kommissar, Kurfürst Johann Georg v. Sachsen, sich unterwerfen wollten, blieb ohne Wirkung; die schlesischen Stände stimmten vielmehr der Designation des jungen Kurprinzen Heinrich zum künftigen König von Böhmen zu und zogen die Gebiete der geflüchteten katholischen Herren, welche Friedrich die Huldigung verweigert hatten (Dohna, Liechtenstein und Bischof Karl) als verfallen ein; das Bistumsland wurde vom Domkapitel verwaltet, wie es sonst bei Vakanzen üblich war.

So hatte Schlesien rund ein Jahr nach Beginn der entscheidenden Prager Beratungen alle Brücken hinter sich abgebrochen und seine ganze Zukunft auf die böhmische Karte gesetzt. Mit einem Schlage schienen sämtliche politischen und konfessionellen Wünsche befriedigt, deren Erfüllung das Hauptziel der ständischen Bestrebungen seit Jahrzehnten war, und diesmal noch umfassender als durch die Errungenschaften von 1609/11. Zum ersten Male besaß das Land einen protestantischen Oberherrn, dessen deutsche Herkunft zudem eine Gewähr dafür zu bieten schien, daß die tschechische Strömung unter den böhmischen Ständen den jetzt endlich gleichberechtigten Nebenländern keine neuen Schwierigkeiten bereiten werde. Ohne große eigene Anstrengung war den Schlesiern dieser Erfolg in den Schoß gefallen; ihr Verhängnis sollte es werden, daß sie glaubten, ihn mühelos halten und unter dem neuen schwächeren Oberherrn das alte Spiel unzureichender Bewilligungen und noch säumigerer Ausführung ungestraft fortsetzen zu können. An berittener Mannschaft brachten die schlesischen Stände im Sommer 1620 glücklich ein Drittel der erforderlichen Zahl auf, und die übertriebene Sorge vor der polnischen Gefahr veranlaßte den Fürstentag zu dem kurzsichtigen Beschluß, für die bewilligte Bundeshilfe nicht das beste und tauglichste Kriegsvolk aus dem Land zu führen. Die Maßnahmen zur "Landesbereitschaft" wurden beeinträchtigt durch die Besorgnis, dem gemeinen Mann Waffen in die Hand zu geben. Die kostspielige Beteiligung an den Gesandtschaften der Konföderierten zum ungarischen Reichstag nach Neusohl und an den Sultan kam zustande, auch die Abordnung nach Warschau, wo die Schlesier die anderen Kronländer mitvertraten; die viel wichtigere Ausführung aber der verständigen Beschlüsse des Brieger Nächstgesessenentages vom 14. Sept. erfolgte trotz allen Bemühungen Johann Christians und seiner Kriegsräte durch die Saumseligkeit und Widerspenstigkeit der anderen Stände so mangelhaft, daß sich die Schlesier nicht über die ungünstige Wendung beklagen durften, welche mit durch ihr Verschulden die Lage König Friedrichs im Herbst 1620 nahm. Von Südwesten rückte das Heer der Liga unter Tilly gegen Prag heran, im Norden rüstete der sächsische Kurfürst zum Angriff auf die ihm vom Kaiser für seine Kriegskosten verpfändete Lausitz, die der Jägerndorfer mit dem hierhin gewiesenen Hauptteil der schlesischen Hilfsvölker nicht genügend zu schützen vermochte. Schon im Oktober überschwemmten die sächsischen Truppen die Lausitz, wo nur wenige feste Plätze widerstanden; sieben schlesische Fähnlein, die sich in Bautzen gegen freien Abzug ergeben hatten, rückten vor Breslau und verlangten die Zahlung des rückständigen Soldes und Abdankung.

Mit der Niederlage am Weißen Berg bei Prag (8. Nov.) brach die Herrschaft des "Winterkönigs" rasch zusammen. Der flüchtende Herrscher kam mit seiner Familie und dem Rest seines Heeres über Glatz nach Breslau, wo er sich vom 17. Nov. bis zum 23. Dez. aufhielt und unter Berufung eines Fürstentages die Möglichkeit erwog, alle heimischen Kräfte zusammenzuraffen und einen nochmaligen Widerstand auf dem Boden seines Reiches zu versuchen. Die geringe Zustimmung, die seine Pläne bei den schlesischen Fürsten fanden, der kleinliche Geist, mit dem die Stadt Breslau aus seinem Unglück Nutzen zog, indem sie auf Abstellung des im Februar auf der Burg eingerichteten reformierten Gottesdienstes drang, sowie die ungünstigen Nachrichten aus Mähren ließen es Friedrich ratsam erscheinen, die Länder der Wenzelskrone restlos aufzugeben und den schlesischen Fürsten Verhandlungen mit Sachsen zu empfehlen. Diese säumten auch nicht, eine Gesandtschaft nach Dresden abzuordnen und die vom Kurfürsten gebotene Generalamnestie anzunehmen. An der Achterklärung vom 22. Jan. 1621, die neben dem Pfälzer und seinen schlesischen Generalobersten, den Heerführern Christian v. Anhalt und Georg Friedrich v. Hohenlohe, auch den Markgrafen von Jägerndorf traf, vermochte die Fürbitte des Fürstentages freilich nichts mehr zu ändern; davon abgesehen aber bedeutete der am 28. Febr. 1621 geschlossene Dresdener Akkord eine ungemein glimpfliche Beendigung des schlesischen Abfalls im Vergleich mit dem Strafgericht, das nun bald über Böhmen und Mähren erging. Der Zustand von 1618 wurde wiederhergestellt, die schlesischen Stände hatten eine Buße von 300 000 fl. zu zahlen und Ferdinand als ihren rechtmäßigen Herrn anzuerkennen; dafür wurden ihnen ihre Privilegien bestätigt und gestattet, einen Teil ihrer Truppen vorläufig unter Waffen zu behalten. Selbst der in Wien als Rädelsführer geltende Johann Christian v. Brieg erlangte noch ausdrückliche Aufnahme in den Akkord, worauf er das Oberamt niederlegte, das nun — mit Zustimmung Ferdinands — sein weniger belasteter Bruder Georg Rudolf v. Liegnitz übernahm[35]. Denn sehr zum Leidwesen Erzherzog Karls war den Ständen sogar das Vorrecht von 1609 neu verbrieft worden, daß nur ein weltlicher einheimischer Fürst oberster Landeshauptmann werden dürfe. Als Vertreter des Kaisers empfing Kurfürst Johann Georg am 3. Nov. 1621 in Breslau das erneute Treugelöbnis der schlesischen Fürsten und Stände, zu denen jetzt plötzlich auch die sonst so widerspenstige Troppauer Ritterschaft gezählt sein wollte, da sie als Glied des begnadigten Schlesiens nun viel besser fahren konnte als mit der bisher verfochtenen Zugehörigkeit zu dem wesentlich empfindlicher entrechteten Mähren.

Die Rücksicht auf Sachsen, die neue Bedrohung von Ungarn her durch Bethlen Gabor und die noch ungeklärte Lage im Reich bewogen den Kaiser, den Dresdener Akkord zu bestätigen, obwohl er nach seinem böhmischen Siege die dem Kurfürsten erteilte weitgehende Vollmacht schon bereut hatte. Vergessen hat er den protestantischen Ständen Schlesiens ihren Abfall so wenig wie denen seiner anderen Erbländer. Nur schien es dem Habsburger geraten, die Abrechnung auf einen späteren Zeitpunkt zu vertagen und in unauffälligerer Form vorzubereiten, um zunächst einmal in dem gefährlicheren böhmisch—mährischen Unruheherd die letzten Funken auszutreten und jedes Wiederaufflammen dieses Brandes unmöglich zu machen. Falls es dann gelang, den im Reich bevorstehenden allgemeinen Vorstoß gegen den Protestantismus zu einem Siege der katholischen Kirche und der kaiserlichen Obergewalt auszugestalten, so mußte es ein leichtes sein, alsdann den jedes Rückhaltes beraubten protestantischen Ständen in Schlesien alle ihre noch vorhandenen Rechte abzusprechen — in größerem Maßstabe eine Wiederaufnahme des Planes, der Ferdinand I. am Beginn des Schmalkaldischen Krieges vorgeschwebt hatte. Daß die Aufrichtung einer absoluten, auch in Glaubensfragen allein maßgeblichen Zentralgewalt das letzte Ziel des Habsburgers war, zeigt gerade für Schlesien die Denkschrift eines den Hofkreisen nahestehenden Verfassers aus der Zeit kurz vor dem Dresdener Akkord, in der mit vollendeter Meisterschaft die Wege nachgewiesen wurden, auf denen dieses Ergebnis zu erreichen sei[36].

Zur Verwirklichung der kaiserlichen Absichten genügte es vorläufig, wenn die nach 1611 begonnene Politik der Stärkung des Katholizismus in Schlesien selbst folgerichtig und ohne allzu offensichtliche Verletzung der bestätigten Privilegien fortgesetzt wurde. Der erste Schritt war die völlige Verdrängung des verhaßten und unbequemen Johann Georg v. Jägerndorf, der sich — mehr Gefangener als Anführer seiner noch nicht entlohnten Truppen — in Schlesien nicht über den Sommer 1621 halten konnte und nach Ungarn entwich; nach dem Nikolsburger Friedensschluß zwischen dem Kaiser und Bethlen (Neujahr 1622) mußte er alle Hoffnung auf Rückkehr begraben, zwei Jahre später wurde er inmitten neuer gemeinsamer Unternehmungen mit Bethlen gegen die Habsburger in Leutschau vom Tode ereilt (12. März 1624). Vergeblich bemühte sich sogleich nach der Ächtung Johann Georgs die Kurlinie, ihr Anrecht auf Jägerndorf beim Kaiserhof geltend zu machen: Ferdinand gab das eingezogene Fürstentum dem Troppauer Herzog Karl v. Liechtenstein; Beuthen—Oderberg wurde 1623 Pfand —, 1629 Erbbesitz der Familie Henckel v. Donnersmarck. Ein seit 100 Jahren erstrebtes Ziel hatte die Krone erreicht: Kein Reichsfürst war mehr Inhaber eines schlesischen Herzogtums. Mit der Belagerung und Einnahme von Glatz (Oktober 1622), an der Truppen des Kaisers, der schlesischen Stände und des sächsischen Kurfürsten beteiligt waren, wurde der letzte Rest bewaffneten Widerstandes im Bereich der böhmischen Länder beseitigt und der Durchführung der Gegenreformation in der Grafschaft wie in den benachbarten Fürstentümern Neisse, Troppau und Jägerndorf freiere Bahn gebrochen. Die Vertretung der kaiserlichen Belange und die Führung der katholischen Partei lag naturgemäß in der Hand des Erzherzogs Karl, dem niemand mehr die Rekatholisierung seines Bistumslandes, die endgültige Abschaffung des Laienkelches (oben S. 31), die Einführung von Jesuiten in Neisse und die Bemühungen um Gründung einer Universität zu wehren wagte. Im J. 1621 erhielt er als Deutschmeister für seinen Orden das bisher Jägerndorf angeschlossene Freudenthal[37], 1623 die Grafschaft Glatz, 1624 wurden ihm die vorübergehend als Abfindung an Bethlen gegebenen Fürstentümer Oppeln—Ratibor übertragen; nach seinem Tode (28. Dez. 1624) kamen sie — wie auch Glatz — an den Thronfolger Ferdinand, dem 1626 noch Schweidnitz—Jauer verliehen wurde, so daß die katholische Partei nunmehr anstelle von zwei ungewissen Stimmen in der Gruppe der Erbfürstentümer über zwei sichere in der Fürstenkurie verfügte. Die im Spätherbst 1621 begründete Breslauer Münzstätte der schlesischen Fürsten wurde 1623 wieder geschlossen, der Kaiser zwang die Stände, zur Bekämpfung der Auswüchse der sog. Kipper- und Wipperzeit auf jede eigene Münzprägung zu verzichten; im Februar 1623 setzte in Breslau nach allen früheren Fehlschlägen endlich eine Prägung durch kaiserliche Münzpächter ein, die von Bestand sein sollte; das Entgegenkommen Ferdinands beim Neuerlaß des Zollpatents 1623 war nur formaler Natur. Seit dem selben Jahre sind kaiserliche Gesandte regelmäßig auf dem Frühjahrsfürstentag vertreten; die Berufung von Fürstentagen hat der Oberhauptmann seit 1624 nur noch auf ausdrückliche Weisung des Oberherrn hin vorzunehmen. Die Beschlüsse dieser Versammlungen wurden nun auch nicht mehr den einzelnen Landständen der Erb— und mittelbaren Fürstentümer zur weiteren Beratung überwiesen, sondern einfach durch Patente bekannt gegeben. Die Breslauer Kammer wurde wieder zu dem wichtigsten Werkzeug der Krone bei ihrem Vorstoß gegen den ständischen Einfluß; ihr Präsident Dohna war ein gefürchteter Sachwalter der kaiserlichen Belange, auf ihn ging der nur mit Mühe und großen Geldopfern abgewehrte Versuch von 1625 zurück, dem Breslauer Rat die Hauptmannschaft seines Fürstentums zu nehmen. Das gleiche Jahr brachte auch einen neuen Anlauf zur Beschränkung des ständischen Steuerwesens, indem statt des Generalsteueramtes das kaiserliche Rentamt zur Sammelstelle der Landessteuern erhoben werden sollte.

Mit dem frühen Ableben Friedrich Wilhelms v. Teschen (19. Aug. 1625) erlosch der piastische Mannesstamm in diesem Fürstentum, das nach langen Bemühungen die mit Gundakar v. Liechtenstein vermählte Schwester des letzten Fürsten, Lukretia, 1638 zur persönlichen Nutznießung erhielt. Als regierendes Haus war nach diesem Todesfall das Piastengeschlecht in Schlesien einzig noch in Liegnitz und Brieg vertreten. Nur mit Besorgnis konnten die beiden herzoglichen Brüder bei dem Anwachsen der kaiserlichen Macht seit 1621 in die Zukunft sehen, und es mußte ihnen besonders daran liegen, wenn schon verfassungsrechtlich eine immer stärkere Beschränkung ihrer Macht unvermeidlich war, wenigstens gebietsmäßig jede unnötige Schwächung zu vermeiden. Georg Rudolf war kinderlos; Johann Christian aber hatte schon aus seiner ersten Ehe mit Dorothea Sibylla v. Brandenburg drei Söhne, und so ist es verständlich, daß er bei seiner zweiten Heirat i.J. 1626 mit dem Hoffräulein Anna Hedwig v. Sitsch die Bestimmung traf und sich vom Kaiser bestätigen ließ, daß die Kinder aus dieser Ehe keinen Anspruch auf die Nachfolge in seinem Fürstentum haben sollten — eine Maßregel, die ein halbes Jahrhundert später beim unvermuteten Aussterben der Nachkommen erster Ehe bedeutungsvoll wurde (S. 110).

Bis zum J. 1626 vollzog sich das Vordringen der Gegenreformation wie die Einengung der ständischen Befugnisse ziemlich in der Stille, in Einzelmaßnahmen und mit Unterbrechungen. Die Jesuiten fanden außer in Neisse und Glatz zunächst nur in Glogau Eingang, wohin sie der Landeshauptmann Georg III. v. Oppersdorff, auch in seiner oberschlesischen Heimat eine Hauptstütze der katholischen Partei, im Frühjahr 1625 rief; ebenso erfolgte die Wiedereinsetzung der anderen Orden in ihre früheren Klöster vorerst in mäßigem Umfang. Das Bistum verlor Ende 1624 in Erzherzog Karl einen tatkräftigen Förderer der katholischen Sache, wie es ihn in seinem Nachfolger, dem polnischen Prinzen Karl Ferdinand, der während seiner 30 jährigen Regierung nur viermal kurz von seinem Bistum Plock nach Schlesien kam, nicht mehr besaß. Die Rekatholisierung schritt in Oberschlesien langsam voran, in Mittel-

und in Niederschlesien wurde sie noch kaum betrieben. Eine Denkschrift des Sommers 1625 aus Jesuitenkreisen läßt erkennen, daß man damals — offenbar im Hinblick auf den noch ungewissen Ausgang des Krieges im Reiche — die allgemeine Rückführung zum alten Glauben nur schrittweise und auf recht verschiedenen Wegen zu bewerkstelligen gedachte: durch Stärkung des einheimischen Klerus, dessen grundherrliche Befugnisse ein Drittel von ganz Schlesien umfaßten, durch planmäßige Personalpolitik in den Erbfürstentümern, durch Bekehrungsversuche bei den protestantischen Herzögen, durch rücksichtsloses Vorgehen lediglich in den Gebieten, die katholischen Landesherren unterstanden.

Da wurde Schlesien mit dem Jahre 1626 zum zweiten Male in den Strudel des Krieges gezogen, der seine Grenzen vier Jahre lang verschont hatte. Seine Schlüsselstellung, die den Habsburgern eine ungestörte Verbindung mit dem verschwägerten polnischen Königshaus gewährte und zugleich die niederdeutschen und ungarischen Widersacher Ferdinands an einer Vereinigung hinderte, mußte mit Notwendigkeit die Blicke dieser Gegner auf sich ziehen, die hoffen durften, hier im oberen Oderlande sich die Hand zu reichen und den Kaiser von einer sehr empfindlichen Seite, in dem nur äußerlich befriedeten Sudetenraum, zu fassen. Damit rückte die entscheidende Stunde für das politische und kirchliche Schicksal Schlesiens heran. Schon gleich nach Neujahr hatte man einen Angriff Mansfelds befürchtet, dementsprechend erging eine Aufforderung des Oberhauptmanns zur Landesbereitschaft und ein Befehl Ferdinands zu Werbungen. Als im Mai die Gefahr vorüber schien, legten die Stände dem Kaiser ihr Unvermögen dar, gleichzeitig die aufgestellten Truppen zu unterhalten und die geforderten Steuern zu entrichten; Ferdinand entschied daraufhin, das Kriegsvolk sei zu entlassen, damit die notwendigen Gelder aufgebracht werden könnten. Kaum war aber das Landesaufgebot auseinandergegangen, als im Juli Mansfeld an der schlesischen Grenze erschien und ungehindert auf der rechten Oderseite bis Oberschlesien vordrang; dort ließ er einen Teil seiner meist dänischen Truppen zurück, während er selbst nach Ungarn weiterzog, wo er bald darauf starb. Die Bevölkerung hatte bei seinem Erscheinen wenig Neigung bezeugt, für den Condottiere der Glaubensgenossen gegen den kaiserlichen Oberherrn Partei zu ergreifen; in Wien aber sah man schon in dem ungestörten Durchmarsch Mansfelds und in den weiteren Erfolgen seiner im Lande verbliebenen Streitkräfte einen willkommenen Anlaß, die Schlesier der Unzuverlässigkeit und Untreue anzuklagen, wodurch sie die Vergünstigungen des Dresdener Akkordes verwirkt hätten.

Die erste Strafe bestand in der Anweisung des Wallensteinschen Heeres, das hinter Mansfeld hergezogen war, auf schlesische Winterquartiere, ohne Rücksicht auf die Gegenvorstellungen des Fürstentages. Dem Feldherrn, dessen Truppen, statt nun den Feind ungesäumt aus Oberschlesien zu vertreiben, lieber erst die anderen Landesteile nach bewährter Weise aussogen, wurde zudem noch das 1622 heimgefallene Herzogtum Sagan verliehen (Winter 1627/28), so daß in der Fürstenkurie nunmehr eine katholische Mehrheit bestand. Wallenstein[38] säumte denn auch nicht, die auf ihn gesetzten Hoffnungen zu rechtfertigen und mit der Gegenreformation in seinem neuen Besitztum Ernst zu machen. Das schroffe Auftreten seiner Gesandten beim Fürstentag, die für ihren eben zum Reichsfürsten aufgestiegenen Herrn den Vorrang vor allen anderen Ständen verlangten, zeigte den einheimischen Herzögen so recht ihre Ohnmacht und Hilflosigkeit. Georg Rudolf vollzog 1628 den schon mehrfach erwogenen Verzicht auf das Oberamt, und Ferdinand nahm diesen Anlaß wahr zu einer entscheidenden Umgestaltung der Würde: Das Oberamt wurde mit dem Jahre 1629 zu einer rein kaiserlichen Behörde mit kollegialem Charakter, in der dem Oberhauptmann nur noch ein Ehrenvorsitz ohne maßgebenden Einfluß zukam. Gegen die Zusage freier Religionsübung für sein Land ließ sich Heinrich Wenzel v. Bernstadt—Oels dafür gewinnen, die Scheinwürde des Oberhauptmanns zu übernehmen. Diese die Breslauer Kammer entlastende Umwandlung des Oberamtes in eine nur vom Kaiser abhängige Aufsichts— und Verwaltungsbehörde steht in engem Zusammenhang mit den gleichzeitigen Verfassungsänderungen in Böhmen und Mähren: auch die Prager Hofkanzlei und das Kollegium der böhmischen "Landesoffiziere" hatten 1627 ihren dualistischen Charakter verloren und waren zu rein königlichen Organen geworden. Die auf ständischer Einflußnahme beruhende Sonderstellung der böhmischen Ländergruppe im habsburgischen Reichsganzen verlor damit einen grundlegenden Wesenszug, die Vereinheitlichung des gesamten Staatswesens rückte wieder ein merkliches Stück näher. Als gewissermaßen gegenläufige Entwicklung muß freilich verzeichnet werden, daß die bisherige Zolleinheit der böhmischen Länder seit der Neuregelung von 1625 durchbrochen war und Schlesien jetzt ein eigenes Zollgebiet bildete.

Die volle Verfügung des Kaisers über das Oberamt und das gleichzeitige Verbot an den Fürstentag, andere Angelegenheiten als Steuersachen zu verhandeln, erleichterte nun auch die Beschleunigung der Gegenreformation, die jetzt in den Erbfürstentümern mit aller Planmäßigkeit betrieben wurde. Das nach Vertreibung der Dänen und Abzug des kaiserlichen Hauptheeres (August 1627) im Lande verbliebene Dohnasche Kriegsvolk genügte vollauf, den Gedanken eines gemeinsamen offenen Widerstandes bei den schlesischen Protestanten, die ihre Schwäche und Wehrlosigkeit so deutlich hatten spüren müssen, zu ersticken. In Oberschlesien erfolgte der Vorstoß des Oberherrn vornehmlich in Gestalt zahlloser fiskalischer Prozesse gegen die angeblichen Parteigänger Mansfelds, die sich über vier Jahre hinzogen, die kaiserlichen Kassen füllen halfen, vor allem aber unter den adligen Schutzherren des Protestantismus ähnlich aufräumten, wie das kurz zuvor auch in Böhmen und Mähren durch die Konfiskationen geschehen war. Die endgültige Verleihung von Beuthen—Oderberg an die finanziell unentbehrlichen, aber evangelischen Henckel v. Donnersmarck i.J. 1629 wurde nur unter ausdrücklichem Vorbehalt des geistlichen Patronatsrechts dem neuen Standesherrn gegenüber vollzogen. Für die niederschlesischen Erbfürstentümer — außer Breslau — knüpft sich diese erste große Welle der Gegenreformation in der Hauptsache an die berüchtigten Liechtensteiner Dragoner, deren Schreckensregiment Stadt um Stadt zu einem äußerlichen Glaubenswechsel nötigte bzw. Abwanderungen in bedenklichem Umfang verursachte. In dem Fürstentum Schweidnitz—Jauer, wo nun ebenfalls ein katholischer Landeshauptmann waltete, bediente man sich den Städten gegenüber zeitweilig auch des böhmischen Instituts der Königsrichter. Den Piasten wurde die Aufnahme flüchtender Glaubensgenossen aus den Erbfürstentümern verwehrt, so daß diese Auswanderer Schlesien vollständig verloren gehen mußten; dazu wurde den protestantischen Ständen sogar die Anrufung sächsischer Verwendung untersagt. Johann Christian sollte die Strehlener Klostergüter (oben S. 22) zurückgeben und seine Rechte auf

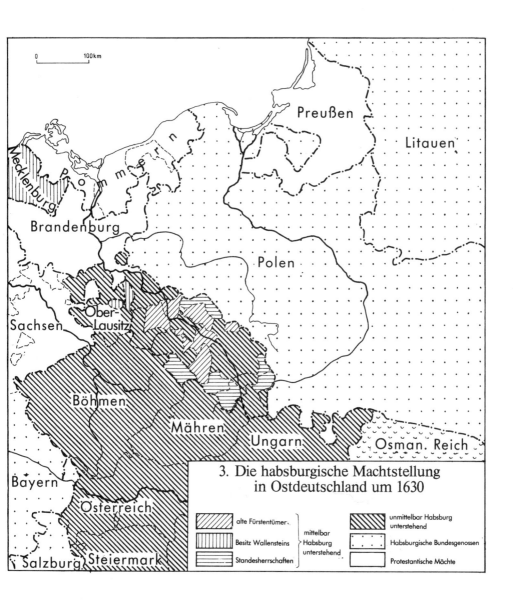

Nimptsch nachweisen, das sein Haus doch schon jahrhundertelang besaß (I. S. 233); er mußte froh sein, wenn die unabwendbare kaiserliche Einquartierung in seinem Fürstentum sich nur in geldlicher Belastung, nicht auch in konfessionellen Übergriffen auswirkte. Der Kaiser, den im Reich das Restitutionsedikt von 1629 auf der Höhe seiner Macht zeigt, hat auch in Schlesien im gleichen Jahre ein bisher unbekanntes Maß an oberherrlicher Gewalt auf verfassungsrechtlichem und kirchlichem Gebiet errungen. Nur die kleine Gruppe der piastischen und podjebradschen Lande und das Fürstentum Breslau können seiner Einwirkung noch gewisse Schranken entgegensetzen. Sonst ist Schlesien jetzt so in seiner Hand wie schon seit einem Jahrzehnt die anderen Erblande, ja es gewinnt als nördlichstes Außenglied seiner Monarchie eben jetzt besondere Bedeutung für die kurze Zeit des kaiserlichen Traumes von der Errichtung einer deutschen Seemacht und dem Gewinn einer beherrschenden Stellung an der Ostsee (vgl. Karte S. 81); es ist kein Zufall, daß als erster seit Ferdinand I. der auch mit Mecklenburg belehnte kaiserliche Generalissimus Wallenstein der schlesischen Oderschiffahrt wieder besondere Aufmerksamkeit widmet und Anweisungen zu ihrer Förderung erläßt.

Diese Bedeutung Schlesiens als Sprungbrett für die maritimen Pläne der Habsburger wie umgekehrt die erhöhte Aussicht für die Gegenseite, das Kaiserhaus hier besonders wirksam zu treffen, und schließlich die Hoffnung, nach den jüngsten Drangsalen, an den Resten der ständisch—konfessionellen Gegenströmung im Lande selbst eine Unterstützung zu finden, machen es verständlich, daß Schlesien auch in dem neuen, 1630 einsetzenden Abschnitt des großen Ringens immer wieder zum Kriegsschauplatz wird und alle Leiden eines solchen Schicksals auskosten muß. Schon Gustav Adolf hatte geplant, nach der Landung in Pommern seinen Marsch auf Schlesien zu richten; die Not Magdeburgs rief ihn jedoch gleich nach dem Westen. Dafür erstanden in seinen neuen Bundesgenossen Sachsen und Brandenburg zwei weitere Gegner des Kaisers, denen schon als Nachbarn daran gelegen sein mußte, sich Schlesiens zu vergewissern. Die Hohenzollern konnten sich dabei auf ihre Jägerndorfer Ansprüche und die Verwandtschaft mit den Piasten berufen; von den Schweden wurden sie in diesen schlesischen Ausdehnungsplänen nur bestärkt, um ihnen hier einen Ersatz für die

6. Rosenberg OS, Schrotholzkirche St. Anna (1668-1670)

strittige pommersche Erbschaft zu bieten. Der sächsische Kurfürst konnte als Schutzherr der im Dresdener Akkord verbrieften Religionsfreiheiten auftreten und mochte hoffen, zu der eben erst erworbenen Lausitz, das seinem Hause schon einmal gehörende Sagan wiederzugewinnen. Diese verschiedenartigen Absichten, mit denen i.J. 1632 die drei Verbündeten den ersten Einmarsch in Schlesien unternahmen, mußte naturgemäß Eifersucht und Zerwürfnisse zwischen den einzelnen Truppenführern hervorrufen, die militärischen Erfolge beeinträchtigen und den protestantischen Schlesiern den Anschluß an ihre Befreier erschweren. Während Oberschlesien von den Feldzügen dieser Jahre und der damit verbundenen Notwendigkeit, Partei zu ergreifen, in der Hauptsache verschont blieb, suchten die niederschlesischen Stände, wirtschaftlich ohnedies durch die Notzeit geschwächt und dazu mehrfach von der Pest heimgesucht, möglichst lange Neutralität zu wahren, um es mit keiner Seite zu verderben. Der Sieg der Verbündeten bei den Steinauer Schanzen (3. Sept.) und die Belegung der Breslauer Dom— und Sandinsel mit einer schwedisch—sächsischen Garnison bahnten eine Annäherung zwischen den Fürsten des protestantischen Lagers in Schlesien und den Eroberern an, ohne daß man noch bestimmte Schritte gegen den Kaiser unternehmen wollte. Der schwache Oberhauptmann Heinrich Wenzel freilich, der für diese beginnende Absonderung einen ähnlichen Mißerfolg wie 1619 voraussah, lehnte die von seinen Mitständen geforderte Berufung eines Fürstentages ab und verließ das Land. Unter Vorbehalt ihrer Vasallenpflichten gegen Ferdinand nahmen die Piasten Anfang 1633 Besatzungen der Verbündeten in ihre Hauptstädte auf; Breslau verstand sich sogar dazu, den sächsischen Anführern kaiserliche Einnahmen zu überlassen. Der Anmarsch Wallensteins, der durch die kaiserliche Pfandverschreibung des Fürstentums Glogau doppelt an der Säuberung des Landes interessiert war, hielt den beginnenden Abfall noch ein halbes Jahr hin; doch stand der Feldherr ja selbst in Verhandlungen mit dem Gegner, und die Untätigkeit seines Heeres war nicht dazu angetan, die schwankenden Protestanten Schlesiens auf der Seite ihres Bedrückers festzuhalten.

Am 9. Aug. 1633 traten die Piasten Johann Christian und Georg Rudolf, der Breslauer Rat und Karl Friedrich v. Oels in eine "Konjunktion" mit Sachsen, Brandenburg und Schweden, unter deren Schutz sie sich begaben, ohne daß dieser Schritt aber eine vorsätzliche Pflichtverletzung gegen den Kaiser und dem böhmischen Staatsverband nachteilig sein sollte. Den Ständen, denen sich noch die benachbarten Erbfürstentümer und Standesherrschaften Niederschlesiens anschlossen, schwebte dabei offenbar kein endgültiger Abfall vor, sondern nur eine möglichst starke Sicherung der Evangelischen in Schlesien für die erwarteten Friedensverhandlungen durch Eingehen eines Schutzverhältnisses zu auswärtigen Mächten. Die Piasten dachten dabei flüchtig auch an eine Erneuerung der Erbverbrüderung mit den Hohenzollern von 1537. Zu finanziellen Gegenleistungen erklärte man sich nur sehr zögernd bereit. Ehe die an die Höfe von Berlin und Dresden wie zu dem schwedischen Kanzler Oxenstierna nach Frankfurt a.M. geschickten Gesandten genauere Abmachungen treffen konnten, erfolgte in Schlesien ein siegreicher Vorstoß der Kaiserlichen, der die Piasten zur Flucht nach Polen und die Stadt Breslau zur Preisgabe ihrer Übereinkunft mit der Dombesatzung zwang. Wallensteins Ermordung und die Verhaftung seines schlesischen Parteigängers Schaffgotsch ließen die Protestanten zunächst ungenutzt. Erst als im Frühjahr 1634 das schwedische Heer unter Banér heranrückte und gleichzeitig der sächsische Feldherr Arnim, ihm zuvorkommend, den Sieg bei Lindenbusch (13. Mai) erfocht und bis vor Breslau marschierte, wendete sich das Blatt wieder zugunsten der Verbündeten. Die Anhänger der Konjunktion, die schon mit der Prägung revolutionär beschrifteter Münzen ohne Kaiserbildnis begonnen und die Zollerhebung in die Hand genommen hatten, hielten einen Ständetag ab und wählten Johann Christian zu ihrem Oberhaupt. Die Gesandten in Frankfurt wurden angewiesen, die Aufnahme in den Heilbronner Bund zu beantragen, ein abmahnendes Schreiben des Kaisers fand — von dem treu gebliebenen Oberschlesien abgesehen — nur im Erbfürstentum Glogau einigen Widerhall. Andererseits beweist der Entwurf zu dem geplanten Abkommen mit dem Heilbronner Bund, daß man das Bündnis nur für die Dauer des Krieges eingehen wollte, und auch das Rechtfertigungspatent vom 30. Sept. unterstrich, daß kein endgültiger Abfall beabsichtigt sei. Obwohl also die beteiligten Stände jetzt wesentlich behutsamer vorgingen als i.J. 1619, waren die Folgen dieses zweiten Versuches zur Behauptung der Glaubensfreiheit viel verhängnisvoller, weil Sachsen, an das man sich am engsten angelehnt hatte und von dem man am eifrigsten zu allen Schritten ermuntert wurde, sich nicht mehr so nachhaltig wie damals für die schlesischen Protestanten einsetzte, als es nun nach der unglücklichen Nördlinger Schlacht (6. Sept. 1634) ernstlich daran ging, seinen Sonderfrieden mit dem Kaiser zu machen. Der Kurfürst war nicht gesonnen, den endgültigen Erwerb der Lausitz und die für das Reich erwirkten konfessionellen Zugeständnisse dadurch wieder in Frage zu stellen, daß er auf voller Begnadigung seiner schlesischen Verbündeten bestand. Ein Unrecht beging er aber unter solchen Umständen damit, daß er die Schlesier über seine Absichten völlig im unklaren ließ, sie in falschen Hoffnungen wiegte und so verhinderte, daß sie auf unmittelbarem Wege noch möglichst leidliche Bedingungen für eine Aussöhnung mit dem Kaiser zu erhalten suchten.

Um so größer war die Enttäuschung, als am 30. Mai 1635 der Abschluß des Prager Friedens den offenen Verzicht Sachsens auf die Vergünstigungen des Dresdener Akkordes brachte und den Schlesiern nichts als bedingungslose Unterwerfung unter ihren erzürnten Oberherrn übrig blieb, dessen Forderungen aus dem Nebenrezeß des Friedensvertrages hervorgingen[39]. Nur die mittelbaren Fürstentümer der Piasten und Podjebrads sowie die Stadt Breslau sollten danach die freie Religionsübung behalten dürfen, den Erbfürstentümern, Standes- und Minderherren wurde sie versagt; die beteiligten Herzöge — Heinrich Wenzel hatte die kaiserliche Gunst nie verloren — mußten Abbitte leisten, Breslau ohne Entschädigung die Landeshauptmannschaft und Kanzlei seines Fürstentums abtreten. Alle Bemühungen um Milderung der Bedingungen waren umsonst, auch die warme Fürsprache des Polenkönigs Ladislaus IV., dessen Toleranz schon seit Jahren schlesischen Glaubensflüchtlingen eine Zuflucht gewährt hatte, fruchtete nichts. Die Widerstandskraft des schlesischen Protestantismus in politischer Hinsicht war endgültig gebrochen; Johann Christian, der wohl am klarsten den unaufhaltsamen Niedergang der alten schlesischen Fürstenmacht übersah und sich schon vor Abschluß des Prager Friedens erneut an seinen früheren Zufluchtsort Thorn begeben hatte, kehrte überhaupt nicht mehr in sein Land zurück, sondern blieb in der Fremde und starb auf seinem preußischen Gut Osterode (25. Dez. 1639). Mit ihm ging die letzte Persönlichkeit dahin, die auf seiten der Stände noch als ernsthafter Gegenspieler der Krone hatte gelten können. Die Konjunktion von 1633 war der letzte ständische Versuch einer eigenen Schicksalsgestaltung, aus dem Lande heraus sind Kräfte einer politischen Einflußnahme seitdem nicht mehr erstanden; schon bei den weiteren Schwedeneinfällen, die der letzte Abschnitt des 30jährigen Krieges noch bringt, ist Schlesien vollständig Objekt des Geschehens. Gesuche um Fürbitte auswärtiger Mächte bei dem Kaiser in der Religionsfrage — das sind die einzigen "politischen" Schritte, zu denen sich schlesische Stände in der Folgezeit noch aufgerafft haben.

Der Prager Sonderfriede des Kaisers mit Sachsen und Brandenburg hat den erhofften allgemeinen Friedensschluß nicht beschleunigt; Frankreich hat vielmehr gerade daraufhin offen in den Krieg eingegriffen, die kaiserlichen Erbländer sind noch mehrfach von feindlichen Heeren überschwemmt worden, und den Ausgangspunkt dieses 30jährigen Ringens, die Prager Kleinseite, haben schwedische Truppen noch in jenen Oktobertagen des Jahres 1648 behauptet, da in Münster und Osnabrück die Gesandten ihre Unterschrift unter den Friedensvertrag setzten. So wird es verständlich, daß die Krone von der Möglichkeit zur Rekatholisierung ihrer schlesischen Erbfürstentümer entsprechend dem Prager Nebenrezeß während der Fortdauer des Krieges nur beschränkten Gebrauch machte, zumal die Religionsparteien im Lande selbst in der dauernden Furcht vor den plündernden und brandschatzenden Horden aller kriegführenden Mächte zu gegenseitiger Duldung und Unterstützung viel eher geneigt waren als in friedlichen Zeiten. Beim Regierungswechsel von 1637 unterließ der neue Herrscher Ferdinand III., der seinem Vater an Glaubenseifer wenig nachstand, gewiß nicht ohne Absicht die Bestätigung der Religionsprivilegien, während er die anderen ausdrücklich erneuerte. Auch förderte er sonst die Ausbreitung katholischer Orden in Schlesien, namentlich der Jesuiten, andererseits entbehrt aber auch die Nachricht nicht einer gewissen Wahrscheinlichkeit, er sei 1640 oder 1641 bereit gewesen, den schlesischen Ständen Glaubensfreiheit zuzusagen, um ihren Helfer von 1634, den tüchtigen Feldherrn Arnim, in seinen Dienst ziehen zu können. In Teschen erfuhr der Protestantismus noch eine gewisse Schonung durch die Herzogin Lukretia, der 1638 endgültig das Erbe ihres Bruders Friedrich Wilhelm auf Lebenszeit überlassen wurde (vgl. oben S. 77). In

Oppeln—Ratibor erlitten die gegenreformatorischen Bestrebungen eine Unterbrechung i.J. 1645, als diese Fürstentümer, unter Vorbehalt der Gerichtshoheit, dem polnischen Königshaus als Ersatz für die unbezahlte Mitgift mehrerer nach Polen verheirateten österreichischen Prinzessinnen zu Pfandbesitz eingeräumt wurde[40]. Neustadt, schon immer ein Mittel— und Stützpunkt protestantischen Lebens in Oberschlesien, erhielt von seinem königlichen Pfandherrn Johann Kasimir 1649 sogar die Möglichkeit, wieder einen evangelischen Rat einzusetzen; das ganze Land erfreute sich zudem in den drei letzten Kriegsjahren weitgehender Schonung seitens der Kriegführenden, die keinen Wert darauf legten, die Krone Polen zu verletzen und zu militärischen Gegenmaßnahmen herauszufordern. Die Erbfürstentümer Schweidnitz—Jauer und Glogau litten so häufig unter Durchmärschen und Kämpfen, daß der Aufbau eines katholischen Kirchenwesens hier immer wieder in Frage gestellt wurde und die evangelischen Geistlichen ihren Wirkungskreis nie völlig aufzugeben brauchten. Einflußreicher auf den Bekenntnisstand als die Religionspolitik des fernen Oberherrn war zweifellos die Haltung des ansässigen Adels, dem das Patronatsrecht zustand, und so erblickte die Krone ihre Hauptaufgabe darin, die einheimische Ritterschaft für den katholischen Glauben zu gewinnen oder auswärtige Katholiken mit schlesischen Gütern zu belehnen. Ein anschauliches Beispiel für beide Möglichkeiten gewährt uns das Vorgehen der Habsburger im Falle des protestantischen Freiherrn Hans Ulrich v. Schaffgotsch, der in Wallensteins Sturz verwickelt worden war und wegen Hochverrats 1635 in Regensburg hingerichtet wurde: Seine Kinder wurden den Olmützer Jesuiten zur Erziehung übergeben und erhielten, als man ihres katholischen Bekenntnisses sicher sein durfte, einen Teil des väterlichen Erbes, die Herrschaft Kynast am Riesengebirge, zurück; den anderen Teil, die Standesherrschaft Trachenberg, verlieh der Kaiser 1641 seinem General Melchior v. Hatzfeld, einem Westerwälder[41]. Der schlesische Besitz Wallensteins, das Fürstentum Sagan, kam 1646 an einen anderen verläßlichen Parteigänger des Herrscherhauses, den böhmischen Grafen Wenzel Eusebius v. Lobkowitz, der freilich aus Gründen der Landeswohlfahrt mit der planmäßigen Durchführung der Gegenreformation noch zwei Jahrzehnte zurückhielt. Die Herrschaft Carolath war 1637—1639 in der Hand des Generals Graf Johann Götz aus dem Lüneburgischen. Auch im Fürstentum Breslau blieb es zunächst beim alten, obwohl die Hauptmannschaft der Stadt genommen war. Man wagte hier auch noch nicht, offen eine Jesuitenniederlassung zu gründen, sondern brachte die ersten Väter 1638 heimlich in die Stadt. Der Rat fand in seinen mehrjährigen Anstrengungen, die Festsetzung der Jesuiten innerhalb seiner Mauern zu vereiteln und sie wieder ganz aus der Stadt zu entfernen, sogar Unterstützung bei der übrigen Breslauer Welt- und Ordensgeistlichkeit wie bei den kaiserlichen Räten; der Linzer Rezeß von 1645 nahm dementsprechend für das geplante Jesuitenkolleg einen Platz auf der Sandinsel, also außerhalb der Stadt, in Aussicht, und 1648 kam es zu einem Auflauf der evangelischen Bürgerschaft zugunsten der Minoriten, die sich gegen die Einweisung von Jesuiten in ihr Dorotheenkloster gewehrt hatten. Wenn es dem Rat auch nicht gelang, in den Westfälischen Frieden eine ausdrückliche Sicherung gegen die Jesuiten hineinzubringen, so konnte er doch mit der Behauptung des konfessionellen Besitzstandes in Stadt und Umgebung bis 1648 noch recht zufrieden sein.

Auf politischem Gebiet setzte Ferdinand III. das Werk seines Vaters ebenfalls fort. Der Behördencharakter des Oberamts wurde durch eine neue Ordnung i.J. 1639 so stark unterstrichen, daß selbst der damalige Vorsitzende Karl Eusebius v. Liechtenstein, also der Sproß eines eben erst zum Fürstenrang aufgestiegenen kaisertreuen Geschlechtes, es unter seiner Würde fand, das Amt weiter zu verwalten, und zurücktrat. Der Oberhauptmann sollte nach dem Willen des Kaisers künftig in Breslau amtieren und nur zweimal jährlich einen kurzen Urlaub erhalten. Trotzdem haben sich bald darauf für dieses Amt — freilich ohne Verpflichtung dauernden Aufenthaltes in Breslau — wieder weltliche, protestantische Fürsten gefunden, sogar aus dem Piastenhause, dem es dann bis z.J. 1664 belassen worden ist. Da dem Oberamt seit der Umgestaltung von 1629 die politischen Aufgaben zugewiesen waren, die bisher die Schlesische Kammer mit versehen hatte, wurde eine genaue Abgrenzung zwischen beiden nötig, die 1640 erfolgte. Danach war das Oberamt zuständig für alle politischen und Justizangelegenheiten, die Kammer für das Finanzwesen und die Rechtsprechung in solchen Fragen; Aufgaben, die beide Behörden angingen, sollten einer gemeinsamen Kommission zugewiesen werden, die sich später zu einer Art Verwaltungsgericht auswuchs. Weil das Oberamt nunmehr dem ständischen Einfluß vollständig entzogen war, konnte der Oberherr es wagen, ihm 1644 das Vorrecht zu verleihen, daß Berufungen gegen seine Entscheidung nicht möglich sein sollten. 1638 erging auch ein neues Zollpatent; die schon 13 Jahre zuvor eingeführte Zollgrenze gegen Böhmen und Mähren, die für den schlesischen Handel eine weitere Verengung des zollfreien Verkehrs bedeutete, blieb erhalten. Die Änderungen, die Kammerpräsident Forno jetzt vornahm, bezogen sich nur auf die Höhe der bisherigen Zollsätze und sollten einer Erleichterung des Durchgangshandels dienen; sie wurden im Einvernehmen mit der Breslauer Kaufmannschaft getroffen, deren Berücksichtigung man doch immer noch für nützlich hielt. Wie auch die Behandlung der Jesuitenfrage zeigt, lag dem Hofe daran, die 1635 erfolgte Demütigung der Stadt nicht zu weit zu treiben. Man ersparte ihr den durch den Verlust der Hauptmannschaft notwendig gewordenen Abstieg aus der Kurie der Erbfürstentümer in die der Städte, indem für sie eine besondere Stimme in ihrer bisherigen Kurie geschaffen wurde. Auch das Jus praesidii, die Befreiung von der Pflicht zur Aufnahme einer kaiserlichen Besatzung, wurde ihr belassen. Schließlich erfuhr sie – wie auch andere schlesische Stände – die Vergünstigung eines merklichen Steuernachlasses (1639), um ihre Zahlungsfähigkeit nicht ernstlich zu gefährden und die Ungerechtigkeiten etwas auszugleichen, die der immer noch gültige Verteilungsschlüssel von 1527 mit sich brachte. Gerade in den Anfängen der Regierung Ferdinands III. erlebte Schlesien, nach ersten Ansätzen um 1620, einen weiteren Versuch zur Reform der Grundsteuer, der freilich ebenfalls bald wieder stecken blieb, zumal der Kaiser sich nicht entschließen mochte, sich in das Erhebungsverfahren dieser Landessteuer einzuschalten, sondern die von den Ständen seit Ferdinand I. geübten Rechte auf diesem Teilgebiet noch achtete. Die Feststellung der Ausfälle, die man gleich nach dem Prager Frieden begann, erwies, daß mehr als die Hälfte aller 1527 zur Grundsteuer herangezogenen Vermögenswerte inzwischen vernichtet war, ein erschütterndes Ergebnis, das durch die Verheerungen der letzten zehn Kriegsjahre noch trüber werden mußte. Die Bemühungen, Abhilfe zu schaffen und die Steuererhebung auf eine gesunde Grundlage zu stellen, gelangten vorläufig nicht über Kommissionsberatungen und die erwähnte kaiserliche Sondermaßnahme eines begrenzten Steuernachlasses hinaus.

Den Zeitgenossen kamen diese verfassungsrechtlichen Änderungen und Reformversuche freilich kaum zum Bewußtsein angesichts der Kriegsschrecken, die immer wieder über sie hereinbrachen. Nachdem mit dem Prager Frieden und dem Abrücken der sächsischen Besatzungen für drei Jahre etwas Ruhe in das geplagte Land eingekehrt war, setzte die Bedrängnis mit dem Jahre 1639 wieder ein, als schwedische Truppen von Böhmen aus über das Gebirge nach Schlesien vorstießen und gleichzeitig andere schwedische Streitkräfte im Fürstentum Glogau sich festsetzten, um erst 1641 den Rückzug anzutreten. Als die Kaiserlichen dann im Frühjahr 1642 das Land gerade völlig gesäubert hatten, erfolgte ein neuer Schwedeneinfall unter Torstenson, dessen Siegeszug durch die Fürstentümer Glogau, Liegnitz, Jauer, Schweidnitz, Neisse, Troppau und Oppeln erst nach der Umkehr im Juli vor Brieg zum Stehen kam. Ein Entsatzheer unter Piccolomini und Erzherzog Leopold Wilhelm zwang Torstenson zu völligem Rückzug; der Erzherzog sollte der letzte weltliche Vertreter des Habsburger Mannesstammes sein, welcher der schlesischen Hauptstadt einen Besuch schenkte (August 1642). Das nächste Jahr führte den gefürchteten Schwedenfeldherrn nur auf seinem eiligen Zuge von Mähren nach Holstein kurz durch Schlesien, dafür brachte das Jahr 1645 wieder gefährlichere Vorstöße Torstensons und seines Unterfeldherrn Königsmark, die besonders die Landschaften der linken Oderseite in Mitleidenschaft zogen. Im J. 1646 konnten die Schweden unter Wittenberg weitere feste Plätze zu den bereits besetzten hinzugewinnen und wiederum bis Teschen vordringen; ihre Behauptung in Ohlau und Jeltsch brachte besonders den Breslauer Handel dem Ruin nahe, da die Zugeständnisse, die der Rat den kaiserlichen Truppen vor seinen Mauern machen mußte, den Schweden erlaubten, die beanspruchte Neutralität Breslaus als gebrochen zu erklären und Vergeltungsmaßnahmen gegen die Stadt zu ergreifen. Die verhängte Blockade traf die Bürgerschaft so empfindlich, daß der Kaiser ihr noch 1648 den Abschluß einer Vereinbarung mit dem schwedischen General erlauben mußte.

So ist es verständlich, daß die Nachricht von dem endgültigen Gelingen des jahrelang beratenen Friedenswerkes in Schlesien zunächst

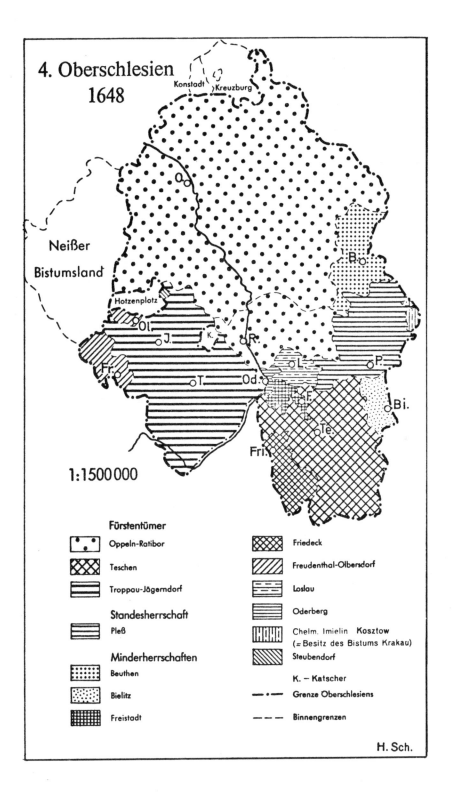

ein tiefes Gefühl der Erleichterung und Befreiung auslöste, wenn es auch kaum geglückt war, für die Protestanten größere Vergünstigungen zu erwirken, als ihnen schon 1635 zugestanden worden waren. Auf den Gang der Verhandlungen in Münster und Osnabrück blieb den Schlesiern so gut wie jede Einflußnahme verwehrt — dem Eintreten Schwedens vornehmlich hatten sie es zu verdanken, daß zu den Bestimmungen des Prager Friedens noch einige Vorrechte hinzutraten. Einfach übernommen wurde die Gewährung freier Religionsübung für die Herzöge von Liegnitz, Brieg und Oels sowie die Stadt Breslau. Die schlesischen Protestanten durften froh sein, daß die von Ferdinand soeben 1648 genehmigte Nachfolge des Württemberger Prinzen Sylvius Nimrod in dem Oelser Fürstentum seines 1647 ohne männliche Nachkommen verstorbenen Schwiegervaters Karl Friedrich, des letzten Podjebrad, nicht zum Anlaß genommen wurde, dieses Herzogtum in kirchlicher Hinsicht auf den Rang einer Standesherrschaft hinabzudrücken und ihm die Selbstbestimmung des Bekenntnisses zu entziehen. Ja das sorgsam gewahrte Recht der Podjebrads, in ihrem Titel auch den des schon 1569 verlorenen Fürstentums Münsterberg führen zu dürfen, sollte noch einen unerwarteten Wert für die evangelische Sache gewinnen, indem der auf Schlesien bezügliche Artikel V des Westfälischen Friedens von der konfessionellen Vergünstigung für die "Herzöge von Liegnitz, Brieg, Oels und Münsterberg" sprach, so daß 60 Jahre später die Altranstädter Konvention unter Berufung auf diesen Wortlaut die Rückgabe der inzwischen entfremdeten Kirchen auch im Fürstentum Münsterberg fordern und weitgehend durchsetzen konnte (vgl. Karte S. 119). Für die Protestanten der anderen Erb- und mittelbaren Fürstentümer wurde bestimmt, daß sie um ihres Glaubens willen nicht zur Auswanderung gezwungen werden, sondern außerhalb des Landes ihrem Gottesdienst nachgehen und vor den Mauern der drei Städte Schweidnitz, Jauer und Glogau eine Kirche mit einem evangelischen Prediger besitzen durften, die sog. Friedenskirchen, an deren Bau man auch trotz aller wirtschaftlichen Erschöpfung sogleich mit Eifer ging[42].

Im Vergleich mit den übrigen Erbländern hatte Schlesien so einige spürbare Erleichterungen erwirkt, wie sie sich in jener Zeit unter dem Zepter der Habsburger nur noch in dem von außen stets bedrohten und daher besonders nachsichtig zu behandelnden west— und nordungarischen Besitz wiederfanden; die Krone besaß hier keine rechtliche Handhabe zu gewaltsamer Bekehrung oder Ausweisung aus Glaubensgründen. Im Hinblick jedoch auf die Regelung, wie man sie eben jetzt für das Deutsche Reich gefunden hatte, springen die Nachteile Schlesiens deutlich genug in die Augen. Im Reich war für die Wiederherstellung des konfessionellen Besitzstandes das Richtjahr 1624 vereinbart worden; in Schlesien gestaltete sich das Verhältnis der beiden Religionsparteien viel ungünstiger für die Evangelischen. Im Reich hatte man die Kalvinisten den Lutheranern gleichgestellt, in Schlesien genossen nur die Anhänger des unveränderten Augsburger Bekenntnisses das Recht freier Religionsübung. Im Reich durften die Protestanten in dem Corpus evangelicorum[43] einen Zusammenschluß vornehmen, der sie in Glaubensfragen vor Überstimmung schützte, in Schlesien hatte die Stellung der Fürsten und Stände in den letzten drei Jahrzehnten eine solche Schwächung erlebt, daß von ihrer Seite eine wirksame Wahrung der protestantischen Belange unmöglich war. Lediglich die Bürgschaft Schwedens für den Inhalt des Westfälischen Friedens und die Anteilnahme der benachbarten evangelischen Kurfürsten von Sachsen und Brandenburg an der Erhaltung des schlesischen Protestantismus boten eine gewisse Aussicht, daß der Kaiser den Artikel V des Friedens einhalten und dem Lande in konfessioneller Hinsicht nicht das gleiche Schicksal bereiten werde wie seinen anderen Erbländern. Zu Kursachsen gewann Schlesien jetzt durch den endgültigen Übergang der Lausitz an Johann Georg eine Verbindung unmittelbarer Art, wie sie seit dem Verzicht der Wettiner auf Sagan nicht mehr bestanden hatte. Daß sich die politischen Wege der bisher im gemeinsamen Staatsverbande lebenden Länder Schlesien und Lausitz nunmehr trennten, wurde mehr als aufgewogen durch die engen geistigen und blutsmäßigen Beziehungen, welche die wirksame kirchliche Betreuung der westschlesischen Grenzstriche durch die evangelische Lausitz mit sich brachte.

Unter dem Gesichtspunkt der ständischen Entwicklung mußte das Ergebnis des 30jährigen Krieges ebenso trübe erscheinen wie von dem Standpunkt der Protestanten aus. Die Piasten und die Fürsten von Oels kann man eigentlich nur im Hinblick auf das Recht konfessioneller

Selbstbestimmung noch als Landesherren ansprechen; fast in allen anderen Fragen des Verwaltungs— und Hoheitsrechtes erscheinen sie kaum mehr unterschieden von den ihnen benachbarten Standesherren. Auch als Einung im Fürstentag und Oberrecht können die Stände keinen nennenswerten Einfluß auf die Staatsverwaltung mehr üben, ihr oberstes Organ, das Oberamt, ist ihrer Einwirkung vollständig entzogen. Der Fürstentag erlebt im kleinen das Schicksal, das im großen den Reichstag trifft: Er wird zu einem fast dauernd tagenden Conventus publicus, den die Fürsten und Standesherren immer seltener persönlich besuchen, den sie statt dessen gewöhnlich nur mit Vertretern beschicken. Seine Bedeutungslosigkeit kennzeichnet schon am Ausgang des Krieges treffend der Vers Daniel Czepkos[44]:

Es wird ein Fürstentag den letzten dieses sein,
Auf den ein jeder Stand soll seinen Dienst erweisen.
Ihr Herren, was wollt ihr erst hin nach Breslau reisen?
Sprecht nur zu Hause: Ja! — es trägt euch viel mehr ein.

Einzig das undankbare Amt, die Landessteuern auf die einzelnen Mitglieder umzulegen und sie einzutreiben, ist den Ständen noch verblieben.

Ein erschütterndes Bild bietet schließlich am Ende des Krieges der soziale und wirtschaftliche Zustand des Landes. Gewiß fällt es schwer, die Berichte der Zeitgenossen über Verwüstung und Entvölkerung auf ihr richtiges Maß zurückzuführen — eines aber steht fest: daß das schlesische Volk durch die neben den Feldzügen und Seuchen noch auf ihm lastenden Glaubensverfolgungen einen Aderlaß erlebt hat, der — verhängnisvoller sich auswirkend als bei den meisten anderen deutschen Stämmen — viele tüchtige Kräfte über die Grenzen getrieben hat, vor allem in die benachbarten Landstriche Polens, und den die Zuwanderung aus anderen von der Gegenreformation erfaßten Gebieten keinesfalls hat wettmachen können, da solche Glaubensflüchtlinge natürlich ein neues Leben nicht gerne in einem ähnlich bedrohten Lande aufbauen wollten. Was die Zuwanderung katholischer Elemente betrifft, die der Bevölkerungsmangel vielerorts begünstigen mochte, so verband sich hiermit die Gefahr, daß polnisches Volkstum in die vorhandenen Lücken eindrang und die Nationalitätenverhältnisse zuungunsten der Deutschen verschob.

Die Habsburger hatten in Schlesien durch die Umwälzungen des 30-jährigen Krieges in gleicher Weise auf Kosten der ständischen Machtstellung wie des Protestantismus einen bedeutenden Sieg errungen. Sein Ausbau in der ersten Richtung lag im Zuge der Zeit und war die einzige Möglichkeit, einen Stillstand der politischen Entwicklung zu verhüten. Die Ausnutzung des Sieges in konfessioneller Hinsicht dagegen entsprach viel weniger der Richtung, welche die schlesische Geschichte seit einem Jahrhundert genommen hatte, und war nur zu rechtfertigen, sofern sie dem Ziele größerer staatlicher Geschlossenheit und innerer Kräftigung diente. Die Zeit, da die politischen Entscheidungen der europäischen Mächte von der Glaubensfrage bestimmt wurden, neigte sich deutlich ihrem Ende zu. Würde das Haus Habsburg diesem Wandel Rechnung tragen? Würde es die in Schlesien bestehenden und die sich ihm künftig dort noch eröffnenden politischen Möglichkeiten in erster Linie für die Schaffung einer modernen Zentralgewalt auswerten oder würde der Wunsch nach Rückführung der Protestanten zum katholischen Glauben allen anderen staatsmännischen Erwägungen vorangehen? Diese Frage steht über dem letzten Jahrhundert der habsburgischen Herrschaft in Schlesien, und von der Antwort, welche das Kaiserhaus hierauf fand, mußte es — mehr als von allen anderen Leistungen — abhängen, ob die innere Verbundenheit Schlesiens mit seiner Dynastie von Dauer sein und damit eine tragfähige Grundlage für weitere politische Schicksalsgemeinschaft abgeben konnte.

IV. Die Zeit der vollen Gegenreformation
(1648 – 1707)

Wie im Reiche, so bedurfte es auch in Schlesien einer Übergangszeit von einigen Jahren, ehe wieder geordnete Verhältnisse einkehrten und die Bestimmungen des Friedensvertrages zur Ausführung gelangen konnten. Zwei Jahre währte es, bis die letzten von den Schweden in Schlesien besetzten Plätze geräumt waren. Der Kaiser hatte in seinen näher gelegenen Erblanden wie im Reiche viele dringende Aufgaben zu erledigen und sah sich zur Rücksichtnahme auf die Kurfürsten gezwungen, deren Stimmen er zur Königswahl seines gleichnamigen Sohnes brauchte, so daß er die schlesischen Fragen erst langsam in den Bereich seiner Beschlüsse zog. Daher hatten die beiden Religionsparteien noch etwas Zeit, sich auf die Auseinandersetzung vorzubereiten, welche die Verwirklichung der konfessionellen Punkte des Friedens für Schlesien bringen mußte. Die Piasten — noch im Zweifel über die Tragweite der ihnen gewährten Vergünstigung, die vielleicht nach der Auslegung des Kaisers nur einen Gnadenakt für ihre Person, nicht aber ihre Dynastie und ihr Land bedeutete — bemühten sich am Hofe eifrig um eine Entscheidung im günstigen Sinne und suchten inzwischen dem protestantischen Bekenntnis in ihren Fürstentümern eine möglichst feste kirchliche Rechtsordnung zu geben. Die Voraussetzung dafür war eine umfassende Visitation, mit der man 1651 in Brieg den Anfang machte, um sie dann auch auf Liegnitz und Wohlau auszudehnen. Auf katholischer Seite begann im gleichen Jahre die allgemeine Visitation des gesamten Bistums, die für eine erfolgreiche Durchführung der Gegenreformation an den bisher noch evangelischen Orten gute Vorarbeit leisten konnte[45]. Die Stände der Erbfürstentümer und einige Standesherrschaften versuchten gleich 1649 ihr Glück mit besonderen Gesandtschaften nach Wien, um noch weitere Zugeständnisse für ihre Religionsübung zu erwirken, doch ohne Erfolg. Nunmehr betrieben sie die möglichst rasche Erfüllung der Zusagen, welche die Friedenskirchen betrafen, um sofort den Gottesdienst hier aufnehmen zu können, sobald die befürchtete Kirchenreduktion beginnen würde. Im Fürstentum Oels meldete das Kloster Trebnitz seinen Anspruch auf Besetzung der Pfarren in der Stadt und seinen Stiftsdörfern an, der zwei Jahrzehnte lang noch heftig umstritten blieb.

Die planvolle Durchführung der Gegenreformation in gemeinsamem Vorgehen der geistlichen und weltlichen Obrigkeit auf Grund der Osnabrücker Bestimmungen fällt in die Jahre 1653/54. Zum ersten Mal seit langem fand 1653 in Neisse wieder eine Diözesansynode statt, welche der Geistlichkeit die volle Beachtung der Tridentiner Konzilsbeschlüsse einschärfte, die bisher noch nicht restlos zur Anerkennung gelangt waren. Die kaiserliche Verfügung, in den Erbfürstentümern die Kirchenrückgabe vorzunehmen, ging dem Oberamt am 1. Jan. 1653 zu;

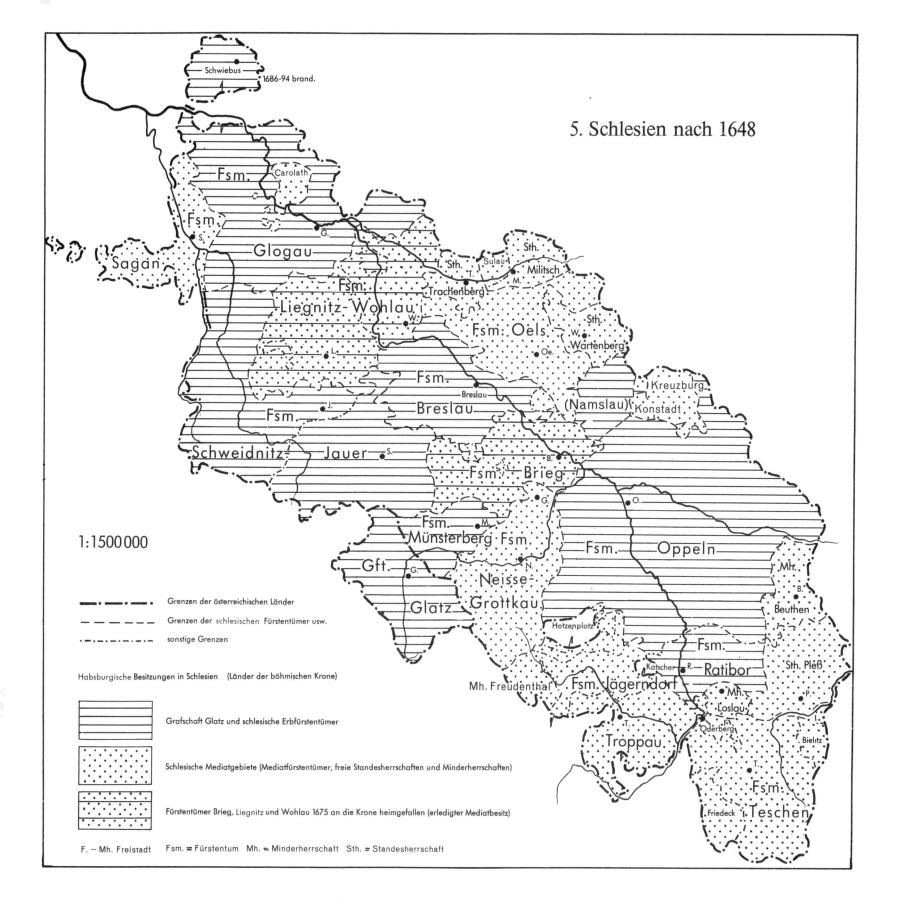

eine Bittschrift der Glogauer Ritterschaft blieb unberücksichtigt, am 2. April wurde der Befehl den Hauptleuten der Fürstentümer weitergegeben. Vergeblich war auch der Hilferuf an die protestantischen Reichsfürsten um Vermittlung und Fürsprache; der Kaiser wies seine schlesischen Behörden an, in ihren Maßnahmen unbeirrt fortzufahren; die ersten Ausweisungen setzten im Sommer ein, gemischte Kommissionen reisten von Ort zu Ort, verfügten die Entfernung der protestantischen Prediger und nahmen die Kirchen in Beschlag; die Einführung der neuen katholischen Geistlichen sollte überall einheitlich am 8. Dez. erfolgen, nur im Erbfürstentum Glogau zog sie sich noch bis in den März 1654 hin; auf den Gütern des Kammerpräsidenten Forno in Stabelwitz und Lissa bei Breslau ging die Neuerung nicht ohne Blutvergießen ab. Auf Verwendung des sächsischen Kurfürsten und der Königin von Schweden beließ Ferdinand wenigstens die beiden Breslauer Vorstadtkirchen Salvator und 11 000 Jungfrauen bei der evangelischen Religionsübung. Noch in einem dritten Falle unterblieb die Reduktion, in dem kleinen Halt Großburg, dessen Besitzer, ein Herr von Canitz, Lehensmann des Kurfürsten von Brandenburg war und den Schutz seines Lehnsherrn anrief. Einige Reiter des Kurfürsten führten den schon verwiesenen protestantischen Prediger wieder zurück und hinderten den zuständigen katholischen Geistlichen an der Fortführung seines Amtes, ein Auftreten gegen den kaiserlichen Oberherrn, das dieser nur deshalb hinnahm, weil eben damals mit dem Tode seines zum Nachfolger erwählten Sohnes Ferdinand IV. ein neues Werben um die Gunst der Kurfürsten nötig wurde. Solche kleinen Erfolge wogen natürlich nicht im geringsten die schwere Schädigung auf, welche der schlesische Protestantismus sonst überall durch die Reduktionen dieser beiden Jahre erlitt.

Hand in Hand mit den Maßnahmen in den Erbfürstentümern ging die Rekatholisierung in den anderen 1648 nicht bevorrechteten Fürstentümern und in den Standesherrschaften, soweit hier nicht in den vergangenen Jahrzehnten schon ganze Arbeit geleistet worden war. In Teschen starb 1653 die letzte Herzogin Lukretia, unter welcher sich der Protestantismus noch einer gewissen Duldung erfreut hatte. Das Fürstentum kam an die Krone, kirchlich war es dem Archidiakonat Oppeln angeschlossen; in der Schloßkapelle der Promnitz zu Pleß konnte sich der evangelische Gottesdienst auch nur bis z.J. 1660 noch behaupten, die protestantischen Inhaber der Herrschaften Beuthen und Bielitz, die Familien Henckel und Sunnegk, waren ebensowenig zu einer unmittelbaren Unterstützung ihrer Glaubensgenossen auf dem Gebiet der Seelsorge mehr fähig: In ganz Oberschlesien gab es seit 1660 keine evangelische Kirche mehr. Für die gottesdienstlichen Handlungen und die religiöse Unterweisung mußte sich der protestantische Bevölkerungsteil Oberschlesiens an die ihm zunächst noch belassenen Lehrer, an die aus Ungarn heimlich herüberkommenden Prediger und an die Kirchen des Fürstentums Brieg halten; in diesem Zusammenhang wurde es doppelt wichtig, daß die Piasten 1654 von Ferdinand und vier Jahre später nochmals von seinem Sohne Leopold (1657—1705) die Zusage empfingen, daß der Artikel V des Westfälischen Friedens nicht nur für sie persönlich, sondern auch für ihre Herzogtümer gelten solle. In Mittel— und Niederschlesien traten neben die Kirchen der Piastenländer als weitere Zufluchtskirchen die des Herzogtums Oels, der Stadt Breslau und des Großburger Haltes — bis 1668 auch noch die von Sagan —, außerdem aber konnten die niederschlesischen Protestanten eine ganze Reihe von Grenzkirchen in Polen, in dem brandenburgischen Krossen und besonders in der Lausitz benutzen, die für diesen Zweck damals errichtet oder erweitert wurden (vgl. Karte S.119)[46]. Das Ausscheiden der Lausitz aus dem Habsburgerreich wirkte sich so für den evangelischen Besitzstand in Schlesien zum Segen aus, und das kursächsische Haus konnte mit der Förderung der Grenzkirchen zu einem Teil wenigstens die Not mildern, die durch seine Schuld seit dem Prager Frieden über die schlesischen Glaubensbrüder hereingebrochen war.

Die protestantisch gebliebenen Fürstentümer bedeuteten aber nicht nur einen Rückhalt für die Evangelischen der schlesischen Nachbargebiete, sie bildeten sogar Inseln der Zuflucht für Glaubensgenossen aus Polen, wo zuerst der unglückliche Krieg mit Schweden (1655—60), dann auch stärker einsetzende religiöse Bedrückungen die Auswanderung begünstigten. So begegnen uns polnische, als Schwedenfreunde verjagte Unitarier seit 1656 in Urschkau, seit 1658 im Kreuzburger Weichbild; 1663 erging eigens ein kaiserliches Edikt gegen die aus Polen zuziehenden Arianer. Ebenso haben diese Kriegsnöte aber auch

7. Franz Ludwig von Pfalz-Neuburg, Kurfürst von Trier und Mainz, Bischof von Breslau (1683-1732)

polnische Katholiken über die schlesische Grenze getrieben und besonders Klöstern und Stiften einen merklichen Zuwachs gebracht. Polnische Dominikaner und Franziskaner haben sich — dem Beispiel ihres Landesvaters Johann Kasimir folgend, der 1655 in seinem schlesischen Pfandbesitz Zuflucht suchte — in Oberschlesien vor den Schweden in Sicherheit gebracht; der Gleiwitzer Konvent konnte 1655 aus Kleinpolen vertriebene Brüder auf den Annaberg entsenden und dort ein Tochterkloster begründen, das der kleinpolnischen Franziskanerprovinz angegliedert wurde. Der infolge der Reduktion besonders spürbare Priestermangel veranlaßte auch im Weltklerus häufig die Übertragung von Pfründen an Polen. Für das Bistum wurde die Gefahr wachsender Abhängigkeit von der polnischen Kirche dadurch beschworen, daß nach dem Tode Karl Ferdinands (1655) nacheinander zwei Habsburger die Breslauer Bischofswürde empfingen, die Erzherzöge Leopold Wilhelm (1656—62) und Karl Joseph (1663—64), von denen freilich nur der erste einmal zu einem kurzen Besuch von Neisse schlesischen Boden betreten hat. Die eigentliche Führung der Geschäfte lag schon unter diesen beiden Fürstbischöfen in den Händen des eifrigen und bewährten Offizials Sebastian Rostock[47], mit dem 1664 — gegen den kaiserlichen Kandidaten, den Prager Erzbischof Kardinal v. Harrach — noch einmal ein Bürgerlicher und seit langem wieder ein Landeskind den Breslauer Bischofsstuhl bestieg. Auf sein Betreiben geht schon die Forderung Leopold Wilhelms von 1661 zurück, die Piasten und Oelser Fürsten sollten die nach dem Majestätsbrief eingerichteten Konsistorien auflösen; ebenso dürfte das Verbot verschiedener, angeblich herausfordernder protestantischer Kirchenlieder 1662 im wesentlichen sein Werk sein. Im gleichen Jahre wurde Herzog Christian v. Wohlau gezwungen, seinen reformierten Superintendenten zu entlassen, da nur das Augsburger Bekenntnis im Lande erlaubt sei. Neun Jahre später mußte er als Herzog von Brieg auch die Ausweisung der aus Polen nach Kreuzburg geflüchteten Böhmischen Brüder verfügen.

Rostocks Wahl zum Bischof i.J. 1664 und seine gleichzeitige Betrauung mit dem Oberamt waren das Zeichen für einen neuen Vorstoß des Katholizismus gegen den protestantischen Besitzstand. Die evangelischen Patrone der 1653/54 in den Erbfürstentümern reduzierten Kirchen, die bisher keine Schritte zur Neubesetzung unternommen hatten, wurden jetzt gezwungen, für diese Pfarren dem Bischof katholische Geistliche zur Bestätigung namhaft zu machen. Ein Haupthindernis für den raschen Fortgang des Bekehrungswerkes schienen ferner, vor allem in Oberschlesien und den Erbfürstentümern Schweidnitz—Jauer, die noch verbliebenen protestantischen Schullehrer zu bilden, deren Entfernung somit 1666 nachgeholt wurde und eine bedeutende Auswanderung nach der Lausitz, Brandenburg und Polen hervorrief. Die gleichen Folgen hatten im Grüssauer Stiftsgebiet die durchgreifenden Maßnahmen des Abtes Bernhard Rosa (1660—96), der sogar den schlesischen Lutheranern nachweisen wollte, sie seien bereits in vielen Punkten von dem Augsburgischen Bekenntnis abgewichen und verdienten demgemäß die Vergünstigungen des Westfälischen Friedens nicht mehr. Die begründete Furcht vor Entvölkerung hatte bisher im Fürstentum Sagan eine planmäßige Rückführung zum katholischen Glauben verhindert; jetzt gelang es dem Drängen Rostocks und der Jesuiten, den auch um seine Ministerstellung besorgten Fürsten Lobkowitz zur Verwirklichung der Kirchenreduktion in seinem Lande zu bewegen (Frühjahr 1668). Kurz zuvor hatte die Krone die Pfandschaft Oppeln—Ratibor, die durch dynastische Pläne des polnischen Königspaares in die Hände des französischen Prinzen d'Enghien zu geraten drohte, wieder eingelöst, so daß das Nebeneinander zweier Herren in diesem Gebiete ein Ende fand und die Habsburger auch hier vollständig freie Hand für die Durchführung der Gegenreformation gewannen.

Allerdings sollte diese nach ihrem Wunsch fortan möglichst unauffällig vor sich gehen, die Behörden mehr durch tatsächliche Begünstigung als durch Erlasse und Verbote für die katholische Sache wirken; denn die Fürbitten und Einsprüche protestantischer Reichsfürsten in schlesischen Glaubensfragen rissen nicht mehr ab, mochte der Kaiser sich auch noch so nachdrücklich derartige Einmischungen verbitten und höchstens Kursachsen eine solche Berechtigung zugestehen. In der Form kam es denn auch zuweilen zu einem kleinen Zugeständnis, einer äußerlichen Genugtuung, wie etwa dem Tadel, den der Saganer Hauptmann von dem Fürsten Lobkowitz für seine harten Maßnahmen gegen den Besuch von Lausitzer Grenzkirchen und Bauhilfen für sie einstecken mußte: in der Sache aber blieb die katholische Partei fest und bestrebt, den Gegner von allen Seiten in die Enge zu treiben. Im J.

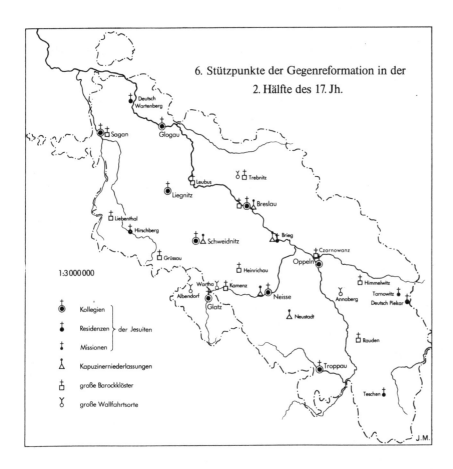

6. Stützpunkte der Gegenreformation in der 2. Hälfte des 17. Jh.

1669 mußten die Oelser Herzöge in ihrem langjährigen Streit über das Trebnitzer Patronatsrecht dem Kloster das Feld räumen, 1670 wurden die Landeshauptleute der Erbfürstentümer angewiesen, den Ständen eine unmittelbare Anrufung des Kaisers in Religionsfragen nicht mehr zu gestatten; 1672 wurde den Protestanten auferlegt, die katholischen Feiertage einzuhalten, 1673 vereitelten die Oppelner Jesuiten die wohlgemeinte Absicht der katholischen Stände, protestantische Vertreter zu den Landesausschüssen von Oppeln—Ratibor heranzuziehen, und so verging kaum ein Jahr, in dem nicht irgendwo der Katholizismus räumlich oder rechtlich an Boden gewonnen hätte.

Besonders die Hauptstadt Breslau hatte seit 1648 in wachsendem Maße zu empfinden, wie sehr ihre Handlungsfreiheit und ihr politischer Spielraum jetzt eingeschränkt waren. Mußte sie zunächst auf ihren Landgütern katholische Geistliche dulden, so wurden seit 1654 die katholischen Begräbnisse innerhalb der Stadtmauern wieder öffentlich gehalten, 1659 überließ der Kaiser, zunächst befristet, den gefürchteten Jesuiten seine Burg, aus der Oberamt und Kammer auszogen; seit 1661 mußte der Rat den Zug der Trebnitzer Prozession durch die Stadt erlauben[48], 1669 fanden die Kapuziner Eingang, 1670 erhielten die Jesuiten endgültig die Kaiserburg für ihr Kolleg. Die Stadt mußte froh sein, wenn sie die Ansprüche der Franziskaner auf das 1522 verlorene Bernhardinkloster abwehren und die Forderung der Dominikaner auf Entschädigung für die 1529 beschlagnahmten Kirchenkleinodien durch Zahlung einer mäßigen Geldsumme aus der Welt schaffen konnte.

Das Ordensleben nahm unter Rostock allgemein durch Rückführung und Neugründungen einen bedeutsamen Aufschwung und durfte sich der tatkräftigen Förderung des Bischofs erfreuen. Freilich sah Rostock auch überall darauf, daß ihm als geistlichem Oberhirten die gebührende Achtung entgegengebracht und der nötige Einfluß eingeräumt wurde. Am meisten von allen Orden sträubten sich die Zisterzienser, Aufsichtsbefugnisse des Bischofs anzuerkennen; 1666 kam es aber auch mit ihnen zu einer Übereinkunft, wonach dem Bischof Bestätigung, Investitur und Visitation der gesamten Pfarrgeistlichkeit der Stiftsgüter zugestanden wurden, während dem Orden die Strafgewalt über diesen Klerus und die freie Abtswahl verblieb. Auch die Archidiakone mußten jetzt Befugnisse, die sie früher selbst geübt hatten, an den Bischof abtreten, wenn auch ihre verfassungsrechtliche Stellung immer noch einflußreicher blieb als in den anderen deutschen Bistümern. Die bisher bei ihnen liegende Rechtsprechung über Klerus und Laien ging an das bischöfliche Generalvikariat über, dem dafür wieder besondere Kommissariate unterstanden (Glogau, Neisse, Oppeln und Teschen). In der Visitation dagegen behielten die Archidiakone noch ziemlich freie Hand. Rostock veranstaltete 1666 eine neue Generalvisitation, die erstmalig wieder auch das auf polnischem Staatsgebiet liegende Dekanat Schildberg erfaßte.

Während auf kirchenpolitischem Gebiet Krone und katholische Geistlichkeit, Wiener und schlesische Stellen Hand in Hand arbeiteten und damit langsam, aber unaufhaltsam bedeutende Erfolge erzielten, verrät die Entwicklung des Verfassungs— und Verwaltungslebens in diesem Zeitraum viel weniger von einer planvollen Regierungspolitik und ihrer bereitwilligen Unterstützung aus dem Lande selbst. Auf eine tätige Mitwirkung der schlesischen Stände war hierbei ohnedies kaum zu rechnen, und wenn sie auch in ihrer Ohnmacht nicht wagten, Bewilligungen von der Erfüllung politischer Wünsche abhängig zu machen, zumal ein ungünstiger Beschluß nach der neuen Geschäftsordnung (s. unten S. 109) durch das Oberamt jederzeit vereitelt werden konnte, so vermochten die Gewohnheit umständlicher Kommissionsberatungen und passiver Widerstand bei der Steuerzahlung doch die Absichten der Regierung noch wirksam genug zu durchkreuzen und dem Ausbau der Zentralgewalt Hindernisse in den Weg zu legen. Aber auch die Krone brachte jetzt in Schlesien nicht mehr das Maß an Tatkraft und Zielstrebigkeit auf, das vor allem der erste und zweite Ferdinand entfaltet hatten; es ist, als ob mit dem Wegfall wirklicher Gegner auf der Seite der Stände, mit dem Schwinden ernsthaften Widerstandes und drohenden Wetteifers auch die Kraft des Oberherrn erlahme, als ob der Preis, um den seine Vorgänger mit einem Friedrich v. Liegnitz, Georg v. Jägerndorf, Johann Christian v. Brieg gerungen, auf einmal seinen Wert verloren habe, nachdem es keiner großen Kämpfe, sondern nur noch mühsamer, fürsorgender Kleinarbeit bedurfte, um ihn völlig zu sichern. Auch äußerlich erschien Schlesien bei dem guten Einvernehmen zwischen den Habsburgern und Polen, bei dem Stillstand der sächsischen Machtentfaltung und der im wesentlichen auf andere Ziele gerichteten Politik Brandenburgs als ein so wenig gefährdeter Besitz, daß auch aus diesem Grunde der Wiener Hof keinen Anlaß hatte, den schlesischen Dingen eine außergewöhnliche Aufmerksamkeit zu widmen und etwa den von seinem Feldherrn Montecuculi geforderten zeitgemäßen Ausbau des schlesischen Festungswesens unverzüglich ins Werk zu setzen[49]. So kam die Neuanlage der wenigen Festungen (Karte 7 S.107) und die Einrichtung von Garnisonen nur allmählich zustande; das politische und militärische Augenmerk der Hofburg galt fast ausschließlich ihrer damaligen Hauptaufgabe, der inneren Sicherung und äußeren

Ausdehnung der habsburgischen Macht in Ungarn gegenüber dem dortigen Adel und dem osmanischen Gegner.

Nicht politische, sondern wirtschaftliche und finanzielle Antriebe waren es daher neben den kirchlichen in erster Linie, welche nach 1648 die Maßnahmen der Krone in Schlesien bestimmten und einen gewissen Fortschritt in der Entwicklung zum modernen Staat auch weiterhin verbürgten. Der Zersplitterung der schlesischen Territorien (Karte 5 S. 96f.) entgegenzuarbeiten, hielt man bei der Ohnmacht dieser kleinen Fürsten und Herren nicht für nötig; wurde doch sogar der unmittelbare Kronbesitz, dem 1653 sich Teschen anfügte, im gleichen Jahre wieder gemindert durch Verleihung des Erbfürstentums Münsterberg an den österreichischen Minister Auersperg — gegen die ausdrückliche Zusage Maximilians von 1570, das Land nie wieder zu vergeben (oben S. 34). Auch den Dualismus im Steuerwesen ließ man bestehen. Die Landesumlagen gingen weiterhin an das Generalsteueramt, über das dem Kaiser formell kein Aufsichtsrecht zustand; da dieses Amt jedoch seine Gelder nur auf Anweisung des Oberamtes ausgeben durfte, war der Einfluß der Krone auf die Verwendung der ständischen Steuer hinlänglich gesichert, auch wenn den Ständen 1655 sogar ein Aufsichtsrecht über die Art der Ausgaben ausdrücklich zugebilligt wurde. Hatte man schon während des 30 jährigen Krieges oft genug zu dem Auskunftsmittel indirekter Steuern gegriffen, so wurde diese Frage erneut brennend mit dem Wiederaufleben des Türkenkrieges seit 1663. Die Stände erinnerten sich dabei der Initiative, die der Fürstentag im vergangenen Jahrhundert unter ähnlichen Verhältnissen ergriffen, und der Zugeständnisse, die man dem Oberherrn in solcher Zwangslage hatte abringen können, und so kam es noch einmal zu einem letzten kleinen Anlauf des Fürstentages, sich über den Rang eines abwartenden gefügigen Bewilligungsorgans zu erheben. Er versuchte, die Zollgerichtsbarkeit, die der Kammer zustand, an sich zu bringen; der Oberhauptmann Georg III. v. Brieg verfügte ein allgemeines Aufgebot und ließ Werbungen in Polen anstellen, was ihm aber sofort einen Verweis des Kaisers eintrug. In der Hauptfrage, dem Vorschlag der Kammer zur Einführung einer Verbrauchssteuer (Akzise), waren die Stände nicht einmal unter sich einig: Die Kommission des Fürstentags sprach sich zwar für die Abschaffung der schon so lange unzureichenden

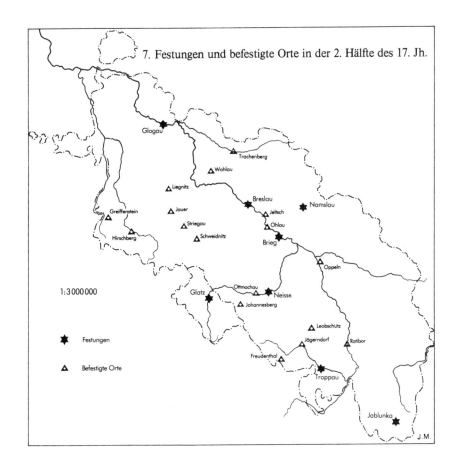

7. Festungen und befestigte Orte in der 2. Hälfte des 17. Jh.

Grundsteuer von 1527 und ihre Ersetzung durch ein System von 50 verschiedenen Abgaben aus, sogleich erhob sich aber heftiger Widerspruch der überstimmten Fürsten von Liegnitz—Brieg—Wohlau und Oels, die nicht auf den Rest ihres Steuergesetzgebungsrechtes verzichten und mit den "Emporkömmlingen" Auersperg, Liechtenstein und Lobkowitz auf die gleiche Stufe gestellt werden wollten. Drohte doch die Gefahr, daß der Kaiser sie nun auch auf dem Gebiet des Finanzwesens ganz ausschalten und unmittelbar mit ihren Untertanen verkehren würde. Auch sonst stellten sich erhebliche Schwierigkeiten für eine

Ablösung der alten Grundsteuer durch die Akzise heraus, zumal diese — im Gegensatz zu Brandenburg — nicht auf die Städte beschränkt bleiben, sondern auch auf das flache Land ausgedehnt werden sollte. Eine Unmenge Betroffener forderte von Anfang an Befreiung von der neuen Steuer, besonders hartnäckig weigerten sich die Bischöfe von Krakau und Olmütz, sie für ihre zu Schlesien rechnenden Besitzungen anzunehmen. Jedenfalls erkannte man bald genug, daß man mit der Verbrauchssteuer allein vorläufig nicht auskommen werde, und griff wieder auf die alte Grundsteuer zurück, die nun möglichst rasch reformiert werden sollte. Doch blieben neben ihr eine Vieh-, Kopf- und Rauchfangsteuer in Kraft.

Im Grunde waren alle diese Bemühungen ausgelöst von dem augenblicklichen Bedürfnis der Türkenabwehr, noch kein Ausfluß vorausschauender Staatswirtschaftspolitik im Geiste des aufkommenden Merkantilismus, dem sich das Habsburgerreich erst einige Jahrzehnte später voll erschlossen hat. So ist es ein treffendes Kennzeichen des Vorsprungs, den die Hohenzollern auf diesem Gebiet vor dem Kaiserhaus besitzen, daß der Plan Ferdinands I., eine Wasserverbindung zwischen Oder und Spree zu schaffen (oben S. 25f.), jetzt nach 100 Jahren auf Betreiben Brandenburgs wieder aufgenommen wird und mit dem Bau des Friedrich-Wilhelms-(Müllroser)Kanals bereits 1669 seine Vollendung erlebt. Durch solche Leistungen rückte in der Persönlichkeit des Großen Kurfürsten, der es auch an Berufungen auf seine Jägerndorfer Erbansprüche und an Eintreten für die schlesischen Protestanten nicht fehlen ließ, das Hohenzollernhaus in dem Bewußtsein der Schlesier unter ihren Nachbarmächten unwillkürlich an die erste Stelle und zog die Blicke schon jetzt stärker auf sich als die weniger tatkräftigen Wettiner. An Kurfürst Friedrich Wilhelm wandte sich notgedrungen auch — trotz begreiflichen politischen und konfessionellen Bedenken — Leopold mit seinem Ansuchen, ihm zum Türkenkrieg von 1663/64 ein Hilfskorps zu schicken; die kaiserlichen Behörden gaben sich dann alle Mühe, den zweimaligen Durchzug der brandenburgischen Truppen durch Schlesien möglichst kurz zu gestalten, und wiesen ihnen die Winterquartiere wenigstens in Böhmen und Mähren an.

Wenn der Wille des Wiener Hofes in Verfassungs- und Steuerfragen sich nicht immer rasch und nachhaltig genug durchsetzen konnte, so lag das z.T. auch an der noch nicht erloschenen Eifersucht seiner beiden Zentralbehörden, der Schlesischen Kammer und des Oberamtes, die keine volle Einheitlichkeit in der Verwaltung zustande kommen ließ und sich auch in neuen Unternehmungen, wie z.B. dem Aufbau eines öffentlichen Postwesens, hemmend auswirkte. Ein Fortschritt war die Übernahme des bisher verpachteten Münzwerks in Breslau durch die Kammer selbst (1664). Das Oberamt erfüllte die Erwartungen, die man an die Umwandlung von 1629 geknüpft hatte, erst allmählich. Im J. 1657 wurde eine Nachtragsinstruktion notwendig, die es der mährischen Landeshauptmannschaft und dem Prager Appellationshof ranggleich machte. Seine Befugnis, auf dem Fürstentag zwei Stimmen zu führen, wodurch es jedem Antrag, für den nur eine der drei Kurien sich erklärte, zum Sieg verhelfen konnte, verhinderte so gut wie jede unbequeme Wendung der Verhandlungen. Obwohl das Schwergewicht der oberamtlichen Tätigkeit bei den kaiserlichen Räten lag und die Würde des Oberhauptmanns nur noch ein Schattendasein führte, benutzte die Krone doch 1664 gern den Tod des bisherigen Inhabers Georg v. Brieg, um die 1608 unter ständischem Druck aufgegebene Verbindung mit der Bischofswürde wiederherzustellen, wodurch auch eine stärkere Gewähr für die regelmäßige Anwesenheit des Oberhauptmanns in Breslau erzielt wurde. Nach Rostocks Tod 1671 wurde das Oberamt seinem Nachfolger, dem Kardinal Friedrich v. Hessen (1671–82), erst 1675 und unter der Bedingung verliehen, nach Schlesien überzusiedeln.

Die Wirksamkeit der letzten Piasten[50] bietet — von ihrer Fürsorge für das evangelische Kirchenwesen ihrer Herzogtümer abgesehen — unter dem Gesichtspunkt politischer Leistung ein wenig fesselndes Bild, das noch unerquicklicher anmutet durch das Mißverhältnis zwischen der tatsächlichen Ohnmacht dieser Fürsten und dem Selbstbewußtsein, mit dem sie sich vielfach über ihre Lage hinwegtäuschten. Die drei Söhne Johann Christians aus erster Ehe, Georg III., Ludwig IV. und Christian, hatten zunächst gezögert, ihr kleines Brieger Land zu teilen; als ihnen aber 1653 das Liegnitzer Erbe ihres kinderlos verstorbenen Oheims Georg Rudolf zufiel, entschlossen sie sich doch, eine Teilung nach den drei Fürstentümern Liegnitz, Brieg und Wohlau vorzunehmen, von denen jedes nicht nur mit den Kosten einer eigenen Hofhaltung, sondern auch der Abfindung für die von der Nachfolge ausgeschlossenen Geschwister aus ihres Vaters zweiter Ehe belastet war. Da alle drei Brüder bis 1660 ohne männliche Nachkommen waren, bemühte sich Georg III. unter Berufung auf das Oelser Beispiel (S. 92) beim Hof um eine Erweiterung des Erbfolgerechtes auch auf Töchter, doch ohne eine bindende Zusage zu erhalten. Die mannigfache Verschwägerung dieser Piastengeneration mit Fürstenhäusern des Reiches (Anhalt--Dessau, Mecklenburg--Güstrow, Pfalz--Simmern) hatte nicht im entferntesten mehr die politische Bedeutung wie noch am Vorabend des 30jährigen Krieges; sie war höchstens eine Genugtuung für das Geltungsbedürfnis dieser so sehr gesunkenen Nachfahren eines alten Königsgeschlechtes, die sich an der dichterischen Verherrlichung ihres Stammvaters erfreuten und die Frage, ob sie beim Kaiser die Erhebung in den Reichsfürstenstand nachsuchen sollten, allen Ernstes verneinend entschieden, weil ihnen das weder eine Mehrung ihres Ansehens noch ihrer Rechte einbringen könne! Lieber betrieben sie die vom Hofe freilich abgeschlagene Verleihung des Titels "Fürstliche Durchlauchtigkeit", und der 1663/64 seine Brüder beerbende Christian dachte 1668 beim Verzicht der Wasas auf den polnischen Thron sogar flüchtig daran, dem Beispiel Heinrichs XI. zu folgen und sich um die Krone des alten Piastenreiches zu bewerben. Dabei stand sein eigenes Haus nur noch auf den zwei Augen seines Sohnes, da Christians Stiefbruder August den Ehepakten Johann Christians zufolge (oben S. 77) nicht erbberechtigt war. Schon 1672 nach dem Tode Christians mußten die Stände der drei Fürstentümer wie auch Graf August versprechen, falls der neue, erst 12 jährige Herrscher Georg Wilhelm kinderlos sterbe, den Kaiser als rechtmäßige Obrigkeit anzuerkennen. Mit lebhafter Besorgnis sahen daher die Protestanten von Liegnitz--Brieg--Wohlau wie der Nachbargebiete diese neue entscheidende Bedrohung ihres Besitzstandes[51] herannahen, die — noch rascher als befürchtet — mit dem 21. Nov. 1675 Wirklichkeit wurde, als der eben 15jährige, von Leopold für mündig erklärte Fürst einer auf der Jagd empfangenen, von Kinderpocken gefolgten Erkältung erlag.

Der Einschnitt, den der Tod des letzten Piasten in der Geschichte Schlesiens bedeutet, ist durchaus innenpolitischer Natur. Georg Wilhelm selbst hat angesichts seines Endes nicht daran gezweifelt, daß seine Fürstentümer dem Kaiser heimfallen würden, und daher Leopold neben einer Empfehlung seines Oheims August nur um den Schutz der Religionsfreiheit für seine Untertanen gebeten. Die brandenburgischen Ansprüche auf Grund der Erbverbrüderung von 1537, die wir rückschauend unwillkürlich an das Jahr 1675 zu knüpfen pflegen, sind damals zunächst gar nicht zur Sprache gekommen. Gewiß hat der Grosse Kurfürst die schlesischen Möglichkeiten zur Vergrößerung seines Staates dauernd im Auge behalten; die Forderung nach Jägerndorf hat er immer wieder erhoben, und schon zu Ausgang der 60er Jahre hat er in einem Testament erwogen, im Falle eines kinderlosen Todes Kaiser Leopolds ganz Schlesien zu besetzen. Die Erbverbrüderung hat er jedoch durch das Breslauer Urteil von 1546 für erledigt gehalten und ist erst 1681 anderen Sinnes geworden, als ihm das Privileg König Ladislaus' von 1511 bekannt wurde, das den Piasten freie Verfügung über ihre Länder zusagte. Erst daraufhin hat er auch auf Liegnitz, Brieg und Wohlau Ansprüche erhoben, und ihre Abweisung hat die seit dem Nymwegener Frieden bestehende Spannung zwischen den Höfen von Berlin und Wien noch gesteigert: Beim zweiten Türkenkrieg von 1683, der in der Belagerung und Befreiung von Wien seinen ersten Höhepunkt findet, fehlen in dem christlichen Heere die Streitkräfte des Großen Kurfürsten; nicht brandenburgische, wie 1663, sondern polnische Truppen unter König Johann III. Sobieski sind damals durch Schlesien dem bedrängten Kaiser zu Hilfe gezogen. Erst 1686 gelang es Leopold, wieder ein besseres Einvernehmen mit dem Hohenzollern herzustellen, und im Zuge dieser Verständigungsbemühungen gewährte der Habsburger nun auch als Abfindung für die Ansprüche auf Jägerndorf, Liegnitz, Brieg und Wohlau den kleinen Schwiebuser Kreis, eine ohnedies von brandenburgischem Gebiet umschlossene Exklave des Fürstentums Glogau. Gleichzeitig jedoch überredete der österreichische Gesandte in Berlin den Kurprinzen zu einem geheimen Revers, der die entschädigungslose Rückgabe von Schwiebus nach seinem Regierungsantritt versprach, so daß der Kaiser 1695 tatsächlich die Abtretung von dem neuen, über die Tragweite seines Schrittes zu spät belehrten Kurfürsten erzwingen konnte. Erst durch dieses diplomatische Spiel sind die Ansprüche der Hohenzollern auf die schlesischen Fürstentümer wieder aufgelebt und haben ein halbes Jahrhundert später unter den so lebhaft umstrittenen Rechtstiteln für die Besetzung des Landes durch Friedrich d. Gr. eine maßgebende Rolle gespielt.

Die Bedeutung des Jahres 1675 liegt unter diesen Umständen also nicht in einem sofortigen Aufleben der hohenzollernschen Anwartschaft, sondern in den Aussichten, die sich unmittelbar mit dem Todesfall dem kaiserlichen Oberherrn für den Ausbau seiner Stellung in Schlesien boten. Mit den Piasten war das letzte, älteste und ehrwürdigste der schlesischen Fürstenhäuser erloschen, die noch beim Beginn der Habsburgerherrschaft einen so großen Anteil als Landesherren in der Hand gehalten, seitdem aber räumlich wie rechtlich immer stärkere Einbußen erlebt hatten. Die Vasallen, die jetzt noch den schlesischen Fürstenstand bildeten, waren im Hinblick auf ihre Rechtsstellung wie ihre politische Bedeutung kaum noch etwas anderes als große Grundherren — auch der Bischof, auf dessen Erhebung die Krone entscheidenden Einfluß besaß, und die Württemberger Linie in Oels, die sich eben durch Dreiteilung (Oels, Bernstadt und Juliusburg) geschwächt hatte und bald auch durch persönliche Unzulänglichkeit dem Kaiser tiefgehende Eingriffe ermöglichte. Ein zweiter nicht zu verachtender Gewinn für die Krone war der Anfall eines bedeutenden fürstlichen Grundbesitzes und Vermögens, eine hochwillkommene Vermehrung des Kammergutes und der königlichen Einkünfte. Schließlich schien für den Kaiser die in Artikel V des Westfälischen Friedens enthaltene Verpflichtung zur Duldung des evangelischen Bekenntnisses für die drei ihm nun heimgefallenen Fürstentümer hinfällig, der Rekatholisierung fast des ganzen damals noch protestantischen Besitzstandes in Schlesien freie Bahn gebrochen.

In der ersten Richtung: Ausbau der Ansätze zum Einheitsstaat und Vereinfachung des vielgliedrigen Verwaltungsapparates — hat die Wiener Regierung die neuen Möglichkeiten kaum ausgenutzt. Die bisher fürstlichen Behörden sind einfach zu kaiserlichen "Regierungen" geworden, zwischen der Breslauer Kammer und der neuen Brieger Regierung ist es schon 1678 zu einem heftigen Streit um das zur Kameralstadt erklärte Bergstädtchen Reichenstein gekommen, der noch 1739 nicht beigelegt war. Die in kaiserliche Hände übergehende Brieger Münze blieb in eigener Verwaltung ohne Beziehung zur Schlesischen Kammer. Liegnitz, Brieg und Wohlau sind auch nie ganz in das Verhältnis zur Krone getreten, in dem die alten, bis in das 15. und 14. Jh. zurückgehenden Erbfürstentümer standen, sie sind eher auf der Stufe von Oppeln—Ratibor geblieben und dem Oberherrn willkommene Handhaben für Verpfändungs— und Anleihepläne geworden. Im J. 1695 hat der mit den Habsburgern verschwägerte Prinz Jakob Sobieski das Weichbild Ohlau zur Nutzung erhalten, 1701 wurde dem Pfalzgrafen Karl Philipp v. Neuburg seine Anleihe von 1 000 000 fl. auf die Gefälle und Einnahmen der Fürstentümer Liegnitz—Brieg—Wohlau sichergestellt[52]. Gleichzeitig erhielt der Adel des Landes die Möglichkeit einer Umsetzung seiner Lehen zu Erbrecht gegen eine entsprechende Geldzahlung. Solche Maßnahmen zeigen, daß die durch unaufhörliche Kriegskosten um die Jahrhundertwende ungemein gestiegene Finanznot des Hofes weithin bestimmend war für die Art der Auswertung des Heimfalls von 1675, und daß man sich von einer Vergebung mehr versprach als von eigener Bewirtschaftung. Tatsächlich haben auch die zahlreichen Kammergüter der Piasten nur in den ersten Jahren nach dem Anfall wirklich einen höheren Ertrag abgeworfen; dann aber sind die kaiserlichen Einkünfte aus den Domänen spürbar zurückgegangen und haben den bald nach 1700 verwirklichten Entschluß befördert, zum Pachtsystem überzugehen. Die finanzielle Bedrängnis hat in den letzten Jahren Leopolds sogar zu Anleiheverhandlungen mit den jetzt zur Königswürde aufsteigenden Hohenzollern geführt; als hierbei jedoch von der Gegenseite der Vorschlag gemacht wurde, eine Sicherstellung der geforderten Summe auf das Fürstentum Liegnitz vorzunehmen, weigerte sich der Kaiser entschieden, auf ein solches Verlangen einzugehen, und wollte auch eine Verschreibung auf Schwiebus und die Einräumung eines Mitbesitzes an Nachbargebieten des Fürstentums Glogau nur zugestehen, falls an dem derzeitigen Zustand in Religionsdingen nichts geändert werde.

Hier erkennen wir deutlich einen Vorrang der Glaubensfrage, dem selbst finanzielle Erfordernisse sich noch unterordnen müssen, und es nimmt uns daher nicht wunder, wenn gerade in dieser Hinsicht die piastischen Fürstentümer nach 1675 die stärksten und nachhaltigsten

Wandlungen erfahren haben[53]. Bei dieser letzten der drei aufgezeigten Möglichkeiten war nicht nur die persönliche Anteilnahme des Kaisers am lebhaftesten, hier trafen sich seine Wünsche auch mit starken Strömungen in Schlesien selbst von seiten der katholischen Welt— und Ordensgeistlichkeit. Der Vorstoß begann an Stellen, wo dem Kaiser das formale Recht zu seinen gegenreformatorischen Maßnahmen kaum bestritten werden konnte, um allmählich immer zweifelhaftere Fälle in seinen Bereich zu ziehen. Zunächst hat Leopold — schon im Dezember 1675 und erneut im Sommer 1676 — den Ständen der drei Fürstentümer die Zusicherung erteilt, daß die Religions— und Kirchensachen im bisherigen Zustand verbleiben und die Bestimmungen von 1635 und 1648 wie die kaiserlichen Erklärungen von 1654 und 1658 (oben S. 100)weiter gelten sollten. Dementsprechend beschränkten sich seine ersten Schritte auf die Schließung der Schloßkapellen von Liegnitz, Brieg, Parchwitz und Lüben; diese letzte stand überhaupt schon unbenutzt, während die Ohlauer mit dem dortigen Weichbild der Herzoginmutter Luise (gest. 1680) als Wittum verblieb. Damit mußten zunächst die Anhänger des reformierten Bekenntnisses, die bisher an ihrem Fürstenhof einen Rückhalt besessen hatten, auf ihren Gottesdienst trotz den Fürbitten der Herzoginmutter und des Kurfürsten von Brandenburg gänzlich verzichten. Dann wurden die vom Bischof schon 1661 angefochtenen Konsistorien aufgehoben, während die von den Ständen der Fürstentümer ausgearbeitete neue Kirchenordnung nie ihre Bestätigung fand. Wieder einen Schritt weiter ging der Anspruch des Oberherrn auf das Besetzungsrecht der bisher fürstlichen Patronatskirchen; man duldete nach dem Tode des jeweiligen Inhabers keine Neubesetzung mit einem evangelischen Pfarrer, sondern führte nun einen katholischen Geistlichen ein; später wartete man sogar mehrfach garnicht den Todesfall ab, sondern nahm einfach die Absetzung des protestantischen Pfarrers vor, um Platz für eine katholische Neueinweisung zu gewinnen. Die Zusage, wenigstens in jedem Fürstentum e i n e evangelische Kirche für die Kammergüter zu dulden, blieb unerfüllt. Ebenso gingen die schon ansässigen bzw. jetzt in größerer Zahl zuwandernden katholischen Grundherren wie die geistlichen Stifte gegen die Kirchen auf ihrem Grundbesitz vor. Schließlich wurde von den noch übrig bleibenden protestantischen Patronen (Grundherren oder Stadträten) ein genauer Nachweis ihres Besetzungsrechtes gefordert, der nicht immer leicht zu führen war, in den als Kammergüter behandelten Städten zudem noch durch Katholisierung des Rates nachgeholfen. Von insgesamt 241 Kirchen sind somit im Verlauf von drei Jahrzehnten den Protestanten 109 entfremdet worden; nur vereinzelt ist es gelungen, den Besitzstand durch Gegenwehr, Bittschriften und Fürsprachen zu behaupten oder die Zurücknahme einer besonders harten Maßregel zu erwirken. Die alten katholischen Orden gingen daran, ihre früheren Klöster wieder zu besetzen, dazu begannen die Jesuiten in diesen ihnen bisher verschlossenen Gebieten Fuß zu fassen; die katholische Zuwanderung im Landadel vervollständigt dieses Bild planmäßiger Durchdringung.

Diese neue und letzte große Welle der Gegenreformation beschränkte sich jedoch nicht nur auf die 1675 heimgefallenen Fürstentümer, sie pflanzte sich auch in die beiden anderen 1648 bevorrechteten Gebiete, das Fürstentum Oels und die Stadt Breslau, fort und wurde auch in den übrigen Landesteilen durch eine enttäuschende Auslegung der geringen Vergünstigungen des Westfälischen Friedens spürbar. Im Fürstentum Oels wurde den Protestanten der Trebnitzer Stiftsgüter, die kaum erst ihre Kirchen verloren hatten, nun auch der Besuch auswärtiger Gotteshäuser verboten. Den Breslauer Kirchen- und Schuleninspektor versuchte das Oberamt wegen Begünstigung der ungarischen Glaubensflüchtlinge zu belangen, die — meist deutschen Volkstums — bei der eben in den 70er Jahren auch in Oberungarn betriebenen Rekatholisierung in beträchtlicher Zahl nach Schlesien, in die piastischen Fürstentümer und nach Breslau, gekommen waren[54]. Im J. 1685 verbot das bischöfliche Konsistorium jede pfarramtliche Tätigkeit in der Breslauer Vorstadtkirche zu 11 000 Jungfrauen; im selben Jahr entstand ein neues Franziskanerkloster in der Stadt, im folgenden hielten die Ursulinerinnen ihren Einzug, bald löste auch der Johanniterorden seine 1540 dem Rat verpfändete Kommende wieder ein, und 1702 erfolgte trotz allen Gegenbemühungen der Bürgerschaft die Gründung einer Jesuitenuniversität in ihren Mauern[55]. Die allgemein für Schlesien gültigen Religionsmandate des Kaisers betrafen 1680/81 die Auswanderung, Heirat ins Ausland und Kindererziehung außerhalb des Landes, die von der Genehmigung des Oberherrn abhängig gemacht wurden, ferner die zuerst in Oppeln—Ratibor betriebene Sicherung des katholischen Einflusses im Vormundschaftswesen. Die Erhöhung von Beuthen OS. zu einer Standesherrschaft i.J. 1697 knüpfte Leopold an die Bedingung eines Glaubenswechsels des Grafen Henckel. In die Rekatholisierungspolitik des Bistums kam 1683 mit dem Regierungsantritt des Bischofs und kaiserlichen Schwagers Franz Ludwig[56] neuerdings ein schärferer Zug; 1688 wollte er den Protestanten seines Sprengels Taufe und Trauung außerhalb ihrer katholischen Ortspfarreien überhaupt verbieten. Im Grüssauer Stiftsgebiet fuhr Abt Rosa mit einer auch von Katholiken mißbilligten Rücksichtslosigkeit in seiner gewaltsamen Bekehrung fort und verursachte dadurch 1687 eine Abwanderung von 1200 Dorfwebern nach der Lausitz. Die Stände beider Religionsparteien erhoben Beschwerde gegen solche Härte, und selbst die kaiserlichen Beamten rieten zur Mäßigung, um der drohenden Entvölkerung und dem wirtschaftlichen Rückgang dieser Landstriche zu begegnen — ein Gesichtspunkt, der jetzt langsam hie und da auf die Beschlüsse der Hofburg einzuwirken beginnt.

Die Zusammenarbeit zwischen der weltlichen und der geistlichen Obrigkeit in der Glaubensfrage schloß übrigens nicht aus, daß die Krone wiederholt sehr entschieden in Gegensätzen innerhalb des schlesischen Klerus Partei nahm und die staatlichen Belange der katholischen Kirche gegenüber nachdrücklich zur Geltung brachte. Bei der zwiespältigen Bischofswahl von 1682 wußte Leopold die Anerkennung seines Schwagers, des Pfalzgrafen Wolfgang Georg v. Pfalz—Neuburg, gegen die vorhandenen Widerstände durchzusetzen, und als Wolfgang Georg schon 1683 starb, bewirkte der Einfluß der Hofburg sogar eine einmütige Wahl seines Bruders Franz Ludwig. Übereinstimmend liefen die Wünsche des Kaisers und der Geistlichkeit in der Frage der Abgrenzung gegen den polnischen Nachbarn, der sich in den Dekanaten Beuthen und Pleß kleinere Grenzverschiebungen gefallen lassen, 1682 das Scheitern seiner Absichten auf die Franziskanerklöster Oppeln, Ratibor und Teschen sowie 1706 die Abtrennung der schlesischen Dominikanerklöster und ihre Vereinigung mit der böhmischen Ordensprovinz hinnehmen mußte[57]. Im Kloster Trebnitz begann nach fast 100 jähriger Pause (oben S. 52) wieder das Ringen der deutschen Minderheit gegen die polnische Partei, wobei der Hof sich sehr entschieden für jene

8. Hirschberg, Ev. Gnadenkirche (1709-1718), Altar und Orgel (1729)

erklärte und 1706 im Bunde mit dem vorgesetzten Leubuser Abt und unter Drohung mit militärischen Maßnahmen zum ersten Male wieder die Erhebung einer deutschen Äbtissin durchsetzte.

Die zunehmende Beeinträchtigung der den schlesischen Protestanten 1648 verbrieften Rechte und die 1675 beginnende Gegenreformation in den drei piastischen Fürstentümern fanden ihren Widerhall weit über die Landesgrenzen hinaus: einmal war der Artikel V des Westfälischen Friedens ja doch ein Glied einer internationalen Abmachung, und dann stellte die sich so verschärfende Politik religiöser Bedrückung auch ganz allgemein etwas Auffallendes dar in einer Zeit, in welcher der Gegensatz des Bekenntnisses immer weniger als bestimmender politischer Antrieb wirkte. Wenn auch die kaiserliche Regierung mit allen Mitteln versuchte, den schlesischen Protestanten die Anrufung auswärtiger Fürsprecher zu erschweren, so drangen die Klagen doch immer wieder bis an die Höfe von Dresden, Berlin und Stockholm, ja gelegentlich auch einmal bis Kopenhagen und London. Fast jede der wichtigeren gegenreformatorischen Maßnahmen löste an einem dieser Höfe oder an mehreren zugleich eine Intervention beim Kaiser aus. Die Eingriffe in das Vormundschaftswesen führten 1690 zu einem gemeinsamen Schritt Sachsens und Brandenburgs, im folgenden Jahr wies auch der Schwedenkönig seinen Wiener Gesandten an, mit den evangelischen Reichsständen die Möglichkeit weiterer Vorstellungen zugunsten der Schlesier zu beraten. Wieder ein Jahr später erhob Stockholm Einspruch gegen die Behauptung des Wiener Hofes, die Vergünstigungen von 1648 seien überhaupt nur Gnadenerweise. Mit dem auf schlesischem Boden, in Deutsch–Piekar, 1697 erfolgenden Übertritt des sächsischen Kurfürsten und neuen Polenkönigs August zum Katholizismus wurde Leopold wenigstens einen seiner unbequemen Mahner los; bei dem engen politischen Zusammengehen mit Sachsen in diesen Jahren war er sogar nicht abgeneigt, seinem Bundesgenossen durch Abtretung eines niederschlesischen Gebietsstreifens zu einer Landbrücke zwischen seinem sächsischen und polnischen Herrschaftsbereich zu verhelfen. Der Ausfall Sachsens als Beschützer der schlesischen Protestanten mußte die Augen der Schlesier noch mehr als bisher nach Berlin lenken, das denn auch tatsächlich gleich nach der Jahrhundertwende in verschiedenen Beschwerdefällen durch seine Schritte in Wien nicht unbeträchtliche Erfolge zu erzielen vermochte. Jetzt mehrten sich überhaupt die Anzeichen einer etwas milderen Haltung in der Religionsfrage, begründet nicht zuletzt in der starken Beanspruchung der Habsburger durch den Spanischen Erbfolgekrieg, in dem die Hilfe der protestantischen Reichsfürsten, vor allem des neuen Königs von Preußen, und der Seemächte von hohem Werte war, und auf der anderen Seite durch den in Ungarn noch einmal ausbrechenden und z.T. als Glaubenskampf durchgeführten Adelsaufstand. Wenn der neue Kaiser Joseph I. (1705—11) gleich nach seinem Regierungsantritt sogar von sich aus die evangelischen Schlesier aufforderte, ihre Beschwerden in Wien vorzubringen, so stand dieses Entgegenkommen offenbar schon unter dem Druck der Besorgnis, der mächtigste Bürge des Westfälischen Friedens, der junge Schwedenkönig Karl XII., der sich eben zur Niederwerfung des sächsisch—polnischen Bundesgenossen der Hofburg anschickte, werde die Gelegenheit nicht vorübergehen lassen, in persönlichem Eingreifen die Achtung der Bestimmungen von 1648 durch den Kaiserhof zu fordern.

Tatsächlich hat die befürchtete Einmischung nicht lange auf sich warten lassen. Karl XII., auf seinem Zug nach Sachsen persönlich in den niederschlesischen Landstrichen von den bedrückten Protestanten um Hilfe angegangen und über ihre Notlage unterrichtet, von dem Wunsche beseelt, den Wiener Hof, gegen den er verschiedene andere Klagen zu führen hatte, seine Macht fühlen zu lassen, zwang den Kaiser, der nichts mehr fürchten mußte als das Zusammenfließen des Nordischen und des Spanischen Erbfolge—Krieges, am 1. Sept. 1707 die nach dem schwedischen Lager von Altranstädt bei Leipzig genannte Konvention einzugehen, die zusammen mit dem zwei Jahre später in Breslau geschlossenen Ausführungsvertrag einen bedeutsamen Wendepunkt der schlesischen Geschichte bezeichnet[58]. Sämtliche gegen den Wortlaut des Westfälischen Friedens den Protestanten genommenen Kirchen sollten ihnen zurückerstattet werden, in den Erbfürstentümern wurden ihnen sechs weitere Kirchen, die sog. Gnadenkirchen, zugestanden; Breslau erhielt vier Kirchen auf seinen Landgütern zurück. An den Friedenskirchen durften jetzt Schulen gebaut und beliebig viele Pfarrer angestellt werden, die eingegangenen Konsistorien von Liegnitz, Brieg und Wohlau sollten wieder ins Leben treten; den evangelischen Stän-

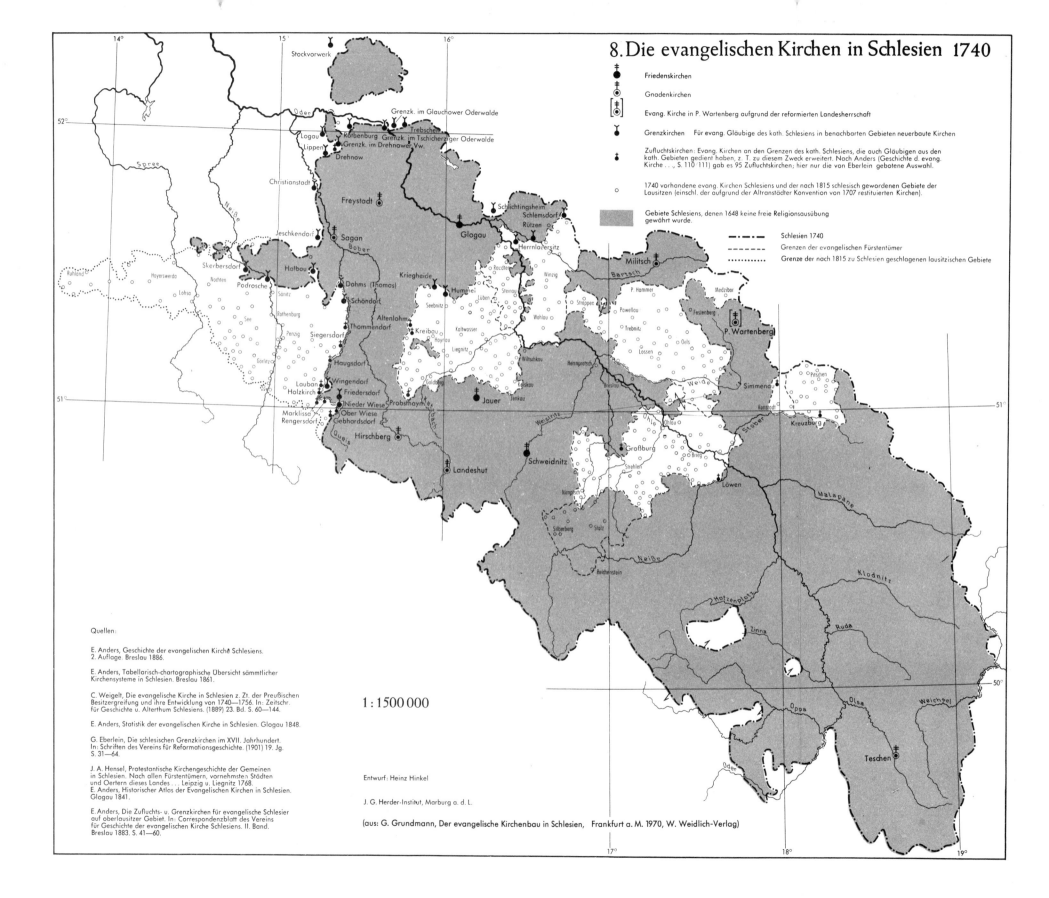

den wurde erlaubt, auf eigene Kosten einen Sachwalter am Kaiserhof zu halten. Die freie Religionsübung blieb jedoch auch jetzt noch auf die Anhänger des Augsburger Bekenntnisses beschränkt. Die Forderung nach Rückgabe der seit 1648 unrechtmäßig entfremdeten Kirchen wurde dem Buchstaben des Vertrages entsprechend nun auch für das Fürstentum Münsterberg geltend gemacht und nicht ohne Erfolg: Von den 14 Kirchen, welche die Evangelischen dort 1653/54 verloren hatten, wurden ihnen die 9 noch unter protestantischen Gutsherren stehenden zurückgegeben. In allen 1648 bevorrechteten Gebieten waren nun die katholischen Patrone evangelischer Kirchen ausdrücklich verpflichtet, die freiwerdenden Stellen wieder mit Predigern des Augsburger Bekenntnisses zu besetzen. Für die Bedürfnisse des in den Fürstentümern Liegnitz, Brieg und Wohlau inzwischen entstandenen katholischen Bevölkerungsteiles wurden mit einem Darlehen des Breslauer Domkapitels 15 neue Seelsorgerstellen begründet, die sog. Josephinischen Kuratien, von denen 10 auf das Fürstentum Brieg, 3 auf Liegnitz und 2 auf Wohlau entfielen. Für die den Protestanten in den Erbfürstentümern und Standesherrschaften gewährten Gnadenkirchen wurden unter den Orten, die sich in größerer Zahl darum bewarben, schließlich Teschen, Militsch, Landeshut, Hirschberg, Freystadt und Sagan (Karte S. 119f.) bestimmt. Weitere Artikel regelten die Frage der Ämterverleihung, des Grunderwerbs, der Vormundschaft, der Mischehen, der Hausandacht, der Rechte des Ortspfarrers über Andersgläubige usw., eine Festlegung, die nach den Erfahrungen der letzten Jahrzehnte dringend geboten schien und so eine wertvolle Ergänzung zu den grundsätzlichen Bestimmungen darstellte.

Mit diesen Errungenschaften der Jahre 1707 und 1709 war Schlesien den übrigen habsburgischen Erblanden gegenüber in seiner konfessionellen Vorzugsstellung erneut gefestigt; hinter der Lösung, die der Ausgleich der Bekenntnisse im Reich schon 60 Jahre zuvor gefunden hatte, hinkte es freilich noch immer nach. Weder galt der Besitzstand von 1624 als maßgebend, obwohl diese Forderung in den Altranstädter Verhandlungen auch einmal zur Sprache kam, noch waren die Reformierten in den Vertrag einbezogen. So ist dieses Abkommen eine neue Bestätigung für die Verspätung, mit der nach dem Osten hin der seit der Glaubensspaltung bestehende religiöse Gegensatz zum Austrag gelangte, zugleich aber auch ein eindrucksvolles Beispiel für die politischen Gefahren, die aus einer solchen Verzögerung einem zur Duldsamkeit noch nicht bereiten Staate von außen her erwachsen konnten. Ein Ludwig XIV. durfte es wagen, mit der Aufhebung des Ediktes von Nantes 1685 nochmals für einen Augenblick in die Rolle eines konfessionellen Eiferers zurückzufallen; das Haus Habsburg mußte für die jahrzehntelange Bedrückung seiner andersgläubigen Untertanen in Schlesien nicht nur mit dem Verlust fähiger Wirtschaftskräfte, sondern auch mit einem außenpolitischen Rückzug büßen; in dem östlichen Nachbarreiche Polen schließlich sollte die erst jetzt auf der ganzen Linie einsetzende "Ketzerverfolgung" sogar einen Hauptgrund für die verhängnisvolle Einmischung des Auslandes abgeben, die zu dem Zerfall des alten polnischen Staates so entscheidend beigetragen hat.

V. Der Ausgang der Habsburgerzeit (1707—40)

Im allgemeinen haben sich Joseph I. und sein Nachfolger Karl VI. (1711—40) an die Altranstädter Verpflichtungen gehalten und sich der Einsicht nicht verschlossen, daß die Zeiten für ein gewaltsames Vorgehen vorüber waren; zu dem Grundsatz völlig gleichberechtigter Behandlung der beiden Bekenntnisse haben sie sich jedoch nicht durchringen können und die Gelegenheit zu katholikenfreundlichen Maßnahmen, zu einer den Protestanten ungünstigen Auslegung der Vertragsbestimmungen noch häufig wahrgenommen. Dies zeigt schon gleich 1709 das Verfahren gegen den Grundherrn von Teichenau, einen Lehnsmann des sächsischen Kurfürsten, der die Ausbesserung der ihm nach 1648 belassenen evangelischen Kirche begonnen hatte — in den Augen der Regierung eine unzulässige Veränderung des Status quo! — und nun unmittelbar nach der Unterzeichnung des Ausführungsvertrages zum Altranstädter Abkommen den gewaltsamen Abbruch des ganzen Baues erleben mußte, da ein kaiserlicher Gegenbefehl zu spät erging. Die Gleichgültigkeit, mit welcher der katholisch gewordene sächsische Lehnsherr diese Einzelaktion hinnahm — im Gegensatz zu dem tatkräftigen, erfolgreichen Vorgehen des brandenburgischen Kurfürsten in dem gleichartigen Falle Großburg (oben S. 99) — ist ein bezeichnendes Sinnbild dafür, wie stark sich die Bereitschaft beider Nachbarmächte zu einer 1648 legitimierten Intervention in Schlesien zugunsten der Hohenzollern verschoben hatte. Auf der gleichen Linie wie der Teichenauer Zerstörungsbefehl liegt auch das strenge Verbot gegen den Abfall vom katholischen Glauben (2. Juni 1709), das die Protestanten deutlich als Untertanen zweiter Klasse hinstellte und zeitweise sehr streng gehandhabt wurde, indem schon der von Eltern oder Großeltern vollzogene Übertritt in den Geltungsbereich dieses Gesetzes fallen sollte — eine Härte, die auch 1717/18 nochmals einen schwedischen Einspruch hervorrief.

Fehlte es nämlich schon unter Joseph I. nicht an Grund zu neuen Klagen, so kam unter seinem Bruder Karl in noch viel ausgesprochenerem Maße System in diese "Politik der Nadelstiche und Schikanen". Die in Liegnitz, Brieg und Wohlau wiedererrichteten Konsistorien erhielten zum Präsidenten einen katholischen kaiserlichen Rat, aber auch ihre anderen evangelischen Mitglieder wurden vom Kaiser ernannt; diese Behörde war also viel eher ein gefügiges Werkzeug der Regierung als eine Wahrerin der protestantischen Belange, Schutz fand bei ihr bestenfalls das strenge Luthertum; gegen alle anderen Strömungen, besonders den in Schlesien an vielen Orten lebendigen Pietismus[59], wandten sich die protestantische Orthodoxie, die Konsistorien und das Oberamt mit gleichem Eifer. Die für die Erbfürstentümer schon früher verbotenen Kirchenlieder (oben S.101) wurden 1713 nochmals ausdrücklich für das Fürstentum Liegnitz untersagt. Der Erlaß von 1716 für konfessionelle Mischehen (Erziehung der Söhne nach dem Bekenntnis des Vaters, der Töchter nach dem der Mutter) blieb für die Protestanten ohne nennenswerten Gewinn angesichts der Gültigkeit des Abfallverbotes von 1709. Den evangelischen Geistlichen wurde die Ehe mit Personen höheren Standes 1716 untersagt, 1717 der Titel "Hochwürdig" verweigert. Die zweihundertjährige Jubelfeier der Reformation im gleichen Jahre wagte in ganz Schlesien nur die Teschener Gemeinde zu begehen, selbst Breslau mußte darauf verzichten. 1719 wurde das bestehende Kirchenliederverbot erweitert, und die Regierungen der einzelnen

Fürstentümer und Herrschaften erhielten Anweisung, die Katholiken in den evangelischen Pfarren zu schützen, während gleichzeitig die Befugnisse des katholischen Ortsgeistlichen über seine protestantischen Pfarrkinder ausgedehnt wurden. Unter Führung der Jesuiten begann ein Bekehrungsfeldzug gegen die im Fürstentum Liegnitz noch bestehenden Gemeinden der Schwenckfelder, die schließlich bei der gesetzlichen Unmöglichkeit, zum Protestantismus überzutreten, die Auswanderung nach Nordamerika der Bekehrung zur römischen Kirche vorzogen. Bei der Verpachtung der Kammergüter und Anstellungen im Postwesen fanden fast nur Katholiken Berücksichtigung. Im J. 1724 erhob das Breslauer Konsistorium Einspruch gegen den notwendigen Ausbau der Vorstadtkirche St. Salvator, die entsprechenden Arbeiten an der 11 000 –Jungfrauen–Kirche wurden durch Verzögerung der Erlaubnis zehn Jahre hingezogen. 1729 traf das Erneuerungsverbot die Festenberger Kirche, 1730 war die Zweihundertjahrfeier des Augsburger Bekenntnisses so wenig möglich wie 1717 die der Thesenverkündung; damals wurden auch auf kaiserliche Weisung sechs pietistische Geistliche in Brieg und Teschen abgesetzt; an diesem Ort traf das gleiche Schicksal auch zwei Lehrer, ein Schlag, den die Teschener Schule nicht so bald verwinden konnte. In Schweidnitz ließ der Oberherr eine Gruppe von "Erweckten", die sich von der Gemeinde abgesondert hatten, ausweisen, der von Joseph 1708 begründeten Liegnitzer Ritterakademie setzte er als Direktor einen Katholiken vor. Im J. 1732 schärften die Konsistorien erneut das Vorgehen gegen den Pietismus ein.

Im weiteren Verlauf der 30er Jahre läßt sich dann ein etwas größeres Entgegenkommen der kaiserlichen Behörden gegen den Protestantismus beobachten. Die Bauarbeiten an der 11 000 –Jungfrauen– Kirche in Breslau wurden endlich genehmigt, dem russischen Minister Biron, der 1734 von dem preußischen Zweig der Dohna die Herrschaft Groß Wartenberg erwarb, erlaubte man 1735, in dem dortigen Schloß eine evangelische Kirche einzurichten, das einzige Gotteshaus, welches dieses Bekenntnis in der Zeit zwischen dem Altranstädter Vertrag und dem Einmarsch der Preußen noch dazugewonnen hat. Im J. 1737 erging eine kaiserliche Verfügung, in Prozessen und Anklagen wegen Abfalls vom katholischen Glauben milder zu verfahren, die am 2. Jan. 1738 in Schlesien veröffentlicht wurde. Auch die Erhebung doppelter

Gebühren von den Evangelischen bei gottesdienstlichen Handlungen wurde jetzt untersagt. Immerhin hatten die schlesischen Protestanten noch Anlaß genug, über Zurücksetzung und Benachteiligung zu klagen. Erst der Besitzwechsel von 1740 hat den Erfolg von Altranstädt endgültig sichergestellt und seine Durchführung nach den Erwartungen der Protestanten gewährleistet. Der Rückschlag, der für die katholische Kirche damit verbunden war, hat sich durchaus in den Grenzen gehalten, die von der Berücksichtigung des Staatswohles im Sinn des neuen Herrn und der Notwendigkeit der Behauptung des Landes gegen Maria Theresia gezogen waren.

Soweit dieser Rückschlag den Katholizismus als organisierte Kirche traf, war er zudem nur die Fortsetzung der Politik, welche schon die Oberherren aus dem Hause Habsburg verfolgt hatten und für die sich — ähnlich wie für die Regierung Leopolds I. (oben S. 116) — auch aus der Zeit Karls VI. hinreichende Belege erbringen lassen. Bei der Bischofswahl von 1732 errang der Kandidat des Hofes, Kardinal Sinzendorf, den Sieg über den tüchtigen Weihbischof Elias Sommerfeld. Wenn der Kaiser in der Trebnitzer Klosterfrage weniger schroff als sein Bruder über den Verpflichtungen der Nonnen zur Erhebung einer deutschen Äbtissin und zur zahlenmäßigen Beschränkung des polnischen Anteils wachte, so setzte er die Bemühungen um Anpassung der staatlichen und kirchlichen Grenzen im gleichen Sinne wie Joseph fort. Die polnischen Minoriten mußten die bisher besessenen Klöster in Oppeln und Beuthen ihren schlesischen Ordensbrüdern überlassen, ebenso sollten die Konvente auf dem Annaberg und in Gleiwitz aus dem Verbande der kleinpolnischen Franziskanerprovinz ausscheiden. Die auch nach der böhmischen Seite hin nicht fehlenden nationalen Spannungen im Klerus führten bei den Minoriten zu einer Abtrennung der schlesischen Klöster, die nunmehr eine eigene Provinz bildeten. Die Heranziehung der Geistlichkeit zu den regelmäßigen Steuern wie zu den Sonderumlagen war dem habsburgischen Staat eine Selbstverständlichkeit. Schon 1663 hatte die Wiederkehr der Türkengefahr zu der Forderung einer allgemeinen Türkensteuer der Kirche geführt; 1670 hatte die Regierung Darlehen von Klöstern und Stiften erhoben, 1683 vom Papst die Erlaubnis zu einer außerordentlichen Türkensteuer, 1685 zum Verkauf eines Drittels des kirchlichen Neuerwerbs der letzten 60 Jahre erwirkt.

Nun legte Karl VI. der Geistlichkeit wieder für eine Reihe von Jahren eine außerordentliche Türkensteuer auf; 1733 mußten die schlesischen Prälaten ein vom Papst genehmigtes Darlehen zur Befestigung von Belgrad und Temesvár gewähren. Auch den Übergang von Grundbesitz an die tote Hand suchte man einzuschränken. Diese spürbare Bevormundung der katholischen Kirche durch die Regierung war eine Folge ihrer schweren Erschütterung in der Reformationszeit und ihres Unvermögens, ohne Anlehnung an den Staat die Rückgewinnung des verlorenen Bodens, auf die sie nicht verzichten mochte, durchzuführen; sie ist aber auch ein Zeichen dafür, daß die Gegenreformation in Schlesien weniger das Werk heimischer als auswärtiger Kräfte war. Der Erfolg, den der Staat durch seine Vormachtstellung gegenüber dem geistlichen Bundesgenossen für sich buchen konnte, wurde mehr als aufgewogen durch die innere Entfremdung, die sein starker Einsatz für die Katholisierungspolitik in weiten Kreisen seiner schlesischen Untertanen hervorrief und vertiefte. Hatte er gehofft, durch die Wiederherstellung der Glaubenseinheit einen festeren Zusammenhalt auch in politischer Hinsicht zu schaffen, so mußte er i.J. 1740 erfahren, daß die auf halbem Wege zum Stillstand gekommene, nur widerwillig aufgegebene Gegenreformation ihm mehr an Vertrauen und Anhänglichkeit bei dem protestantischen Teil seiner Untertanen verscherzt als bei dem katholischen erworben hatte. Sein Verhalten in der Kirchenfrage hat ein beträchtliches Maß seiner Kräfte noch zu einer Zeit gebunden, da sie anderswo schon frei wurden für sonstige Aufgaben, und ist einer der Gründe gewesen, warum seit dem Westfälischen Frieden auf dem Gebiet der Verwaltung und des Rechnungswesens der Staat der Hohenzollern einen doch spürbaren Vorsprung vor dem der Habsburger erzielen konnte.

Gefehlt hat es an fruchtbaren Ansätzen in dieser Richtung unter Karl VI. nicht. Die außenpolitischen Voraussetzungen für eine erfolgreiche Aufbauarbeit waren jetzt so günstig wie seit einem Jahrhundert nicht mehr. Lag die Herrschaft Ferdinands II. und Ferdinands III. im Schatten des 30jährigen Völkerringens, waren die 48 Regierungsjahre Leopolds I. und die 6 seines Sohnes Joseph gleichfalls durch eine Kette von Kriegen an beiden Hauptfronten, der West- und der Südostgrenze, gekennzeichnet, so sah die Regierungszeit des letzten männlichen

Habsburgers ein bedeutend gewachsenes Reich, das — von der Sorge um die Nachfolge abgesehen — weder von äußeren Gegnern noch von Widersachern im Lande selbst bedroht war. Wendet man dann den Blick von Wien auf den schlesischen Fürstenstand, der 1722 mit der Verleihung des bisherigen Kronlandes Teschen an das dem Hofe nahestehende Lothringer Herzogshaus die letzte nennenswerte Verschiebung in der Habsburgerzeit erlebte[60], so kann kein Zweifel bestehen, daß fruchtbringende Antriebe von dieser Seite nicht mehr zu erwarten waren, daß die Gefahr eines vollständigen Leerlaufs der staatlichen Entwicklung einzig durch den kaiserlichen Oberherrn beschworen werden konnte. Schien es nicht nur das geschichtliche Recht der Krone, sondern sogar ihre Pflicht, über ihre fürstlichen Vasallen, von denen nur noch die Württemberger Linie in Oels und die Liechtensteiner in Troppau-Jägerndorf landsässig waren, hinwegzuschreiten? Die Erkenntnis dieser Zusammenhänge und des Gebotes der Stunde hat in der Hofburg nicht gefehlt. Es ist ja kein Zufall, daß unter Karl VI. die großen Privilegiensammlungen erscheinen, die von der bisherigen gesetzgeberischen Leistung der Habsburger in den böhmischen Ländern zusammenfassend Rechenschaft ablegen (Weingartens Codex Ferdinandeo—Leopoldino — Josephino— Carolinus 1720) und — als Vorstufe unserer heutigen Gesetzblätter — die Öffentlichkeit laufend mit der regen Verordnungstätigkeit der Regierung für Schlesien bekannt machen (Brachvogels zwölfteilige Privilegiensammlung 1713—39 und die beiden sie ergänzenden Bände Arnolds 1736—39); hierin bekundet sich deutlich der Wille der Krone, die Versäumnisse von langen kriegerfüllten Jahrzehnten nachzuholen und möglichst alle Lebensgebiete ihrer regelnden, fördernden, wegweisenden Einflußnahme zu unterwerfen. Trotzdem ist es fast allenthalben bei größeren oder kleineren Teilerfolgen geblieben.

Das Oberamt verlor 1719 den letzten Abglanz seines alten ständischen Charakters: Der bisherige Oberhauptmann, Bischof Franz Ludwig, wurde damals im Hinblick auf seine häufige Abwesenheit — er war zugleich Propst von Ellwangen, Deutschmeister, Bischof von Worms, Erzbischof von Trier, dann von Mainz — von den Geschäften des Oberamts entbunden, ohne daß seine Stelle wieder mit einem Mitglied der Fürstenkurie besetzt wurde. Vielmehr erhielt jetzt der Landeshauptmann von Schweidnitz—Jauer, Graf Schaffgotsch, in der Stellung eines "interimistischen" Oberamtsdirektors die tatsächliche Leitung der Geschäfte und den Vorsitz bei den Fürstentagen. Die Stände haben zwar Einwendungen gegen diese Neuerung erhoben, doch waren Wille und Fähigkeit zu ernsterem Widerstand bei ihnen schon vollständig geschwunden: Weder dieses Verfassungsanliegen noch andere Klagen haben sie dazu benutzt, um der Krone bei der eben 1720 geforderten Annahme ihres grundlegenden Erbgesetzes, der Pragmatischen Sanktion, irgendwelche Schwierigkeiten zu bereiten.

Das gleiche Unvermögen ist auch bei dem neuen Anlauf zu der immer dringender gewordenen Steuerreform sichtbar geworden. Noch 1705 hatte der Hof die ständischen Befugnisse bei der Erhebung der Landessteuern mittelbar dadurch anerkannt, daß er erst einen Streit der ober- und niederschlesischen Vertreter im Fürstentag abwartete, ehe er eingriff und für Oberschlesien, dessen Kataster besonders unzuverlässig war, eine allgemeine Verbrauchssteuer einführte. Im J. 1716 entschloß sich der Kaiser dann, die Reform der alten Indiktion von 1527 allein in die Hand zu nehmen. Immerhin dauerte es auch jetzt noch fünf Jahre, bis eine Hauptkommission für diese Aufgabe ins Leben gerufen wurde und ihre Arbeiten mit der Einsetzung von Unter—, Revisions— und Visitationskommissionen aufnahm. Der ärgsten Gebietszersplitterung suchte man durch Bildung von 20 Kommissionsbezirken Herr zu werden, doch blieb die Wahl der Kommissionsmitglieder den Einzellandtagen überlassen, und diese nur wenig abgeschwächte Anknüpfung des ganzen Werkes an die ständische Vielgestaltigkeit Schlesiens mußte den österreichischen Reformplan von Anbeginn an schwer belasten. Das Ergebnis der 1726 beendeten ersten Katasteraufnahme war recht niederschmetternd, da es fast überall hinter den Zahlen der bisherigen Veranlagung zurückblieb. Es schien notwendig, die Grundsteuer zu einer Grund— und Einkommenssteuer zu erweitern. So wurde 1733 eine zweite Revision des Katasters eingeleitet, ohne daß die Hauptkommission bis 1740 in der Lage war, aus dem inzwischen gewonnenen Tabellenmaterial bei der Abneigung der Stände gegen eine Mehrbelastung und bei der Umständlichkeit jeder Verhandlung mit ihnen eine brauchbare Grundsteuer zu ermitteln. Die preußische Regierung, die in diesen Aufstellungen eine wertvolle Unterlage vorfand und keine Rücksichten ständischer Art mehr zu nehmen hatte, konnte die längst fällige Steuerreform dann sehr rasch verwirklichen. Das gleiche Schicksal einer Verschleppung bis in die preußische Zeit erlebte auch ein anderer Plan der Hofburg, die schon von Joseph I. eingeleitete staatliche Vermessung sämtlicher Erbländer, die nach der Durchführung in Böhmen und Mähren i.J. 1720 auch auf Schlesien ausgedehnt wurde. Die Arbeit lag in den Händen des Ingenieurs Wieland, der 1726 bei der schlesisch—polnischen Grenzkommission mitwirkte, 1727 auch mit der Herstellung einer schlesischen Straßenkarte betraut wurde und 1732 die ganze Aufnahme vorlegen konnte. Nach seinem Weggang wurde der Ingenieurleutnant Schubart mit der für die Drucklegung notwendigen Überarbeitung der Einzelkarten beauftragt; er befand sich noch mitten in dieser Tätigkeit, als ihn der Ausbruch des ersten Schlesischen Krieges überraschte. Erst 1749 kam dann die Revision erneut in Gang, und 1752 endlich konnte der Atlas Silesiae bei Homann in Nürnberg erscheinen.

Besondere Fürsorge widmete Karl VI. den beiden Seiten des schlesischen Wirtschaftslebens, die dem Lande eine einzigartige Stellung im habsburgischen Staatsverbande anwiesen: dem Handel und der Industrie. War diese sehr zurückgeblieben infolge der Abwanderung protestantischer Textilhandwerker nach Großpolen und der Lausitz seit den Verfolgungen des 30jährigen Krieges, so verspürte jener vor allem die Verlagerung des Warenverkehrs nach der sächsisch—polnischen Personalunion von 1697 (vgl. S. 117). Zu wirksamer Abhilfe konnte es hier erst kommen, als mit dem Beginn des 18. Jhs. die Grundsätze des Merkantilismus auch vom Wiener Hof zur obersten Richtschnur seiner Wirtschaftspolitik erhoben und andere, vor allem konfessionelle Bedenken bewußt zurückgestellt wurden. Noch in die Regierung Josephs I. fällt die einheitliche Regelung des schlesischen Maß— und Gewichtswesens nach der Breslauer Norm und das Bemühen um eine Neubelebung des Oderhandels, wobei auch der Plan eines Donau—Oderkanals zum ersten Male ernstlich erwogen wurde. Das Postwesen erlebte nach der Jahrhundertwende durch Ausbau der Verkehrsverbindungen, Regelung des Tax— und Botenwesens und Einschränkung der Portovergünstigung eine spürbare Verbesserung. Weithin sichtbar und einschneidend bekundete sich die neue Einstellung des Staates zum Wirtschaftsleben

1716 mit der Errichtung eines Kommerzkollegs in Breslau und der Einladung an fremde Fabrikanten, Künstler und Handwerker, denen besondere Vergünstigungen zugesagt wurden, zur Niederlassung in Schlesien. In Glogau, Breslau, Brieg und Troppau wurden Fabrikeninspektionen eingerichtet, das Reglement von 1718 führte die staatliche Tuchschau ein. Im gleichen Jahre erging das erste Zollmandat nach merkantilistischen Grundsätzen. Der Plan, wieder ein einheitliches Zollgebiet für das ganze Habsburgerreich zu schaffen, wurde allerdings 1728 endgültig aufgegeben; dagegen gingen die Bemühungen, den schlesischen Handel nach der Adria zu lenken und die Kaufmannschaft des Landes zum Bau eines Magazins in Triest heranzuziehen, noch die 30-er Jahre hindurch fort. Im Salzhandel versuchte man den Bezug aus Magdeburg durch Versorgung aus den Alpenländern zu ersetzen. Das Zollmandat von 1739 gab dann freilich in seiner Abkehr von den merkantilistischen Gedankengängen den Wünschen der Kaufmannschaft und des in Schlesien am stärksten vertretenen Kommissionshandels nach; daß der Hof aber sonst vor harten Eingriffen gegen örtliche Widerstände nicht zurückschreckte, beweist die einseitige Regelung der Breslauer Stadtzölle nach den Vorschlägen des Kommerzkollegs, an dessen Zustimmung der Rat bei allen Änderungen gebunden sein sollte. Die Sorge der Regierung für das Handwerk spricht aus der Übertragung des Reichstagsbeschlusses von 1731 auf Schlesien und aus den 1739 erlassenen Generalzunftartikeln für die böhmische Ländergruppe. Wenn die Dorfhandwerker in der Ordnung von 1731 ausdrücklich unter den Zunftzwang gestellt werden, so war die tatsächliche Entwicklung damals schon längst über diesen Anspruch der Städte hinweggeschritten, und auch dem Hof konnte nichts daran liegen, etwa die aufblühende, von ihrer Grundherrschaft geförderte Dorfweberei zugunsten der erstarrten städtischen Zünfte in eine dem Ausfuhrgeschäft nur nachteilige Abhängigkeit zu versetzen.

Bei der Nutzung der Regalien sehen wir die Krone — außer der Münzprägung, die seit 1714 nur in Breslau vor sich ging — noch immer die Vergebung gegen feste Zahlungen der Eigenbewirtschaftung vorziehen. Das 1702 eingerichtete kaiserliche Tabakmonopol wurde 1736 im Bereich der böhmischen Länder abgelöst auf Anregung des Prager Landtags — nicht ohne einiges Widerstreben der Schlesier, denen es zu hoch erschien, ein Drittel der jährlichen Ablösungssumme von 450 000 fl. zu übernehmen, und die den damaligen Verteilungsschlüssel der drei Länder Böhmen, Mähren und Schlesien von 3:1:2 gern wieder in den für die Landesverteidigung früher gültigen von 4:2:1 verwandelt hätten. Auch das Postwesen vermochte sich dem Zug der Zeit zur Administrationspacht nicht zu entziehen; 1727 fand trotz Abraten der Schlesischen Kammer die unmittelbare Verwaltung ein Ende, und in der Tat hatte der Übergang zur Pachtwirtschaft zunächst einen Stillstand, dann sogar einen Rückgang dieses wichtigen Verkehrsmittels zur Folge. Wieder ein anderes Bild bietet sich bei den Kammergütern der 1675 angefallenen Fürstentümer. Hier hatte sich der Versuch eigener Verwaltung und gegenseitiger Überwachung der kaiserlichen Behörden Schlesiens so wenig bewährt, daß man 1709 dazu überging, die einzelnen Domänen nach preußischem Vorbild in Erbpacht auszugeben, um einmal höhere Erträge zu erzielen und dann auch die Lage der dienstpflichtigen Untertanen zu heben. Diese Nutzungsart entsprach jedoch gleichfalls den darauf gesetzten Hoffnungen nicht, so daß man von der Erbpacht gänzlich Abstand nahm und sie 1723 durch Gesamtverpachtung der Ämter auf Zeit unter dauernder Überwachung durch einen kaiserlichen Rentschreiber ersetzte, eine Umstellung, die endlich wieder erlaubte, einen leidlichen Ertrag aus den Kammergütern herauszuholen. Auch die Belebungsversuche im Bergbau bestanden in der Hauptsache aus Einzelschritten privater Unternehmer, ohne daß der Staat sich dazu entschließen konnte, die Ausbeute auf eigene Rechnung zu betreiben. Hier im Regalien- und Domänenwesen zeichnen sich deutlich unübersteigbare Grenzen ab, die der Wirtschaftspolitik Karls VI. gezogen waren und bereits von beobachtenden Zeitgenossen, wie z.B. dem preußischen Agenten in Wien, erkannt wurden: Die volle Nutzung der bestehenden Möglichkeiten ließ sich erst ganz allmählich und nur dann erreichen, wenn man zunächst einmal beträchtliche Summen in die einzelnen Wirtschaftsunternehmen hineinsteckte. Der Habsburgerstaat aber krankte daran, daß ihm die erforderlichen Mittel hierfür fehlten und er umgekehrt auf einen möglichst raschen, wenn auch dafür viel bescheideneren Ertrag bedacht sein mußte.

So fehlte — ungeachtet aller wohlgemeinten und einsichtigen Ansätze — aufs ganze gesehen der Regierung des letzten Habsburgers der

Grundzug einer planvollen, auf weite Sicht angelegten, ein schlagkräftiges Instrument erstrebenden Innenpolitik, die Schlesiens Kräfte in vollem Umfang geweckt, sie für große staatliche Aufgaben eingesetzt und somit den Landeskindern das Bewußtsein gegeben hätte, lebendiges Glied eines organischen Gemeinwesens zu sein. Schlesiens Zukunft hing daher zuallererst von der Frage ab, wie das Erbfolgegesetz, dem Karl VI. einen guten Teil seiner Lebensarbeit gewidmet hatte, die Bewährungsprobe bestehen würde. Als der Kaiser am 20. Okt. 1740 die Augen schloß, genügten wenige Tage, um die Brüchigkeit seiner Pragmatischen Sanktion zu erweisen. Allenthalten bei den Nachbarn des Habsburgerreiches regten sich sogleich die Bestrebungen, Ansprüche auf einen Teil der Erbmasse geltend zu machen und die Anerkennung der Kaisertochter Maria Theresia an neue Zugeständnisse zu knüpfen. Am raschesten von allen handelte der junge Preußenkönig Friedrich II. mit seinem Ultimatum und dem sich anschließenden Einmarsch nach Schlesien.

Blicken wir von der Schwelle des ersten Schlesischen Krieges, der sechs Siebentel des Landes einen Dynastiewechsel bringen sollte, zurück auf den letzten Wechsel des Herrscherhauses von 1526, so wird nochmals der Wandel deutlich, der sich während dieser zwei Jahrhunderte im politischen Schicksal Schlesiens vollzogen hatte. Die alten Herzogsgeschlechter des Landes waren ausgestorben, keiner von den ihrem schlesischen Besitz oft völlig fremden großen Grundherrn, die jetzt den schlesischen Fürstenstand bildeten, war noch in der Lage oder gewillt, die bevorstehende Entscheidung maßgebend zu beeinflussen; ihr politisches Gewicht war nur noch ein Schatten der alten ständischen Bedeutung. Von dem östlichen Nachbarn, der ohnmächtigen Adelsrepublik Polen, drohte keinen Augenblick irgendein Übergriff; nur ihr damaliges Oberhaupt, der sächsische Kurfürst, schien zur Teilnahme an der Neugestaltung des schlesischen Schicksals berufen, aber nicht als Erbe piastischer und jagellonischer Ansprüche, sondern als Träger der Personalunion zwischen seinem sächsischen Stammland und dem polnischen Wahlreich, die durch Schaffung einer Landbrücke an Festigkeit hätte gewinnen können. Wenn Sachsen trotzdem erst langsam in den Österreichischen Erbfolgekrieg eingriff und sichtlich zögerte, den unter Moritz 1548 preisgegebenen und unter Johann Georg im

30jährigen Krieg nach Erwerbung der Lausitz erneut ins Stocken geratenen Vormarsch in das Oderland wieder aufzunehmen, so lag das nicht nur an der Unfähigkeit seines damaligen Herrschers, sondern auch an seiner politischen Linie seit dem Prager Frieden. Die Neigung zum Zusammengehen mit den Habsburgern hatte sich durch die Polenpolitik der Wettiner seit der Jahrhundertwende nur noch vertieft, andererseits aber hatte das Kurhaus mit seinem Übertritt zum Katholizismus den stärksten Trumpf aus der Hand gegeben, mit dem es erfolgversprechend gegen das Haus Österreich in Schlesien hätte auftreten können.

Um so günstiger lagen die Voraussetzungen für das zweite norddeutsche Fürstenhaus, das neben den Wettinern seit dem 15. Jh. im Blickfeld der schlesischen Territorialgeschichte erscheint und das die Habsburger vom Beginn ihrer Herrschaft als den eigentlichen Nebenbuhler erkannt und behandelt haben: die Hohenzollern. War im 16. Jh. noch das Übergewicht des Kaiserhauses über das aufstrebende fränkisch—märkische Fürstengeschlecht offensichtlich — wir brauchen nur an die Schranken zu denken, die Georg d.Fr. in seiner schlesischen Politik gezogen waren, an das schwächliche Schweigen Kurfürst Joachim II. bei der Aufhebung der Erbverbrüderung und an die Initiative beim ersten Oder—Spree—Kanalplan, die durchaus auf seiten Ferdinands I. lag —, so beginnt sich das Kräfteverhältnis beider Mächte im 17. Jh. langsam zu verschieben und zwar — so merkwürdig das zunächst klingen mag — eben seit der Zeit, da der hohenzollernsche Einfluß in Schlesien nach dem Verlust von Jägerndorf seine eigentliche Grundlage eingebüßt hatte. Nicht nur, daß die brandenburgischen Kurfürsten jetzt einen Anspruch aufweisen können, dessen Berechtigung das Erzhaus — anders als bei der lange Zeit vergessenen Erbverbrüderung — niemals voll bestritten, sondern mehrfach durch anderweitige Entschädigungsversuche anerkannt hat — vor allem beginnt Brandenburg—Preußen seit dem 30jährigen Krieg sichtlich den Vorsprung des Habsburgerreiches im Staatsaufbau, Finanz- und Wehrwesen einzuholen. Österreich sieht sich durch seinen Zweifrontenkampf fast dauernd gezwungen, alle seine Kräfte nach außen zu werfen, hinter der Aufgabe, den abendländischen Lebenskreis südostwärts auszuweiten, die planvolle Fortführung des inneren Staatsaufbaues zurückzustellen.

Das von Ferdinand I. so verheißungsvoll begonnene und im 30jährigen Krieg nochmals dem Ziele näher gebrachte Zentralisationswerk der Krone gerät auf halbem Weg ins Stocken — in Brandenburg—Preußen kann es besser Schritt halten mit der räumlichen Ausdehnung des Staates, die langsamer und unvollkommener vor sich geht, eben dadurch aber den heilsamen Zwang ausübt, durch innere Straffung wettzumachen, was an äußerer Geschlossenheit noch gebricht. Diese Verschiebung im Kräfteverhältnis beider Mächte kommt sinnfällig schon darin zum Ausdruck, daß die tatsächliche Durchführung der Kanalpläne des 16. Jhs. das Werk des norddeutschen Partners ist und daß österreichische Verwaltungsmaßnahmen der Zeit Josephs I. und Karls VI. verschiedentlich durch das Vorbild der Hohenzollern beeinflußt sind. Auch auf kirchlichem Gebiet folgt der preußische Staat viel aufgeschlossener und bereitwilliger dem Zuge der Zeit als die Habsburgermonarchie. Während die Toleranzpolitik Josephs und Karls erst eine Folge äußeren Drucks ist und auch dann nur zögernd geübt wird, haben die Hohenzollern schon einige Menschenalter früher an ihren rheinischen und mitteldeutschen Erwerbungen die paritätische Behandlung ihrer Untertanen gelernt und sie geschickt als Mittel innerstaatlicher Festigung und außenpolitischer Verhandlungen einzusetzen verstanden.

Wenn uns der Dynastiewechsel von 1526 als ein Übergang Schlesiens aus einer politischen Bahn ohne ausgesprochene Richtung in eine andere, zukunftsreichere erschien, so mutet der Wandel von 1740 ganz ähnlich an: In beiden Fällen das Ende eines ungeklärten, in der Entfaltung seiner Möglichkeiten begrenzten und unentschiedenen Zustandes, der Eintritt in ein stärker vorwärtsdrängendes, zentralisiertes Staatswesen. Nicht was die Kronjuristen an Ansprüchen aus der Erbverbrüderung von 1537 und der Jägerndorfer Anwartschaft in langatmigen Streitschriften herauszustellen wußten — nein: das Dasein eines straffen, lebensvollen und leistungsfähigen, in all seinen Adern von einem einheitlichen Willen durchpulsten Staates — dies war der gewichtigste Rechtstitel im Bewußtsein des 28jährigen Preußenkönigs, als er am 16. Dez. 1740 bei Krossen die schlesische Grenze überschritt[61].

Das Staatswesen, das seit längerem durch seine Wirtschaftspolitik, spätestens seit dem Großen Kurfürsten auch durch seine Religionspolitik die Augen der Schlesier auf sich gezogen, dessen Oderuniversität

9. Breslau, Ehem. Jesuitenkolleg (Universität), Oderseite (1728-1740)

Frankfurt für viele Schlesier eine anregende Bildungsstätte, oft auch ein fruchtbares Wirkungsfeld bedeutet hatte[62], dessen pietistisches Kraftzentrum Halle seit der Jahrhundertwende von deutlichem Einfluß auf das schlesische Geistesleben bis zum Beskidenrand geworden war — dieses dynamische Brandenburg—Preußen der Hohenzollern, in welchem die staatlichen Ausgaben sich nach den Einnahmen zu richten hatten, schickte sich an, die bestimmende Macht auf schlesischem Boden und damit für das hier bisher allein gebietende Haus Habsburg auch zum ernsthaften europäischen Rivalen zu werden.

Hermann Aubin

DIE WIRTSCHAFT

Nach manchem Rückschlag, doch mit ungebrochener Wirtschaftskraft trat Schlesien in seine habsburgische Epoche ein, die in mehrfacher Hinsicht auch eine besondere Epoche seines Wirtschaftslebens wurde. Sie deckt sich mit einer wesentlichen Phase der Türkenkriege, welche erst schwere Gefahr und weitgehende Verschüttung wichtiger, altgepflegter Absatzgebiete, dann umgekehrt wieder fruchtbare Ausweitung des eigenen Marktes nach Südosten bedeutete. Allerdings, die im 16. Jh. vollendete (I,336) Abschließung vom Schwarzen Meere und der untersten Donau blieb noch länger in Wirkung. Aber der Vorstoß der Türken, der mehrmals Schlesien selbst zu bedrohen schien und stärkste Kräfte der Abwehr aufzubringen zwang, wurde seit der Schlacht am Kahlenberge 1683 in die glorreiche Befreiung des Landes innerhalb des Karpatenwalles verwandelt. Der hier sogleich in Angriff genommene umfassende Wiederaufbau brachte Schlesien, dem entwickeltsten Wirtschaftsgebiete unter den österreichischen Ländern, große neue Antriebe. Noch darüberhinaus öffnete die Erschütterung der türkischen Macht allmählich die streng geschlossenen Tore ihres Bereiches dem schlesischen Handel.

Die Zugehörigkeit zu einem größeren Staatsverbande, die sich darin zur Geltung brachte, bekam Schlesien jetzt überhaupt zum ersten Male in dem Sinne zu spüren, den die Neuzeit dieser Tatsache verliehen hat. Deutschland, ja Europa, traten damals in eine neue wirtschaftsgeschichtliche Periode ein, in welcher der an Raum wachsende, im Innern sich festigende Staat ebenso durch seine Ansprüche wie durch seine fördernden Kräfte den tiefsten Einfluß auf das Wirtschaftsleben nahm. Der Staat begann, sein ganzes Gebiet oder wesentliche Teile desselben, wie unser Land Schlesien, als Einheiten aufzufassen, dem Ausland gegenüber einzusetzen und zu decken, er ging, um sich selbst zu stärken, darauf aus, die wirtschaftlichen Kräfte innerhalb seiner Grenzen zu entwickeln und planmäßig zu lenken. Die Summe der Maßnahmen, die er zu diesem Zwecke ergriff, haben der Periode den Namen des Merkantilismus beigelegt. Jetzt löste der Staat als Wirtschaftsraum und Träger der Wirtschaftspolitik die Städte und Städtebünde ab, welche diese Funktionen während des Mittelalters erfüllt hatten, und reihte sie seinem größeren Bereiche ein. Der Aufstieg der staatlichen Gewalt, der Abstieg des bisher weitgehend selbständigen Städtewesens bilden ein Kennzeichen des angebrochenen absolutistisch-merkantilistischen Zeitalters. Der Adel hingegen gelangte im Gefolge der Fürstenmacht noch zu gesteigertem Ansehen und innerpolitischer Geltung, die ihn befähigte, auf das Wirtschaftsleben Einfluß zu nehmen, auch seinerseits die Vorzugsstellung der Städte einzuschränken und vor allem zu gelegener Stunde die Agrarverfassung in seinem Sinne umzugestalten.

Noch blieben die technischen Mittel der Wirtschaft im großen und ganzen die früheren. Doch wurde von ihnen manchmal bereits ein veränderter Gebrauch gemacht, da das sich ansammelnde kaufmännische Kapital die Führung auch auf gewissen Gebieten der gewerblichen Erzeugung übernahm.

Handelt es sich bei diesen Erscheinungen um solche, die der ganzen Epoche eigen waren, so erlauben andere, deren natürliche Gliederung abzulesen. An der Spitze der Geschenke, welche die neue Herrschaft dem schlesischen Wirtschaftsleben brachte, steht weit überragend die Herstellung des Friedens. Im Innern sind Fehdewesen und Raubrittertum nie mehr wiedergekehrt. Aber auch die Grenzen hat in den ersten hundert Jahren fast kein Feind mehr überschritten. Danach brach freilich das Unglück des Dreißigjährigen Krieges über das Land herein. Schlesien gehört zu den besonders schwer von den Kriegsverwüstungen mitgenommenen Teilen Deutschlands. Hinzu trat der Schaden, den ihm der Bekenntniszwang der Gegenreformation durch Auswanderung wertvoller Wirtschaftskräfte zufügte. Danach aber setzte neuerdings ein nur wenig gestörter Friedenszustand ein. Der große Krieg zerlegt daher, als tiefes Tal, die österreichische Periode Schlesiens in zwei etwa gleichlange Hälften seiner friedlichen Wirtschaftsentwicklung.

Ehe sich die neuen Möglichkeiten des erweiterten Binnenmarktes entfalten konnten, mußten erst viele innere Schranken hinweggeräumt werden. Ein eigenes Beamtentum war neu zu erschaffen, bevor man mit ihm Wirtschaftspolitik treiben konnte. Nur sehr allmählich wurden

Sonderrechte der Städte im Land und der Länder oder Ländergruppen innerhalb der österreichischen Territorialmasse zugunsten einer zentralistischen Staatsauffassung beseitigt. So dauerte es auf den meisten Gebieten eine geraume Zeit, bis die fördersamen Wirkungen von Schlesiens Aufgehen in dem größeren Verbande ins Leben treten konnten. Doch vollzog sich die Entwicklung dahin keineswegs geradlinig. Wie im ganzen Staatswesen, so setzte auch im Wirtschaftsleben die neue Zeit unter Ferdinand I. mit erkennbarem Schwunge ein. Unter seinen Nachfolgern ließ ihre Kraft erheblich nach, durch die dreißigjährigen Kriegswirren wurde sie ganz gelähmt, und erst unter Leopold I. steigerte sie sich wieder in voller Parallele zu den auswärtigen Erfolgen im Südosten, um dann unter Josef I. und Karl VI. immer systematischer eingesetzt zu werden. Auch von diesem Gesichtspunkte aus bietet sich eine Dreiteilung dar, wenn auch der erste Abschnitt kürzer, die Einsenkung danach länger erscheint.

I. Vom Übergang an Habsburg bis zum 30jährigen Kriege

Was sich zuerst von dem modernen Staatswesen bemerkbar machte, waren dessen Forderungen an die Wirtschaft. Infolge seiner besonders gearteten Verfassungsentwicklung hatte Schlesien laufende Finanzhilfen seinem Oberherrn bisher nur in äußerst geringem Maße geboten. Kammergüter standen diesem einzig (seit 1532) in Oppeln und Ratibor zur Verfügung. Das Bergregal lag allein in den Erbfürstentümern und auch dort nicht vollständig in seiner Hand. Ein Münzrecht hatte er noch nicht in Anspruch genommen. Von Zöllen besaß er nur einige höchst bescheidene auf der kaum befahrbaren Oder. Ständige Steuern flossen ihm überhaupt nicht zu. Ein solcher Zustand genügte den Verhältnissen eines Großstaates in keiner Weise. Daher wurden sogleich für die Türkenbekämpfung und den Hofstaat die Wirtschaftskräfte des Landes in dauernde Kontributionen gesetzt. Die Schatzung seit 1527 (S. 25), Verkaufsabgaben mehrmals seit 1529, die Biersteuer seit 1546 (S. 19) und der sog. Grenzzoll seit 1556 (S. 25) ließen die Wirtschaft bald den unerschöpflichen Finanzbedarf einer Großmacht fühlen.

Sie traten als Neubelastungen neben die alten, den Fürsten zustehenden Hebungen und wurden, entsprechend den agraren Interessen, die bei der Mehrzahl der steuerbewilligenden Stände vorwalteten, in erster Reihe der Verkehrswirtschaft auferlegt. Vergebens wiesen die Städte, ganz vornehmlich Breslau, darauf hin, daß Schlesien nicht wie das benachbarte Böhmen einen großen Teil seiner Nahrung aus Getreideausfuhr und Bergbau ziehe, sondern in besonderem Maße auf den Durchgangshandel angewiesen sei, den man durch Überbelastung von den schlesischen Straßen vertreibe. Solches ist allerdings nicht auf die Dauer eingetreten; und wenn eine Zusammenstellung von damals für die Jahre 1593-1601 ein Daueraufkommen Schlesiens für den Türkenkrieg von 600 000 Talern im Jahre ergibt, so ist das doch noch keine Summe, welche die Wirtschaft des Landes erdrückt hätte. Es kamen freilich noch Anleihen bei der Geistlichkeit und den Städten hinzu, die durchaus den Charakter von Zwangsanleihen trugen. Indessen war Schlesien damals innerhalb Ostdeutschlands vielleicht die leistungsfähigste Provinz. Manche Teile waren ausgesprochen wohlhabend, und seine Bevölkerung mag ums Jahr 1600 etwa 90 000 betragen haben.

Nur allmählich kam nach den Lasten auch die andere Seite der eingetretenen Veränderung zur Wirkung. Am frühesten noch machte sich der Druck geltend, den das natürliche Schwergewicht der gesamten habsburgischen Macht nunmehr auf den polnischen Handelsgegner Schlesiens ausübte. Breslaus Niederlage im Streit um sein Stapelrecht war nicht zuletzt durch seine Vereinzelung verschuldet worden. Jetzt ging die Regierung zwischen 1524 und 1564 nicht weniger als fünfmal mit Handelsverboten für ganz Schlesien gegen die Polen vor, um die Einhaltung der nach dem Niederlagsstreit zugesicherten gegenseitigen Handelsfreiheit durchzusetzen. Diese wurde denn auch ab 1549 mehrfach von neuem vertragsmäßig verbürgt. Der schlesische Grenzzoll entsprang allerdings noch rein fiskalischen Interessen und nur am Rande äußerte die Regierung die Erwartung, daß er auch der ·Wirtschaft Schutz bringen würde.

Ein anderes Gebiet früher Staatseinwirkung zugunsten der Wirtschaft war die so lange vernachlässigte (S. 26) Oderschiffahrt. Ferdinand I. setzte sich ganz persönlich dafür ein, nachdem die schlesischen Stände die Frage bereits in ihrer Huldigungsbotschaft von 1527 an ihn herangetragen hatten. Schon das nächste Jahr brachte den ersten Erfolg, indem Brandenburg einen beschränkten Schiffsverkehr zwischen Breslau und Stettin zugestand, den bisher Frankfurt gänzlich verhindert hatte. Ferdinand war besonders an der Bergfahrt für das von der französischen Westküste kommende Boisalz gelegen, dessen Versiedung (zu Neusalz a.O.) einen gewinnbringenden Regalbetrieb bilden sollte. 1555 wurde die Freiheit auf 13 Jahre erneuert, zugleich aber auch der zukunftsreiche Plan einer Verbindung von Oder und Elbe durch Spree und Havel angefügt. Es bedurfte dazu nur eines kurzen Kanalbaues von Frankfurt bis Fürstenwalde, dem der Lauf der Schlaube wie der Werchen- und Müllrosesee zugute kommen konnten. Das neue Beamtentum vereinigte sich mit verständnisvollen Vertretern des Adels und der Kaufmannschaft in der Durcharbeitung des Planes. Mit dem Druck der kaiserlichen Majestät wurden sächsische Einsprüche zum Schweigen gebracht. Der Kaiser übernahm den kostspieligeren Bauabschnitt, und auch an der mühsamen Ausräumung des Oderbettes wurde gearbeitet. Hinter so großen Anstrengungen standen gewichtige Interessen, die weit über Schlesiens Grenzen hinausgingen. Der Kanalbau war nur ein Teil eines größeren, auch die Elbe einbeziehenden Entwurfes, um die österreichischen Länder in engere Verbindung mit den atlantischen Häfen und besonders den habsburgischen Niederlanden zu bringen. Das war ebenso wegen der politischen Lage wie wegen der im Gange befindlichen Umstellung des Welthandels vom Mittelmeer auf den Atlantischen Ozean von höchster Bedeutung. Der Zugang zu diesem eröffnete Schlesien großartige Aussichten auf verbilligte Zufuhr von Seesalz, Gewerbe- und Kolonialwaren, während für die Rückfracht Garn und Wolle, das aus Ungarn durchgeführte Kupfer und andere bisher über Danzig gehende Waren zu erwarten standen. Der „Kaisergraben" mußte Schlesiens Handelsstellung wesentlich stärken. Das große Unternehmen wurde aber 1563 eingestellt, nachdem Ferdinand 40 000 Taler verbaut hatte. Brandenburg war mit seinem Teil gänzlich im Verzug geblieben. Daran hatte wohl in erster Linie der Einfluß Frankfurts schuld, das mit seinen stadtwirtschaftlichen Gesichtspunkten noch einmal der Durchsetzung großräumigerer Handelsgestaltung einen Aufschub bereitete. Die dahin drängenden Faktoren waren noch nicht stark genug angewachsen, um die von einer weitschauenden Regierung geplante Veränderung mit Notwendigkeit zu erzwingen. Obwohl das Kanalprojekt fehlgeschlagen war, steigerte sich indessen der Verkehr mit Hamburg und der Atlantikküste ständig.

Das zeigt schon, daß die tiefgehende Verschiebung des Welthandels, die eben durch die großen Entdeckungen über See eingeleitet worden war, für Schlesiens Handel eher eine Kräftigung denn eine Schwächung bedeutete. Die schlesischen Kaufleute hatten keinen längeren Weg nach Antwerpen als nach Venedig und kannten den ersteren schon seit langem (I,450). Stand doch in einer Kirche Antwerpens ein Hedwigaltar, den die Breslauer auf ihren Reisen mit Bildern schmückten und mit Spenden unterstützten. Die Niederlande und bald auch Hamburg boten gerade zur rechten Zeit Ersatz für die verlorenen Zufuhren von Orientwaren vom Schwarzen Meere her (I,482), vereinigten damit die altgewohnten Transporte der guten Tuche von England, Flandern, Brabant und Aachen und fügten die neuen Kolonialwaren hinzu. Im Wettbewerb mit Danzig, aber trotz des Landweges in keiner ungünstigen Lage, blieb Schlesiens Handel der Versorger eines weiten Ostgebietes und namentlich zum Südosten in vorteilhafter Position. Auch kam Breslau zugute, was Lemberg als Vermittler von Orientwaren vom Pontus her einbüßte.

Freilich machten sich die schweren Schädigungen der Südostlande durch türkische Besetzung fühlbar, und Polens Wirtschaftsleben begann wie der Staat selbst immer mehr unter dem Zeichen willkürlicher Adelsherrschaft zu verfallen. Städtewesen, Handel und Gewerbe, wie sie von den Deutschen während des Mittelalters in den Ostraum getragen und darin heimisch gemacht worden waren, schrumpften zusammen, wurden durch die an Bedeutung gewinnenden Juden entkräftet. Weite Teile des näheren Ostens verloren den erreichten Hochstand, so daß die an differenziertere Lebensformen gewöhnten Deutschen sich kaum mehr darin behaupten konnten. Selbst das einst schlesische, noch im 16. Jahrhundert durch starke oberdeutsche Zuwanderung aufgefrischte Krakau wurde in der zweiten Hälfte des Jahrhunderts polonisiert. Niemand bekam diesen Rückgang des Ostraumes und seines Deutschtums mehr zu spüren als das Grenzland Schlesien, das diesen Bereich bisher mit seiner Aktivität durchstrahlt und in dessen deutschen Menschen es die Partner seines Handels gefunden hatte. Auch ging Polen absichtsvoll darauf aus, durch die Höhe und Gestaltung seiner Zölle wie durch Einschränkung der fremden Kaufleute auf den Besuch weniger Städte nahe der Grenze seinen inneren Markt ausschließlich dem einheimischen Kaufmann vorzubehalten.

Wollte man die Klagen der Breslauer aus dieser Zeit wörtlich nehmen, dann wäre schon damals der Osthandel völlig im Erliegen gewesen. Indessen, während die Deutschen als Träger des Handels auf türkischem Boden ausschieden, blieb doch ein Maß desselben übrig, indem Wallachen, Armenier und Griechen seine Vermittlung über die Grenze übernahmen. In Oberungarn und der Zips vollends behielt der schlesische Handelsstand, gefördert durch die enge Verbindung des Protestantismus hier und dort, in den deutschen Häusern verläßliche Stützpunkte des gewohnten Austausches von Wachs, Honig, Leder und Metallen gegen Kolonial- und westliche Gewerbwaren. Ja, die Deutschen Oberungarns boten noch immer eine Brücke zu jenen Siebenbürgens. Was aber die polnischen Verordnungen angeht, so stand vieles nur auf dem Papiere und mit dem Zolldruck suchte man sich schlecht und recht abzufinden. Wenn die Plackereien und Hindernisse aller Art es am Ende dem Schlesier doch immer unmöglicher machten, selber im Nachbarlande aufzutreten, so kamen dessen Händler ihrerseits nach Deutschland zum Absatz ihrer Waren und zum Einkauf. Hier erwies Leipzig eine weiter steigende Anziehungskraft auf den Handel, der zu zeitlicher und räumlicher Konzentrierung auf Messen hindrängte, weil seine östlichen Partner die fortgeschritteneren Formen ständigen Handels nicht zu behaupten wußten. Glogau, auf dem Wege nach Leipzig, hielt seine vornehmlich im Niederlagsstreit (I,481) erworbene Stellung derart inne, daß es am Vorabend des Dreißigjährigen Krieges angeblich 150 Kaufleute zählte, 230 Tuchmacher hauptsächlich für die Ausfuhr nach dem Osten in Brot setzte und mit 84 Kürschnern von dort kommendes Rauchwerk verarbeitete. Aber auch Breslau trat nach Beilegung des Handelskrieges wieder in die Reihe der großen deutschen Ostmärkte ein und wußte seine alte Erfahrung, seine geographische Lage und was die Zeit an Vorteilen bot, mit zäher Beharrlichkeit zu nützen. Seine reiche bürgerliche Kultur im Zeitalter der Renaissance war vorwiegend auf den Wohlstand begründet, den es der Kaufmannschaft verdankte.

Wenn Schlesiens Handelsstellung in der Hauptsache auf dem Durchgangsverkehr dank seiner Vermittlerrolle zwischen Ost und West beruhte, so trug doch dazu auch seine eigene gewerbliche Erzeugung nicht unerheblich bei. Das wurde schon an dem Beispiel Glogaus sichtbar. Von dem schlesischen Gewerbe kann man, bei allen Unterschieden der Zweige wie der örtlichen Lage, doch im ganzen sagen, daß es sich während der hundert Jahre bis zum Dreißigjährigen Kriege wieder auf die alte Stufe gehoben, darauf behauptet und z. T. vorwärts entwickelt hat. Das gilt zunächst zahlenmäßig. Nach den Meisterlisten der Breslauer Zünfte wurde der um 1525 eingetretene Tiefstand (I,465) in den dreißiger und vierziger Jahren wieder ausgeglichen, seit der Jahrhundertmitte die Ausgangslage des 15. Jhs. überholt und am Vorabend des großen Krieges ein Höhepunkt erreicht. Nachrichten aus kleineren Städten reihen sich in dieses Bild ein. Freilich sind sie alle noch kein verläßlicher Gradmesser der jeweiligen wirtschaftlichen Lage. Denn bei oft sehr raschem Konjunkturwechsel trat leicht Übersetzung der Handwerke mit Meistern ein, welche freilich noch die Tendenz hatte, sich auch wieder rasch auszugleichen. Das Zunftwesen behauptete sich zugleich insofern, als es wenigstens innerhalb der Städte unangefochten die Verfassung des Handwerks blieb. Zwar hob die Wiener Regierung 1556 im Zusammenhang politischer Strafmaßnahmen (S. 25) alle Zünfte in den Erbfürstentümern auf, und dahinter standen nicht nur die Feindschaft ihrer autoritär bürokratischen Grundsätze gegenüber jeder Selbstverwaltung, sondern auch wirtschaftliche Gründe, das Interesse des Kundenschutzes gegenüber dem zünftlerischen Monopolgeist. Aber die Vorstellungen der Städte, daß dieser Schritt ihr ganzes Wirtschaftssystem zerschlage und die Zechen für die Ordnung des Gewerbelebens schlechthin unentbehrlich seien, drangen durch. Nur unterwarf die neue Zunftordnung von 1558 die Handwerkerverbände noch strenger, als es in Schlesien an sich schon üblich war, den Stadtobrigkeiten. Deshalb richteten diese bei fortschreitender Spezialisierung des Handwerks auch neue „Mittel" ein, wie man jetzt die Zünfte hierzulande zu nennen liebte, sorgten weiter für die Hebung der Qualität der Zunftarbeit, daher auch für Hilfsanlagen auf Stadtkosten wie Walken und Stampfen und liehen den Zünften gern ihren Arm zum Kampfe gegen den unzünftigen Wettbewerb der geistlichen Anstalten, Pfuscher und Störer. Außerhalb der Mauern entstand dem städtischen Gewerbswesen allerdings, wie sich zeigen wird, ein Gegner, dem sich das Städtetum nicht mehr gewachsen erweisen sollte.

In dem Auf und Ab ihrer besonderen Lage sehen wir bei den einzelnen Zünften die auch früher schon aufgetretenen Mittel des Kampfes um den Nahrungsraum angewandt, der den Genossen nach Möglichkeit recht gleichmäßig gesichert werden sollte: Gegen verwandte Zünfte, gegen die Kaufleute, gegen Mitmeister, die durch Kapitalüberlegenheit, vielleicht auch einmal durch technischen Fortschritt einen Vorsprung gewannen, und auch gegen den Nachwuchs, der bei stockendem oder zurückgehendem Handwerk den im Besitz befindlichen Meistern Wettbewerb bereiten konnte. Bei den im Durchschnitt stabilen Verhältnissen, da keine Kolonisation oder Expansion nach dem Osten mehr regelmäßig neue Meisterposten entstehen ließ, gewann die Lage der Gesellen an Bedeutung, die sehr lange oder gar dauernd gewerbliche Hilfsarbeiter bleiben mußten. Das Bestreben der Meister, ihren Söhnen oder Schwiegersöhnen die Nachfolge zu sichern, führte zu deren Vorzugsbehandlung in bezug auf Lehrzeit, Wanderjahre, Meisterstück und Gebühren vor den nicht in der Zunft Geborenen und verschärfte die neuentstandene Arbeiterfrage. Zwar waren die Gesellen jetzt weitgehend in ihren „Laden" organisiert, welche die Arbeitsvermittlung besorgten, auch Krankenhilfe leisteten und mit ihren Herbergen die unentbehrlichen Stützpunkte der Gesellenwanderung bildeten. Aber jeweils unter der Aufsicht ihres "Mittels" stehend, konnten sie sich nicht genügend als Vertretung der Gesellen gegenüber den Meistern durchsetzen. In der Frage des „Blauen Montags" und des Feiertags nach den Jahrmärkten — die bei der sonst so angespannten Arbeitszeit von großer Bedeutung waren — mußten die Meister zwar hier und da nachgeben oder durch die Finger schauen. Aber in der entscheidenden Lohnfrage blieben die Gesellen weit hinter der Entwicklung zurück. Während sich in ganz Europa seit der Mitte des 16. Jhs. durch Edelmetallinflation eine Preisrevolution vollzog, die z.B. den Preis des Korns von 1550—1584 verdoppelte, bis 1600 vervierfachte, erlangten z.B. die Gesellen von Breslau in viermaliger Lohnsteigerung eine Gesamterhöhung von nicht mehr als 30 %. In dem allen sind aber nur die allgemeinen deutschen Zustände wiederzuerkennen.

Während der Großteil der Zünfte allein für den Bedarf der eigenen Stadt und ihres Weichbildes arbeitete, kam einem kleineren die gesteigerte Bedeutung von Ausfuhrgewerben zu. Die Kürschner in Breslau hielten sich auf ihrer ererbten Höhe (I,473) in langsamem Ansteigen bis über 100 Meister gegen das Jahrhundertsende. Andere Städte folgten ihnen darin wie Glogau. Die Breslauer besaßen damals als „Hauptzeche" einen namentlich in Arbeiterfragen weithin im östlichen Deutschland geltenden Vorrang, mit dem nur noch die Wiener Zunft Schritt hielt. Unter den Lederverarbeitern kam die Sämischgerberei in Aufnahme und hatte, anscheinend durch die Mode, zwischen 1539 und 1576 eine so außerordentliche Konjunktur, daß sie die Zahl der Weißgerbermeister, die sie betrieben, binnen eines Jahrhunderts auf das 4 1/2 fache und binnen der letzten 30 Jahre auf das Doppelte hob. Man mußte den Nachwuchs hemmen. Nach einer Zeit der Beharrung sank die Zunft bis 1617 wieder auf die Hälfte ihrer Besetzung herab.

Die einst über alle Städte verbreitete Wollweberei durchlief eine geteilte Entwicklung. In Breslau schmolzen die beiden (I,443) „Mittel" ganz zusammen, da sie sich gegen die Aufnahme halbwollener Zeuge sträubten, welche die Zeit verlangte. In Reichenbach flüchteten die Tuchweber in die Zeug-, Barchent- und Leineweberei, so daß ihre Zunft überhaupt einging. Aber in der Konzentration auf die westlicheren, der weberreichen Lausitz nahen Städte wie Schweidnitz, Löwenberg, Sagan, Sorau, Grünberg, Glogau blühte die Wollweberei. Löwenberg war derart Tuchmacherstadt, daß es im Jahre 1615 nicht weniger als 369 Meister und 81 Meisterwitwen aufwies. Kapitalistische Großbetriebe aber unter Führung aufgestiegener Tuchmachermeister mit Einbeziehung eigener Färbereien, wie sie damals Görlitz auszeichneten, hat Schlesien wohl nicht hervorgebracht. Was erzeugt wurde, war immer noch das gleiche Landtuch. Es ging weit nach dem Osten, wurde aber auch in den Westhandel hineingezogen. Dies und damit ein Gutteil des ganzen Aufschwungs ist vornehmlich wohl den ober- und mitteldeutschen Kaufleuten zu verdanken, die, aus anderen Ursachen ins Land gekommen, das ihnen geläufige Verlagssystem auch auf die Wollweberei ausdehnten.

Das bedeutendste Ereignis in der Gewerbegeschichte des Landes war indessen die Entfaltung der Leineweberei. Diese gehörte seit je zu den Grundgewerben der schlesischen Städte und war auf lokalen Absatz gerichtet gewesen. Im Verlauf des 16. Jhs. aber erlebte sie eine stürmische Aufwärtsentwicklung durch den Übergang zur Ausfuhr. In der Hauptstadt stieg die Zahl der Meister des Parchentmittels, wie es hier wegen der vorzugsweisen Herstellung des Barchents, halb aus Flachs, halb aus levantinischer Baumwolle, hieß, von 39 i.J. 1525 auf 137 i.J. 1617, also auf mehr als das Dreifache, obwohl man mehrmals den Werdegang bis zum Meister erschwerte. Namentlich kam im Zustrom von Zunftfremden der spekulative Charakter dieser Berufswahl zum Ausdruck. Hier aber handelte es sich nicht um eine vorübergehende Modekonjunktur, sondern um die Einbeziehung Schlesiens in ein europäisches, bald weltweites Handelsnetz, in dem es fast 300 Jahre lang einen hervorragenden Platz einnehmen sollte. Der Leinwandbedarf Deutschlands für den eigenen Verbrauch und für die Ausfuhr nach den Mittelmeerländern konnte schon im 15. Jh. nicht mehr von den oberschwäbischen Webern gedeckt werden, die bisher an der Spitze gestanden hatten. Die Kaufleute Oberdeutschlands griffen daher nach Sachsen aus, das zugleich mit den Leipziger Messen einen großen Textilmarkt bot. Durch die Entdeckung Amerikas steigerte sich der Leinwandbedarf ganz ins Große. Leinwand wurde die Kleidung für die Indianer und Negersklaven. Mitte des 16. Jhs. erkannten auch in Schlesien findige Köpfe die Gelegenheit, begannen Leinwand aufzukaufen und nach Breslau, Leipzig, Frankfurt a.M., Köln und Augsburg zu vertreiben. Es waren nicht die alten Kaufleute, die das neue Geschäft machten. Sondern Menschen aller Berufe griffen als Gelegenheitshändler die zum freien Kaufmannsgut gehörende Ware auf und verdienten oft ein schönes Stück Geld. Aber sehr bald folgten ihren Spuren die oberdeutschen Kaufleute, die über größere Kapitalien und ausgedehnte Absatzorganisationen verfügten, und indem sie die schlesische Leinwand in die Hand nahmen, in ihre Herstellung eingriffen, ihre Qualität verbesserten, haben sie dem Erzeugnisse der geschickten schlesischen Weber zum Weltruf verholfen.

Um sich genügende Mengen, rechtzeitige Ablieferung, gleichwertige und vorschriftsmäßige Ware zu sichern, schlossen die oberdeutschen Kaufherren mit den Zünften jährlich kollektive Lieferungsverträge ab und stellten die zünftische Warenschau in ihren Dienst. Dafür verlegten sie die Meister, d.h. zahlten Vorschüsse in bar oder in Garn und sicherten feste Abnahmepreise. Allmählich nahmen sie auch auf die Sortenwahl Einfluß und schrieben den Webern die Qualitäten vor, die der Weltmarkt verlangte, z.B. den Übergang zur weißgarnigten Leinwand nach französischem Vorbild. Sonst aber griffen sie in den Erzeugungsgang nur durch Fertigmachen der Ware für den Versand nach dem Bedarf und Geschmack der verschiedenen Länder ein. Den Weber aber enthob das System der Zunftkäufe der täglichen Sorge um den Absatz. Es gewährte ihm von Jahr zu Jahr ein in seinen Grenzen gesichertes Dasein. Freilich ein Handwerk mit goldenem Boden wurde die Leineweberei auch jetzt nicht, aber das sprunghafte Ansteigen der Meisterzahlen in der zweiten Hälfte des 16. Jhs. beweist, daß sie nun doch für viele einfache Existenzen Anziehungskraft entfaltete. In Hirschberg soll die Zunft vor dem Dreißigjährigen Kriege 150, in Schweidnitz 280, in Reichenbach 318 Meister gezählt haben. Schlesien war damit in ein großes Leinwandgebiet eingereiht, das Sachsen, die Lausitz, das deutsche Nordböhmen, die Grafschaft Glatz und Teile Nordmährens umfaßte. Darin hatten die schlesischen „Leimten" einen besonderen Ruf. Sie gingen meist unter dem Namen der Jauerschen, was eine gute Qualität bezeichnete.

Aber schon waren nicht mehr die Städte ihre Haupterzeugungsstätten. Es ist Schlesien eigen, daß hier ganz besonders früh und viel mehr als in den übrigen Teilgebieten der ländliche Leineweber dem städtischen Zunftmeister einen äußerst spürbaren Wettbewerb bereitete. Die technisch so einfache Leineweberei hat sich auch als Nebengewerbe der ländlichen Bevölkerung aus deren Hausfleiß in den arbeitsschwachen Zeiten des bäuerlichen Jahreslaufes entwickelt. Die Eignung der Gebirgs- und Vorgebirgsgegenden für den Flachsbau kam ihr zugute. In dem schon lange schwelenden Kampfe der Städte gegen die über Gebühr Landhandwerker duldenden Grundherren mag auch die Leineweberei schon lange mitgemeint gewesen sein. Aber erst die an Schlesien sich heranschiebende Weltkonjunktur für Leinen brachte die Ansätze zur vollen und raschen Entfaltung. Aus dem ländlichen Nebengewerbe wurde ein Beruf, weil es einen Großmarkt fand. Hinter den Landwebern aber standen die Grundherren, denen jeder Stuhl 2 Taler Weberzins eintrug. 1545 mußten unter ihrem Druck die Städte des

Fürstentums Schweidnitz-Jauer einen Vertrag annehmen, der tatsächlich die Landweberei freigab. In der Grafschaft Glatz legte der Rudolfinische Vergleich von 1591 den gleichen schon geltenden Zustand fest. Diese Entwicklung ist ein Zeichen der Erschlaffung jener bürgerlichen Kräfte, die im Kolonisationszeitalter in scharfer Arbeitsteilung von Stadt und Land ein reiches Wirtschaftsleben aufgebaut hatten, wie umgekehrt des Vordringens der Adelsmacht. Sie tritt in Schlesien noch auf anderen Gebieten, namentlich im Brauwesen hervor. Wenn sie auch nicht einen so katastrophalen Umfang angenommen hat wie in Polen, so bedeutet sie doch einen Einbruch der östlichen Sozialstruktur in das deutsch umgestaltete Schlesien und hebt es von westlicheren, älteren Kolonisationsgebieten ab, in denen das Städtewesen besser der rückläufigen adelsfreundlichen Tendenz, welche diesen Jahrhunderten überhaupt eigen ist, standgehalten hat. Im Falle der Leineweberei war das schlesische Bürgertum allerdings selbst in sich gespalten, da die Leinwandhändler der Städte ihr eigenstes Interesse in der Durchbrechung der Bannmeile fanden, die ihnen reichliches Warenangebot zur Ausweitung ihres Handels bot. Aber es ist auch überliefert, daß das zünftische Handwerk sich den Anforderungen der neuen Geschmacksrichtungen verschloß und langsamer nur die Umstellung auf neue Sorten durchführte als die willigen Landweber. Der plötzlichen großen Ausdehnung der Leineweberei kam indessen auch die Natur des Landes in besonderem Maße zu Hilfe. Der Rohstoff, den es lieferte, langte freilich bald nicht mehr aus und mußte durch Einfuhren aus Mähren wie aus Kurland und Livland ergänzt werden. Aber noch auf lange bot es die unschätzbaren Voraussetzungen einer vollkommenen Bleicherei: Klares Gebirgswasser, weite Wiesenpläne und Holz im Überflusse. Deshalb ist, entgegen der allgemeinen Verbreitung des städtischen Leinengewerbes, durch das Auftreten seines ländlichen Wettbewerbers und die Bedürfnisse der nun einsetzenden Großerzeugung das Gebirgs- und Vorgebirgsland der Fürstentümer Schweidnitz und Jauer, der Grafschaft Glatz und des Altvaters zum eigentlichen Leinewebergebiet Schlesiens geworden. Eine große Zahl kleiner Leinwandsammler kauften hier die Ware auf den Märkten oder beim Weber auf und führten sie den schlesischen Kaufleuten oder den großen fremden Handelsherren zu, die vornehmlich der „Leimten" wegen Schlesien aufsuchten oder darin ihre ständigen Vertretungen eingerichtet hatten. Zu den oberdeutschen und Leipziger Häusern traten im Zuge einer allgemeindeutschen Entwicklung um die Jahrhundertwende auch Niederländer und Engländer als Vermittler zum Welthandel hinzu. Hans Teuber, Wolf Schön und Mitverwandte aus Nürnberg hatten ihr Zentrum in Marklissa eingerichtet, die Niederländer Liebenthal zu ihrem Hauptquartier gewählt. Alle übertraf die Nürnberger Firma Viatis & Peller, die mindestens ein halbes Dutzend schlesischer Leinenzünfte verlegte, welche z.T. eigens dafür eingerichtet worden waren. Sie hatte Greiffenberg zum Sitz ihres Oberfaktors bestimmt, der von da aus an 50 Städte in Schlesien, der Lausitz und Böhmen betreute. Den Holländern kam es übrigens mehr noch als auf Leinwand auf Garn für ihre eigene starke Weberei an, das von tausenden helfender, meist weiblicher Hände durch das ganze Leinwandgebiet hin gesponnen wurde und Gegenstand eines lebhaften Handels bildete. Die seit 1600 zu beobachtenden Bestrebungen der einheimischen Händler, die auswärtigen Firmen und ihre Faktoren durch behördliche Verordnungen zurückzudrängen, waren vergeblich.

Ihrer Natur nach auf dem Lande beheimatet und vom Zunftzwang frei waren Bergwesen, Eisenerzeugung und Glasmacherei. Das 16. Jh. sah in ganz Deutschland den Bergbau zur Höhe seiner älteren Periode aufsteigen, sah aber auch seine rasch fortschreitende Erschöpfung. Auch in Schlesien war bis zur Jahrhundertsmitte ein Bergbaufieber zu spüren. Allenthalben mutete man Schürfrechte. Fürsten, Beamte, Bürger und Bergleute, alles hoffte gespannt auf Bergsegen. Doch ist es hierzulande nicht zu so großen Neuerschließungen und Steigerungen der Ausbeute gekommen wie im sächsisch-böhmischen und im ungarischen Erzgebirge. Deshalb fand auch kein Zufluß auswärtiger Gewerke mehr statt, und es sind eher kleine Leute, die sich an den zahllosen frisch aufgebrochenen Gruben versuchen. Den größten Fortschritt erzielte der Einsatz erprobter deutscher Technik und Kapitalkraft in dem alten Silberrevier der Herrschaft Beuthen OS. (I,321,483), wo man nun in hunderten neuer Gruben namentlich Blei ergrub, Tarnowitz zur Stadt erwuchs und Georgenberg 1561 als Bergstadt gegründet wurde. Die Reichensteiner Schächte und Hütten, von den Fuggern modernisiert, lieferten einige Jahrzehnte lang reiche Ausbeute an Gold. Knappschaften entstanden zur Fürsorge für die Bergleute. Aber die Wiederbelebung des Goldberger Bergbaus mißlang. Der von Zuckmantel und Freudenthal konnte schon lange nur mehr mit Zubußen erhalten werden. In Reichenstein schlug 1565 der sinkende Gewinn in hohen Verlust um. Allenthalben hört man in dieser Zeit von stillgelegten Gruben. Die Ursachen waren z.T. technischer Art. Die Wasserhaltung war in der Tiefe immer schwieriger geworden. Die Anlage dafür geeigneter Roßkünste bildet die ganze Zeit hindurch ein Hauptproblem. Aber auch die Unsicherheit des Bergrechts hemmte den Abbau. Einerseits strengte der Oberherr sein Bergregal nach jeder Richtung an. Er suchte die Fürstentümer darin zu beschneiden und Monopole durch das ganze Land aufzurichten. Für Seesalz wurde eine Siederei in Neusalz a.O. eingerichtet, Alaun sollte nur aus einem landesherrlichen Werke in Böhmen bezogen werden. Andererseits fehlte es an Sicherung der „Bergbaufreiheit" gegen den Widerstand der Grundherren. Endlich erschien 1577 eine kaiserlicher Bergordnung. Aber damals war die Blüte des Bergbaues schon vorbei, manche Berge durch Raubbau erschöpft, und das amerikanische Edelmetall strömte ein. Selbst das Versprechen von Stollenhilfen in der Bergordnung brachte keinen neuen Aufschwung mehr. 1580/81 schieden die Fugger aus Reichenstein, Freiwaldau und damit aus Schlesien aus, nachdem sie 1565 ihre Breslauer Faktorei aufgelassen hatten. In vereinzelten Neumutungen ebbte das Fieber ab.

Eine stetere Entwicklung bis in den Dreißigjährigen Krieg hinein nahm die Eisenverhüttung und -verarbeitung. In Schmiedeberg erreichte sie um die Jahrhundertsmitte mit 11 Hämmern ihren Höhepunkt. Auf der niederschlesischen Heide dehnte sie sich damals gleichfalls aus. In Oberschlesien machte sich auch hierin der Hohenzoller Markgraf Georg mit einer Gründung in Jägerndorf verdient. Jenseits der Oder, wo die älteren deutschen Hammermeister im Zuge der damaligen Entwicklung polonisiert wurden, folgte bald nach 1600 ein neuer Hammer in Rybnik, der zu den Kriegsgründungen überleitet.

In der Glasmacherei setzte sich zunächst die Bewegung des Mittelalters vornehmlich im Gebirge (Neißer Bistumsland, Adlergebirge) fort. Eine neue Epoche aber brach an, als um die Mitte des 16. Jhs. der Zug der großen Hüttengeschlechter aus dem sächsischen Erzgebirge Schlesien erreichte. Daheim von dem um sich greifenden Bergbau ver-

10. Christian Menzel (1667-1748), Hirschberger Kaufmann

drängt, hatten sie eine Wanderung in die unberührteren Waldgebiete des weiteren Osten angetreten, dessen Herrschaftsbesitzer ihnen gerne große Holzgebiete und namhafte Hüttenprivilegien überließen. 1545 griffen die Friedrich von Nordböhmen nach Kindelsdorf auf Grüssauer Abteigrund herüber. Ihnen folgten die Schürer aus dem Isergebirge, und beide Familien trugen die neue Welle der Glashüttenkolonisation durch das Gebirgsland bis nach Nordmähren und die Lehnen weit über den Bauernacker hinauf. 1617 traten als letzte in der Reihe die Preusler von der oberen Iser nach Schreiberhau über. Der Wagemut und die Handelsübersicht der eingewanderten Unternehmer verband sich auch auf diesem Gebiete mit der Geschicklichkeit der schlesischen Arbeiter. Gleichen Stammes waren ja auch d i e jenseits der Gebirge, und man hat nicht unrichtig gesagt, daß das vielgerühmte Böhmische Glas von Rechts wegen, nämlich den schaffenden Menschen nach, Schlesisches heißen sollte.

Das frische Leben, das sich im Berg-, Eisen- und Glashüttenwesen und in der Leineweberei geltend machte, ist kennzeichnend für Schlesien, insofern es hier eine erheblich stärkere Durchsetzung des flachen Landes mit Industrie herbeiführte, als sie irgendein anderer Teil Ostdeutschlands kannte. Als Siedlungsvorgang reiht sie sich allgemein deutschen Erscheinungen ein. Die sogenannte Wüstungsperiode am Ausgang des Mittelalters wird jetzt durch mannigfache Antriebe überwunden. Das macht sich auch auf dem rein agraren Gebiet bemerkbar. Eine neue Siedlungsperiode beginnt. Die wüsten Hufen werden allmählich wieder unter den Pflug genommen, Neurodung findet statt, wenn auch nicht mehr in dem großen Umfang der Kolonisationszeit, die bestehenden Siedlungen fangen an sich auszuweiten, und man gründet auch neue. Durch den Dreißigjährigen Krieg zeitweise unterbrochen, wird dieser Prozeß über die österreichische Periode hinausgehen. Was unter Friedrich d.Gr. an innerer Kolonisation geschieht, ist nur die planmäßige, nunmehr vom Staate unternommene oder angetriebene Fortführung einer schon lange im Gang befindlichen und weit gediehenen Bewegung. Die Wüstungsperiode war den Inseln und Spitzen des Deutschtums in Oberschlesien abträglich gewesen. Die Neubesiedlung führte absichtslos, anscheinend aus Innerschlesien, dem sprachlichen Randgebiet links der Oder wieder deutsche Elemente zu.

Die Formen dieser Bewegung aber wandeln sich. Anfangs werden die wüsten Hufen vorwiegend mit Bauern besetzt. Die Zahl der Bauern steigt wieder an. Jedoch seit etwa 1570 — ein Datum, das wohl auch für andere deutsche Ostgebiete gilt — beginnt in größerem Maße die Einziehung des wüsten Bauernlandes zu den herrschaftlichen Vorwerken, und auf seinen Hofstellen werden Gärtner angesetzt. Auch urbar gemachtes Land wird meist in herrschaftliche Eigennutzung genommen. Allenthalben entstehen neue Vorwerke. In der Herrschaft Pleß steigt ihre Zahl — bei 41 Kammerdörfern — von 4 im Jahre 1536 auf 14 am Jahrhundertsende. Zum Teil erwachsen die Vorwerke aus ausgekauften Bauernstellen, oder es wird sonst Bauernland zum Gutsacker hinzuerworben. Die Zahl der Bauern beginnt langsam zurückzugehen, die der Gärtner steigt. Das Rittergut ist jetzt im Vordringen. — Der Dreißigjährige Krieg wird mancherorts den Prozeß noch befördern, nur daß die neue Erscheinung der Häusler die Gärtnersiedlung ablöst. Das Rittergut empfängt seine volle Ausbildung.

Beim Rittergut handelt es sich um einen dem ganzen deutschen Nordosten gemeinsamen Vorgang. Schlesien nimmt indessen darin eine besondere Stellung ein. Wie auf vielen anderen Gebieten bleibt auch hier, wie sich zeigen wird, seine Entwicklung vor Extremen bewahrt.

Der Motor dieser ganzen Umgestaltung ist — abgesehen von dem Anwachsen der Bevölkerung — in dem Streben der landwirtschaftlichen Oberschicht nach Steigerung ihrer Einnahmen zu suchen. Hinzu kommt ihr Vermögen, solches dank ihrer Rechtsstellung und politischen Geltung durchzusetzen. Eine Neubelebung ihres Wirtschaftswillens meldet sich bereits in der Entstehung der sogenannten Urbare seit dem Ausgang des Mittelalters an. Die aus Franken in Oberschlesien einziehenden Hohenzollern (oben S. 7 f.) gehen seit den zwanziger Jahren des 16. Jhs. beispielgebend voran. Die Urbare sollten den Grundherren eine Übersicht ihres Besitzes und seiner Erträge als Grundlage zu deren schärferer Erfassung bieten. Uns erlauben sie zusammen mit den nun häufiger werdenden Steuerlisten die Hufenbewegung und andere damit zusammenhängende Veränderungen, wenn auch nicht gleichmäßig durchs ganze Land und in lückenloser Statistik, so doch in genügender Übersicht zu verfolgen. Zur Erklärung der neuen Bestrebungen würde bei den Fürsten allein schon die Steigerung der Staatsaufgaben dienen. Allgemein wirkte die Europa gemeinsame Edelmetallinflation ein, die seit den dreißiger Jahren auch in Schlesien die Warenpreise erkennbar anwachsen und seit den neunziger Jahren rasch hinaufschnellen ließ. Es handelte sich für die Grundherren also darum, ihre Grundrente, die wegen des üblichen festen Geldzinses mit der Kaufkraft des Geldes sank, dieser Entwertung anzupassen. Das geschah am sichersten, wenn man das Zinsland in eigene Bewirtschaftung nahm. Dann konnte man an den anziehenden Warenpreisen teilhaben. Die Geistlichkeit hat allerdings die scharfe Wendung zur Eigenwirtschaft auf Kosten des Bauernlandes nicht mitgemacht. Ihr kam es auf Erhaltung des bäuerlichen Bestandes an. Auch die Brieger Herzöge huldigten auf ihren Kammergütern einer konservativen Haltung.

Nur allmählich tasteten sich die Grundherren zu der neuen Wirtschaftsweise vor. Anfangs arbeiteten sie neben der Neubesetzung der Hufen durch Bauern mit der Erhöhung der Pachtzinse, wo dies möglich war, mit der Nachvermessung des Zinslandes und Zinsfestsetzung, wo solches stillschweigend aus den Wüstungen in die Bauernstellen hinzugezogen worden war, mit der Einführung von Abgaben für bisher kostenfreie Nutzungen im Anger, auf der Hutweide oder im Walde, mit der Beschneidung von Hutungs- und Holzbezugsrechten. Auch die Förderung des ländlichen Heimwerks der Leineweberei gegen den Webzins in Geld und Leinwand und die Ausbildung von Garnzinsen gehört in diesen Zusammenhang. Daneben stehen bereits die Anfänge zur Erweiterung und Verbesserung der Eigenwirtschaft. Seit den sechziger und siebziger Jahren aber ist man sich über den einzuschlagenden Weg — bei schärferem Druck der Geldentwertung — im klaren. Noch gibt man die anderen Mittel der Einkommenserhöhung nicht auf. Schon versucht man, den Erbzinshufen die Handwechselabgabe aufzuerlegen, die nur von den Freihufen zu zahlen war. Aber mit raschen Schritten geht man nunmehr dem Ziele der Gutswirtschaft entgegen.

Auf allen Teilgebieten, wie es deren gegenseitige Bedingtheit mit sich bringt, zeigt sich die Ausweitung und Intensivierung der herrschaftlichen Wirtschaftsführung. Der Vermehrung der Ackerfläche (in der Herrschaft Falkenberg OS. in dem Menschenalter von 1534—68 fast auf das Dreifache) geht die Vermehrung des dungliefernden Viehbestandes parallel (in Falkenberg steigt das Rindvieh zwischen 1581 und 1618 auf das Sechs- bis Siebenfache). Namentlich werden große Schäfereien angelegt (Falkenberg hat 1568 etwa 900—1000 Schafe, 1618 4560 Stück). Das erfordert große Futterbestände, die durch planmäßige Wiesenkultur gewonnen werden, indem man Entwässerung wie Deichschutz anwendet. Der Teichzucht, schon lange ein bevorzugter Eigenbetrieb, wird weiter alle Aufmerksamkeit zugewandt. Die herzoglich Oppelnsche Kammerverwaltung brachte der Anlage des großen Teiches bei Goslawitz (Goselgrund) drei ganze Dörfer zum Opfer. Die Obstsorten werden verbessert, Handelspflanzen wie Hopfen für die Gutsbrauerei aufgenommen, die jetzt als landwirtschaftlicher Gewerbebetrieb auf Kosten des bürgerlichen Brauurbars forciert wird. Man legt zahlreiche Mühlen und Brettsägen an. Hinzu kommt die Branntweinbrennerei aus Getreide.

Im ganzen ist eine große Erweiterung der Anbaufläche und Ertragsvermehrung des Dominiallandes erzielt worden, die keineswegs nur eine Verschiebung vom Bauernacker her darstellt. Zum weitaus größeren Teil handelt es sich um eine bedeutende Leistung in der Hebung der Landeskultur durch das Rittergut. Das Bauerntum mag gelegentlich Verbesserungen der Herrschaft übernommen haben. Aber es war durch diese bereits zu sehr eingeengt, um noch eine wesentliche Rolle in der Erneuerung der Landwirtschaft zu spielen. Dabei vermochte das gewerbereiche Schlesien auch jetzt wieder die steigenden Überschüsse seiner Landwirtschaft selber aufzunehmen. Selbstverständlich fand innerhalb seiner Grenzen, so besonders von Oberschlesien nach Breslau, z.T. mit Hilfe der Oder, Getreidehandel statt. Aber eine nennenswerte Ausfuhr entwickelte sich auch jetzt nicht. Anders wie seine Nachbarländer wurde Schlesien nicht durch eine solche in internationale Verflechtungen hineingezogen. Es fand auf diesem Gebiete einen gesunden Ausgleich in sich selbst.

Die geschilderten Veränderungen erregten einen außerordentlichen Mehrbedarf an Arbeitskräften für die Vorwerke. Auf dem freien Arbeitsmarkt waren sie nicht zu haben. Schlesien war schon mit Leutemangel in die österreichische Periode eingetreten (I,461). Woher sollte man die nötigen Hände nehmen? Die Frage wurde durch Ausbildung und Ausnutzung der Erbuntertänigkeit gelöst.

Wo noch das polnische Recht herrschte, bedeutete das keine wesentliche Änderung, für den deutschen und deutschrechtlichen Kolonisten aber die Umkehr seiner ehemaligen Freiheit. Die Erbuntertänigkeit erwuchs aus mancherlei Ansätzen. Schon das Mannrecht des Fürstentums Glogau von 1505 legte fest, daß kein „Paur, Gärtner noch ihre Söhne" ohne Willen des Erbherrn abziehen dürften. Der Landfriede Ferdinands I. von 1528 nahm das auf und erweiterte es auf die Töchter. Damit war der Bauer und Gärtner an die Scholle gefesselt. Andererseits beanspruchte am Ende des 16. Jhs. der Erbherr die Scholle des Bauern, wenn er damit seinen Rittersitz erweitern wollte. Kaiser Rudolf fand es „der Billigkeit nicht entgegen, daß der Bauer dann gegen die Landestaxe verkaufen m u ß t e".

Hatte man hier das grundherrliche Recht angespannt, so tat man ein gleiches mit dem oberherrlichen. Ansätze zu Wirtschaftsfronden auf Grund der Lokationsverträge sind bereits erwähnt worden (I,437 f.). Aber von der Mehrzahl jener Dienste, mit denen von nun an die Erbherren einen Großteil der Vorwerksarbeit, namentlich den Gespannbedarf, auf die Bauern abwälzten, ist sicher oder anzunehmen, daß sie auf Grund der „Oberrechte" gefordert wurde, die meist in die Hände der Dominiumsinhaber gekommen waren (I,457f.). Wieder erweisen sich die Bedingungen im Land sehr verschieden. Wo die deutsche Rechts— und Wirtschaftskultur nicht durchgedrungen war, bestanden weitgehende Dienstansprüche der Erbherren, die es ermöglichten, manches Dorf unmittelbar aus den vorkolonialen Zuständen der polnischen Verfassung in die neuen der Gutswirtschaft zu überführen. Das gilt von Teilen Ober— und Nordschlesiens. In den durch die Kolonisation umgeformten Gebieten aber, und das sind die weit überwiegenden, mußte die Dienstpflicht für den besonderen wirtschaftlichen Bedarf erst ausgebildet werden. Was von früher vorhanden war, das waren meist Fuhr—, Wach—, Teich— und Jagddienste. Aus der Verallgemeinerung von Dienstforderungen, aus der regelmäßigen Forderung von gelegentlich geleisteten Gefälligkeiten und einer allmählichen Ausnutzung der erbherrlichen Überlegenheit wurde das neue System entwickelt und dann staatlich festgelegt. Als auffallende Ausnahme muß es gelten, daß in der Herrschaft Pleß die Untertanen bereits 1536 leisten mußten, was ihnen befohlen ward. Aber auch ein Vergleich der Oppeln—Ratiborer

Urbare der dreißiger Jahre, die doch noch am Anfang der Bewegung stehen, mit der Robotordnung von 1559 zeigt eine überaus rasche Steigerung der Dienste. Die Oppelner Kammer mußte 1567 selbst zugeben, daß durch diese Ordnung die Bauern „mit großer und unerträglicher Servitut beleget und ganz schwerlich oder nimmermehr was vor sich bringen, auch das ihre, davon sie Weib und Kind ernähren, mit großem Kummer und Not versorgen und erhalten können". Es war aber nicht wesentlich mehr, als was bald darauf auch in Niederschlesien gefordert wurde. Noch liegt die Hauptlast bei der Fülle von allerlei Fuhren. Aber schon ist der bäuerliche Hüfner mit einer bestimmten Arbeitsleistung auf dem Herrenacker bei der Saat, beim Ackern, Ernten und Einbringen in den regelmäßigen Betrieb des Vorwerks eingereiht. Es sind freilich erst 2—4 Tage im Jahr. In stärkerem Maße wird die Wiesen— und Teichwirtschaft mit der Zwangsarbeit der Erbuntertanen betrieben.

Der Bauer leistete seine Robot im allgemeinen vierspännig. Die Handdienste lagen vornehmlich den Gärtnern ob. Auch deren Schuldigkeit wurde scharf angespannt. Ebenso vermehrte man aber auch ihre Zahl. Es entstanden eigene Gärtnersiedlungen, namentlich in dem noch weniger ausgebauten Land rechts der Oder. Übrigens waren unter den Gärtnern auch zahlreiche Handwerker, und im Oppelnschen zeigen diese vorwiegend deutsche Namen. Wo Bauern dem Verlangen des Erbherren nach ihrem Acker weichen mußten, besetzte man ihre Hofstellen und Gärten mit Gärtnern. Auf Neuland, auf Wüstungen ausgegangener Glashütten oder Hämmer siedelte man Gärtner an und vermehrte damit die Arbeitskräfte der Gutswirtschaft.

Doch genügten die Robote nur für bestimmte Arbeiten. Noch verzichtete man auf den Gütern nicht auf eigene Gespannhaltung. Immer aber fehlte es an ständigem Gesinde. Das gemietete entlief und ließ sich von anderen Herren zu höherem Lohn anwerben. Es nützte nichts, daß man 1553 anordnete, entlaufenes Gesinde mit Gewalt einzubringen und in Eisen arbeiten zu lassen. Um hier Abhilfe zu schaffen, entwickelten die Fürstentage, zuerst 1554, aus der Erbherrschaft den Anspruch auf Vormiete der zum Gesindedienst bereiten Kinder der eigenen Erbuntertanen. Das kam tatsächlich einem Gesindezwangsdienst gleich. Die Not war damit noch nicht beseitigt. Noch 1601 hielt die Regierung den Erbherren vor, das Entlaufen würde aufhören, wenn man das Gesinde christlicher behandelte. Die Oelsische Landesordnung von 1617 sprach daher den Gesindezwangsdienst der Untertanenkinder ausdrücklich aus.

Man hat oft schon für die Verschlechterung des guten deutschen Bauernrechts die enge Nachbarschaft des schlechten slawischen Rechts mit verantwortlich gemacht. Nachweisbar sind jedenfalls schon in spätkolonialer Zeit den deutsch–rechtlichen Dörfern weiter im Osten eher Reste der altslawischen Dienstbarkeit auferlegt worden. Vor allem ist an einfache Umsetzungen von einheimischen Siedlungen zu denken. Solche Relikte konnten dann später als verschlechterndes Beispiel die rein deutschen Dörfer mit hinabziehen. Auch steht fest, daß sich die Umwandlung des in der Kolonisationszeit eingeführten Agrarwesens am frühesten und vollkommensten am Ostrand Schlesiens vollzogen hat und daß sie, je weiter man nach Westen kommt, um so geringer gewesen ist. Am frühesten galt ungemessene Fronpflicht im Plesser Land, obwohl es z.T. geschlossene Waldhufensiedlungen deutscher Bauern aufwies. Westlich des Odertals, dessen altslawische Agrarverfassung niemals tiefgreifend geändert worden war, schloß in der fruchtbaren oberschlesischen Ackerebene von Oppeln bis Troppau und Neustadt eine Übergangszone an, wo sich ungemessene und gemessene Dienste mit unerblichem und erblichem Besitzrecht kreuzweise mischten, bis allmählich in Mittelschlesien die besseren dieser Rechte gemeinsam auftraten. In demselben Plesser Lande aber und dem ihm benachbarten Teschener erlag das Deutschtum im 16. Jh. weithin der sprachlichen Polonisierung, die während der Wüstungsperiode auch das Deutschtum des genannten Randgürtels zurückgedrängt hatte. Nimmt man dies zusammen, dann reiht sich der agrarrechtliche Umwandlungsprozeß in jene säkulare Bewegung ein, welche die im Vorstoß der Kolonisationsperiode nach Osten vorgedrungenen deutschen Lebensformen seit dem 15. Jh. durch den aufgestauten Gegendruck der slawischen Welt wieder zurückgedrängt hat.

Jedenfalls aber hatte man mit Hilfe der Erbuntertänigkeit aus Fronden und Gesindedienst im Laufe noch nicht eines halben Jahrhunderts eine neue, kennzeichnende Arbeitsverfassung des Rittergutes entwickelt. Sie war es, welche dessen geschilderten Aufstieg ermöglichte. Gewiß, er war mit Verlusten des Bauernstandes erkauft worden. Aber man darf diese nicht in der Spiegelung späterer Zustände sehen. Das Bauernlegen war nur in beschränktem Maße geübt worden. Das Erb- und Zinsrecht hatte sich ungeschmälert erhalten, ja in Oppeln—Ratibor dachte die Regierung 1562 sogar an seine Erstreckung auf die Güter minderen (sog. lassitischen) Rechtes, was allerdings nicht durchgeführt wurde. Auch der Bauer hatte, wie Klagen über den Luxus des Landvolkes zeigen, an den steigenden Preisen teilgehabt.

Nimmt man alles zusammen, dann stand die schlesische Wirtschaft in Vielseitigkeit und zähem Beharrungsvermögen, in bedeutenden Zweigen auch mit frischem Regen den äußeren Widrigkeiten trotzend da. Aber es ist nicht zu verkennen, daß sich in ihrem Inneren Verschiebungen der Kräfte angebahnt hatten, die offenbare Gefahren für die Zukunft in sich bargen. Die Gunst des Fürstentums genießend, wie es im Zuge der Zeit lag, hatte der Adel in dem Schweidnitz—Jauerschen Ständevertrag von 1545, dem Rudolfinischen Vergleich für die Grafschaft Glatz von 1591 und in unzähligen nicht durch Verträge anerkannten Handlungen klaffende Breschen in den Wall der bürgerlichen Sonderrechte von Bannmeile und Brauurbar gelegt, auf die sich die Wirtschaft der Klein- und Mittelstädte ganz wesentlich stützte. Noch durchgreifender war die Lage der ländlichen Bevölkerung gewandelt worden. Der einst freie Bauer war in Erbuntertänigkeit dem Rittergut dienstbar gemacht. Die beiden Stände also, die erst die große Kolonisationsbewegung des Mittelalters dem Lande geschenkt hatte, Bürgerschaft und Freibauerntum, waren erkennbar im Zurückweichen vor der aufsteigenden Adelsmacht begriffen. Auf ihrem Blühen aber hatte ganz vornehmlich die gesunde Gewichtsverteilung in Gesellschaft und Wirtschaft beruht.

II. Der Zusammenbruch durch den 30jährigen Krieg

In solcher Verfassung trafen das Land die entsetzlichen Schläge des Dreißigjährigen Krieges. Zwar kam Schlesien in den ersten Jahren, obwohl es zu den Unterlegenen vom Weißen Berge gehörte, noch gnädig davon. Eine Strafsumme von 300 000 fl. an den Kaiser und Sold für die eigenen Truppen mußten freilich aufgebracht werden, und letzterer steigerte sich bis über 700 000 Taler, weil das schwerfällige ständische System das Geld zur Ablohnung nicht rechtzeitig herbeischaffte. Nebenher lief noch die unerhörte Münzentwertung und -verwirrung der sog. Kipper— und Wipperzeit, die 1621 einsetzte und an der auch die schlesischen Münzherren mitschuldig waren, indem auch sie sich an dem Geschäft der minderwertigen Münzausbringung beteiligten. Sie führte mit Preissteigerungen bis zum Zwölffachen augenblickliche Not und manche dauernde Besitzverschiebung herbei. Doch wurde sie 1624 durch scharfes kaiserliches Eingreifen in das Münzwesen überwunden, und die Grundlagen des Landeswohlstands waren unberührt geblieben.

Erst die Durchzüge der Mansfeldischen und Wallensteinschen Völker 1626/27 ließen Schlesien die wahren Schrecken der damaligen Kriegsführung für den friedlichen Untertan spüren, und vor allem ein siebenmonatiges Einlager der Kaiserlichen schlug tiefe, nicht mehr zu heilende Wunden. Nach Wallensteins Grundsatz: Der Krieg ernährt den Krieg, saugten die Truppen des eigenen Landesherrn die betroffenen Gebiete nicht nur durch ihre Verpflegungsforderungen völlig aus, sondern verlangten von ihnen auch den Sold und die Ausrüstung, die höheren Offiziere aber neben großartigem Traktament noch hochbemessene Ehrengaben. Es mag gar nicht fern von der Wahrheit kommen, wenn der Oberlandeshauptmann den damals dem Lande entstandenen Schaden auf 5 Millionen fl. schätzte. Bis 1632 war Schlesien dann die Möglichkeit geschenkt, sich zu erholen. Aber in den drei folgenden Jahren erlitt es zum zweitenmal die Verwüstung mehr als durch den Feind durch das zu seinem Schutze berufene Wallensteinsche Heer. Schon damals war die Blüte von Schlesiens Wirtschaft geknickt. Als sich dann in den vierziger Jahren ununterbrochene Durchzüge der Schweden und Kaiserlichen folgten und Teile von ihnen in dauerndem Kleinkrieg um das Land rangen, da ging bei der nicht mehr zu hemmenden Lust und Gewohnheit der Soldateska an Raub und Brand noch das meiste von dem zugrunde, was sich aufrecht erhalten hatte.

Es war nicht nur, daß die Lieferung von Lebensmitteln und Kleidung alle Vorräte aufzehrte, die massenhaften Brände, die oft sinnlose Zerstörung von Häusern, Habe und Vieh vernichteten auch die Mittel zu weiterer Arbeit, und die Kontributionen wie die erhöhten Steuern preßten das Bargeld aus den letzten Verstecken heraus, zwangen zur

Hergabe alles Edelmetalls, so daß zugleich die Kapitalien zum Wiederaufbau schwanden. Schon 1621 treten Steuerreste auf, die nicht mehr verschwinden. Man konnte einfach nicht mehr zahlen. Immer neue Objekte der Besteuerung wurden ausfindig gemacht. Von den schon lange betroffenen: Mehl, Getränke, Fleisch gelangte man zu Vieh, Fisch, Wolle und Bargeld. 1647 war man bei Schuhen, Stiefeln und Pantoffeln angekommen. Die Unmöglichkeit der Schuldenbegleichung erzwang 1638 ein Generalmoratorium, das für zwei Jahre gedacht, immer wieder verlängert werden mußte. Es galt für öffentliche wie private Schulden. Steuern und ihre Reste aber waren selbstverständlich ausgenommen.

Allerdings waren nicht alle Landesteile gleicherweise betroffen. Am häufigsten wurden die Striche an den Einfallstraßen mitgenommen: Von Norden her das Odergebiet zwischen Grünberg und Glogau, von Süden die Landeshuter Paßlandschaften, die Grafschaft Glatz mit dem Neißer Bistumsland und das Odertal von Troppau bis Oppeln. Die Einläger aber haben am nachhaltigsten wohl die Herzogtümer Schweidnitz und Jauer verheert. Glogau sah 1630 seine Vorstädte gänzlich für Befestigungsanlagen rasiert und brannte dann 1633 auch innerhalb derselben aus. In Goldberg, Löwenberg, Schweidnitz, Reichenbach, Hirschberg flog der rote Hahn auf die Dächer, und meist ging die Mehrzahl ihrer Häuser in Flammen auf. Am wenigsten wurde das rechte Oderufer verwüstet. Die Herzogtümer Oppeln und Ratibor genossen seit ihrer Verpfändung an Polen 1645 Schonung. Brieg wurde nie eingenommen, Breslau nicht einmal belagert. Nur die unbefestigte Dom- und Sandinsel sah feindliche Garnisonen. Aber in dem allgemeinen Niedergang der Wirtschaft litten solche verschonten Städte dennoch mit dem umliegenden Lande, und auch der Fernhandel Breslaus war — abgesehen von seiner noch immer anhaltenden Beschneidung in den Ostgebieten — jahrelang durch Gefährdung der Straßen oder ihm vor den Stadttoren auferlegte Sonderzölle schwer gehemmt.

Wir besitzen keine Statistik der Gesamtverluste und müssen uns eine Vorstellung davon aus einzelnen Stichproben zu machen suchen. Diese Nachrichten, unter dem frischen Eindruck von Greueln, unsagbarer Not und Vernichtung altererbten Besitzes niedergeschrieben, malen gewiß manchmal in allzu dunklen Farben. Aber sie sind doch zahlreich genug, um ein Mosaikbild zusammensetzen zu lassen, und hier und dort gibt es auch verläßliche Einzelangaben, die eine Kontrolle des Gesamteindrucks gestatten. Einige Städte haben Aufstellungen über ihre Zahlungen und Aufwendungen für die Truppen gemacht, die wenigstens zum guten Teil auf den Kassenzetteln und anderen Akten beruhen. So nennt Liegnitz rund 200 000 Taler an barem Gelde und 340 000 Taler an Lieferungen, Goldberg berechnet für die Jahre 1633—51 360 000 Taler an Barzahlungen, Naturallieferungen und Verlusten „an Menschen, Viehe, Kirchenornat, Geld, Kleinodien, Lein— und Leibgewand, auch andere fahrende Habe, an Wein, Branntwein, Fleisch, Butter, Käse, Salz". Schweidnitz mußte für die Zeit von 1629—1654 allein an Verpflegungsgeldern für Einquartierungen über 370 000 Taler ausgeben. Andere Zahlen berichten von der Zerstörung der Häuser. In Glatz brannten bei der Belagerung von 1622 ihrer 920, in Greiffenberg 1634 227 ab. In Löwenberg wurden 1640 die 350 Häuser der Vorstädte abgerissen, in Schweidnitz soll der Krieg von 1300 Häusern nicht mehr als 118 unversehrt gelassen haben. Habelschwerdt wies noch 1653 unter 256 Häusern 112 Brandstellen auf. Große Stadtbrände sind in jenen Jahrhunderten auch sonst immer wieder aufgetreten. Im Dreißigjährigen Kriege aber häufte sich diese Vermögenszerstörung in völlig vernichtender Kette.

Eine gleich erschütternde Sprache sprechen die Berichte vom flachen Lande. Im Fürstentum Brieg sollen 100 Rittersitze und ein Drittel der Hufen wüst gelegen haben, in der Herrschaft Fürstenstein nach einem Bericht von 1644 gar der größere Teil der Dörfer. Daß diese Bausch— und Bogen—Angaben dennoch keine Phantasiezahlen bieten, wird durch eingehendere Einzelbeispiele bewiesen. Schon 1630 zählte man im Ottmachauer Kreise auf 30 Dörfer 180 wüste Hufen, 1641 in 12 Brieger Kammerdörfern deren 63. Für das Fürstentum Breslau sind uns Steuerregister von 1622 und 1635 erhalten. Soweit darin die gleichen Dörfer ausgezählt sind, ergibt sich zwischen den beiden Jahren ein Abgang an bebauten Hufen von fast der Hälfte. Nach genauer Registerführung in der Herrschaft Falkenberg waren 1647 von den Bauernstellen 22,7%, von den Gärtnerstellen 41,4% wüst. Im Fürstentum Schweidnitz—Jauer fand man noch 1653/54 26 Dörfer ganz, 20 zum größeren Teil öde vor. Im Ohlauer Kreise sind ein Städtchen und drei Dörfer nie wieder aufgebaut worden. Örtliche Angaben aus allen Teilen des Landes bestätigen dieses Bild im einzelnen.

Die verbrannten Häuser bedeuteten auch massenhafte Vernichtung von Handwerkszeug und Gewerbeanlagen, die wüsten Hufen solche von Ackergerät und namentlich von Vieh. Wieder bietet die Herrschaft Falkenberg genaue Zahlen: Gegenüber 722 Stück Rindvieh am Beginn des Krieges besaß sie an dessen Ende noch 48, gegenüber 104 Pferden noch 8, gegenüber 4564 Schafen noch 81.

So schwer diese unerhörten Aderlässe an totem und lebendem Kapital wogen, den größten Verlust, das größte Hindernis für den Wiederaufbau bedeutet das Schwinden der Menschen. Dabei spielt, was durch Schlachten und Gewalttaten ums Leben kam oder von der Soldateska mitgeschleppt wurde, eine unwesentliche Rolle. Entscheidend nach der Zahl sind die Seuchenverluste, die der Krieg nach sich zog, entscheidend nach dem Werte die Auswanderung, zu der seine Drangsale antrieben. Die Zahlen der an den Seuchen Gestorbenen sind oft wertlos, weil arg übertrieben. Aber ein sicheres Beispiel enthüllt die verheerende Wirkung solcher eingeschleppter Krankheiten. 1633 verlor Breslau von 30 000 Einwohnern, die allerdings noch durch Flüchtlinge vom Lande verstärkt waren, etwa 18 000, d.h. gewiß die Hälfte. Das von der Kriegsfurie verschonte Polen hatte immer wieder namentlich die Bewohner der Grenzkreise angelockt, dahin zu fliehen. Doch kehrte wohl die Mehrzahl der vor den Kriegsgefahren Geflüchteten allmählich wieder heim. Die Regierung arbeitete schon in den Kampfpausen darauf hin. Eine dauernde und sehr empfindbare Schwächung der schlesischen Bevölkerung bewirkte dagegen die Auswanderung aus religiösen Gründen. Die Flucht vor den Gewaltmitteln der habsburgischen Gegenreformation trieb Evangelische in Menge besonders im Anfang der fünfziger Jahre aus dem Lande. Es handelte sich ganz überwiegend um Stadtbürger. Den Bauer hielt seine Scholle fest. Die Exulanten gingen meist nach der protestantisch gebliebenen Lausitz oder wieder nach dem damals noch toleranten Polen. Hier entstand entlang der Grenze von Fraustadt über Lissa bis Rawitsch eine ununterbrochene Reihe neuer Städtchen, oder die alten wurden erweitert. Die Stärkung des Deutschtums in diesem seit je schlesisch besiedelten Rande des Nachbarlandes bedeutete aber nicht allein einen zahlenmäßigen Verlust

Schlesiens, sondern dazu noch die Entwicklung eines namhaften wirtschaftlichen Wettbewerbes. Denn die Auswanderer gehörten zumeist der Tuchmacherei und ihren Hilfsgewerben an, denen Polen eine günstige Aussicht bot. Während also Reichenbach, Goldberg, Löwenberg, Sagan, Guhrau, Glogau, Grünberg und andere der alten Tuchweberstädte Schlesiens einen katastrophalen Blutverlust erlitten, ihr überliefertes Hauptgewerbe gänzlich einschrumpfte, verbaute die von den Ausgewanderten verstärkte und gehobene deutsche Weberei in Polen dem schlesischen Tuche den polnischen Markt, auf dem es seit alters Absatz gefunden hatte.

Der Bevölkerungsrückgang im ganzen dürfte einschließlich der Abwanderung noch der fünfziger Jahre etwa 200 000 betragen haben. Das bedeutet beinahe ein Viertel des Vorkriegsbestandes. Er erreichte also eine ganz außerordentliche Höhe. Wie sich Menschenverlust und Wohlstandszerstörung zusammengenommen, im besonderen Vernichtung der Gewerbeanlagen, Arbeitermangel, Schwierigkeiten der Rohstoffbeschaffung, Kapitalmangel der Unternehmer und geschwundene Kaufkraft des Publikums auswirken, dafür bietet einen anschaulichen Maßstab der Rückgang des Ausstoßes der städtischen Brauer. In Striegau hatte man vor dem Kriege durchschnittlich 450 Biere gebraut, 1658 waren es nur mehr 50. Selbst in dem bierberühmten Schweidnitz sank die Zahl von 620 auf 60—70 herab. Das sind aber keine herausgegriffenen Ausnahmen. Verwandte Angaben bestätigen auch hier das Bild. Der Rückfall in den wirtschaftlichen Zuständen des Landes war diesmal noch viel allgemeiner und tiefgehender als jener durch die Hussitenkriege.

III. Wiederaufbau und Entwicklung im Rahmen des werdenden Wirtschaftsraumes der österreichischen Länder

Es kostete außerordentliche Anstrengungen, diesen Zusammenbruch zu überwinden. Sie setzten bald nach Friedensschluß ein. 1650 sicherte der Landtag allen denen, die einen ruinierten Grund aufbauen würden, 3 Jahre Freiheit von der Akzise zu und forderte die Stände auf, ihnen für die gleiche Zeit auch die fälligen Zinse nachzulassen. 1651 sah man sich genötigt, das Generalmoratorium auf die „Kriegsreste" auszudehnen, und noch 1657 mußte man es auf zwei weitere Jahre verlängern. 1652 erging ein scharfer Befehl zur Heimholung der entlaufenen Untertanen, und der Gesindedienstzwang wurde allgemein ausgesprochen. Auch auf anderen Gebieten griff die Regierung ein, worunter damals ebenso die kaiserlichen Oberbehörden wie Fürsten und Stände zu verstehen waren. Gewiß erscheinen uns ihre Erlasse in ihren verschnörkelten Drucktypen und langatmigen Sätzen sehr schwerfällig. Oft an den Symptomen statt an den Ursachen die Heilung suchend, ohne Erfahrung herausgegeben, wie wenig Verwaltungsmaßnahmen allein gegen große soziale und wirtschaftliche Mißstände ausrichten können, sind viele von ihnen auch gänzlich erfolglos geblieben. Es bedeutete ferner eine fortdauernde Durchkreuzung des Wiederaufbauwerkes, daß das Haus Habsburg seine gegenreformatorischen Absichten durch keine wirtschaftlichen Rücksichtnahmen hemmen ließ und damit immer von neuem wertvolle Arbeitskräfte aus dem Lande trieb. Aber es stellte doch einen nicht wegzuleugnenden Vorteil dar, daß überhaupt eine Regierung vorhanden war, die zugriff und auf Beseitigung der Schäden drängte. Auch von den Dominialherrschaften ist zu sagen, daß ihre Abhilfsmittel zwar zu weiteren bauernschädlichen Verschiebungen in der ländlichen Besitzverteilung und Gesellschaft führten, daß sie aber doch die Landeskultur viel früher wiederherstellten, als es im 15. Jh. geschehen war.

Selbst wenn man die Bevölkerungsmenge allein als Gradmesser gelten ließe, dann ist die auf eine Zahl von 1670 (833 684 Einwohner) gestützte Ansicht, daß Schlesien damals schon nahe dabei war, den großen Verlust der langen Kriegszeit auszugleichen, wohl zu günstig. Breslau blieb damals mit 28 000 Bewohnern um 2000 hinter seiner Einwohnerschaft von 1618 zurück. Wo nicht Sonderbedingungen einwirkten, haben die Städte die Höhe der Vorkriegszeit vielmehr erst zwischen dem Anfang des 18. Jhs. und dem Ende der österreichischen Herrschaft erreicht, ja nicht wenige, wie etwa Sprottau, Guhrau, Freiburg, Jauer, Neumarkt, Neisse und Cosel gar erst hundert Jahre später. Bei ihnen spielte z.T. der Festungscharakter mit, z.T. die Abwanderung aus katholischen in protestantische Orte, z.T. aber erweist sich die schwere Verletzung der Nahrungsgrundlagen durch den Zusammenbruch der mittelalterlichen Bannmeilenwirtschaft einerseits, der älteren Überschußgewerbe andererseits.

Auch bedeuten Einwohnerzahlen noch lange nicht die Rückkehr des früheren Wohlstandes. Sichere Daten über Kirchen— und Rathausbauten zeigen, daß man zwar mancherorts schon in den fünfziger Jahren an die Wiedererrichtung des Zerstörten heranging, anderwärts aber erst in den sechzigern und siebzigern oder gar noch später die Kräfte dazu nachgewachsen fühlte. Noch lange gab es wüste Baustellen in den Städten. Naumburg a.B. verzeichnete 1660 deren 60, Heerwegen 1666 ihrer 121. Jauer suchte noch 1671 durch Steuernachlaß zu ihrer Bebauung anzureizen. Manche Vorstädte, etwa zu Löwenberg und Glogau, sind nie mehr im alten Umfange wiedererstanden. Die großen Prunkbauten der Kirche, namentlich der Orden, könnten freilich schon für die zweite Hälfte des 17. Jhs. eine Wirtschaftsblüte vortäuschen. Indes handelt es sich hier um die Zusammenballung der vorhandenen Mittel auf wenige, aus politisch—konfessionellen Gründen bevorzugte Punkte. Selbst der Adel, der andere jetzt entschieden bevorzugte Stand, folgte nur langsam mit einer gründlichen und großzügigen Erneuerung oder Ersetzung seiner schwer mitgenommenen, z.T. gänzlich zerstörten Burgen und Häuser. Während die Grafen von Maltzan zu Militsch schon in der nächsten Generation ihre Kriegsschulden abgedeckt hatten, mußten die Untertanen von Loslau bis 1672 für deren Eintreibung Einquartierung aushalten; ja den letzten Steuerrest dieser Zeit erließ der Herrschaft erst Friedrich d.Gr. 1774. Sieht man von Ausnahmeerscheinungen ab, wie sie vor allem die Schleier— und Leinenweberei um Hirschberg und Landeshut hervorbrachte, so mußte das 18. Jh. weit fortschreiten, ehe Schlesiens Wohlstand wieder an den heranzureichen begann, dessen sich das Land vor dem großen Kriege erfreut hatte.

Die Überwindung der tiefen, dem Lande zugefügten Schäden erfolgte nicht allein durch die Anstrengung des Wiederaufbaus. Allmählich griffen neue Faktoren ein. Für die am Handel beteiligten Kreise, das war z.T. auch das Gewerbe, öffneten die kaiserlichen Siege in Ungarn seit den achtziger Jahren neue weite Möglichkeiten, und die bewußter werdende, planvoll eingreifende Wirtschaftspolitik der Regierung, der 1684 Ph. W. v. Hörnigk die Losung entgegenrief: Österreich über alles, wann es nur will, förderte mit ihren merkantilistischen Bestrebungen gerade einzelne Zweige des mehr als alle anderen Erbländer industriell durchsetzten Schlesien. Allerdings, wenn sich die Gedanken der damaligen Wirtschaftstheorie nirgends in Deutschland früher und hoffnungsfroher anmeldeten als in Österreich, so blieb ihre Ausführung doch weit dahinter zurück. Der innere Umbau des Staates, der erst dessen Zusammenfassung als eines einheitlich gesehenen Wirtschaftskörpers ermöglicht hätte, ging nur sehr stockend vor sich, und die Verwaltung brachte es in ihrer Schwerfälligkeit und mangelnden Durchschlagskraft nicht zuwege, die nützlichen Pläne und Absichten Zug um Zug durchzuführen.

Die Bevölkerungslücken planvoll aufzufüllen, hat man nach dem Kriege nicht unternommen, außer daß man die Auswanderer zurückzurufen versuchte. Was an abgedankten Offizieren und Soldaten im Lande blieb, kann nicht viel bedeutet haben. Von dem Kriege an datiert aber ein Zuwachs an zwei Bevölkerungselementen, der zwar auch nicht zahlenmäßig, aber seiner Wirkung nach sehr bemerkenswert ist: von Polen und Juden. Daß eine nennenswerte Zuwanderung von Polen, die namentlich für das Briegische und Ohlauische behauptet worden ist, stattgefunden habe, ist unerweislich. Der darauf zurückgeführte Keil slawisch Sprechender, der lange über Ohlau in südwestlicher Richtung auf das linke Oderufer reichte, war ein Rest vorkolonialer Slensanen. Aber der Mangel an katholischem Klerus ließ Geistliche aus Polen ins Land ziehen, die dem Polnischen als Kirchensprache Verbreitung schufen.

Die Juden waren während des Mittelalters, wie in Deutschland überhaupt, bald geduldet, bald vertrieben, bald wieder zugelassen worden. Die darin verschiedene Haltung der verschiedenen Landesherren und Herrschaftsbesitzer Schlesiens hatte sich aber im 16. Jh. zu der Forderung einer Vertreibung der Juden vereinigt, die sich nicht auf den Geldhandel beschränkt, sondern in den Warenhandel eingegriffen hatten. Von den Fürsten und Ständen immer wieder vorgebracht, führte dies Verlangen im Zusammenhang der böhmischen Länder 1582 einen kaiserlichen Ausweisungsbefehl herbei. Er wurde diesmal auch durchgeführt. Nur nicht in zwei Orten: In Glogau hielt der Kaiser, in dem kleinen Städtchen Zülz bei Neisse die Ortsherrschaft die Hand über

11. Neisse, Schöner Brunnen (1686)

einer anfangs nicht zahlreichen Judenschaft. Auswärtigen Juden — man dachte besonders an die polnischen — blieb der Besuch der Jahrmärkte offen. Unter Ferdinand II. trat aber, wohl wegen des Geldbedürfnisses im Kriege, schon wieder ein Umschwung ein. 1628 erhielten die im Lande gebliebenen Juden das Privileg des ungestörten Jahrmarktbesuches, und allmählich tauchten sie allenthalben wieder auf. Vor dem schwedisch–polnischen Kriege flüchtend, sickerten andere aus Polen über die Grenze. In den fünfziger Jahren sind sie in Grünberg, Wohlau, Steinau, Militsch, Groß–Wartenberg und Neumittelwalde anzutreffen. So setzte damals ihre spätere große Westwanderung ein. 1692 wohnte schon ein Zülzer Jude vor dem Ohlauer Tor in Breslau, 1697 waren 5 Familien daraus geworden. Die Juden schufen sich in dieser an Kapital und wirtschaftlichem Unternehmungsgeist armen Zeit ihren Platz in der Wirtschaft nicht allein durch ihre gewohnte Geldleihe, sondern auch durch einen oft hausiermäßig betriebenen Warenhandel, vor allem aber empfahlen sie sich den Fürsten und Herrschaften durch die Bereitschaft, als Pächter von Zöllen, Akzisen, Mauten, Mühlen, Schäfereien, Vorwerken, Brauhäusern bares Geld auf den Tisch zu legen. Bargeld aber war damals sehr selten. Die städtischen Kaufmannschaften haben früh schon Einspruch erhoben. Seit Anfang des 18. Jhs. suchte auch die Regierung die Vermehrung und Verbreitung der Juden zu hemmen. Trotz der Verbote, ihnen andere Rechte und Nutzbarkeiten als den Branntweinschank zu überlassen, ihnen anderswo als in erlaubten Orten Aufenthalt zu gewähren, vollzog sich indessen langsam die Verbreitung der Judenschaft. Zülz wies 1724 bereits 600 Juden auf, und in den Vorstädten Breslaus wohnten 1737 16 ihrer Familien.

Ein Hauptproblem des Wiederaufbaus bildete die Kultivierung des Landes der wüst gewordenen Hufen. Obwohl es einer Zeit gestellt war, die sich gewöhnt hatte, den Ritteracker auf Kosten des Bauerntums zu vermehren, wurde es nicht eindeutig in diesem Sinne gelöst. Vielmehr wurden diese Hufen in beträchtlichem Umfange wieder mit Bauern besetzt. Nur zu einem Teil hat sich die vorhandene Tendenz ausgewirkt und sind wüste Bauernhufen zum Dominium geschlagen worden. Noch immer wuchs es an. Auch wurden noch gelegentlich neue Vorwerke angelegt. Man muß aber im Rückblick feststellen, daß seine Bildung in Schlesien keineswegs auf der Tatsache beruht, daß sich ihm nach den Hussitenstürmen und dem Dreißigjährigen Krieg wüstes Bauernland aufgedrängt hat, das es aufnahm, um es wieder der Bestellung zuzuführen. Vielmehr beruht es auf wirtschaftlich-sozialen Ursachen, denen die Wüstungen nur in einem gewissen Umfange die Verwirklichung erleichtert haben. In der Hauptsache indessen fällt das Bauernlegen z.B. im Herzogtum Breslau oder in der Herrschaft Oberglogau, von denen verläßliche Nachrichten vorliegen, in die Zeit vor dem großen Kriege.

Die Verluste an Bauernland über die ganze Periode hin darf man freilich nicht gering werten. Sie waren sehr unterschiedlich über das Land verteilt, wechselten selbst von Ort zu Ort, besonders je nach den Herrschaftsbesitzern und ihrem Stand. Manchmal erreichten sie die Hälfte der Bauernhufen, manchmal gingen sie noch darüber hinaus. Aus den schon öfter angezogenen Herrschaften Oberschlesiens: Falkenberg, Oberglogau, Pleß liegen trotz des Bauernlegens auffallend gleichmäßige Stellenzahlen seit dem 16. Jh. vor. Für 50 Dörfer aber des Breslauer Herzogtums hat man für die Zeit vom Landbuch Karls IV. aus der Mitte des 14. Jhs. bis zum Ende der österreichischen Herrschaft, also über vier Jahrhunderte, einen Verlust von Bauernland an die Dominien von 14 % festgestellt. Über die Hälfte davon ist nach ihrem Ursprung erkennbar, da dieses Land in den Registern immer noch unter der Bezeichnung „wüste Hufen" geführt wurde. Dabei soll die Zahl der bäuerlichen Wirte von mehr als 700 auf 240, also auf ein Drittel, zusammengesunken sein, neben denen nun 670 Gärtner standen. Diese wohl überstark erscheinende Verminderung beruhte allerdings nicht allein auf herrschaftlichem Bauernlegen, sondern die Bauern selber hatten viel Bauernland an sich gebracht, so daß die Durchschnittsgröße ihrer Höfe angewachsen war.

Indessen gewänne man eine ganz falsche Vorstellung von der Agrarentwicklung Schlesiens, wenn man nur auf diese Verluste sähe. Betrachtet man das Land im Vergleich mit den anderen nordostdeutschen Gebieten, mit denen es die Grundzüge seiner ländlichen Verfassung gemein hat, so zeichnet es sich dadurch aus, daß sich sein Bauernstand gegenüber dem katastrophalen Zusammenschmelzen in Hinterpommern oder Mecklenburg und dem gänzlichen Verschwinden in Schwedisch-Pommern in hohem Maße erhalten hat. Es ist nicht so, daß die

Gutswirtschaft hier ein entschiedenes Übergewicht erlangt hätte. Jener Übergang von Bauernland an die Dominien seit dem Ende der Kolonisation bis zur preußischen Herrschaft im Herzogtum Breslau gab dem Dominialland gegenüber dem bäuerlichen (einschließlich Scholzen und Gemeindeländereien) nur knapp den größeren Anteil am Boden. Auch im Viehbesitz drückt sich die Besitzstärke dieses Bauerntums aus. Einschließlich der Scholzen verfügte es über 11 000 Schafe gegen 17 800 herrschaftliche, und an Kühen übertraf es mit 1180 die 900 der Dominien. In der Herrschaft Falkenberg OS. standen noch 1732 den 5137 Morgen Vorwerksland deren 8812 in Händen der Bauern und Gärtner gegenüber. In 28 Dörfern des Kreises Trebnitz hielten sich am Anfang der preußischen Zeit die Aussaatziffern der Vorwerke und der Untertanen fast die Waage, was auf ein größeres Ackerareal der letzteren schließen läßt. In den gebirgigen Gegenden muß der Anteil noch viel höher gewesen sein. So hatte Schlesien die bäuerliche Grundstruktur, die ihm die Kolonialzeit gegeben hatte, in der Hauptsache doch bewahrt.

Erhalten geblieben war auch das gute Grundbesitzrecht des Erbzinsers der Kolonialzeit. Nach dem Dreißigjährigen Kriege wurde es allerdings dadurch belastet, daß die Erbherren die Forderung des Laudemiums (s. oben S. 153) allgemein durchsetzten. Vor allem aber war der freie Bauer in einen schollengebundenen Untertan verwandelt worden, und dies ist der Punkt, wo sich seine Lage seit dem Kriege am entschiedensten verschlechterte. Von der Verallgemeinerung des Gesindezwangsdienstes war schon die Rede. Die Arbeiternot plagte noch lange. Daher hörte auch die Steigerung der Fronansprüche nicht auf, zumal auch die Intensivierung der Gutswirtschaft noch fortging. Da sich diese Entwicklung immer noch Herrschaft für Herrschaft vollzog, lassen sich schwer Durchschnittsvorstellungen vermitteln. Es ging im allgemeinen ebenso um Jagd- und Fuhrdienste wie um die Untertanenrobot, die mancherorts, besonders in Oberschlesien, für drei Tage in der Woche — und das oft unangesehen die Nebendienste — gefordert wurde. Auf die Bauern wälzten die Vorwerke fast die ganze Gespannhaltung, durch die Handdienste ersparten sie sich einen guten Teil des Gesindes. Die dauernde Erhöhung der herrschaftlichen Forderungen rief bald da, bald dort Unruhen hervor, die, mit Einquartierungen, Gefängnis und selbst mit Hinrichtungen geahndet, die Lage der Untertanen meist nur verschlechterten. Die Regierung dachte im 18. Jh. an eine grundsätzliche Regelung der Robotpflicht, wie sie es in Böhmen getan hatte, doch ist es nicht mehr dazu gekommen.

Um neue Arbeitskräfte anzusetzen, griffen die Erbherren jetzt immer weniger zu dem Gärtnerverhältnis, das gegen Ende des 17. Jahrhunderts aufhört, für Neuaussetzungen angewandt zu werden. An seine Stelle trat das Häuslertum. Der Häusler wurde nur noch mit einem Haus, das meist die Herrschaft erbaute, dazu einem minimalen Landstück und einem bescheidenen Weiderecht ausgestattet. Häusler fanden sich in den stärker polnisch durchsetzten Gegenden (Pleß, Militsch) schon um 1600, vermehrten und verbreiteten sich aber erst während und namentlich aber nach dem Kriege. Sie waren indessen nicht alle agraren Ursprungs. Mit der anscheinend von Osten und Norden ausgehenden Bewegung verband sich die Notwendigkeit, in den gewerbereichen Landgebieten Handwerker, vorzüglich Leineweber, auf den Dörfern unterzubringen. Die Häusler fanden Platz etwa am Dorfrand, aber auch in eigenen Weilern, wo sich noch Rodeland bot. So geschah es besonders rechts der Oder. Sonst aber, und in Niederschlesien regelmäßig, besaßen sie die Dorfaue, die jetzt oft ganz dicht mit „Angerhäuseln" ausgebaut wurde. Damit erst erhielt das schlesische Dorf sein heutiges Aussehen, soweit nicht noch moderne Industrie eingegriffen hat. Die Zahlen der Häusler sind z.T. außerordentlich hoch. Wenn in 41 Plesser Kammerdörfern die Gärtner von ihrer 9 im Jahre 1536 auf etwa 350 im Jahre 1718 gestiegen waren und damit nur etwas mehr als die Hälfte der Bauern ausmachten, so hatten die Häusler sie schon 1630 überflügelt, und 1718 zählten sie mit 1170 mehr als das Dreifache der Gärtner. In Niederschlesien wetteiferte damit die Webersiedlung. Eine große Bewegung ging durch das Land, und es ist beachtenswert, daß auch sie von dem Dreißigjährigen Kriege nicht unterbrochen worden ist.

In dieser Periode machte die Gutswirtschaft bedeutende Fortschritte durch ihren inneren Ausbau. An überlieferten Aussaatmengen gemessen, wurden Ertragsteigerungen um 50% ja um 100% erzielt. Der Anbau der kostbarsten Getreideart, des Weizens, nahm erheblich zu, in der Sommerfrucht aber der Gerste an Stelle des Hafers. Auch begann man bereits Raps zur Ölgewinnung zu pflanzen. Die Rindviehzucht war verbesserungswürdig, und zahlenmäßig übertraf die Kuhhaltung der Bauern, namentlich aber der kleinen Leute, der Gärtner und Häusler, jene der Herrschaften. Diese legten das Hauptgewicht auf die Schafzucht. Auch kaiserliche Anordnungen griffen ein. Indem die Schäfer der Volksanschauung zum Trotz für ehrlich erklärt und eigene Schäferladen zur Organisation des verbreiteten Berufsstandes geschaffen wurden, gelang dessen Hebung. Die schlesische Wolle, namentlich die von Namslau und Dammer, erfreute sich eines außerordentlichen Rufes und wurde z.B. in der Lausitz und Sachsen dort gebraucht, wo man bessere Tuche herstellen wollte. In diesem Stadium hatte aber auch die Getreidegroßerzeugung durch das Rittergut einen auswärtigen Großmarkt gewonnen. Seit der Herstellung der Kanalverbindung von der Oder zur Spree und damit zur Elbe erfolgte ein ansehnlicher Export nach Hamburg. So war auch die schlesische Gutswirtschaft an den westeuropäischen Markt angeschlossen. Allerdings litt der innere wie äußere Getreideabsatz immer noch durch starke Preisschwankungen, und mehrmals mußte wegen Mißernten die Ausfuhr verboten werden. Auswärtige Konjunkturen griffen im 18. Jh. aber selbst auf die Waldwirtschaft über, da das holländische Bedürfnis nach Schiffbauholz, vor allem Eichen, selbst die oberschlesischen Wälder berührte.

Der Ertrag aus den alten grundherrlichen Zinsen und Rechten trat jetzt in den Einnahmen der Dominien ganz gegen den Erlös aus Getreide, Wolle und Holz zurück, zu denen sich noch die des Brauurbars und Branntweinbrennens gesellen konnten. Die Eigenwirtschaft stand gänzlich im Vordergrund. Gegenüber den Betriebsverbesserungen der Dominien aber war die bäuerliche Wirtschaft weit zurückgeblieben. In ihrer Überlastung mit Fronden fehlte ihr die Möglichkeit, an den Fortschritten der Zeit teilzunehmen.

Nicht minder machten sich zeitgegebene Verschiebungen im Gewerbeleben geltend. Die große Zeit des Handwerks, das noch einmal im 16. Jh. schöne Blüten getrieben hatte, war endgültig vorbei. In führenden Gewerben hatten auswärtiger Wettbewerb wie in der Tuchmacherei oder innerer der ländlichen Erzeuger wie bei der Leineweberei die Nahrung des städtischen Handwerksstandes unwiederbringlich eingeschränkt. Die schweren Bürgerlasten als Folge des Krieges setzten den

Stadthandwerker gegenüber dem ländlichen dauernd in Nachteil. Die Durchbrechung der Bannmeile traf die Städte auch in der wesentlichen Zusatznahrung des Brauurbars hart. Denn auch hier war das flache Land in Gestalt der Herrschafts— und Scholzenbrauereien immer erfolgreicher im Vordringen. Das Ansteigen der Adelsmacht hatte wesentlich dazu beigetragen, das von der Kolonisation planvoll geschaffene Gegenseitigkeitsverhältnis von Stadt und Land einseitig zu verschieben. Dadurch waren die einst gesund pulsierenden kleinen Mittelpunkte der Stadt—Landsiedlung in der ihnen zugedachten Funktion beschnitten und auf die Dauer geschwächt. Doch ist auch ihr innerer Verfall nicht zu übersehen. Das Zunftwesen, in dem sich einst der altgermanische Genossenschaftsgedanke so fruchtbar verkörpert hatte, erstarrte. In der Enge der Nachkriegszeit entfaltete sich zum höchsten der Kampf um den Nahrungsspielraum mit den Mitteln von Vorrechten und Paragraphen, durch den die im Besitz befindlichen Meister sich und ihren Nachkommen die zusammengeschmolzene Kundschaft monopolistisch sichern wollten. Verlängerung der Lehr— und Gesellenzeit und der Wanderjahre, Verteuerung des Meisterstücks, Bevorzugung der Meistersöhne und —schwiegersöhne (die neuen Gatten von Meisterwitwen nicht zu vergessen) bei allen Fristen und Taxen, ja numerus clausus wurden abwechselnd oder vereinigt dazu in Anspruch genommen. Doch erreichte man damit nur, daß das Handwerk immer tiefer in die Stickluft dessen hinabsank, was seit damals mit verächtlichem Nebenton „Zunftgeist" genannt wird. Die Gesinnung der Zeit wandte sich so allgemein gegen dieses Handwerk, daß sogar das Deutsche Reich mit der Reichszunftordnung von 1731 gegen dessen Verfall einzuschreiten suchte.

Die lebendigen Kräfte des Gewerbelebens traten indessen außerhalb des Zunftwesens in Erscheinung. Da war vor allem die Krone und der Stolz der schlesischen Wirtschaft, die Leineweberei. Sie erlebte jetzt ihre Glanzperiode. Aus den schwer durch den Krieg geschädigten Städten des Vorlandes hatte sie sich tiefer ins Gebirge zurückgezogen. Ihr kaufmännischer Mittelpunkt wurde unbestreitbar Hirschberg, neben dem noch Schmiedeberg und Landeshut selbständige Bedeutung hatten. Allenthalben das Gebirge entlang, von der Lausitz bis Teschen und Bielitz, klapperten in den Weberhäuseln der Dörfer die Stühle, überall glänzten von den Wiesen die weißen Bleichgarne, und wer nur eine Hand frei hatte, die Frauen zwischen der Feldarbeit, die Schäfer, die Kinder, war mit Spinnen beschäftigt. Am Rande des Gebirges, in Liebenthal, Neisse, Ziegenhals, Zuckmantel, Neustadt, Freistadt wurde das Garn für den Verkauf gesammelt, und für das abgelegene „Odergarn" bildete Winzig die Packstelle. Aber auch das anschließende Sudetenland von Hohenelbe bis Grulich, das die gleiche Entwicklung durchmachte, nur daß es ihm an einem unternehmenden Kaufmannsstand gebrach, wurde jetzt völlig in das schlesische Leinengebiet hineingezogen. Selbst aus der Lausitz ergänzte Hirschberg sein Sortiment.

Ein besonderer Grund für den Aufstieg Hirschbergs war die Aufnahme von Schleiern in das Produktionsprogramm. Schon 1630 hatte die Stadt für deren Vertrieb ein ausschließendes Privileg erhalten. In der 2. Hälfte des 17. Jhs. eroberten sich die Hirschberger Schleier den Weltmarkt. Auch später blieb man auf technische Fortschritte bedacht. Ein solcher glückte namentlich in den neunziger Jahren durch die Nachahmung der Sorten des schärfsten Wettbewerbers, der französischen Leineweberei. Damit erst erschloß sich der schlesischen Leinwand auch der englische und der spanische Markt. Die Hirschberger Kaufmannschaft erwies sich trotz der Drangsale des Krieges, während dessen die Einwohnerschaft an der Seite der Schweden auf ihren Stadtmauern opferbereit ihr evangelisches Bekenntnis verteidigt hatte, stark genug, um die Rückkehr der geflüchteten ausländischen Faktoren zu verhindern. Sie gab sich 1658 die Verfassung einer „Sozietät", wobei den Einheimischen verboten wurde, sich als Faktoren Fremder gebrauchen zu lassen. So erkämpften sie Schlesien den selbständigen Vertrieb seiner Schleier, Leinen und Garne. Nun wurde den einheimischen Händlern von den Webern selbst oder den oft weither kommenden Leinwand- und Garnsammlern die Ware zugebracht, die sie dann zur Bleiche gaben, je nach dem Bedürfnis des Bestimmungslandes appretierten und versandfähig machten. Das war, was man damals eine „Fabrik" nannte.

Ein Teil des Absatzes vollzog sich noch auf den Messen, namentlich zu Frankfurt a.O. und Leipzig, auch auf den Jahrmärkten zu Danzig und Brünn oder sonst in den Erblanden, ein anderer über Breslau, wo der Rat 1657 ein eigenes Leinwandhaus am Ring zur Verfügung stellte. In entfernte Lande trieben die Schlesier nur selten Handel auf eigene Rechnung, da sein Risiko sehr groß war. Sie betätigten sich ganz überwiegend als Kommissionäre für die ausländischen Bezieher oder deren Hamburger Vertreter. Dabei erhielten sie ihr Geld selten erst bei Ankunft der Ware in Hamburg oder Amsterdam, sondern meist schon bei Absendung derselben von Hirschberg oder gar bei der Bestellung, und zwar in Anweisung auf Breslau. Während sich in der Aufbauzeit nach dem Kriege manche Industrie schwer durchkämpfen mußte und wie die nordböhmischen Glasmacher erst durch den entbehrungsreichsten Hausiererhandel sich eine Kundschaft in der Welt erobern konnte, fiel den schlesischen Leinwandkaufleuten dank des alten Ansehens ihrer Ware und dem großen Bedürfnis nach ihr eine Stellung zu, die ihnen erlaubte, mit geringem Kapitaleinsatz und geringem Risiko ein weltweites Absatznetz zu versorgen.

Durch manche Konjunkturschwankungen unterbrochen, nahm der Leinenhandel doch im ganzen einen ständigen Aufstieg. Besonders als die Altranstädter Konvention (1707) die Protestanten vom äußersten Druck befreit hatte, trat jene Blüte ein, welche die großen Vermögen der „Schleierherren" entstehen ließ und heute noch so reizvoll aus dem barocken Stadtbilde Hirschbergs spricht. Die Höhe wurde 1724 erstiegen, da die Ausfuhr Hirschbergs allein 1 436 134 Taler betrug. Dann folgte ein Abfall, und wenn in guten Jahren die Spinner und Weber gerade nur ihr Auskommen fanden, so pochte bei sinkender Konjunktur rasch die Not an ihre Türe an und verleitete manch einen zu Schleuderarbeit.

Hier setzte die Regierung an. Der Aufbau der schlesischen Leinenindustrie war das Werk der Wirtschaften selbst gewesen. Gegen Ausgang des 17. Jhs. aber begann im Zusammenhang der merkantilistischen Staatsansicht die Regierung sich für die Güte der heimischen Waren einzusetzen, um das Debit im Auslande zu erhalten. Klagen aus den Niederlanden waren es, welche die ersten Maßnahmen zur Kontrolle der Garnerzeugung und –handlung veranlaßten, die sich wiederholten und erweiterten, bis 1724 eine umfassende Leinwand– und Schleierordnung folgte. Aus den gleichen Grundsätzen war schon 1717 eine Tuchordnung erflossen, weil die Güte der schlesischen Wolltuche nachließ. Wenn in diesem Falle noch die Zünfte zur Abhilfe herangezogen

12. Wohlau, Marktplatz mit Rathaus und Mariensäule (1731)

wurden, so ist doch der Wandel zu einer neuen Zeit offensichtlich: Nicht mehr die Städte jede für sich regeln und leiten die Gewerbe, sondern der Staat übernimmt es, indem er das ganze Land, hier Schlesien, als Einheit zusammenfaßt. Die Zünfte werden in seine Maßnahmen der Gewerbepolizei lediglich noch als Hilfsorgane eingereiht. Über sie hinweg wird ihre wichtige Funktion der Warenschau zur Erhaltung der Qualität und damit des guten Rufes nunmehr „Fabrikinspektoren" des Staates übertragen, so beim Woll- wie beim Leinentuch.

Die Auffassung des Landes als eines einheitlichen Wirtschaftsraumes kam auch in anderen Zügen zum Ausdruck. 1705 wurde in ganz Schlesien Breslauer Maß, Elle und Gewicht eingeführt, ein zweifellos sehr heilsamer Fortschritt. Zur Sicherung des Rohstoffes für die einheimischen Verarbeiter durften Hader und Lumpen (für Papiererzeugung) dauernd, Flachs und Leder zeitweise nicht ausgeführt werden. Ebenso trat man, um die Entstehung von Wettbewerbern zu verhindern, der Auswanderung von Handelsleuten, „Traffikanten", „Künstlern" und Manufakturisten, 1716 namentlich der von Woll- und Leinewebern wie von Schäfern nach Rußland entgegen.

Die Erziehung und Förderung der Industrie steigert sich zur Industriezüchtung. Man richtet Anfang des 18. Jhs. in Brieg ein Spinnhaus und eine Tuchfabrik ein, man privilegiert einen Breslauer Kaufmann zur Einführung der Juchtenfabrikation nach russischem Vorbilde und einen anderen für eine Gold- und Silberfabrik. Die Stadt Neustadt, die 1727 aus Gemeindemitteln eine „weißgarnigte Leinenfabrik" auftat, erhielt die notwendigen Urkunden, um ihr gegen den Einspruch der städtischen Züchnerzunft den Zufluß von Stadt- und Landwebern zu sichern. Eine Anfang des 18. Jhs. privilegierte Manufaktur in Breslau für halbwollene und halbseidene Waren, seidene Zeuge und Strümpfe ging bald wieder ein. Dagegen wurde die Erzeugung von halbwollenen und halbleinenen Zeugen in Peterswaldau und Langenbielau die Grundlage für eine heute noch blühende Textilindustrie.

Die Entwicklung der Gewerbe stützte den Handel und ersetzte ihm zum Teil, was die Bergwerke nicht mehr boten. Im Montanwesen sah es schlecht aus. Es befand sich wohl in seinem tiefsten Stand seit dem Einzug des deutschen Bergknappen. Aber auch der Handel hatte mit großen Schwierigkeiten zu kämpfen. Ohne die Entfaltung der Leineweberei und die Herstellung des Wasserweges nach Hamburg wäre er in eine noch schlimmere Lage gekommen. 1684 schrieb Ph. W. v. Hörnigk: „Das einige Breslau könnte wie in der guten Polizei also im Handel und in den Manufakturen die Ehre der Erblande im Notfall für alle behaupten". Das vermochte man Anfang des 18. Jhs. von ihm nicht mehr mit gleicher Gültigkeit zu behaupten, so viel Preis auch P.J. Marperger in seinem „Schlesischen Kauffmann" von 1714 den „großen, importanten und wohl eingerichteten Commerciis" der Stadt spendete.

Die Handelsstellung Schlesiens war im Grunde die gleiche geblieben. Immer noch bildete es den Vermittler zwischen Ost und West. Nur war eine gewisse Verschiebung nach Südost—Nordwest eingetreten. Denn hier hatten sich Ungarn und mit dem Frieden von Passarowitz 1718 auch der Balkan wieder erschlossen. Dort war die Richtung auf Hamburg und den Atlantischen Ozean dominierend geworden, seit das alte dahinweisende Kanalprojekt des 16. Jhs. endlich seine Verwirklichung gefunden hatte. Damals war Schlesien in seinem Betreiben vorangegangen. Jetzt stellte seine Durchführung ein Geschenk Brandenburgs dar. Die Tatkraft des Großen Kurfürsten ließ über alle Hindernisse hinweg den Müllrosekanal in wenigen Jahren (1662—69) fertigstellen, um den Durchgangsverkehr namentlich von und nach Schlesien in sein Land zu ziehen. Welche außerordentlich belebende Wirkung sich in Schlesien einstellte, wurde bereits bei der Betrachtung der agrarischen und der Leinenausfuhr sichtbar. Durch das alles war der schlesische Handel gekräftigt worden. Breslau im besonderen genoß jetzt die Stellung als wichtiger Wechselplatz und den großen Ruf seiner „Wollschur", die zweimal jährlich, für den Verkauf der Frühjahrs- und Herbstschur, stattfand. Aber auf der anderen Seite wurden Schlesien und Breslau immer mehr im Ost—West-Handel überspielt. Die Händler aus Polen, meist Juden, wie die Armenier und die Griechen, die in den neunziger Jahren zuerst als Zeichen des sich wiederbelebenden Südostverkehrs sich einstellten, gingen doch lieber nach Leipzig und seinen Messen, und auch die von Frankfurt a.O. begannen eine stärkere Anziehung auszuüben. Der polnische Handel sank überhaupt immer mehr durch den allgemeinen Verfall der Republik herab. Daß bei den fortdauernden Zollsteigerungen noch ein Handel dorthin aufrecht erhalten

9. Postverbindungen in Schlesien um 1740

wurde, war in der Hauptsache dem Paktieren mit hohen und niederen Zolleinnehmern zu verdanken. Auch der altgewohnte Viehhandel von Polen her krankte, und die Regierung sah namentlich den Rückgang des bekannten Brieger Marktes — neben dem jetzt Breslau und Schweidnitz hervortraten — teilweise als durch die Willkür von Garnisonen und Zollbeamten verschuldet an. Vom Leinenhandel aber mußte Breslau den weitaus größeren Teil den jungen Wettbewerbern in Hirschberg und Landeshut überlassen.

In den beiden letzten Jahrzehnten unternahm die Wiener Regierung in dem Bestreben, eine eigene Schiffahrt auf der Adria und Überseeverbindungen über sie zu entwickeln, den Versuch, ihren Häfen Triest und Fiume auch Schlesien als Hinterland zuzuführen. Die Umstellung hätte die völlige Umkehr der Hauptrichtung des schlesischen Verkehrs bedeutet. Statt über die Nordsee, sollte das Oderland seine Südfrüchte und Orientwaren über das Mittelmeer erhalten und über dieses seine Textilien ausführen. Doch hätte das nur, in zeitgemäßen Formen, die Rückkehr zu Zuständen des Spätmittelalters bedeutet, da Venedig ein Hauptziel der schlesischen Kaufleute gewesen. Auch war es nicht das letztemal, daß die Länder um die Sudeten vor die Entscheidung zwischen Nordsee und Mittelmeer gestellt wurden. Diesmal sollte sie das große Angebot der Mautfreiheit bis an die Adria erleichtern. Die Bemühungen der Regierung hatten dennoch in Schlesien keinen Erfolg. Sie sind indes sehr beachtenswert, weil sich in ihnen bereits die neue Phase ankündigt, daß Österreich nach dem Partikularismus der Städte nun auch den der Länder zu überwinden und die gesamten Erbländer zu einem Wirtschaftsgebiet zusammenzuschmelzen begann.

Überblickt man die Wirtschaftslage Schlesiens am Ausgang der österreichischen Zeit, so erscheint sie nicht einheitlich. Wohl war Schlesien noch immer das wirtschaftlich bewegteste, vielseitigste und reichste der Erbländer. Doch standen manchem Fortschritt, wie namentlich der allenthalben gerühmten Leinen- und Schleierweberei, Zeichen des Stillstands und des langsamen Rückgangs gegenüber. Die Verbesserung der Lage des Außenhandels auf der einen Seite glich nicht die Verschlechterung derselben auf altgewohntem Boden aus. Vor allem aber muß festgestellt werden, daß es der Regierung bei allem Bemühen im einzelnen an der durchgreifenden Kraft und der großen

Anschauung fehlte. Die Hemmnisse in diesem noch stark ständischen Staate waren allzu groß. Die Herstellung des Oder-Spree-Kanals hatte man Brandenburg überlassen. Die Landwirtschaft krankte an der ungerechten Steuerverteilung durch die längst veraltete Indiktion von 1527. Jahrelang arbeitete man an dem neuen Kataster als der Grundlage einer Steuerbereinigung, aber er wurde und wurde nicht fertig. Die Herabsetzung des Mahlgroschens von 1720, welche das Brot verbilligen sollte, war gewiß eine Maßnahme, die sich für ein Land starker gewerblicher Arbeiterbevölkerung sehr heilsam auswirken mußte. Aber Schritte zur Industrieförderung in großem Stile wurden nicht unternommen. Der Rat, mit dessen Befolgung Friedrich Wilhelm I. der viel tiefer stehenden Wollweberei Preußens entschieden aufhalf, ihr die Garnisonen als Großabnehmer zuzuweisen, verklang ungehört. Für die Hebung der Bodenschätze geschah nichts. Blieb doch selbst das unausgeführt, was auf dem Papier stand. Schon in der Oelsischen Landesordnung von 1708 kann man jenen Grundsatz lesen, der nachmals Friedrich d.Gr. den Ruhm des Bauernschützers eingetragen hat, die Vorschrift nämlich, die (seit 1692) wüsten Hufen wieder zu besetzen. Doch nicht die Vorschrift, sondern die Durchführung bedeutet die geschichtliche Tat. Die mangelnde Regsamkeit und Energie der Regierung wirkten damals aber doppelt lähmend. Denn die Periode stand allenthalben unter dem Zeichen der staatlichen Wirtschaftslenkung und -förderung. So wie sie von Österreich betrieben wurde, traten oft mehr ihre schädigenden Folgen durch die Störung der freien Wirtschaft in Erscheinung, als die starken Antriebe und Hilfen, die sie geben konnte. Dennoch ist auch hier der Zug vorwärts zum geschlossenen Wirtschaftsstaat nicht zu verkennen. Schlesien hat dessen Ausbildung nicht mehr im Verbande der Erbländer mitgemacht und daher nicht mehr seine aufbauende Kraft verspürt, die sich später an den Nachbarländern Böhmen und Mähren erweisen sollte. Diese waren es, die Schlesiens Erbe in seiner Stellung innerhalb der österreichischen Länder antraten.

Hans Heckel (†) und Hans M. Meyer

LITERATUR UND GEISTESLEBEN

Es mag als äußerliche Begrenzung erscheinen, für einen Abschnitt geistesgeschichtlicher Entwicklung die Einteilung aus der politischen Geschichte zu übernehmen, denn kulturelle Zusammenhänge behaupten sich auch über die Änderung der staatlichen Organisation hinweg. Und in der Tat bedeutet für Schlesien die Verlagerung des geistigen Zentrums von Prag nach Wien keinen entscheidenden Einschnitt im kulturellen Leben des Landes. Anders wirkt sich später die radikale Wendung von Wien nach Berlin aus. Das dichterische Schaffen in Schlesien ist zwar um 1740 zur Bedeutungslosigkeit abgesunken, doch wird aus anderen Quellen deutlich, daß die mit allen Mitteln durchgesetzte Umstellung auf die von Friedrich d. Gr. verkörperte und geforderte preußische Haltung nur unter Schwierigkeiten bei der kulturtragenden Bevölkerungsschicht zu erreichen war. Drückt also hier der Wechsel der politischen Herrschaft zugleich einen spürbaren Wandel auf geistigem Gebiet aus, so soll damit nicht gesagt sein, daß vordem schlesische Geistesart restlos durch Österreich bestimmt gewesen wäre. Vielmehr ist es eine Mittlerstellung, die das schlesische Grenzland einnimmt: Für die überwiegend protestantische Bevölkerung ist der deutsche Norden die geistige Heimat, während die politische Zugehörigkeit zum habsburgischen Staatsverband die Einflüsse des katholischen Südens wirksam werden läßt.[1] Und da das Wort Grenzland gefallen ist: Erweist sich Schlesien in seiner Nord—Süd—Ausdehnung als Kulturfuge zwischen zwei andersgearteten deutschen Gebieten, so bildet es in der West—Ost—Richtung in Anlehnung an die alten Kulturlandschaften als deutscher Außenposten das Verbindungsglied zum slawischen Nachbarn.

Solche geschichtlichen Bedingtheiten — von wesentlicher Bedeutung ist weiterhin die Mischung der stammesmäßig verschiedenen deutschen Siedler miteinander und mit den slawischen Ansässigen — geben dem Gesicht des schöpferischen Schlesien seine Ausprägung. In seiner kulturell geistigen Leistung vor allem spricht der Neustamm der Schlesier sein Wesen aus, das zwar im Verlauf der Geschichte nicht immer in gleicher Weise faßbar ist, aber sogar bis zum heutigen Tage in bestimmten, typischen Zügen seine landschaftliche Eigenart bekundet. Und es sind gerade die hier zu behandelnden zwei Jahrhunderte, in denen diese Sonderart im Schrifttum[2] erstmalig ihre Ausformung erhält. Zudem erhebt sich in der österreichischen Zeit schlesisches dichterisches Schaffen zu allgemeindeutscher Bedeutung, einmal im Wirken des Martin Opitz für eine deutsche Wiedergeburt der Dichtkunst, das im wahrsten Sinne des Wortes Schule gemacht hat, und allgemein im Literaturbarock, das ja auch als die schlesische Periode der deutschen Literaturentwicklung bezeichnet wird.

Der Weg zu dieser Blütezeit ist ein Fortschreiten von nachahmender Gefolgschaft, vom Herübernehmen bewährter Vorbilder aus den alten deutschen Kulturlandschaften zu eigener geistiger Leistung. Aus den Kreisen des Adels und der Geistlichkeit stammen die ersten literarischen Zeugnisse. Des Breslauer Herzogs Heinrichs IV. Minnelieder, ansprechende Schöpfungen des ausgehenden Minnesangs, wie Dietrichs von der Klesse weltfrohe Versnovelle "Der Borte" erweisen sich als Nachfahren der hochhöfischen Kunst. Das Lied von der Kreuzfahrt Ludwigs d. Fr. leitet hinüber zum Schaffen der Geistlichen. Von der neuen Heimat, der Gründung des Klosters Leubus erzählen anschaulich die "Versus Lubenses"; Mönche dieses Klosters waren es auch, die 1262 den schlichten lateinischen Bericht vom Leben der hl. Hedwig[3] zum Abschluß brachten, der wohl als erste auf schlesischem Boden entstandene Dichtung gelten kann. Johanns v. Frankenstein aus dem Lateinischen ins Deutsche übertragener "Kruziger" ist demgegenüber mehr ein theologischer Traktat. Schon früh bezeugt sind in Schlesien — im Schrifttum der Klöster wie im Volksbrauch wurzelnd — die Ansätze volkstümlicher dramatischer Kunst. Erwähnen wir aus diesem Umkreis das in einer Wiener Handschrift von 1472 überlieferte, aus Schlesien stammende Wiener Osterspiel, so sind die Anfänge schlesischer Dichtung im Umkreis angedeutet.

Die Verbindung des geistigen Schlesien mit dem Westen ist nie unterbrochen worden; endgültig entschieden aber war die deutsche Zukunft des Landes, als sich die Schlesier 1335 aufgeschlossenen Herzens dem in seiner Führungsschicht unbestritten deutschen Böhmen der Luxemburger zuwandten. Der Anschluß Schlesiens gerade zu diesem Zeitpunkt ist von entscheidender Bedeutung, weil hier erstmalig in der Geschichte der Schwerpunkt des deutschen Geisteslebens nach dem Osten rückt. Prag, nach der Kaiserwahl Karls IV. im Brennpunkt des deutschen Lebens, wird zum Mittelpunkt eines eigentümlichen böhmisch—schlesisch—thüringischen Kulturkreises, in den von Süden her Kräfte der italienischen Renaissancebewegung einströmen und, vom Kaiser bewußt gefördert, zu einer frühen Blüte gelangen. Was die Sendboten des neuen Geistes der Renaissance an den Prager Hof trieb, waren politische Gründe. Für diese Ziele fanden die Rienzo und Petrarca kein geneigtes Ohr; aber sie schlugen die geistige Brücke von der machtvollen menschheitserneuernden italienischen Bewegung zu Böhmen, wo ihre Ideale der Reform des religiösen und staatlichen Lebens, die Ideen völkischer Wiedergeburt, klassischen Kunst— und Bildungsstrebens — für deutsche Verhältnisse zugeschnitten und eingeengt — den geeigneten Nährboden fanden.

Unter den geistigen Führern am Prager Hof steht neben Karl IV. sein Kanzler Johann v. Neumarkt (um 1310—80)[4], durch langjährige Aufenthalte und persönliche Beziehungen mit Schlesien eng verknüpft, als symbolische Gestalt für die böhmisch—schlesische Kulturgemeinschaft. Mehr Anreger denn Schöpfer, prägt er in seinem Wirken ein vom neuen Bildungsideal angeregtes Beamtentum, als dessen geistige Leistung der an klassischen Vorbildern geschulte Sprachstil von weitreichender Bedeutung wird. Lateinisch zunächst, dann aber mit stärkeren deutschen Elementen weist diese karolinische Kanzleisprache auf die kursächsische Kanzlei und damit auf die neuhochdeutsche Sprachform Luthers.

Indes sind die im Prager Kulturkreis lebendigen Strömungen zur Verwendung der deutschen Volkssprache nicht für die Zukunft wirksam zum Durchbruch gekommen. Die folgenden eineinhalb Jahrhunderte sollten der Lateindichtung gehören. Verfall der höfischen Kunst und Unzulänglichkeit der bürgerlichen Nachfolge ließen in der Neuwertung des klassischen Altertums auch seine Sprache in der eigentlichen Bildungsschicht als die allein mögliche für Dichtung und wissenschaftliche Darstellung erscheinen. Soweit diese Neulateiner als Deutsche für Deutsche schrieben, gehören sie dem deutschen Schrifttum an. In Böhmen gelangte diese gesamte geistige Bewegung des Humanismus und der Renaissance zu ihrer für den deutschen Kulturraum ersten bedeutenden Entfaltung; mit Böhmen wuchs Schlesien in die deutsche Geisteskultur hinein, ja es konnte, als der Hussitensturm die jugendfrischen Keime in ihrem Geburtsland erstickte, in entschiedener Abkehr vom Hussitentum von sich aus Träger und Fortbildner der in Böhmen begonnenen deutschen geistigen Linie sein.

Dies war möglich, weil das aufblühende Bürgertum in immer stärkerem Maße sich am geistigen Leben beteiligte. Kennzeichnend hierfür ist die Entwicklung des Schulwesens[5] . Von der Kirchen- und Klosterschule führt sie — vom Laientum Zug um Zug vorwärts getrieben und freilich erst in der Reformation zugunsten der Bürger entschieden — zur städtischen Schule als Bildungsstätte der weltlichen Jugend. Krönung dieses Strebens aber konnte nur der Besuch der Universität sein. Die Gründung der Prager Hochschule, der ersten deutschen Universität, durch Karl IV. (1348) erschloß den Schlesiern diese Möglichkeit. Zwar war die neue Anstalt noch eine Hochburg der Scholastik, also verschieden von dem Geist des Hofes und der Kanzlei, ihre Bedeutung für den Aufschwung des schlesischen Geisteslebens ist darum nicht geringer als der Kreis um Johann von Neumarkt. Die erstaunlich große Zahl der in Prag graduierten Schlesier spricht eine beredte Sprache (I, S. 501).

Unter dem Druck der Tschechen verließen die deutschen Professoren und Studenten 1409 die Prager Hochschule und wandten sich nach Leipzig; zur Errichtung der geplanten Breslauer Universität kam es nicht. Mit dem Widerstand der Schlesier, an der Spitze das unbeugsame Breslau, gegen Georg Podjebrad war der geistige Einfluß von Böhmen her gebrochen. Weiter greifen nun die Beziehungen. Auf den Handelswegen entspinnt sich auch kulturell nach dem Westen und Süden Deutschlands ein reger Verkehr, von dem in Schlesien, besonders in der Hauptstadt Breslau, die Werke der bildenden Kunst einprägsam Zeugnis gaben. Ein Nürnberger, Peter Eschenloer, war es auch, der den Breslauern in seinen "Geschichten der Stadt Breslau von 1440—79" die Geschehnisse jener drangvollen Kampfzeit gegen Podjebrad überliefer-

13. Eigenhändiger Sendbrief Jakob Böhmes (1575-1624) von 1619

te, mit der Anteilnahme seines deutschen Herzens und offenem Blick für die politischen Notwendigkeiten, als Stadtschreiber selbst mitten im Geschehen stehend.

Was die Schlesier in Süd und West fanden, war die unbedingte Herrschaft des humanistischen Geistes, nicht mehr, wie im Anfang, erfüllt vom Zauber eines neuen Weltgefühls, sondern eingeschränkt auf Eroberung der antiken Bildungswelt. Ganz bewußt wird der Trennungsstrich gezogen zwischen humanistischem Gelehrten und "ungebildeter" Schicht, wird eine Kunstdichtung geschaffen, die, Wissenschaft und sprachliche Meisterschaft antiker Muster verbindend, nur dem Kenner etwas zu sagen hat. Diese über die Niederungen des gewöhnlichen Lebens sich erhebende Welt der Humanisten bildet über die Schranken der Nationen hinweg eine große Familie, das persönliche Leben ihrer Glieder steht nicht minder im Vordergrund als ihre Leistung. In dem mit jeder Veröffentlichung getriebenen Personenkult wurzelt die in Schlesien jahrhundertelang wuchernde Gelegenheitsdichterei. Mittelpunkt der überstaatlichen Bildungsgemeinschaft aber ist Italien; dort gewesen zu sein, bleibt die Sehnsucht der deutschen Humanisten.

Manchen Schlesier hat sein Leben lang die Fremde festgehalten. Mit der Heimat verbanden einen Georg Sauermann (1492—1527)[6] nur noch briefliche Beziehungen und die Fürsorge für junge Landsleute, die Italien besuchten. Ein vorbildlicher Stilist, noch als Studierender 1513 Rektor von Bologna, dann Geschäftsträger Karls V. bei der Kurie, war dieser Mann zum Italiener geworden. Die Römer spendeten ihm ihr höchstes Lob, wenn sie ihm nachrühmten, er habe in Sitte, Sprache und Benehmen den Nordländer völlig abgelegt. Daß dieses durch Höhen und Tiefen führende Leben im Sacco di Roma endete, gehört mit zu seinem Bilde.

Nicht Italien allein, besonders auch der südosteuropäische Raum von Krakau bis nach Wien und Ofen sieht das Wirken der Schlesier, als Gelehrte und Diplomaten, Poeten und politische Publizisten, eine Vielseitigkeit der Betätigung, die ja den meisten Humanisten eigen ist. Schlesiens hervorragendster humanistischer Dichter, Caspar Ursinus Velius (um 1493—1539)[7] aus Schweidnitz, der gefeierte Hofhistoriograph Ferdinands I., lebt in Wien; Italiens Universitäten hat er besucht, die Künstler und Gelehrten des Hofkreises gehören sämtlich zu seinen persönlichen Bekannten, mit Erasmus verbindet ihn wirkliche Freundschaft. Aus Patschkau stammt Georg Werner (etwa 1490—1556), oberungarischer Kammerpräsident und Schilderer seiner neuen Heimat; er verkörpert in Ofen am reinsten die von Celtes geweckte humanistische Tradition. Verfechter der habsburgischen, katholischen Sache sind diese Männer wie auch ein dritter Schlesier im österreichisch—ungarischen Kulturkreis, Georg von Logau (1500—53) aus Schlaupitz bei Schweidnitz.

In Schlesien selbst strömen die verschiedenen Richtungen des Humanismus[8] ein. Italienische Einwirkung steht an erster Stelle — Italienfahrten haben auch die meisten in der Heimat lebenden Schlesier unternommen —, dann aber ist der Einfluß des Erfurter, später Wittenberger Kreises, nicht zuletzt der des Erasmus und Reuchlins unverkennbar. Gleichwohl hatte der Humanismus in Schlesien auch bodenständige Eigenart. Freilich ist es auch hier wieder der Name einer Größe der Humanistenwelt, welcher eine Reihe von Schlesiern wie ein geheimes Band umschließt. Konrad Celtes[9], der "Erzhumanist", der erste deutsche poeta laureatus und unermüdliche Werber des deutschen Geistes, hatte — sein Lebensweg vom Westen nach Krakau, Ofen und Wien ist beispielhaft für den Gleichlauf der wirtschaftlichen und geistigen Beziehungen Schlesiens — in Krakau die Verbindung zu Schlesien angeknüpft. Des Landes erster gekrönter Poet, Vincentius Longinus Eleutherius (Lang), bald neben Celtes in Wien wirkend, gehört zu seinen Jüngern, sodann vor allem der Kreis um Bischof Johann IV. Roth, Freund Enea Silvios (Papst Pius' II.), des großen Anregers der Blütezeit des deutschen Humanismus. Was in dieser zwar nicht dem Namen nach, aber doch als geistige Gemeinschaft bestehenden Sodalität von Celtes' Geist lebendig war, sind nicht allein die landläufigen humanistischen Bestrebungen. An der Unüberbrückbarkeit politischer Gegensätze mußte schließlich die ursprünglich überstaatliche Bildungsidee des Humanismus scheitern. Celtes ist mit seinen Sodalitäten, Gegenstücken der italienischen Akademien, Vorkämpfer eines nationalen Humanismus. Longinus kommt die völkische Verschiedenheit und sein Deutschtum in Italien zum Bewußtsein: er scheut sich nicht, seiner Überzeugung von der wissenschaftlichen und sittlichen Überlegenheit der Deutschen offen Ausdruck zu geben. War den Schlesiern ein derartiger Unterschied erst einmal bewußt, mußte er ihnen auch im Verhältnis zu ihren polnischen Nachbarn ins Auge fallen. Am Neumarkter Ratsherrensohn Lorenz Rabe (Corvinus; etwa 1465—1527)[10], seit 1497 als Rektor der Elisabethschule einflußreicher Breslauer Schulmann — i. J. 1500 führte er als erster in Deutschland noch vor seinem Meister Celtes den Eunuchus des Terenz auf —, wird dies deutlich. Insbesondere die Hochzeitsgedichte, die er 1518 Siegmund I. als Abgesandter Breslaus bringt, ziehen die Grenze: hier Rabe und sein deutsches Schlesien, dort Siegmund und das Sarmatenland.

Nirgends spricht das deutsche Herz der Schlesier, trotz der lateinischen Sprache und allen humanistischen Beiwerks, so überzeugend wie in den Werken eines Barthel Stein und Pancraz Geyer (Vulturinus). Stein[11], aus Brieg gebürtig, Krakauer Bakkalaureus und Magister, Professor der Geographie in Wittenberg — der erste Geograph an einer deutschen Universität —, vollendete 1512/13 im Johanniter—Hospiz zu Breslau seine "Descripcio tocius Silesie atque civitatis regie Wratislaviensis". Dieses Werk, zum großen Teil auf eigener Anschauung beruhend, ist die älteste Darstellung des schlesischen Raumes, seiner geographischen Beschaffenheit und seiner Geschichte, seiner Bevölkerung, durch die Oder in Bewohner national verschiedener Abkunft geschieden, seiner Städte und ihres politischen, wirtschaftlichen und kulturellen Lebens. An der Spitze die Stadt Breslau, für deren Bedeutung Stein in dem Kampf um das Stapelrecht (I, S. 481) Gefahren heranziehen sieht, von denen er mit der Anteilnahme des ganzen Menschen lebendig anschauliche Bilder entwirft, der er ein bleibendes Denkmal setzen will. "Sollte Breslau von seiner Höhe herabgestürzt werden, so mögen wenigstens diese Zeilen der Nachwelt von seiner einstigen Beschaffenheit und Größe Kunde geben." Aus der gleichen glühenden Heimatliebe und dem schmerzlichen Erlebnis, die Heimat im Ausland mißachtet zu sehen, ist Pancraz Geyers "Panegyricus Silesiacus" (1506)[12] entstanden. Als Paduaner Student begegnet es ihm, daß keiner der Studiengenossen Schlesien kennt. So will er sein Lob singen. Mit Stolz spricht er von der Heimat, dem schönsten Teil des mächtigen deutschen Vaterlandes, gibt er besonders anschauliche Schilderungen von Breslau und seiner Vaterstadt Hirschberg. Als er liebevoll die Sitten und Gebräuche des einfachen Volkes am Johannestag erzählt, wird er von einem Römer ob dieses Barbarentums angegriffen; da fährt er auf: ein Volk, das wie das schlesische die Studien pflege und seine gelehrten Männer ehre, habe keine barbarischen Sitten, es sei den Italienern mindestens gleichwertig.

Diese beiden Landesbeschreibungen sind Leistungen, die sich den besten Schöpfungen des deutschen Humanismus überhaupt würdig zur Seite stellen. Das stolze Selbstbewußtsein dieser Schlesier war vollauf berechtigt. Auf Johann IV. Roth war im Breslauer Bischofsamt Johann V. Thurzo gefolgt. Seine Regierungszeit (1506—20) beendet die Blüte des schlesischen Humanismus. Als echter Renaissancefürst war er ein Freund der Künste und der schönen Wissenschaften, Bauherr und großzügiger, väterlicher Gönner des aufstrebenden schlesischen Nachwuchses. Zudem weist er, durch Geburt und Rang mit dem österreichischen und ungarischen Herrscherhause in einflußreicher Verbindung stehend, schlesischer Geistigkeit den durch Matthias Korvin, Johann Roth und Celtes angedeuteten Weg nach dem Süden. Humanismus, das ist nun im Lande wohlerworbener, gesicherter Besitz: seine Pflegestätten sind die Schulen der Städte, besonders Breslaus[13]. Hier steht der gründlichen humanistischen Durchbildung weitester Schichten nichts mehr im Wege, seitdem, vor allem durch Dr. Hans Metzler, dessen Haus literarischer Mittelpunkt der Stadt wurde, dem bildungsfeindlichen Prädikantentum der Wind aus den Segeln genommen war. Davon geben die zahlreichen lateinischen Poeten Zeugnis, unter ihnen als Name volleren Klanges Franz Faber (1497—1565), dessen Dichtung stark national geprägt ist. Im ganzen bietet Schlesien beim Übergang an Habsburg ein Bild regen geistigen Lebens, von dem der Praeceptor Germaniae sagen konnte: "In keinem Teil Deutschlands findet sich unter dem Volke ein solcher Trieb zur Wissenschaft." Und auch dies ist mehr als humanistische Schönfärberei, wenn er das Land beglückwünscht, "weil es nicht nur unter der Geistlichkeit mehr Gebildete besitzt als irgendein anderer Volksstamm, sondern auch in den Kreisen, die der Wissenschaft durch ihren Beruf sonst ferne stehen" (Melanchthon an Rabe i. J. 1521).

Dieses Schlesien, das von 1526 ab seine staatliche Heimat im Verbande der streng katholischen Habsburger Hausmacht fand, hatte sich in kurzer Zeit und fast vollständig, ohne schwere Glaubenskämpfe, der

Lehre Luthers zugewandt (I, S. 300). Ein schroffer Bruch wurde von beiden Seiten vermieden; das neue Herrscherhaus gewann bald die Überzeugung, daß die Schlesier gute Untertanen seien, diesen selbst lag nichts ferner als unduldsame Orthodoxie, wie ja schlesische protestantische Kirchlichkeit überhaupt "gut lutherisch eigentlich nie, weder in den Anfängen noch später gewesen ist".[14] Mehr als der Reformator selbst hat zweifellos Melanchthon[15] auf die Schlesier eingewirkt. Seine weiche und milde Art entsprach dem schlesischen Wesen, das sich auch immer wieder aufgeschlossen zeigt für ein freieres, aus Dogmengebundenheit wegstrebendes Verhältnis zu den göttlichen Dingen, empfänglich für bald von Böhmen oder der Lausitz her geweckte sektierische Neigungen. Ernstliche Gefahren erwuchsen dem schlesischen Protestantismus erst durch die rücksichtslosen staatlichen Rekatholisierungsbestrebungen der Gegenreformation, die sich aller Mittel bediente, angefangen von der rohen Gewalt der "Seligmacher", der Liechtensteinschen Dragoner, bis zu den überaus geschickten Überredungskünsten der Jesuiten. Der schlesische Protestantismus hat sich unter diesem schweren Druck, der allerdings die anderwärts im eigenen Lager auftretenden Spannungen bis auf Reibungen zwischen Kalvinisten und Lutheranern vor dem gemeinsamen Selbstbehauptungswillen nicht aufkommen ließ, nur unter — örtlich durchaus verschiedenen — Opfern behauptet.

Freilich hat sich auch das protestantische Schlesien den künstlerischen und literarischen Einflüssen aus dem Süden, die von den Brennpunkten der katholischen Kultur seines Herrscherhauses weiterstrahlten, bereitwillig geöffnet, mit der dem Volksstamm, wie Gustav Freytag sagt, eigentümlichen Geneigtheit, Fremdes anzuerkennen und auf sich wirken zu lassen. Die Blüte der Dichtung in der habsburgischen Zeit ist wesentlich auf diese Mittlerstellung[16] zurückzuführen: Aufnahme der einander widerstrebenden Anregungen, Auseinandersetzung mit ihnen und Umsetzen in den schöpferischen Prozeß. Die wirklich maßgebende Rolle des schlesischen Lagers in der gesamtdeutschen Literatur dieser Jahrzehnte resultiert aus dem religiös bestimmten Spannungsverhältnis zwischen Nord und Süd, ganz gleich, welche Stellung der einzelne schließlich einnahm. Gryphius und Scheffler beispielsweise sind ohne diese geistige Lage nicht vorstellbar.

Die in der Humanistenzeit zu beobachtende Wirksamkeit von Schlesiern im habsburgischen Staatsverbande hat sich auch weiterhin fortgesetzt. Es genüge, an den berühmten Arzt Crato v. Krafftheim[17], den Leibarzt dreier Kaiser (Ferdinands I., Maximilians II. und Rudolfs II.) zu erinnern, oder an die aus Schlesien stammenden Diplomaten, welche, wie der Gesandte Österreichs bei der Pforte, Friedrich v. Kreckwitz, in den Ostmissionen der Habsburger tätig waren. Auf den Wegen der Humanisten, zugleich auf denen schlesischer Handelsbeziehungen verlaufen auch in der Zukunft die schlesischen Bildungsreisen, nach West- und Süddeutschland, Holland, Frankreich und Italien. Auch ein Thomas Rehdiger (1540—76)[18], dessen in dankbarer Erinnerung zu gedenken die Schätze der Breslauer Stadtbibliothek (heute Universitätsbibliothek) mahnen, folgt diesem Zug, wie mancher sonst aus dem geistig führenden Bürgertum. Mit ihm, dem Breslauer Patrizier, stellt Schlesien noch einmal einen wirklichen Renaissancemenschen, der aus dem Geist des Humanismus Kraft zu Lebenserhöhung und -steigerung schöpft.

Seit dem ersten Plan von 1409 hat es auch weiterhin nicht an Absichten gefehlt, sich in Schlesien in Gestalt einer Hochschule den geistigen Mittelpunkt zu schaffen. 1505 hatte der Gedanke einer Breslauer Universität greifbare Gestalt gewonnen: an dem Widerstand Krakaus, der 1364 errichteten und vorzüglich von Schlesiern besuchten nahen polnischen Hochschule, scheiterte dieser Plan. Auch die von Friedrich II. v. Liegnitz 1526 mit dem Dozentenkollegium in Angriff genommene Gründung einer Hochschule blieb infolge der schwenckfeldischen Händel in den Anfängen stecken. Immerhin fast ein Vierteljahrhundert (1606—29) hat das Schönaichianum in Beuthen a.d. Oder bestanden, jene kleine von dem Freiherrn Georg v. Schönaich begründete reformiert-humanistische Hochschule, welche die schlesischen Studenten aus der Enge orthodox-lutherischer Streittheologie herausführen sollte. Opitz hat hier für seine deutsche Dichtkunst entscheidende Hinweise auf den verwandten niederländischen Versbau erhalten. Was schließlich aus der 1638 gegründeten Jesuitenschule 1702 zur Breslauer Leopoldina — dem jesuitischen Hochschulwesen entsprechend mit nur zwei Fakultäten, der theologischen und der philosophischen — erhoben wurde, war das, als was es die überwiegend protestantischen Schlesier ablehnten: eine Zelle gegenreformatorischer Propaganda. Eine Landeshochschule ist diese späte Breslauer Gründung auch für die katholischen Schlesier nicht gewesen. Es war das Schicksal Schlesiens, im Lande selbst keinen Sammelpunkt der schöpferischen Geister zu haben und seine Söhne auf auswärtige hohe Schulen schicken zu müssen.

Unter diesen Hochschulen[19] stehen seit der Reformation die Universitäten des Nordwestens an erster Stelle: Leipzig, sozusagen eine schlesische Gründung, und das lutherische Wittenberg, im Westen Straßburg weisen ein starkes schlesisches Kontingent auf. Das kalvinistische Heidelberg ist von tiefgreifendem Einfluß auf die geistige Haltung manchen Schlesiers, nicht minder das mystischer Frömmigkeit aufgeschlossene, freiheitliche niederländische Leiden mit seiner hervorragenden mathematischen Wissenschaft und Medizin. Dann aber besonders die in der räumlichen Nähe Krakau ablösende brandenburgische Hochschule Frankfurt a. d. O. und im Dreißigjährigen Kriege das Refugium Germaniae Königsberg mit seiner starken schlesischen Kolonie, die sich hier, etwa als Kreis der Opitzjünger, in einer immer wieder zu beobachtenden Eigenart als der große Anreger erweist.

Im Lande selbst sind die allenthalben spürbaren neuen Impulse am Anfang des 16. Jhs in erster Linie Auswirkungen der Reformation. Als Pflegestätten der Bildung erfahren die Schulen einen mustergültigen Ausbau; sie sind es, welche dem schlesischen humanistischen Protestantismus die eigentümlich versöhnliche Haltung vermitteln. Der Einfluß Melanchthons ist überall spürbar: Schüler von ihm finden sich an zahlreichen Orten als Schulleiter, wie auch der berühmte Goldberger Rektor Valentin Trozendorf (1490—1556)[20], der geborene Menschenbildner modern anmutenden Formats, zu seinen Vertrauten gehört. Seine Anstalt, gegründet auf die Selbstverantwortlichkeit der Schüler, gelangte unter diesem vorbildlichen Erzieher, dem über aller Schulgelehrsamkeit die allseitige menschliche Entwicklung seiner Schüler stand, auf den Gipfel ihres durch ganz Deutschland verbreiteten Ruhmes.

Auch die neuen Ansätze deutschsprachiger Dichtung sind fast durchweg getragen von evangelisch—lutherischer Geistigkeit, die ihren Ausdruck findet im Kirchenlied, im Meistergesang und Drama. Das Kirchenlied darf sich bereits der Gründer der protestantischen Kirche Schlesiens, Heß und Moibanus, als seiner Ahnherren rühmen. In der Folgezeit ist es, zumal in der höheren Geistlichkeit, zahlreich vertreten, bis es in Johannes Heermann (1585—1647)[21], dem berühmtesten Kirchenliederdichter Schlesiens, einen überragenden Höhepunkt erreicht. Es spricht für Heermanns feines Gefühl, wenn er Opitzens "der Worte Kunst und Zier" bewußt vermied, wohl aber dessen Formfreude mit einer starken Gefühlsintensität des religiösen Erlebens verband, die bereits zur seelischen Haltung des Barock hinüberführt. Michael Weiße, der erste berühmt gewordene Kirchenliederdichter, ist freilich kein Lutheraner, sondern gehört der Gemeinschaft der böhmischen Brüder an, denen er 1531 ihr erstes maßgebendes Gesangbuch geschenkt hat.

In letzter Stunde kam der Meistergesang ins Land. Im Westen als Nachfahre höfischer Kunst vom Handwerkertum entwickelt, wurde er von Oberdeutschen nach Schlesien gebracht zu einem Zeitpunkt, da er in seiner Heimat bereits an der eigenen Tradition zugrunde ging. Der Schuster Wolfgang Herolt (+ 1614), aus Augsburg gebürtig, der "schlesische Hans Sachs", hat in der Breslauer Meistersingerschule einigen Klang. Unbedingte Autorität forderte und besaß über Schlesiens Grenzen hinaus Adam Puschmann (1532—1600) aus Görlitz, der zielbewußte Bewahrer alter Singekunst, von der er "zu Nürnberg bei dem sinnreichen Herrn Hans Sachs und anderen verständigen Singern Bericht erlanget". Wie er sich mit aller Kraft gegen die Mißachtung seiner Kunst stemmt, wie er der geheiligten Regeln Gebot, die Tabulatur, der Töne und Melodien Gebrauch mit dem Einsatz seiner Person erneut als Muster aufstellt, das berührt, wie es schon Hoffmann v. Fallersleben anschaulich gewürdigt hat, immerhin sympathisch, wenn er auch gegen die neumodischen Künsteleien der "Klüglinge, die in gemelter (d.i. Nürnberger) Tabulatur gewühlet wie die Schwein im Rübenacker", nicht aufkam. Nicht in seinen zahlreichen Weisen und dem Meistersingerdrama "Joseph", wohl aber in dem "Gründlichen Bericht des deutschen Meistergesangs", der systematischen Darstellung des ganzen Regelgebäudes, aus der über Wagenseil auch Wagner für seine „Meistersinger" geschöpft hat, und in seiner Liedersammlung lebt der Name Adam Puschmann fort. Ohne bodenständige Grundlage verfiel der schlesische Meistergesang schnell; die Breslauer Singschule wird schon 1633 letztmalig erwähnt.

Verhältnismäßig spät hielt ein anderer Sproß der Reformation Einzug in Schlesien: das deutsche Schuldrama. 1586 ist aus Görlitz, bezeichnend für das Eindringen von Sachsen her, das erste Stück dieser Art bezeugt, des Schulmeisters und kaiserlichen Notars Georg Göbel "Die fart Jacobs des Heiligen Patriarchens Und der Ursprungk der Zwölf Geschlecht und Stemme Israel, aus dem Buch der Schepffung Comedienweise auff Hochzeiten und sonsten zu spielen gestellet". Große Kunstwerke sind weder dieses Drama noch die folgenden. Stofflich wird, mit geringen Ausnahmen, bereits hundertmal Dagewesenes immer wieder in bewährter Machart bearbeitet. Immerhin, diese Stücke bereiten einmal den Boden, auf dem das Barockdrama üppig gedeihen konnte, zum anderen bergen sie eine Fülle kulturgeschichtlich interessanter Dinge. Denn um das vertraute biblische Geschehen abwechslungsreicher zu gestalten, werden mundartliche Szenen eingeflochten, die dem wirklichen Leben abgelauscht sind. Schon bei Göbel ist dies der Fall, besonders aber in den zweifellos anziehendsten Schulkomödien, welche die Landschaft hervorgebracht hat, in den drei Stücken, die der auch als Kirchenliederdichter bekannte Laubaner Pastor Martin Böhme (1557—1622) 1618 veröffentlichte: "Holofernes und Judith", "Tobias" und "Acolastus, eine lustige Comedia vom verlorenen Sohne". Hauptsächlich dort, wo in der Handlung Landvolk aufzutreten hat, werden die Szenen liebevoll ausgemalt, und die Dargestellten sind eben unverfälschte Schlesier; wo die Soldateska des Holofernes im Spiel ist, ergibt sich Gelegenheit zu lebendiger und realistischer Schilderung des Treibens der Landsknechte, im biblischen Rahmen verblüffend echte Zeitbilder, die auch heute noch ihre Wirkung haben. Diese Schauspielkomposition liegt auf der Linie, die zu Gryphius' "Geliebter Dornrose" und "Horribilicribrifax" hinführt. Sprache und Vers sind bei Böhme sorgfältig gehandhabt, wie mehr noch bei dem Breslauer gekrönten Poeten Andreas Calagius (1549—1609), der zwei von den wegen ihrer Lebenswahrheit und treffenden Charakteristik beliebtesten lateinischen Schuldramen Frischlins ins Deutsche übersetzte: "Rebekka" (1599) und "Susanna" (1604). Der Überdruß an den allzuoft behandelten biblischen Themen mag die beiden in Schlesien erhaltenen weltlichen Dramen erklären. Des Silberberger Stadtschreibers Zacharias Liebholdt (1552—1626) "Historia" von 1596 ist eine dramatische Bearbeitung der Boccaccionovelle von Cymbelin, "dem H. Ehestande und allen Christlichen, ehrliebenden Eheleuten zu ehren und gefallen gestellt", während des Löwenberger Arztes Tobias Kober deutsche Übersetzung seiner eigenen Tragödie "Idea Militis vere Christiani" unter dem Titel "Mars sive Zedlicius" vom Jahr 1607 sich darstellt als eine während der Wiener Türkenbelagerung 1529 spielende Episode aus der Geschichte des schlesischen Adelsgeschlechtes von Zedlitz. Verwendung der Mundart auch hier, aber nicht nur der schlesischen allein, sondern — wohl nach dem Vorbild des Herzogs Heinrich Julius von Braunschweig — gleich vier verschiedener zur Charakterisierung deutscher Stämme. Gegenüber den Vertretern des deutschen hat sich auf dem Gebiete des lateinischen Schuldramas nur ein Schlesier einen Namen gemacht, Georg Calaminus (Röhricht; 1547—95)[22]: "Carmius sive Messias in presepi" (1576), "Helis" (1591) und "Rudolphottocarus" (1594), der Stoff von Grillparzers König Ottokar, sind die Hauptwerke des in Straßburg an Seneca und den griechischen Tragikern gebildeten Silberberger Sohnes.

Neben dem maßgebenden lutherischen Kirchentum laufen von Anfang an starke religiöse Unterströmungen. Ihrem Wesen nach ausgerichtet auf Vertiefung der religiösen Innerlichkeit und Abkehr von der Erstarrung in äußerer kirchlicher Form münden sie bald in die verwandte mystische Überlieferung. In den Menschen des mitteldeutschen Ostens, Schlesiens und der Oberlausitz, schlug die Bewegung tiefer Wurzeln als anderswo. Ihnen lag mystische Frömmigkeit im Blute. Ihre Ahnen waren aus den Landschaften eines Meisters Ekkehart gekommen; den slawischen Ansässigen, mit denen sie zur neuen Stammeseinheit verschmolzen, war eine ahnungsvoll träumende Religiosität zu eigen. Das benachbarte Böhmen, mit ähnlicher völkischer Blutmischung, hat entsprechende Bestrebungen aufzuweisen; wie weit aus dem Namen dessen, der dem Osten das zusammenfassende Weltbild schuf, dem Namen Jakob Böhme, auf die Abstammung seines Trägers zu schließen ist, bleibt jedoch fraglich.

Der Wegbereiter, der schlesische Edelmann Kaspar v. Schwenckfeld (1489—1561)[23] aus Ossig bei Lüben, ist nicht eigentlich Mystiker, wohl aber mystischer Religiosität verwandt in seinem Kirchenbegriff der unsichtbaren geistigen Gemeinschaft der wahrhaft in

Gott Lebenden, vom Heiligen Geist Erweckten und durch ihn Wiedergeborenen. Orthodoxie protestantischer und katholischer Richtung hat den ursprünglich begeisterten Lutheraner über 30 Jahre als Schwärmer und Sektierer verfolgt, bis ihm mit einigen Anhängern, kurz vor seinem Tode, Justingen in Württemberg letzte Zufluchtsstätte wurde. Daniel Sudermann, Erzieher Johann Sigismunds v. Brandenburg, schloß sich hier den Schwenckfeldern an; die Linie von den Ideen Schwenckfelds zu dem Toleranzedikt des jungen Kurfürsten ist unverkennbar. Das Leben der schlesischen Gemeinden gestaltete sich zu einer Kette von Verfolgungen, denen sie sich nach kurzen Jahren der Ruhe bei dem Grafen Zinzendorf 1733 durch die Auswanderung entzogen. Pennsylvanien wurde ihre neue Heimat.

Die schwenckfeldische Sekte ist keine vereinzelte Zeiterscheinung; allenthalben schwelt die unterirdische Glut einer abseitigen Religiosität, stehen Propheten auf und bilden sich Gemeinschaften, die auf eigene Faust den Weg zum Heil suchen. Hinzu kommt die Pflege geheimer Wissenschaften, verkörpert etwa in dem phantastischen Geheimbund der Rosenkreuzer, das Mühen um die von Agrippa v. Nettesheim und Paracelsus gewiesenen Wege moderner Naturerkenntnis. Mittelalterlicher Aberglaube und exakte Naturwissenschaft, Alchimie und Astrologie, kabbalistische Weisheit und magische Naturlehre gehen eine seltsame Ehe ein[24]. Görlitz, dessen Ärzte in der Mehrzahl Paracelsusjünger sind, und die benachbarten Herrensitze werden zum Mittelpunkt mystischer Religiosität und alchimistischer Geheimlehren; in dieser Schlesien eng verbundenen oberlausitzischen Umwelt wächst der für die Geistesgeschichte erste Ostdeutsche von europäischem Rang heran: Jakob Böhme (1575—1624)[25].

In dem Görlitzer Schuster sind Religion und Philosophie, Wissenschaft und Dichtung ungeschiedene Einheit. Im Grunde ungelehrt und nur durch seine studierten Freunde mit der Wissenschaft in Verbindung, schöpft er seine Erkenntnisse aus einer von dem Bewußtsein unmittelbarer göttlicher Erleuchtung getragenen inneren Schau. So ist sein erstes Werk, die später "Aurora" genannte "Morgenröte im Aufgang" (1612) wesentlich ein Festhalten seiner Gesichte. Auch die späteren, mit zahlreichen Elementen der zeitgenössischen Naturlehre durchsetzten Hauptwerke "Beschreibung der drei Prinzipien göttlichen

Wesens" (1619), "Vom dreifachen Leben des Menschen" (1620) und die beiden Versuche, ein abgeschlossenes Weltbild vom theosophischen Standpunkt aus zu gestalten: "Von der Geburt und Bezeichnung aller Wesen" ("De signatura rerum", 1622), wo Böhme an der Hand des Paracelsus ziemlich verworren sein System der Natur gibt, und das "Mysterium magnum oder Erklärung über das erste Buch Mosis" (posthum 1633), eine gnostische Kosmogonie, welche die Geschichte der Menschheit als Selbstverwirklichung Gottes deutet, auch diese Werke sind letztlich nicht Ergebnisse begrifflichen Denkens, sondern in Fortsetzung neuplatonischer Tradition mittelalterlicher Mystik intuitiv gewonnene Erkenntnisse des ringenden und grübelnden Geistes eines ursprünglichen und naturnahen Menschen. Im Suchen nach einer die auseinanderstrebende Daseinswirklichkeit in höherer Einheit bindenden Harmonie beschäftigten ihn vor allem zwei Aufgaben: Klarheit zu schaffen über das Verhältnis von Gott und Natur, dann aber das ihm überall begegnende Böse einzugliedern in sein Weltbild, dessen tragender Gedanke der des unendlich vollkommenen Gottes als dem alleinigen Grund des gesamten Daseins ist. Böhme ist Mystiker; zahlreiche Berührungspunkte finden sich mit der alten Mystik: die Einswerdung mit Gott ist ihm letztes Ziel des Menschen, der Gedanke der Gott- und Weltgeburt aus dem wesen- und gestaltlosen All-Einen, die Plotinische Stufenreihe zwischen „Urgrund" und stofflicher Welt und viele andere im mystischen Denken lebendige Vorstellungen. Daneben aber wirkte die reformatorische Religiosität maßgeblich auf das Weltbild Böhmes ein: ohne den Einfluss der lutherischen Gedankenwelt und Begrifflichkeit sind seine Stellung zur Rolle des Bösen, seine Vorstellung vom zornigen, eifrigen Gott nicht denkbar, auch nicht seine ethische Haltung und das Hervorheben der Willenskräfte zur Überwindung der Kluft zwischen göttlichem und menschlichem Wesen, wenn auch in dieser Beziehung sich zugleich der Unterschied zwischen Luther und Böhme findet. Nicht zuletzt haben die zeitgenössischen alchimistischen Anschauungen in seine Werke Eingang gefunden. Doch sind es nicht solche ohne Schwierigkeit auf ihre Herkunft festzulegenden Elemente seiner Lehre, sondern eben ihre großartige Grundkonzeption und die einzigartige geschlossene Persönlichkeit dieser mit sprachschöpferischer Kraft wie wenige begabten Dichternatur, die aus den Bemühungen des

Bauernsohnes aus Altseidenberg einen neuen Mythos werden ließen. Und indem durch Böhme das neue Bild der deutschen Seele von Gott und der Welt Gestalt gewann, tritt das östliche Deutschtum erstmalig mit einer seinem Wesen entsprechenden großen Leistung hervor. Böhme zeichnete dem deutschen Barock seine geistige Aufgabe im Bereich des Religiösen vor, im Barock aber wiederum sollte Schlesien richtungweisend in das deutsche Geistesleben eingreifen.

In der Heimat ging Böhmes Ideengut durch Freunde und Verehrer von Mund zu Mund, bis es in der Dichtung Czepkos und Schefflers auch nach außen in mitreißende Form gebannt wurde. Die Widersacher, die schon, vor allem in der Gestalt des Görlitzer Hauptpastors Richter, dem armen Handwerker Not und Verfolgung gebracht hatten, verhinderten in Schlesien die Drucklegung seiner Schriften. Franckenberg besorgte sie in Holland, von wo aus Böhmes Werk nach England gelangte, der Wiege seines europäischen Ruhmes. Der Aufklärung versank seine Größe, für die Romantik aber wurde sein Denken zum innerlichen Erlebnis; seitdem ist Jakob Böhmes Werk eine immer neu zu bewältigende, lockende Aufgabe geblieben.

Was der Görlitzer Schuster gesonnen hatte, wird als der Anfang der für Schlesien so bezeichnenden mystischen Linie angesehen. Das "Gottsuchertum", vor allem in der Dichtung immer erneut zur Gestaltung drängend, ist aber nur eine Seite schlesischer Geistesart. Die andere gibt sich rational—diesseitig; aus der offensichtlich gerade in Schlesien besonders stark empfundenen Spannung zwischen beiden Polen erwachsen im Lauf der Jahrhunderte die bedeutendsten Leistungen.

In Böhmes Todesjahr erhebt diese andere Seite in Martin Opitz (1597—1639)[26] laut und für das gesamte geistige Deutschland vernehmlich ihre Stimme. War Böhmes Schaffen Ausdruck intuitiver Schau, so ist des Bunzlauer Fleischer— und Ratsherrensohnes Werk Ergebnis nüchterner verstandesmäßiger Überlegung. Dies wird, wenn auch im Gesamtwerk ersichtlich, besonders klar am "Buch von der Deutschen Poeterey" (1624). Wohl fühlte sich Opitz in erster Linie als Dichter, und von den Zeitgenossen wurde er als ein Großer im Reiche der Dichtkunst gefeiert. Wegweisend aber wurde diese Poetik. Sie stellt gewiß keine große eigenschöpferische Leistung dar; dies ist nicht entscheidend, wohl aber, daß ausgesprochen wurde, was dem literarischen

Deutschland nötig war; daß es gesagt wurde, und zwar mit schulmeisterlicher Strenge, ist Opitzens Verdienst. Als Sproß des schlesischen Kolonialbodens unbeschwert von langer literarischer Tradition, besaß er die Einsicht in die geistesgeschichtliche Lage, die nur allzusehr das Zurückbleiben Deutschlands hinter den Nationalliteraturen des Westens offenbarte. Dort ein Aufblühen eigensprachlicher Dichtung, in Deutschland, trotz mancher verheißungsvoller Anfänge, ein Verharren in humanistisch—lateinischer Tradition. Eine deutschsprachige Dichtung zu schaffen, war also das Ziel. Nicht nur die Anregung für seine Forderung empfing Opitz vom Ausland, er schrieb die Vorbilder, die dort die Gesetzmäßigkeiten aufgestellt hatten, auch großzügig aus. Scaliger, Ronsard und Heinsius sind auf lange Strecken wörtlich ins Deutsche übertragen. Was dort über den Beruf des Dichters steht, über die Unterscheidungen der Dichtungsgattungen, kehrt auch bei Opitz wieder. Der Fremdwörtersucht wird der Kampf angesagt, bildliche Ausdrucksweise und Lautmalerei empfohlen. Im Mittelpunkt — und hier ist Opitz mehr denn bloßer Ausschreiber geläufiger Regelbücher — steht das Kapitel über Metrik und Versform. Diese Forderungen bringen einen entscheidenden Umschwung; mit Opitz ist der Bann mechanischer Silbenzählerei gelöst, dem antiken ein den germanischen Sprachen angemessenes Versgesetz des Wechsels von Hebung und Senkung an die Seite gestellt. Da freilich Opitz nur bestimmte Versmaße gelten ließ, hat er für über ein Jahrhundert die Vorherrschaft des Alexandriners begründet.

Die Lanze für eine Dichtung in deutscher Sprache war mit dem „Buch von der Deutschen Poeterey" gebrochen. Mit seinen Regeln zwang es die deutschen Poeten zu sprachlicher Achtsamkeit und legte in überraschend kurzer Zeit den Grund zu einem reinen Hochdeutsch. Daß es die deutsche Dichtung von ihren bodenständigen Gegebenheiten hinweg in eine nationalisierte Gelehrtenpoesie nach Art der Neulateiner einmünden ließ, ist wohl das folgenschwerste Ergebnis. Erst durch Opitz wurde die Kluft zwischen den humanistisch Gebildeten und dem Volke unverkennbar.

Was er theoretisch forderte, das suchte Opitz durch eigenes Vorbild in seinem Schaffen zu verwirklichen. Von einem inneren Müssen, dem göttlichen Feuer, von dem er als Wesensart des Dichters selbst spricht, ist freilich kaum eine Spur. Seine Dichtung entspringt dem klugen Wissen um die Form, der Freude an der geschmeidigen Handhabung des Wortes, der wählerischen Nachbildung fremder Muster. Technische Meisterschaft und weltmännischer Schliff zeichnen sein Werk aus, das seinen Schwerpunkt vor allem in der Lyrik hat. Im Zeitalter der Glaubenskämpfe gelingen ihm Stücke leichter erotischer Poesie im Stile der beschwingten, feingeistigen neuen Geselligkeit, wie das folgende, Ronsard nachgebildete Lied:

> Ach, Liebste, laß uns eilen,
>   Wir haben Zeit,
> Uns schadet das Verweilen,
>   Uns beiderseit.
>
> Der Wangen Zier verbleichet,
>   Das Haar wird greis,
> Der Äuglein Feuer weichet,
>   Die Flamm wird Eis.
>
> Drum laß uns jetzt genießen
>   Der Jugend Frucht,
> Eh' dann wir folgen müssen
>   Der Jahre Flucht.
>
> Der schönen Schönheit Gaben
>   Fliehen Fuß für Fuß,
> Daß alles, was wir haben,
>   Verschwinden muß.
>
> Das Mündlein von Corallen
>   Wird ungestalt,
> Die Händ' als Schnee verfallen,
>   Und du wirst alt.
>
> Wo du dich selber liebest,
>   So liebe mich,
> Gieb mir das, wann du giebest,
>   Verlier' auch ich.

In dieser anmutigen, weltmännisch konventionellen Sphäre wäre sein Feld als Dichter gewesen. Aber Dichtung soll, wie er sagt, Wissen vermitteln, lehrhaft sein. So wendet er sich bald Lehrdichtungen zu. Lobgesängen auf das Landleben folgen das "Trostgedicht in Widerwärtigkeit des Krieges" (1633 gedruckt), mit teilweise starkem persönlichem Empfinden für die Not des Vaterlandes neben den ausführlichen geschichtlichen Erörterungen, das mit Kenntnissen aus Mythologie und Geschichte angefüllte "Lob des Kriegsgottes" (1628) und der den Ausbruch des Vesuv behandelnde "Vesuvius" (1633). Was er an religiöser Dichtung schreibt, kommt höchstens dem Erbaulichen nahe, erreicht nie von fern die ergreifende Frömmigkeit der Schöpfungen seiner in dieser Hinsicht so reichen Zeit. In manchen Gattungen begnügte er sich mit Übersetzungen. In Barclays "Argenis" (1626) brachte er den heroischen Geschichtsroman nach Deutschland, in Sidneys "Arcadia" (1629) die Schäferdichtung. Seine eigene Erfindung, die "Schäferei von der Nymphe Hercynie" (1630), die erste Riesengebirgsdichtung in deutscher Sprache, zeigt wieder die wohlvertrauten Züge einer Lehrdichtung, deren eigentlicher Sinn die Verherrlichung des Hauses Schaffgotsch ist. Um auch auf dem Gebiet des Dramas brauchbare Vorbilder zu liefern, übersetzte er 1625 die "Trojanerinnen" von Seneca und 1636 die "Antigone" des Sophokles, ohne ihren seelischen Gehalt ins Deutsche hinübernehmen zu können. Halb durch Zufall wurde Opitz auch Mitschöpfer der Oper "Daphne" von Heinrich Schütz, der ersten, leider verlorengegangenen deutschen Oper.

Die nüchterne Verständigkeit und Anpassungsfähigkeit, die in seinen Versen leben, zeichnen auch den äußeren Lebensablauf von Opitz aus. Geschickt weiß der Weltmann überall seinen Vorteil zu nutzen. Geschmeidigkeit und Liebenswürdigkeit des Wesens werben ihm Freunde und Beziehungen zu den Großen des Geistes wie zu einflußreichen Gönnern. Immer weiß er, was er will, und das Können bleibt hinter dem Wollen nicht zurück. Von Bunzlau geht der Weg über die Schule in Breslau an das Schönaichianum in Beuthen a.d.O., wo der "Aristarchus" (1617) entsteht, von da nach Heidelberg, das den jungen Poeten im Kreis um Zinkgref sieht. Das kalvinistische Heidelberg, die protestantische Hochburg, an dem die westeuropäischen Bildungseinflüsse von Frankreich, Holland und vor allem England spürbar sind, gibt richtungweisende Antriebe für seine Reformen. Der Krieg vertreibt ihn nach Jütland, von da kommt er als Professor an die Fürstenschule Bethlen Gabors nach Siebenbürgen, ist dann auf Reisen, wird von Ferdinand II. zum Dichter gekrönt, wird liegnitzischer Rat und 1626 Sekretär des schlesischen Kammerpräsidenten Hannibal v. Dohna. Für diesen eifrigen Förderer der Gegenreformation übersetzt der Protestant Opitz des Jesuiten Becanus Buch über die Bekehrung der Ketzer: vielleicht ist dies das bezeichnendste Beispiel für die unbedenkliche religiöse Anpassungsfähigkeit eines führenden Geistes der protestantischen Seite, dem eben hauptsächlich die Dinge der Gelehrsamkeit und Dichtkunst am Herzen lagen. 1630 macht Opitz auf einer Diplomatenreise in Dohnas Auftrag nach Paris die Bekanntschaft des Rechtsgelehrten

14. Titelblatt des 'Buches von der Deutschen Poeterey'
von Martin Opitz (1597-1639)

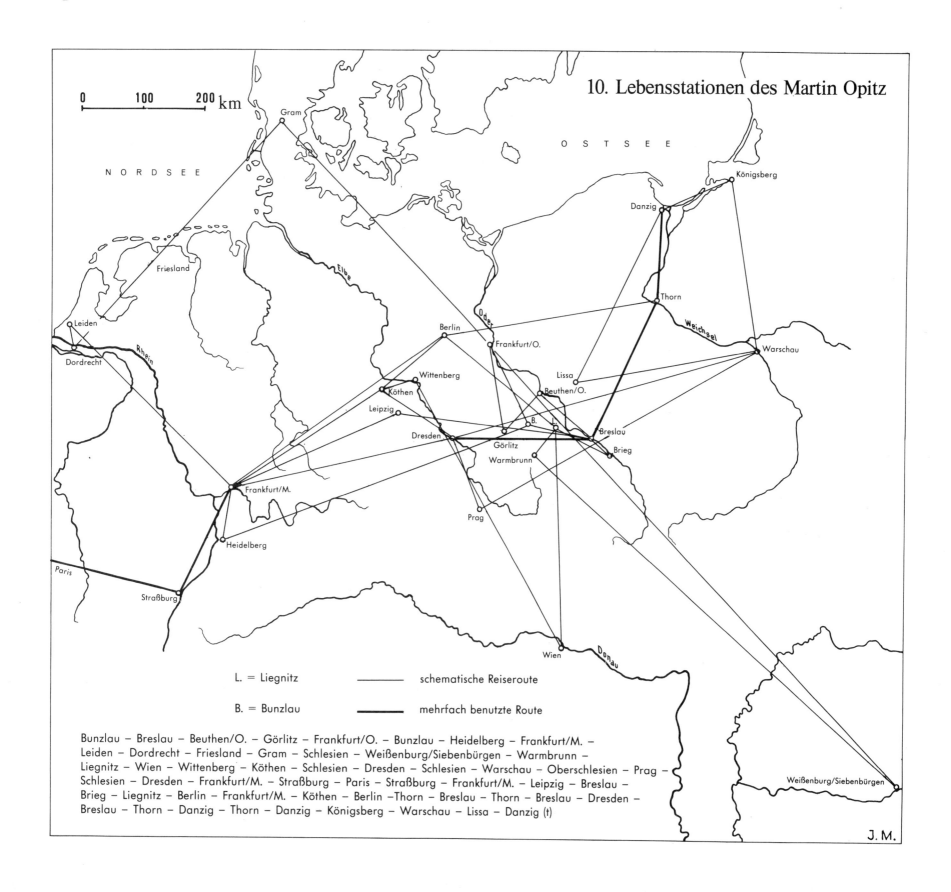

Hugo Grotius. Nach Dohnas Tode (1632) tritt er wieder in die Dienste des Liegnitzer Herzogs, durch den er auch in das vom Kriege fortan verschonte Danzig kommt, das ihm bis zu seinem Tode Heimat wird. Im Mittelpunkt des geistigen Lebens stehend hat er hier für den regsamen ostdeutschen Dichternachwuchs gesorgt. Eine bedeutsame wissenschaftliche Veröffentlichung fällt in diese Jahre: der Neudruck des frühmittelhochdeutschen Annoliedes, für uns die einzige Quelle, da die Handschrift verloren ist.

Sein Jahrhundert hielt Opitz für einen Meister von Gottes Gnaden. Doch ist er gewiß nicht, wie Simon Dach sagt, das "Wunder der Deutschen" und der "Ausbund und Begriff aller hohen Kunst und Gaben", auch als Dichter nicht. Denn gerade in seiner Dichtung zeigt sich, daß er als Mann des Verstandes zu den seelischen, religiösen Mächten, die dem Schaffen der Großen des Barock ihre einzigartige Wirkung geben, kein inneres Verhältnis hatte. Und doch ist sein Werk, wie seine früh fertige Persönlichkeit, in sich vollendet. Die Aufgaben, die er sich stellte, hat er gelöst. Sie waren vom Standpunkt des Gelehrten aus gesehen. So atmet sein Werk auch viel Stubenluft, und seiner Persönlichkeit mangelt, bei aller Weite der Bildung, der Freiheit des Geistes und aller Weltgewandtheit, die zwingende Größe der Überlegenheit über Verhältnisse und Menschen. Die geschichtliche Leistung bleibt davon unberührt. Er hat, in selbstverständlich humanistisch-vaterländischer Gesinnung, der deutschen Dichtung und dem deutschen Dichter die langentbehrte Würde wiedererobert, er hat in Sprache und Metrik die deutsche Poesie kunstvolle Renaissanceformen meistern gelehrt, er hat ihr stofflich den Bereich der gelehrten humanistischen Bildung erschlossen und - ganz allgemein - vor allem die deutsche Sprache wieder in ihre Rechte als Instrument dichterischen Schaffens eingesetzt. Was man Renaissancedichtung in deutscher Sprache nennen kann, das beschränkt sich auf das Werk des Schlesiers und seines unmittelbaren Gefolges. Was vor ihm lag, ist noch nicht Renaissance, was nach ihm kam, nicht mehr. Zu dem Späteren aber, dem literarischen Barock, ist die Renaissance die notwendige Voraussetzung.

Opitz hatte erklärt, daß er nicht glaube, "man könne jemanden durch gewisse Regeln und Gesetze zu einem Poeten machen". Und doch, er selbst wollte Schule machen, und sein Schaffen war dazu angetan. Der erste Schulkreis im eigentlichen Sinne, der sich um Opitz scharte, stammte aus seiner Vaterstadt Bunzlau und stand ihm verwandtschaftlich und freundschaftlich nahe. Christoph Köler (1602—58)[27], oft mit dem Meister verglichen und sein liebenswürdiger Nachahmer, im Leben vom Unglück wie jener vom Glück verfolgt, hat sein Andenken nicht so sehr durch seine Gedichte lebendig erhalten wie durch die großartige Totenfeier, die er mit seinen Schülern nach Opitzens Ableben veranstaltete. Seine lateinische Trauerrede ist mit die wichtigste Quelle für Martin Opitz' Leben geworden. Als Lehrer wurde er zum Erzieher der jungen Poetengeneration, an die er das Erbe des verehrten Meisters weiterzugeben suchte: Tscherning, später Scultetus, Scheffler, Hofmannswaldau, Titz und Mühlpfort gehörten zu seinen Schülern.

Der zweite Bunzlauer, Andreas Tscherning (1611—59), war, sicher auch gefördert durch den Namen des berühmten Verwandten Opitz, weit erfolgreicher als der im Alter schrullige Sonderling Köler. Der einflußreiche Matthäus Apelles v. Löwenstern gehörte zu seinen Förderern. In der neuen Wissenschaft der Orientalistik erwarb er sich zu Rostock die ersten Lorbeeren; Arbeiten auf dem Gebiet der Poetik, worin er sich mit den Nachfolgern Opitz' auseinandersetzte, folgten. Gepflegte Form zeichnet seine Dichtung aus, deren Glätte, Versgewandtheit und Biegsamkeit des Ausdrucks die Opitzsche Richtung zur Vollendung bringt und damit den Beifall der Zeitgenossen erwarb. Seine Vorbilder übernahm er unbedenklich in sein Schaffen; die dramatische Dichtung "Judith" ist nur ein Vorspiel zu dem Opitzschen Schuldrama, die Epigramme sind mehr oder weniger freie Nachbildungen aus Martial, Owen und Barläus. Opitz' kühler, nüchterner, maßvoller und verständiger Geist spricht vorzüglich aus der Lyrik der Sammlungen "Deutscher Gedichte Frühling" (1642) und dem schwächeren Werk "Vortrab des Sommers" (1658), die noch nichts von der aufkommenden inneren Bewegtheit des Barock erahnen lassen.

Diese Bewegtheit indes ist wohl spürbar in dem Schaffen des Dritten von Bunzlauer Herkunft, des gleichfalls entfernt mit Opitz verwandten Andreas Scultetus (Scholz; um 1620 — 71?)[28]. Schon die Titel der wichtigsten Dichtungen des am Jesuitenkolleg in Troppau als Professor wirkenden Konvertiten, die "Österliche Triumphposaune" und der "Blutschwitzend todesringende Jesus", zeigen die sich anbahnende Wende. Hier ist nicht mehr die geschmackssichere Kühle und unbeteiligte Verständigkeit, hier wirkt die Leidenschaft des Ausdrucks, die in eindringlicher Wortgebärde sich darstellende seelische Erschütterung des Barock. Lessing hat die Dichtung dieses halb Vergessenen 1769 der Öffentlichkeit neu zugänglich gemacht.

Besonders eifrige Pflege fand die junge Kunst in Preußen. Von Schlesien her nahmen die anderen Landschaften Opitz' Anregungen wohl auf, selbständigere Geister jedoch, wie etwa Fleming in Sachsen, bildeten sie in eigener Weise weiter. Auch der ostpreußische Kreis, in dem Opitz während seiner Danziger Jahre[29] noch unmittelbar gewirkt hatte, trägt ein besonderes innig-schwermütiges Gesicht. Robert Robertin und Simon Dach sind die bedeutendsten Namen. Schlesier, Johann Peter Titz (1611–89) aus Liegnitz und Christoph Kaldenbach (1613–98), wahrten auch hier am treuesten Opitzens Vermächtnis. Über Titz, Konrektor an der Marienkirche in Danzig und Professor der klassischen Sprachen, dessen Jünger Pietsch Gottscheds Lehrer wurde, führt die gerade Linie von Opitz zum Klassizismus der Aufklärung, in der Schlesien dann im 18. Jh. mit Wolff und Garve die ausschlaggebenden Vertreter der Aufklärungsphilosophie stellte.

Abseits von den echten Opitzjüngern stehen die Außenseiter Scherffer und Logau. Nach dem Schulstaub, der mehr oder weniger auf der Gelehrtenpoesie lastet, erfrischt bei ihnen die sichere Bodenständigkeit, aus der ihr Werk hervorgeht. Wenzel Scherffer v. Scherffenstein (1603–74)[30], Hofdichter der Brieger Piasten, hat - für einen Dichter in diesem gelehrten Jahrhundert eine Seltenheit - nicht einmal studiert. Gewiß kein überragendes Talent, verkörpert er doch durch betonte Neigung zum Volkstum das Gesunde inmitten der immer blutärmer werdenden Gelehrtendichtung. Ein reines "Schlesisch Teutsch" will er reden, für breiteste Schichten, aus deren Wortschatz er der Sprache neues Blut zuführt. So ist sein Werk für die Volkskunde und den schlesischen Sprachschatz jener Zeit eine unerschöpfliche Fundgrube geworden. Sein Hauptwerk "Der Musik Lob" verherrlicht die Tonkunst; charakteristischer für ihn sind jedoch das Gedicht "Von der alten Teutschen Ankunft, Leben, Stärke, Sitten und Gottesdienst" und "Der Götter und Göttinnen Hochzeit-Lieder". Spricht aus jenem der Sinn für das eigene Volk und seine Geschichte, so sind die Hochzeit-Lieder besonders drastisch in ihrer Transposition mythologischer Verhältnisse, bei der die alten Heidengötter zu guten Deutschen und Schlesiern werden und sich mit Vorliebe schlesischer Wendungen bedienen. Übersetzungen ins Deutsche, etwa die des "Grobianus" Dedekinds oder der Scherzreime des Jan Kochanowski, runden sein Werk ab.

Was bei dem im Grunde nüchterneren Scherffer an innerem Gehalt fehlt, das schöpfte Friedrich v. Logau (1604—1655)[31] aus der Fülle seiner charaktervollen, in sich selbst ruhenden Persönlichkeit. Er ist von ganzem Herzen Deutscher, sein Deutschtum steht über dem humanistischen Grundzug der Zeit. Mit hellem, klarem Verstand sieht er die Schäden der Zeit, seine Anklagen sind wuchtig und hart, gemildert durch eine feine, geistvolle Ironie, deren erster Meister im deutschen Schrifttum er ist. Die schlesische Stammesart bekundet sich in seinem liebenswürdig heiteren, geklärten Wesen, sein Menschentum durchleuchtet sein Werk, das sich darum nicht wie bei den führenden Literaten in einer virtuosen Beherrschung der Form erschöpft.

Friedrich v. Logau entstammt einem alten schlesischen Geschlecht, dem wir bereits in dem Humanisten Georg v. Logau begegneten. Auf dem Stammgut Brockut bei Nimptsch kam er zur Welt und war später in Brieg Schützling des Herzogs Johann Christian und Page seiner Gemahlin Dorothea Sibylla. Nach juristischem Studium lebte er als Gutsherr in der Heimat und wurde 1644 Rat des Brieger Herzogs Ludwig IV., mit dem er 1654 nach Liegnitz übersiedelte, wo er schon ein Jahr später starb.

Zwei Sammlungen bezeichnen sein Lebenswerk: "Zwei Hundert Teutscher Reimensprüche" (1638) und "Deutscher Sinngedichte drei Tausend" (1654). In der kleinen Gattung des Epigramms, von Martial und besonders dem Engländer Owen vorgebildet, als Gefäß mystischer Gedankenlyrik besonders beliebt, im Epigramm also bewegt sich Logaus Schaffen. Dagewesenes, Landläufiges, z. B. die Schäferpoesie, Berührungen mit Zeitgenossen sind auch bei ihm zu finden. Mit Opitz, dessen er voll nachdrücklicher Bewunderung gedenkt, berührt er sich im Lob der deutschen Sprache. Über ihre Innigkeit ist Schöneres in dieser Zeit kaum gesagt worden als in Logaus Versen:

"Ist die deutsche Sprache rauh?
Wie, daß so kein Volk sonst nicht

von dem liebsten Tun der Welt,
von der Liebe, lieblich spricht? "

Seine Größe aber liegt in der schonungslosen Zeitkritik, durch die er seine Landsleute zur Selbstbesinnung ruft und deutsche Laster geißelt. Lieber noch sind ihm ungeschlachte Sitten als weichliches Nachäffen fremder Bräuche:

"Bleibt beim Saufen; bleibt beim Saufen, sauft, ihr Deutschen, immerhin,
Nur die Mode, nur die Mode laßt zu allen Teufeln ziehn!"

Im Streit der verschiedenen Glaubensformen wahrt Logau einen objektiven Standpunkt. Er sieht vor allem das namenlose Unglück, das dieser Kampf über Deutschland bringt, und er findet nicht das allein Nottuende, nämlich die wahrhaft christliche Gesinnung:

"Lutherisch, Päbstisch und Calvinisch, diese Glauben alle drei
Sind vorhanden; doch ist Zweifel, wo das Christentum dann sei."

Merkwürdig schnell wurde Logau vergessen. Die Neigung der Zeit ging schon auf die geschmückte, verwirrend geballte Kunst des Barock. Auch ihn hat erst Lessing zu neuer Geltung gebracht, und auch uns Heutigen dürfte sein Werk manches zu sagen haben.

Die Renaissance kam für die deutsche Dichtung fast zu spät und blieb deshalb Episode. Kaum ihrer selbst bewußt geworden, hatte diese humanistische Bildungsdichtung sich auseinanderzusetzen mit der religiösen, weltabgewandten Innerlichkeit des Barock. Die Renaissance hatte den Typ des verstandesmäßigen, mit dem Sinn für verfeinerten Lebensgenuß begabten Weltmenschen geprägt; die ältere Barockgeneration aber war unter den furchtbaren Leiden des Dreißigjährigen Krieges groß geworden. Vergänglichkeit irdischer Größe ist ihr ein ganz persönliches Erlebnis; religiöses Bedürfnis und religiöse Inbrunst ergreifen auch gerade die humanistische Bildungsschicht. Andererseits ist der Drang, die Freuden des Lebens auszukosten, nicht weniger mächtig. So entsteht die dem Barock eigentümliche, starke Spannung zwischen Diesseits und Jenseits, zwischen Daseinsfreude und Weltverneinung. Oft durchdringen sich in einer Seele diese Strömungen und hadern miteinander. Die überkonfessionelle, undogmatische Mystik, von Spanien bis Schlesien, bis Holland und England reichend, bringt dazu erstmals das schrankenlose Ausströmen des individuellen Gefühls, wie es dann mit Günther schließlich auch im weltlichen Bereich sich vollzieht.

Die Darstellung von Erlebnis und Erfahrung im Barock hat ein Auflockern der Form zur Folge. Kein gewollter Bruch mit der Renaissance liegt vor, denn dazu war das Ansehen der humanistischen Bildung doch zu groß, aber gleichsam unterirdisch, unbewußt werden dauernd die zwängenden Formgesetze unterhöhlt. So kommt es, daß die von Opitz nur als gelegentlicher Schmuck empfohlene bildliche Sprache bald üppig wuchernd fast zum Selbstzweck wird.

In seiner sozialen Stellung ist das geistige Leben der Barockzeit durchaus höfisch bestimmt. Die absoluten Herrschergewalten, die kirchlichen und weltlichen Höfe, prägen das Bild der barocken Kunst, die geistig Schöpferischen leben in Abhängigkeit von ihnen. Volk und Bürgertum haben keine Stimme; der Adel beherrscht die gebildete Gesellschaftsschicht, er stellt auch die Überzahl der produktiven Kräfte.

Schlesien zeigt das deutsche Literaturbarock in seiner vielleicht charakteristischsten Ausprägung[32]. Nicht nur, daß es die durch Opitz gewonnene führende Stellung behält: in Schlesien verschmelzen die zwischen Nord und Süd bestehenden Unterschiede, hier wird die geistige Schranke zwischen dem katholischen Süden und dem protestantischen Norden durchbrochen. Auch unter habsburgischer Herrschaft war das protestantische Schlesien zunächst ein Land konfessioneller Duldung gewesen. Und wie Opitz in der Luft des kalvinistischen Heidelberg seine Literaturreform zur Reife gebracht hatte, so war schlesisches literarisches Schaffen allgemein von protestantischer Geistigkeit getragen. Die Gegenreformation aber zwingt nun gleichsam, und zwar bei den jahrhundertealten Beziehungen Schlesiens zu Prag und Wien ohne große Mühe, das Land in den österreichischen Kulturkreis hinein. Was von den Jesuiten an Pracht und Aufwand zum Seelenfang ersonnen wurde, was in der Wiener Hofluft als geschmackvoll gedieh, das wird nun auch von den Schlesiern, obschon sie mit wenigen Ausnahmen Protestanten sind, in ihr Schaffen aufzunehmen gesucht. Ihre Gesinnung freilich ist und bleibt protestantisch, aber Form und Stil haben vielfach ihre Heimat im katholisch jesuitischen Barock Österreichs.

Andreas Gryphius (1616—1664)[33] ist der erste ausgesprochen barocke Dichter Schlesiens. Er erlebt die volle Gewalt der seelischen Spannung seiner Zeit, das Religiöse ist nicht, wie bei Opitz, gelegentlicher Behang, sondern beherrschender Gehalt. Als scharfumrissene Persönlichkeit steht Gryphius hinter seinem Werk, anders noch als der rechtliche und deutsch fühlende Logau Träger einer ganz persönlich geprägten, philosophischen Weltanschauung. Dieses Weltbild ist tief pessimistisch, durchdrungen von der Nichtigkeit der Welt mit all ihrer Pracht. Daß aber Gryphius nicht das Leid seines eigenen Elends klagt, daß er in dem ewigen Werden und Vergehen das Walten der göttlichen Weltordnung sieht, gibt seinem Pessimismus die Weltüberlegenheit und sittliche Größe. Das Jenseits ist die wahre Heimat des Menschen, der irdische Tod ein willkommenes Ziel. Doch bleibt die Jenseitshoffnung immer ein ferner Trost; auf der Hoffnungslosigkeit der verachteten und geschmähten Welt liegt der Hauptton: die Neigung zum Schwelgen in Nacht und Grauen ist unverkennbar. Nie auch hat Gryphius Tod und Verwesung ganz überwunden wie die Mystiker, sondern schmerzlich daran gelitten. So bricht der Barockzwiespalt in seiner schärfsten Form immer wieder auf, wie es vor allem seine "Dissertationes funebres oder Leich-Abdanckungen" (1666 erschienen) zeigen.

Gryphius wurde in Glogau geboren. Trüber Jugend folgte eine ruhelose Schulzeit in Glogau, Fraustadt, Görlitz und Danzig, bis ihn der Kaiserliche Rat und Pfalzgraf Georg v. Schönborn in Fraustadt als Hofmeister bei sich aufnahm. Ihm verdankt Gryphius Dichterlorbeer und Adelsbrief, ihm auch (Schönborn starb bereits 1637) die Mittel zum weiteren Studium. In Leiden, wo Hollands ausgezeichnete Bildung hier zum letztenmal für die schlesische Poesie fruchtbar wurde, blieb der Schlesier bis 1643 und hielt selbst Vorlesungen an der Universität. Nach Reisen in die Heimat, durch Frankreich und Italien wurde

Gryphius 1650 Syndikus der Stände des Fürstentums Glogau. Obgleich der angesehene Gelehrte Berufungen an Universitäten erhielt, blieb er in der Heimat, rastlos tätig im Beruf und als Poet.

Von dem vielseitigen Schaffen dieses größten schlesischen Barockdichters ist das epische am belanglosesten: hier setzt er lediglich die lateinische Humanistendichtung fort. Anders die Lyrik: sie ist der persönlichste und gehaltvollste Teil seines Lebenswerkes. In einer Reihe von Sammlungen ist es niedergelegt. Am Anfang steht, 1637 in Lissa erschienen, ein Band Gedichte in jener Form, deren Aufbau in der Zuordnung von formalen und inhaltlichen Elementen strengen Regeln folgen sollte und vorzugsweise geeignet war, die antithetischen Erfahrungen und Empfindungen der Barockdichter zum Ausdruck zu bringen, der Form des Sonetts, in der Gryphius der Meister seiner Zeit wurde. Dem ersten Band folgen 1639 zu Leiden der Gedichtkreis der "Sonn- und Feiertags-Sonette", eine weitere Sammlung 1643 und innerhalb der "Deutschen Gedichte erstem Teil" (1657) die "Tränen über das Leiden Christi" und die packenden "Kirchhofsgedanken". Innerlich durchlebt und formal aufgelockert, Kurzverse neben weit ausladenden, sich überstürzend im Wechsel der Rhythmen, von Stimmung und Gehalt getragen, so bietet sich das Neue in Gryphius' Lyrik. Als Beispiel das wildbewegte Höllensonett:

"Ach! und Weh!
Mord! Zeter! Jammer! Angst! Kreuz! Marter! Würme! Plagen!
Pech! Folter! Henker! Flamm! Stank! Geister! Kälte! Zagen!
Ach vergeh!
Tief und Höh!
Meer! Hügel! Berge! Fels! Wer kann die Pein ertragen?
Schluck, Abgrund, ach schluck ein, die nichts denn ewig klagen
Je und eh!
Schreckliche Geister der dunkelen Höllen,
ihr die ihr martert und Marter erduldet,
Kann denn der ewigen Ewigkeit Feuer
nimmermehr büßen dies was ihr verschuldet?
O grausam Angst, stets sterben sonder sterben!

Dies ist die Flamme der grimmigen Rache,
die der erhitzet Zorn angeblasen;
Hier ist der Fluch der unendlichen Strafe,
hier ist das immerdar wachsende Rasen.
O Mensch! verdirb, um hier nicht zu verderben."

Am echtesten wirkt Gryphius dort, wo er das Thema von der Nichtigkeit der Welt immer neu abwandelt. Dem Vergänglichkeitsmotiv, dem Vanitasgedanken, erwachsen die ergreifendsten Gedichte, wie etwa "Menschliches Elende" in der 1643 in Leiden erschienenen Sonett—Sammlung:

"Was sind wir Menschen doch! Ein Wohnhaus grimmer Schmerzen,
Ein Ball des falschen Glücks, ein Irrlicht dieser Zeit,
Ein Schauplatz herber Angst und Widerwärtigkeit,
Ein bald verschmelzter Schnee und abgebrannte Kerzen.

Das Leben fleucht davon wie ein Geschwätz und Scherzen,
Die vor uns abgelegt des schwachen Leibes Kleid
Und in das Totenbuch der großen Sterblichkeit
Längst eingeschrieben sind, sind uns aus Sinn und Herzen.

Gleich wie ein eitel Traum leicht aus der Acht hinfällt,
Und wie ein Strom verschießt, den keine Macht aufhält,
So muß auch unser Nam, Lob, Ehr und Ruhm verschwinden.

Was jetzund Atem holt, muß mit der Luft entfliehn,
Was nach uns kommen wird, wird uns ins Grab nachziehn.
Was sag ich? Wir vergehn wie Rauch vor starken Winden."

Wie im Sonett ist es im sonstigen lyrischen Werk. Die pindarische Ode der Humanisten etwa erfährt Auflockerung durch rhythmischen Wechsel und Mannigfaltigkeit im Strophenbau. Immer ist es der von persönlichem Erleben und Gefühlswärme getragene Gehalt, der der Form erst ihre Erfüllung gibt. Charakteristisch auch die wenigen Liebesgedichte -"An Eugenien", vermutlich die Tochter Schönborns -, die sich, fern von Galanterie und Schäferpoesie, verinnerlicht zurückhaltend geben.

Dennoch: trotz ihrer Vollendung ist es zunächst nicht die Lyrik, in der Gryphius Vorbild der Späteren wurde, sondern das Drama. Freilich bahnte er nicht den Weg zum wirklichen Bühnenspiel, sondern führte die begonnene Entwicklung mehr zum Lesedrama fort. Für den protestantischen Gelehrten kam als Anknüpfungspunkt von den drei zu seiner Zeit vorhandenen dramatischen Spielarten, dem englischen Komödiantenspiel, dem als kirchliches Propagandainstrument geübten Jesuitendrama und dem protestantischen Schuldrama, vor allem das letzte in Frage. Seneca, der schon Calaminus beeinflußte, gab über die Umbildung durch die Niederländer, Jost van den Vondel vor allem, die maßgeblichen Anregungen. In Senecas Weltbild trifft Andreas Gryphius auf eine seinem Wesen verwandte Grundstimmung. Nicht ringende, kämpfende Menschen, sondern fleischgewordene Idee, Verkörperung christlich-stoischen Tugendideals, im furchtbarsten äußeren Geschehen unerbittliche sittliche Persönlichkeiten, das sind die Gestalten des Gryphius, und hierin ähneln sie auch den Figuren der zeitgenössischen Jesuitenstücke. Sie sind kraft ihrer Überzeugung gegen jeden äußeren Ansturm gefeit. Der Drang zum Erhabenen diktiert auch die Sprachformung: von der Wucht der Gryphius'schen "Zentnerworte" zum "Schwulst" der Späteren ist nur ein Schritt. Was an Theateraufwand, an raffinierter Technik, Prunkaufzügen und Geistererscheinungen möglich war, das bot das Jesuitendrama beispielhaft. Gryphius hat diese Seite, das barocke Zur—Schau—Stellen, ebenso wie die sprachliche Aufschwellung von Werk zu Werk gesteigert: von dem mit stolzem Selbstbewußtsein als erstes deutsches Kunstdrama empfundenen "Leo Armenius" (1646) über das christliche Märtyrerdrama "Katharina von Georgien oder Bewährte Beständigkeit" (1647), über die zeitgenössische "Ermordete Majestät oder Carolus Stuardus, König von Großbritannien" (1649) zu dem umfangreichen letzten Trauerspiel "Großmütiger Rechtsgelehrter oder Sterbender Ämilius Paulus Papinianus" (1659). Kein Wunder, daß der "Papinian" ob seiner greuelreichen Handlung bald als Zugstück der Wandertheater doch auf die Bühne kam.

Außerhalb dieser Reihe steht "Cardenio und Celinde" (1647), inhaltlich fern der heroischen Sphäre — Gryphius glaubte, sich dafür entschuldigen zu müssen —, in schlichter, natürlicher Sprache, vor allem aber mit einer aus dem seelischen Erleben entwickelten Tragik, die also nicht von vornherein vorhanden ist. Daß dieses Stück am weitesten in die Zukunft wies, sahen weder sein Schöpfer noch die Zeitgenossen.

Zu den Trauerspielen gesellen sich Übersetzungen, Singspiele, Bruchstücke geschichtlicher Dramen. Lebenskräftiger als all dies haben sich seine Lustspiele erwiesen, die Gryphius von einer ganz anderen Seite zeigen. Hier wäre der Weg zum nationalen Volksstück gewesen, wenn auch der gelehrte Humanist seine Gestalten nur volkstümlich reden und sich geben läßt, um die Überlegenheit des Gebildeten über diese Naturhaftigkeit darzustellen. Das erste der Spiele "Absurda comica oder Herr Peter Squentz" (1657) verwendet den Stoff des Rüpelspiels aus dem "Sommernachtstraum" von Shakespeare, 1660 erschienen als Doppellustspiel "Das verliebte Gespenst" und "Die geliebte Dornrose", das eine ein "vornehmes" Verslustspiel in Alexandrinern, das andere, in der niederländischen Mundart um Glogau, als Bauernstück ein getreues Bild ländlichen schlesischen Lebens. In dem letzten der Scherzspiele endlich, "Horribilicribrifax oder Wehlende Liebhaber" (1663), einem Virtuosenstück des vielseitigen Sprachkenners, feiert der unsterbliche miles gloriosus gleich in zwei Prachtexemplaren fröhliche Auferstehung.

Gryphius ist nie dorthin gelangt, wo die Kluft zwischen Diesseits und Jenseits überwunden wurde. Anders der Mystiker: er lebt auf Erden schon in Gott, er erstrebt Überwindung der Vielheit der Erscheinungen durch das Aufgehen in Gott als der ewigen Ureinheit. Um die Jahrhundertwende tritt in Schlesien die mystische Strömung wieder stärker hervor. Dabei wirkt die neukatholische Mystik Spaniens mit. Ihr eigentlicher geistiger Vater ist Jakob Böhme, von dem bereits die Rede war. Seine meist adligen Jünger führen sein Gedankengut fort, in intuitiver Schau und philosophischer Spekulation. Abraham v. Franckenberg (1593 — 1652)[34] und Johann Theodor v. Tschesch (1595—1649) sind die bedeutendsten Gestalten der Böhme—Gemeinschaft. Franckenberg, besonders den dunklen geheimnisvollen Seiten von Böhmes Lehre zuneigend, wurde des Meisters eifrigster Verfechter.

Seine Schrift "Gründlicher und wahrhaftiger Bericht von dem Leben und Abschied des in Gott selig ruhenden Jakob Böhme" ist die Hauptquelle für Böhmes Lebensgeschichte.

Die Glanzzeit der mystischen Lyrik beginnt mit Daniel Czepko v. Reigersfeld (1605—60)[35]. In seinem Werk treffen zum erstenmal die Elemente zusammen, die der schlesischen Dichtung seither als eine in Einheit zu lösende Aufgabe geblieben sind: Opitzens rationale Formkunst und Böhmes Gedankenwelt. Als Student der Naturwissenschaft in Straßburg lernt Czepko durch Köler die Bestrebungen des Opitzkreises kennen. Die weltlichen Dichtungen, unter ihnen ein kurzes Drama "Pierie", dann aber das umfangreiche Lehrgedicht "Corydon und Phyllis", Zeitkritik im Sinne Logaus, verraten diese Schule. Im Asyl bei den Brüder Czigan in Dobroslawitz erfährt Czepko den Durchbruch mystischer Ideenwelt; die Trostschrift "Consolatio ad Baronissam Cziganeam" (1634) wird zum umfassenden Bekenntnis mystischer Frömmigkeit. Der Tod ist nicht Untergang, sondern das wahre Leben. Wer die "Gelassenheit", das Abgestorbensein in der Zeitlichkeit besitzt, dem kann der Tod nichts anhaben. Gott und Natur sind ihm eins: Gott ist alles, was ist, der Urgrund aller Dinge. Darum verknüpft er auch Gott und Menschenseele so untrennbar, daß er, weit über die Früheren hinaus, sagen kann: wäre der Mensch nicht, so wäre auch Gott nicht. Die in diesem Trostgedicht ausgesprochenen Grundgedanken beherrschen auch die Lyrik der drei Sammlungen "Das inwendige Himmelreich oder in sich gesammelte Gemüte" (1638), "Gegenlage der Eitelkeit" und "Sexcenta Monodisticha Sapientum" (1647). Die Monodistichen, zweizeilige Alexandrinersprüche, vorzugsweise geben die Weltschau des reifen Mannes und sind unmittelbar Vorbild für Schefflers "Cherubinischen Wandersmann".

Was Czepkos "heiliger Nüchternheit" abgeht, nämlich die aus dem Reichtum der Phantasie, seelischer Begeisterungsfähigkeit und visionärer Entrücktheit aufbrechende Kraft lebendiger künstlerischer Gestaltung, das ist dem Größten mystischer Dichtung, dem Angelus Silesius Johann Scheffler (1624—77)[36] fast im Übermaß zu eigen. Seinen Ruhm verdankt er nicht den eifernden Streitschriften, bedeutungsvollen Zeugen des Glaubenskampfes, nicht der Übertragung der "Margarita evangelica", eines niederländischen Erbauungsbuches, oder seinem dritten großen Werk "Sinnliche Beschreibung der vier letzten Dinge" (1675), einem auf Belehrung und Aufrüttelung des Volkes abgestellten, realistischen Bekehrungsbuch. Sein Ruhm ist allein begründet in den mystischen Dichtungen, den "Geistlichen Sinn— und Schlußreimen" (1657), in zweiter Ausgabe (1675) und seither immer als "Cherubinischer Wandersmann" bezeichnet, und der "Heiligen Seelenlust oder Geistlichen Hirtenliedern der in ihren Jesum verliebten Psyche" (1657). War bei Czepko noch die Form ein bändigendes Element, durch Schefflers Werk fließt der Strom der Mystik in machtvollem Überschwang. Freilich sind beide Bücher auch untereinander verschieden, bezeichnend für ihren Schöpfer wie für die Strömungen des schlesischen Zwischenlandes. Im "Cherubinischen Wandersmann", der dichterischen Verklärung der Böhmeschen Lehre, spricht der von der Naturphilosophie Hollands beeinflußte protestantische Norden, während in der "Heiligen Seelenlust" der Süden mit der spanischen Mystik und italienischer Schäferdichtung zu Wort kommt. Beide Strömungen durchdringen sich in Scheffler nicht gleichzeitig, zwischen ihnen liegt sein Übertritt zum Katholizismus. Als Medizinstudent war er über Straßburg nach Leiden gekommen; was ihm Holland an mystischem Gedankengut mitgab, vertiefte, als er in der Heimat Hofmedikus des Herzogs Sylvius Nimrod zu Württemberg und Oels geworden war, die Freundschaft mit Franckenberg. Aber an dem streng lutherisch—orthodoxen Hof war für den Mystiker kein Platz. Die katholische Kirche schien ihm größere Freiheit zu bieten, und so trat er 1653 zum katholischen Glauben über. Wie einst Franckenberg, so beherrschen nun Sebastian v. Rostock und Bernhard Rosa, die Vorkämpfer der Gegenreformation (vgl.S.102), den leicht beeinflußbaren Mann, und Scheffler geht den Weg von mystischer Spekulation zu strenger Kirchlichkeit.

Auch der "Cherubinische Wandersmann", diese Sammlung von mehr als anderthalbtausend, meist zweizeiligen, gereimten Alexandrinersprüchen ist in sich nicht einheitlich. Kirchliches steht neben schweifender neuplatonischer Spekulation; aber insgesamt ist doch fast die ganze mystische Ideenwelt in ihm enthalten. In der immer neuen Formulierung der Wesensgleichheit von Gott und Menschenseele geht Scheffler noch weit über Czepko hinaus:

"Ich weiß, daß ohne mich Gott nicht ein Nu kann leben,
Werd ich zu nicht, er muß vor Not den Geist aufgeben."

"Ich bin so groß als Gott, er ist als ich so klein:
Er kann nicht über mir, ich unter ihm nicht sein."

"Ich trage Gottes Bild: wenn er sich will besehn,
So kann es nur in mir und wer mir gleicht geschehn."

Die "Heilige Seelenlust" kann sich mit diesem Werk nicht messen. Wohl ist auch sie erfüllt von mystischer Inbrunst, doch zeitbedingter, ein geistliches Gegenstück zur weltlichen, marinesken Barocklyrik Hofmannswaldaus, in die Zukunft weisend freilich auch durch das schon stark hervortretende Ichgefühl. Einige eindrucksstarke Stücke, etwa "Liebe, die du mich zum Bilde deiner Gottheit hast gemacht", "Mir nach, spricht Christus, unser Held" oder "Ich will Dich lieben, meine Stärke" aus dieser Sammlung gehören zu den schönsten Perlen unserer geistlichen Lyrik.

Schefflers Jesusminne zeigt schon Züge der pietistischen Bewegung. Das Schaffen einiger schlesischer Kirchenliederdichter verläuft in derselben Richtung, von der Mystik zum Pietismus. Die schlichten Lieder des kaiserlichen Rates Matthäus Apelles v. Löwenstern (1594 —1648), des Gönners Tschernings, zeugen von dieser Wandlung: manches aus der Sammlung „Frühlings—Mayen", etwa das bekannte „Nun preiset alle Gottes Barmherzigkeit", lebt noch heute im evangelischen Gottesdienst weiter.

Auch Christian Knorr von Rosenroth (1636—89)[37] bewegt sich in seiner Poesie auf der von Angelus Silesius ausgehenden Linie. Seine Lieder, am bekanntesten "Morgenglanz der Ewigkeit", sind von starkem persönlichem Gefühl getragen. Wichtiger erscheint an dieser ungewöhnlichen, sprachbegabten, gleichwohl bescheidenen Gelehrtenpersönlichkeit seine wissenschaftliche Prosa, in der er, seit 1666 Hofrat beim oberpfälzischen Herzog von Sulzbach, sein aus Stoizismus und Geheimlehren, der Naturphilosophie des 16. Jhs und Paracelsus' Anschauungen geformtes Weltbild niederschrieb. Denken und Beobachten steht vor der mystischen Schau, die Erkenntnis erwächst aus der Überlegung. Als sein Hauptwerk wird die zweibändige "Kabbala denudata" (1685) begriffen.

Religiöse Schwärmer hatten den Boden für Jakob Böhme bereitet; als ein Nachfahre, nun aber die Ausdrucksmittel des Barock bis ins letzte beherrschend, ist Quirinus Kuhlmann (1651–89)[38] der nicht zu überbietende Gipfel des von der Mystik ausgelösten Schwärmertums. Als Prophet chiliastischer Endzeiterwartung zog er, Anhänger sammelnd und mit ihnen verfolgt, durch die Welt, nach Holland, Frankreich, England, zur Bekehrung des Sultans nach Konstantinopel und starb für seinen Glauben, Nachfolger Christi zu sein, in Moskau auf dem Scheiterhaufen. Sein Hauptwerk, der dreiteilige, stark ichbezogene "Kühlpsalter" kam 1684/86 in Holland heraus. Genie und Wahnsinniger zugleich, verkörpert er in seiner leidenschaftlichen Sprachgewalt den äußersten Hochbarock, dem nichts Zeitgenössisches von fern vergleichbar ist.

Um die Jahrhundertwende ebbt die mystische Bewegung mehr oder minder zum pietistischen Gefühlschristentum ab. Mystisch–irrational war die eine große Richtung des Hochbarocks, die andere neigt zum Weltlich–Verstandesmäßigen, Formalen. Ihr Höhepunkt ist eine Gesellschaftskunst von größtem Ausmaß wie von größtem Einfluß auf die Zeit. Eine Wandlung der geistig–gesellschaftlichen Struktur liegt diesem Phänomen zugrunde. Das im 16. Jh. noch herrschende humanistische Bildungsideal war an keinen Stand gebunden, besonders lebendig aber war es im Bürgertum. Der Adel, von dem in Schlesien der Hofmarschall Liegnitzer Herzöge Hans v. Schweinichen (1552–1616)[39] in seinem "Memorialbuch" eine erfrischend urwüchsige und lebensvolle, wenn auch nicht gerade für die Bildungshöhe an seinem Fürstenhof sprechende Schilderung gibt, hatte weniger Teil daran. Dies wird nun im 17. Jh. anders. Das neue Bildungsideal, politischer und praktischer als das humanistische, erklärt sich aus den Bedürfnissen des absolutistischen Staates, für dessen Hof- und Staatsbeamtentum in erster Linie der Adel in Betracht kam. Diesem Zweck entsprechend erfolgt seine und, wo möglich, auch die Erziehung des Großbürgertums in der "galanten Wissenschaft". Das Ergebnis ist der auf Reisen besonders nach dem französischen Vorbild geformte "Cavalier", der "Selbstsicherheit, Galanterie und Reputation mit Kenntnissen aus der Staatswissenschaft, Mathematik und Heraldik zu verbinden weiß und das geistig–gesellige Leben nach dem Dreißigjährigen Kriege beherrscht"

(Andreae). Wieweit der heimische Adel dem barocken Bildungsideal entsprach, mag ein Vergleich mit der Charakteristik des schlesischen Chronisten Friedrich Lucae (1685)[40] zeigen: "Die Schlesische Noblesse, welche insgemein eines ernsthaften Gemüthes, jedoch dabey frölich und munter zu seyn scheinet, wird von Jugend auff in allen ersinnlichen ritterlichen und Krieges—Exercitiis unterrichtet... Und gleich wie sich ein jeder von Adel befleißiget, ein gutes Pferd zierlich zu reiten, den Degen künstlich zu führen und einen feinen Brieff zu schreiben: Also wird auch ein großer Theil der Adelichen Jugend von den Adelichen Eltern mit großen Unkosten zu andern höhern Künsten und politischen Wissenschaften von Kindes—Beinen an angewiesen. Wenn selbte in Schulen und Gymnasiis guten Grund darinnen geleget, so besuchet sie hernach die Universitäten und frembde Länder, derselben Sprachen, Sitten und Gewonheiten zu observiren und zu lernen. Etliche vornehme begütterte von Adel machen auch gleichsam gar Profession vom peregriniren und reisen und bringen damit ihre meiste Lebens—Zeit zu..."

Für Schlesien ist der Wiener Hof das belebende Zentrum. Drang nach gesellschaftlicher Geltung in dieser festumrissenen höfischen Sphäre, Zur—Schau—Stellen der weltmännisch gewandten, in Kunst und Wissenschaft bewanderten und den Dingen der Welt überlegenen eigenen Persönlichkeit bestimmen das Schaffen auch des schlesischen Kavaliers. Was er schreibt, kommt nicht aus innerem Müssen, sondern will unterhalten, leicht und geschmeidig, in zierlicher, kunstvoller Form. Die gesellige Bedingtheit dieser Poesie engt die seelische Reichweite der Lyrik immer mehr ein: zuletzt bleibt fast nur noch ein Thema, das erotische. Das Ausland war hier wie in der Form Vorbild: die deutschen Dichter, obwohl aufs höchste durchdrungen vom Wert ihres Deutschtums, folgten ihm uneingeschränkt. Italien und Frankreich standen im Zeichen der neuen galanten, geblümt und verschnörkelt sich ausdrückenden Zierkunst, die nach dem Neapolitaner Giambattista Marino Marinismus genannt wird: der von dieser sinnlichen Dichtkunst beherrschte Wiener Geschmack war maßgebend auch für Schlesien, das mit seinem führenden Marinisten Hofmannswaldau zugleich eine der glänzendsten formalen Begabungen des deutschen Schrifttums überhaupt stellt.

Johannis Angeli Silesij
Cherubinischer
Wandersmann
oder
Geist-Reiche Sinn- und Schluß-Reime zur Göttlichen beschauligkeit anleitende

Von dem Urheber anfs neue übersehn/ und mit dem Sechsten Buche vermehrt/ den Liebhabern der geheimen Theologie und beschaulichen Lebens zur Geistlichen Ergözligkeit zum andernmahl herauß gegeben.

Glatz/ auß Neu auffgerichter Buchdrukkerey Ignatij Schubarthi Anno 1675.

15. Titelblatt des 'Cherubinischen Wandersmann' von Angelus Silesius (1624-1677)

Christian Hofmann v. Hofmannswaldau (1616–79)[41] ist auch in seinem äußeren Lebensgang der Typ des Kavaliers. Von seiner Vaterstadt Breslau kommt er über Danzig, wo Opitz lehrte, nach Leiden, von da führt ihn 1639 die Kavalierstour nach England, Frankreich und Italien. In Paris erhält er Zutritt zur Akademie der Brüder du Puy und des Jacques Auguste de Thou und lernt hier die elegante Modedichtung Frankreichs kennen. Wieder daheim wird er Ratsherr, Diplomat und Kaiserlicher Rat. Als Ratspräses beschließt er sein glanzvolles Leben. Lohenstein hält ihm die Grabrede: "Der große Pan ist tot!" beginnt das Meisterstück barocker Prunkberedsamkeit.

Hofmannswaldau ist barocker Weltmann von glatter, geschmeidiger Haltung und kühl überlegener Beherrschtheit. Diesseits gerichtet ist sein Sinn, Genuß und vor allem Liebesgenuß ist der höchste Wert. Doch hat es trotz dieser Weltlichkeit manches für sich, als tragenden Grund seiner Persönlichkeit das Vergänglichkeitserlebnis, eine der stärksten Triebkräfte des barocken Schaffens überhaupt, zu sehen, das ihn dann freilich zu um so inbrünstigerem Erleben der schönen Welt aufrufen läßt. Von daher auch sind die innigen, ganz persönlich und tief empfundenen geistlichen Gedichte dieses Weltkindes verständlich. Über allem aber steht die Form, wunderbar ebenmäßig und staunenswert reich im Strophenbau, Schöpfung eines leichten, spielend produzierenden und meist geschmacksicheren Talentes. Am ausgeprägtesten zeigt sich Hofmannswaldaus Stil, der prunkvolle und überladene, formal meisterhafte, inhaltlich unbeschwerte Marinismus in den "Heldenbriefen", mit denen er die Gattung der Ovidschen Heroiden zu neuem Leben zu erwecken suchte. Sie waren sein berühmtestes Werk, wie sein ganzes Schaffen von den Zeitgenossen überschwenglich gefeiert, doch bald lebhaft kritisiert, gar verspottet und später vergessen.

Was Hofmannswaldau für die Lyrik bedeutet, das ist Lohenstein für das Drama. Bei Gryphius bereits war vom Einfluß des Jesuitentheaters die Rede. Hier nun, im Hochbarock, wird die Aufnahme seiner Stilelemente besonders deutlich, auch dies kennzeichnend für die weitere Durchdringung des schlesischen Kulturlebens mit den vom katholischen Österreich ausgehenden Strömungen. Denn die Jesuiten, die nach hartnäckigem Bemühen in den Städten des protestantischen Schlesiens Fuß faßten, sind ja nicht nur die Kampftruppe der Gegenreformation, sondern auch die Träger des in Wien geltenden Kulturwillens. Ihr meisterhaft gespieltes Propagandainstrument ist die Schaubühne, nun nicht mehr bloß humanistische Redeschule, religiös moralisches Bildungsmittel, sondern eine öffentliche Angelegenheit, vornehme Unterhaltungsstätte der weitesten Kreise, nicht mehr gymnasiale Feier, sondern Aufführung um des Publikums willen. Was den Inhalt der Jesuitenstücke zumeist ausmacht, das Wirken der alleinseligmachenden Kirche und ihren Sieg über Ketzer und Ungläubige zu zeigen, das bezweckt noch weit mehr die Art der Darbietung: Hervorheben des Sinnfälligen, Bühnenbild, maschineller Theatereffekt, Prunk, Musik und Tanz. Davon konnte das protestantische Schul- und Literaturdrama lernen. Lohenstein und mit Abstand Hallmann sind die Zeugen dieser weiteren Entwicklung über Gryphius hinaus.

Daniel Casper von Lohenstein (1635—83)[42] ist wie Hofmannswaldau ein vom Glück begünstigter Kavalier. Als Daniel Casper in Nimptsch geboren, studiert er in Leipzig und wird in Tübingen Doktor der Rechte. Nach der üblichen Bildungsreise folgt der ehrenvolle Aufstieg: Oelsnischer Regierungsrat, Breslauer Syndikus, schließlich kaiserlicher Rat. 1679 erhält der Vater den erblichen Adel, und so wird auch der Sohn der Edelmann mit dem tönenden Namen, als welcher er in der Literaturgeschichte fortlebt.

In der Form knüpft Lohenstein unmittelbar an Gryphius an, innerlich aber entfernt er sich weit von ihm. Für Gryphius stand das menschliche Leben unter der Fügung Gottes, Lohenstein ist es ein Spiel des Glückes mit den Menschen. Dem mit bewußtester Vernunft begabten Menschen steht die Fortuna im schärfstem Gegensatz gegenüber. Der tragische Held mag höchste persönliche Kraft besitzen, der Spruch des Schicksals macht alles nichtig und sinnlos. Die feste Glaubenszuversicht eines Gryphius geht Lohenstein völlig ab. So wird der Heroismus der Helden zu protzigem Kraftmeiertum. Furcht und Schrecken sollen die Tragödien hervorrufen: Massenanhäufungen von Gift und Dolch, Mord, Hinrichtungen und Foltergreuel sind dazu gerade recht. Hinzu kommt als Lohensteins besondere Stärke eine üppig wuchernde, lüsterne Erotik, gegen die Hofmannswaldau verblaßt. Dem Inhalt entspricht die Diktion. Gewaltsame Übersteigerungen, atemlose, jagende Hast, Roheit und Brutalität lassen zartere Stimmung nicht aufkommen. In den späteren Stücken überdeckt dazu, abgesehen von den Szene für Szene im Übermaß beigegebenen Quellen—Anmerkungen, die Neigung zur bombastischen Prunkrede den ursprünglich vorhandenen dramatischen Instinkt.

Lohensteins Dramen gliedern sich nach dem geschichtlichen Hintergrund paarweise in Gruppen: die Türkendramen "Ibrahim Bassa" (1653), das der Vierzehnjährige schrieb, und "Ibrahim Sultan" (1673), die beiden afrikanischen Trauerspiele, die ihn auf der Höhe seiner Kraft zeigen, "Cleopatra" (1661) und "Sophonisbe" (1680), und die beiden Nerotragödien "Agrippina" (1665) und "Epicharis" (1665). Trotz aller barocken Übersteigerungen, an denen vor allem die beiden letzten ziemlich das Äußerste bieten, ist das wirklich Neue und Wegweisende über Gryphius hinaus bedeutsam: Lohensteins Gestalten sind nicht, wie zunächst bei Gryphius, nur Verkörperung guter oder böser Eigenschaften; bei ihnen kämpfen in der eigenen Brust Triebe und Leidenschaften miteinander, aus diesem Ringen erwächst ihr Handeln.

Lohenstein ist der letzte Große des Dramas. Mit Hallmann, der in Schlesien sein Erbe antritt, befindet sich die hohe Barocktragödie schon in voller Auflösung. Johann Christian Hallmann (etwa 1646–1704)[43] ist als Schüler des Breslauer Magdaleneums bezeugt. Nach dem Studium in Jena wird er 1668 Advokat in Breslau. Wohl zur selben Zeit ist er zum Katholizismus übergetreten, jedoch ohne den erhofften praktischen Nutzen. An seinem Lebensabend mußte er sich mühsam durch Komödienaufführungen sein Brot verdienen.

In seinem vielseitigen Schaffen liegt der Schwerpunkt auf den 18 Theaterstücken. Auch er kommt vom gelehrten Kunstdrama her. Aber er zersetzt die strenge Form je länger je mehr durch die Aufnahme ihm fremder Elemente, und es ist geradezu Hallmanns geschichtliche Bedeutung, daß in sein Werk alle wesentlichen Stilrichtungen des zeitgenössischen Theaterschaffens eingegangen sind. Das Jesuitenstück liefert die "stummen Auftritte" und Allegorien: musikalische Einlagen und Ballettszenen werden eingeflochten, wie er dann später auch Opern schreibt. In bunter Folge verfaßt er Schäferspiele und bringt komische mundartliche Auftritte. Selbst die volksmäßigen Stücke der Wandertruppe haben für sein Drama Beiträge geliefert: die komische Person, Nebenhandlungen und Verkleidungen, Bedientenszenen und anderes mehr. Versform und kunstvolle Gliederung allerdings ziehen die Grenze zum Bandenstück und weisen seine Spiele dem Kunstdrama zu. Hallmann fühlt sich über die fahrenden Komödianten, diese "plebejischen und herumstreifenden Personen", durchaus erhaben und stellt seine Dramen "dem Urtheil der gelehrten Welt höfflichstermaßen anheim". Doch sind sie eben Erzeugnisse eines kundigen Theaterpraktikers, der auch in Einzelheiten von den Fahrenden viel gelernt hat und der durch starke Effekte auf jeden Fall Wirkung bei seinen Zuschauern erzielen will. 1704 endet Hallmanns Schaffen mit sechs Opern. Dies zeigt, wohin der Weg des ernsten Barockdramas gegangen war: zur Auflösung in höfische Prunkoper, Schäferstück und Jesuitenkomödie. Auf der anderen Seite steht der Einfluß der Wandertruppen. Eine neue Einheit zu schaffen hat Hallmann nicht vermocht, er bedeutet ein Ende. Erst Gottsched fand den Weg, Dichtung und ihre Darstellung auf der Bühne organisch zu verbinden. Doch zu dieser Zeit war Schlesiens literarische Bedeutung dahin.

Die Gattung des Romans war im literarischen Schaffen Schlesiens bisher spärlich vertreten. Nun aber, am Ende des Hochbarock, steht ein Werk, das auch im gesamten zeitgenössischen Schaffen einen Gipfelpunkt darstellt, Lohensteins "Arminius" (1689 erschienen)[44], oder wie der echt barock umständliche Titel lautet: "Großmüthiger Feld Herr Arminius oder Herrmann als ein tapferer Beschirmer der deutschen Freyheit, nebst seiner Durchlauchtigsten Thußnelda in einer sinnreichen Staats, Liebes und Helden Geschichte dem Vaterlande zu Liebe, dem deutschen Adel aber zu Ehren und rühmlicher Nachfolge vorgestellet und mit saubern Kupfern ausgezieret."

Alle Entwicklungslinien des höfischen Geschichtsromans der Zeit laufen bei Lohenstein zusammen. Ein Riesenwerk von 3076 zweispaltigen Folioseiten ist es einer jener Schlüsselromane, welche die Vorzeit im Bilde zeitgenössischen Geschehens widerspiegeln. "Dem Vaterlande zu Liebe" —, diese starke vaterländische Gesinnung, die im Barock häufig begegnet, hat nirgends so nachdrücklich Ausdruck gefunden wie in Lohensteins "Arminius". Was die politische Ohnmacht des gegenwärtigen Reiches dem nationalen Selbstbewußtsein schuldig blieb, das suchte man in der glorreichen Vergangenheit. Freilich: mit der Kenntnis der germanischen Frühgeschichte war es nicht weit her: sie wurde ersetzt durch Einbildungskraft, die sich selbst völkische Größe vorspiegelte. Lohenstein steigert diese vaterländische Geschichtslegende aufs höchste: die Germanen sind das eigentliche Heldenvolk der alten Zeit gewesen. Sie haben das Bild der Geschichte nicht gefälscht wie die neidischen Römer, im Gegenteil, man erfährt jetzt erstaunliche Dinge. Odysseus ist auf seinen Irrfahrten nach Deutschland gekommen. Brennus, der gallische Bezwinger Roms, war ein Herzog der Semnonen. Nur durch deutschen Beistand haben Philipp und Alexander ihre weltumwälzenden Siege errungen. Hannibal verdankt der Hilfe der Deutschen seine Erfolge, ihrer Abwendung infolge des punischen Undanks seine schließliche Niederlage. Germanische Söldner haben Rom gegen die Kimbern und Teutonen geschützt. Selbst Cäsar hat mit deutscher Hilfe seine Siege erfochten, so sehr er dies auch zu verdunkeln sucht; aber noch mehr: Lohensteins Germanen sind keineswegs urwüchsige Urwaldsöhne, sondern ein hochkultiviertes Volk, das sich nur anders als die Römer Tugend und Unschuld der Sitten bewahrt hat. Seine Priester sind in antiker Philosophie und Wissenschaft bewandert wie der gelehrteste humanistische Magister, die Weisheit des Ostens ist zu ihnen sogar eher gedrungen als zu den Christen. Sie sind als einziges Volk außer den Juden der Verehrung des E i n e n Gottes treu geblieben.

Bezeichnend aber ist, daß die Kulturblüte der Vorfahren nur nach den Vorstellungen der eigenen Zeit, also der überfremdeten Barockkultur gesehen wird. Der Sinn für spezifisch deutsche Wesenszüge ist überhaupt nicht vorhanden. Dafür sind Lohensteins Figuren Meister der gesellschaftlichen Form. Denn dies ist ja das zweite: "Dem deutschen Adel zu Ehren und rühmlicher Nachfolge." Selten ist das Ideal des vornehmen Barockmenschen als Vorbild gleichermaßen umfassend vor Augen gestellt worden. Erhabenheit und Größe eignet den Helden: Leidenschaft ist der Ansporn zu großen Taten, die Vernunft als oberste Herrscherin weist den rechten Weg. Standhaftigkeit und Seelengröße bestehen jeden Glückswechsel. Das Lebensideal des barocken Helden aber gipfelt im absoluten Herrschertum. In durchsichtiger Verhüllung wird als Geschichte der Vorfahren Hermanns die der habsburgischen Kaiser seit Rudolf I. erzählt. Die übrigen adeligen Geschlechter erfahren die gleiche Huldigung. Das Geschichtsbild, das aus phantastisch unbekümmerter Verarbeitung historischer Fakten und zugleich absichtsvoller Konzeption entsteht, ist so unwirklich und abenteuerlich wie das in irgendeinem Ritterroman. Nicht genug damit: auf allen Gebieten des Lebens und Wissens wird dem Leser Belehrung geboten. Eichendorff nennt die Romane dieser Zeit "tollgewordene Realenzyklopädien". Damit meint er ohne Zweifel gleich scherzhaft wie zutreffend wohl hauptsächlich den "Arminius".

Das ungeheuerliche Werk hat trotz der staunenden Bewunderung, die es erregte, unmittelbare Nachfolge nicht gefunden. Gleichwohl ist das schlesische Romanschaffen, von unterschiedlichen Stilrichtungen beeinflußt, am Ausgang des Barock nicht arm. Der populärste schlesische Roman und zugleich der beliebteste der Zeit überhaupt (15 Auflagen), Zieglers "Asiatische Banise" (1698), den noch Goethe gelesen hat, kommt aus dem schlesisch—sächsischen Grenzgebiet.

Heinrich Anshelm von Ziegler und Kliphausen (1663—96)[45] stammt aus Radmeritz südlich von Görlitz; wenn schon Böhme, dann ist auch er den Schlesiern zuzurechnen. Er hat die zeitgenössischen Berichte über Hinterindien gründlich studiert und seine Quellen teilweise wörtlich abgeschrieben. Was er solcherart aus der geschichtlichen Entwicklung etwa eines Halbjahrhunderts zu einer spannenden Handlung von kurzem Zeitraum zusammenfügt, kam in der Tat dem Geschmack entgegen: die Exotik einer fernen Welt mit ihren kulturgeschichtlich interessanten Details, Prachtentfaltung ebenso wie Grausamkeit und Schrecken. Das heldische Liebespaar Balacin und Banise, parallel dazu aus dem niederen Volk der Knappe Scandor und seine Lorancy, triumphiert über alle notvollen Widerwärtigkeiten. In kunstvollem Auf und Ab verläuft die Handlung, der Kampf zwischen Gut und Böse, bis der Sturz des Usurpators Chaumigren den endlichen Sieg des guten Prinzips herbeiführt und eine paradiesisch—märchenhafte Zukunft ewigen Friedens anbricht. In der beständigen Bewährung der Tugend muss die Gerechtigkeit den Sieg davontragen, das Böse bestraft werden; dies darzustellen ist das Ziel des Romans. Die immer noch selbstverständliche hierarchische Ordnung in der Konstellation der Personen, mit dem Fürsten im Mittelpunkt, wird noch nicht angetastet. Nur in der Sprache, z.B. in lächerlich wirkenden Übertreibungen in dem "hohen" Bereich, deutet sich die beginnende Wandlung zu einer neuen Wertung der menschlichen Gemeinschaft hin an, wobei sich die typenmäßige Starrheit allmählich auflöst.

Noch deutlicher wird diese Tendenz in der Fortsetzung des Romans (1724) durch Johann Georg Hamann[46], einen Verwandten des "Magus" des Nordens. Antithese von Gut und Böse auch hier, aber aus der Zieglerschen Verflechtung mit dem Planetensystem gelöst, vermenschlicht und stilistisch auf eine mittlere Ebene gebracht.

Auf den Bahnen Lohensteins und Zieglers wandeln die kleineren Geister schlesischer Romanproduktion der Zeit, variieren die gängigen Muster und nehmen Grimmelshausen und Defoe auch im Titel auf. Als Verfasser des Romans "Die Durchlauchtigste Olorena...", dessen vier Bücher der Schöpfer des galanten Romans, der Hallenser August Bohse–Talander - er lebte von 1708–42 in Liegnitz - um ein fünftes vermehrt 1694 zum Druck brachte, ist nun Ernst Jacob von Autorff (1639–1705)[47], der auch Fachliteratur schrieb, identifiziert. Dieser höfisch–historische Roman, im östlichen Milieu angesiedelt und daher von landeskundlich–historischer Bedeutung, erzielte 1697 und 1708 weitere Auflagen. Daniel Speer (1636–1707)[48] aus Breslau, der als Schulmeister und angesehener Musiker in Göppingen starb, brachte i.J. 1683 seinen Roman "Ungarischer oder Dacianischer Simplizissimus" heraus und, "weil solches auch höchst verlanget", im gleichen Jahr die Fortsetzung "Türckischer Vagant oder Umschweiffend–Türkischer Handelsmann". Abenteuerliche Erlebnisse und Erfahrungen eines langen Wanderlebens bis hin nach Ungarn bilden den Grundzug. Aus Erinnerungen an die Jugend rührt die eingehende Schilderung der Vaterstadt her, ihrer Örtlichkeit und ihres Lebens, ihrer volkskundlich interessanten Sagen und Gebräuche. Dem Welterfolg Defoe's schließlich zollt Christian Langhans mit seiner abenteuerlichen Reiseschilderung "Schlesischer Robinson oder Franz Anton Wentzels von C. eines Schlesischen Edelmanns Denckwürdiges Leben" (1723) Tribut.

Der von Norden sich anbahnende Geschmacksumschwung ist hier gegenüber dem hochgestelzten Pathos in Drama und Roman in der nüchterneren Diktion bereits spürbar. Mehr noch zeigt sich die Wandlung in der Lyrik. Gewiß: der höfischen Gesellschaft ein Abbild ihrer selbst in allen Lebensäußerungen zu geben, war Ziel dort wie hier. Hofmannswaldaus Formenreichtum indes, sein Hinwenden zu Anmut und geistreicher Erfindung führen zur etwa ab 1680 maßgebenden galanten Poesie und dem leipzigerisch-berlinischen Stil.

Aus der Nachfolge Hofmannswaldaus einige Namen: Des Jaueraners Nikolaus Peucker (etwa 1623—74) ursprüngliches Talent spricht schon aus dem Titel seiner Gedichtsammlung "Wohlklingende lustige Paucke", die erst 1712 erschien. Auch des Breslauers Heinrich Mühlpfort (1639—81), am ansprechendsten in den Liebesgedichten der Leipziger Studentenzeit, Sammlungen und Hans von Assigs (1650—94)[49] Gedichte, Oden und Begräbnisgesänge kamen erst nach ihrem Tode 1686 und 1719 heraus. War des letzteren Poesie vom rauhen Soldatenleben beeinflußt, so ist Hans Assmann von Abschatz (1646—99)[50] dem Meister wohl am ähnlichsten in der virtuosen Handhabung der Form, der Feinheit und Gewandtheit des Ausdrucks. Allerdings: bei den "mit allzu vielem Venus-Saltz marinierten Speisen einiger Welschen" bewahrt er Zurückhaltung. Christian Gryphius, der Sohn des großen Andreas, veröffentlichte 1704 seine Werke, darunter die hochgelobten Übersetzungen von Guarinis "Pastor fido" und Adimaris Sonetten, die eigene liebenswürdig-innige Liebeslyrik "Anemons und Adonis Blumen" unter dem Titel "Poetische Übersetzungen und Gedichte".

War diese Poesie den gängigen Stiltendenzen zwar verhaftet, so neigte sie doch einer schlichteren Form zu. In Frankreich hatte der Klassizismus Boileaus das Preziösentum erledigt, durch Freiherrn von Canitz kam sein Kunstwille nach Berlin. Hier auch war Schlesiens führender Poet Benjamin Neukirch (1665—1725)[51] ab 1703 Professor an der Ritterakademie, bevor er 1723 Erzieher des Erbprinzen in Ansbach wurde. An Neukirch wird die Stellung Schlesiens zwischen den neuen Strömungen von Sachsen und Berlin her und dem im Barock verharrenden Österreich deutlich. Zeigen aus der Reifezeit die "Satiren" echte Beziehungen zur Wirklichkeit, zum Leben selbst, so ist die sogenannte Neukirchsche Sammlung (7 Teile, 1695—1727, in verschiedenen Auflagen in Titel, Inhalt und Verleger verändert) geradezu ein Abbild des Übergangs vom Spätbarock zu Bekenntnislyrik. "Herrn von Hoffmannswaldau und anderer Deutschen auserlesene und bißher ungedruckte Gedichte", so der Titel, enthält bekannte Lyrik Hofmanns, aber auch noch nicht publizierte "Lustgedichte" und Lyrik mehr oder

16. Daniel Casper von Lohenstein (1635-1683)

minder identifizierter Verfasser. Unter der Chiffre C.H. verbirgt sich, wie erst jüngst entdeckt, Christian Hölmann (1677—1744)[52] aus Breslau, ein Mediziner, der die Bände 4 und 5 der Sammlung edierte. Auch seine "galanten" Gedichte spiegeln die Wandlung, die schließlich zu Günther führt. Daß der letzte Teil der Neukirchschen Sammlung von dem streitbaren Leipziger Gottlob Friedrich Wilhelm Juncker (1702 — 1746) herausgegeben wurde, zeigt die Verlagerung des geographischen Schwerpunktes.

Denn wie Hölmann studierten die anderen Schlesier zumeist an den mitteldeutschen Universitäten, dort konfrontiert den neuen Strömungen, zugleich noch immer getragen von der verebbenden Woge schlesischen Dichterruhms. Unter ihnen ist Gottlieb Stolle—Leander (1673—1744) aus Liegnitz einer der lesbarsten, Johann Sigismund Scholze (1705—1750) lebt mit den lebensvollen Reimereien seines Liederbuchs "Singende Muse an der Pleiße" (1736) fort. Gottfried Benjamin Hancke und Friedrich Wilhelm Sommer, unbekümmerte Reimeschmiede, aber wurden Anlaß zur vernichtenden Kritik an den Schlesiern.

Christian Gryphius (1649 — 1706)[53], ein persönlich bescheidener Schulmann (ab 1686 Rektor des Magdalenengymnasiums in Breslau), hat, wenn auch nicht in seiner der Welt des Vaters verpflichteten schlichten Dichtung selbst - Sammlung "Poetische Wälder" 1698 und öfter -, so in den Vorreden die grundsätzliche Abwendung vom Zierstil begründet. Denn er habe sich "niemals einbilden können, daß mit dergleichen Künsteleyen der deutschen Sprache viel gedient oder geholfen sey". Er wendet sich gegen das "unzeitig nachäffen" und das "aufputzen mit nicht selten abschießenden Farben" und meint, seine Landsleute sollten ihren Vorbildern auch darin folgen, daß sie "vielmehr den rechten Verstand einer Sache, als zwar köstlich lautende, als vielmal wenig oder nichts bedeutende Worte und den hieraus entspringenden Mischmach ... beliebten".

In Benjamin Schmolck (1672—1737)[54] weist das immer lebendig gebliebene evangelische Kirchenlied noch einmal einen großen Namen auf. Der Oberpfarrer an der Friedenskirche in Schweidnitz (seit 1714) ist von verschiedenen Strömungen berührt: volkstümlicher Einfachheit und marineskem Sprachpomp. Die Titel einiger seiner Sammlungen lassen dies erkennen: "Das in gebundenen Seufzern mit Gott verbundene Herze für den Thron der Gnaden geleget" (1714), "Eines andächtigen Herzens Schmuck und Asche" (1717) oder "Freuden—Öl in Traurigkeit" (1720). Sein Werk hat gewiß nicht das kraftvoll eigenwüchsige, persönliche Gepräge eines Heermann, aber es ist durchströmt von echtem religiösen Gefühl und fester Glaubenszuversicht. Und es sind gerade die schlichtesten seiner Lieder, 1180 an der Zahl, die ob ihrer Innigkeit bis heute gesungen werden.

Daß aber die vielen kleineren Geister in den inzwischen ausgefahrenen Geleisen eines großen Erbes blieben, daß sie dies mit einer Anmaßung vertraten, die in keinem Verhältnis zu ihrer Leistung stand, dies alles ließ den Widerspruch gegen die literarische Vormachtstellung Schlesiens zu einem grundsätzlichen werden.Und alle Streitigkeiten, der Hamburger Dichterkrieg: Wernigke gegen die zeitgenössischen Lohensteinianer, die Angriffe von Hunold—Menantes gegen Sommer, der Streit zwischen Juncker und Hancke, sie endeten mit einer Niederlage der Schlesier. Denn gegen sie stand die neue Zeit.

In dieser Periode der Stagnation ragt einer empor, in Wahrheit ein Dichter von Gottes Gnaden, der letzte aus Schlesiens großer Zeit, zugleich eine Persönlichkeit, die weit über ihr Zeitalter hinaus in die Zukunft weist: Johann Christian Günther (1695—1723)[55]. Gewiß, auch er ist allen Strömungen vom Barock bis zum Neuklassizismus irgendwie verpflichtet; was ihn aber von allen Mitstrebenden unterscheidet und ihm bis zu Klopstock nichts Verwandtes zur Seite stellen läßt, das ist das machtvolle Hervorbrechen seiner Dichtung aus dem eigenen Ich. Hier ist kein Abstand mehr zwischen Dichter und Werk; nicht ästhetischer Formwille oder tiefgründige Gelehrsamkeit, einzig die Leidenschaft des Herzens ist die Triebkraft des Schaffens. Und weil diese vom Innersten seines Wesens her durchblutete Dichtung mit so unbedingter Ehrlichkeit die letzten Geheimnisse und Schwächen seiner Seele bekennerisch bloßlegt, darum wirkt sie so ergreifend echt und wahr. Der unerhörten Wahrhaftigkeit dieser Erlebnis— und Bekenntnisdichtung gegenüber verblassen alle Mängel der Form. Ein Leben wurde hier zum Lied, das, von einer triebhaften Natur ruhelos umhergeworfen, wohl auch alle Tiefen des Daseins rauschhaft durchmessen hat, das aber nicht das Leben eines verkommenen Genies, sondern das eines inbrünstig um einen Halt ringenden Menschen ist. Den Halt, den er bei seinem Vater hätte finden sollen, vermochte ihm dieser, ein ehrenhafter, aber gegen alles vom gewohnten Pfade Abweichende unnachsichtiger Mann, nicht zu geben; seine Tür blieb dem Sohn verschlossen. So zerrann dieses Leben. Was es erfuhr an Liebeserfüllung und Versagen, an aufkeimenden und zerstörten Hoffnungen, was es bewegte in Klagen um das verpfuschte Dasein, in tiefer Sehnsucht zu Gott, davon sagt seine Dichtung. Als Günther an der Schwelle des Mannesalters stirbt, ist die geplante Gesamtausgabe seines Werkes noch nicht vollendet. 1735 ist die erste vollständige Ausgabe erschienen.

Günther ist der "letzte Schlesier". Mit ihm schließt jene Epoche schlesischen Geisteslebens, die, mit der politischen Zugehörigkeit des Landes zu Habsburg zusammenfallend, vorwiegend unter dem Zeichen weit über die Grenzen Schlesiens hinaus wirkender, vorbildlicher literarischer Leistung steht. Andere Aufgaben sind es, die schlesische Geistigkeit in der Folgezeit zu lösen sich anschickt. Der Ruhm der schlesischen Dichtung stirbt mit Günther auf lange Zeit; so möge seine Grabschrift auch diesen Abschnitt beschließen:

Hier starb ein Schlesier, weil Glück und Zeit nicht wollte,
Daß seine Dichterkunst zur Reife kommen sollte.
Mein Pilger, lies geschwind und wandle deiner Bahn,
Sonst steckt dich auch sein Staub mit Lieb und Unglück an.

Dagobert Frey

DIE KUNST

Ein Überblick über das Vordringen der italienischen Renaissance nach dem Norden ergibt ein eigenartiges Bild: früher als nach dem Westen und nach Mitteleuropa bricht sie in den Ostraum ein. Der Hof des Ungarnkönigs Matthias Corvin ist der erste Renaissancehof nördlich der Alpen. Von hier wurde die höfische Renaissancemode durch den Jagellonen Siegmund, welcher entscheidende Jugendjahre in Ofen verbrachte und durch die Heirat mit einer Magnatentochter mit Ungarn enger verbunden war, nach Krakau verpflanzt. Schon vor seiner Thronbesteigung scheint er auf Bautätigkeit und Kunstschaffen Einfluß genommen zu haben. Aber auch in der Art der Übertragung und Übernahme der Renaissance zeigen sich in den verschiedenen Ländern bedeutsame Unterschiede: in Ungarn wie in Frankreich sind die Vermittler eingewanderte italienische Künstler; in Ofen wie bei den französischen Königsschlössern in Amboise, Blois und Fontainebleau bilden sich große italienische Künstlerkolonien. In Deutschland sind die Träger der Entwicklung gerade in der Frühzeit mit wenigen Ausnahmen deutsche Künstler, die sich auf Grund von Vorlagen, Stichen oder Zeichnungen und durch Italienreisen mit den neuen künstlerischen Errungenschaften eigenschöpferisch auseinandersetzen. Dem entsprechen aber auch verschieden gelagerte soziale Voraussetzungen: im Westen und Osten ist die Übernahme der Renaissance eine höfische Angelegenheit, in Deutschland die eines humanistisch gebildeten Patriziates in den blühenden süddeutschen Handelszentren.

In der Krakauer Renaissance wirken nun diese beiden Entwicklungen ineinander. Während in Ofen die großartige Renaissanceschöpfung des Umbaus und der Einrichtung der Burg fast ganz in den Händen italienischer und italodalmatinischer Künstler liegt, sind in Krakau am Ausbau des Wawel und an der Jagellonischen Kapelle, dem königlichen Mausoleum am Dom, italienische und deutsche Künstler, vornehmlich aus Nürnberg, in gleich bedeutsamer Weise tätig.

Aus dieser europäischen Gesamtlage ist auch das auffallend frühe Auftreten der Renaissance in Schlesien zu erklären. Östliche Einflüsse aus Ungarn und Krakau, südliche aus Wien und Bayern sind entscheidend; zu ihnen tritt ein dritter Einflußstrom aus Nordwesten, aus der Lausitz, der Prager und später sächsische Renaissance vermittelt.

Die Wegbereiter der neuen Bewegung sind fortschrittliche, humanistisch gebildete Männer, die als Auftraggeber italienische Künstler heranziehen oder durch Hinweis auf Vorlagen die heimischen Arbeitskräfte in die neue Formensprache einzuführen versuchen. So ist das erste Auftreten der Renaissance am Schloßportal von Mährisch—Trübau (1492) — zeitlich und formal den ältesten Renaissance—Denkmälern in Wien nahestehend — in der Persönlichkeit des Bauherrn Ladislaus v. Boskowitz und Czernahora begründet, der in Padua studiert und weite Reisen durch Italien bis Afrika unternommen hatte. Seine „moderne" künstlerische Einstellung zeigt sich auch in zwei Portraitmedaillons von 1495, die ihn und seine Gemahlin im Renaissancekostüm darstellen und nur von einem nach dem mährischen Herrschaftssitz berufenen italienischen Künstler ausgeführt sein können.

Die östlichen Beziehungen zu Krakau und Ungarn finden im Bischof Johann V. Turzo (1506—20) ihren Hauptvertreter, der einer Zipser Familie entstammte, ebenfalls in Italien seine wissenschaftliche Ausbildung genossen hatte und auch mit der Krakauer Kunsttätigkeit vertraut war, ein fein gebildeter, den neuen geistigen Regungen aufgeschlossener Mann, der mit den bedeutsamsten Humanisten seiner Zeit (Erasmus, Melanchthon) in Briefwechsel stand (I,S.299). Die Inschriftsteine von 1509 am bischöflichen Schlosse Johannesberg und von 1513 an der Annenkapelle in der bischöflichen Residenzstadt Neisse, das silberne Hausaltärchen von 1511 im Breslauer Domschatz und das Sakristeiportal im Dom von 1517 sind die Marksteine für das Eindringen der Renaissance in Schlesien. Die Steinmetzarbeiten zeigen bezeichnenderweise nicht italienischen Charakter, sondern die abgewandelten Formen süddeutscher Renaissance: der Steinmetz des Sakristeiportales dürfte in Wien oder Passau gebildet sein, die Johannesberger Inschrifttafel steht dem Regensburger Domkreuzgang nahe, der dem Kunstkreis Albrecht Altdorfers angehört. Die Liegefigur des Grabmales Turzos (1537) im Breslauer Dom, die im Rybisch—Grabmal in der Elisabethkirche (1539) und in den Bischofsgräbern des Baltasar v. Promnitz (+ 1562) und Kaspar v. Logau (+ 1574) in Neisse ihre Nachfolger findet, geht dagegen auf das Vorbild des Grabmals des Petrus Tomicki (1532) auf dem Wawel zurück, eines Grabtypus, der in Polen große Verbreitung fand. Für den vorwiegend deutschen Grundcharakter dieser ersten Renaissanceperiode ist bezeichnend, daß die italienischen Maurer und Steinmetzen in Breslau und Brieg nach den archivalischen Quellen erst im 5. Jahrzehnt auftreten.

Es bleibt ein stolzes Wahrzeichen für das deutsche Handwerk in Breslau, daß im gleichen Jahre wie das kostbare Silberaltärchen Turzos (1511) der volkstümlich derbe Zinnhumpen der Seilerzunft von den Breslauer Zinngießern Hans und Urban Grofe mit gravierten Renaissanceornamenten geschmückt wurde, denen wohl Stiche als Vorlage dienten. Ein geistig hochstehendes, weltläufiges, humanistisch gebildetes Patriziat ist in dieser Zeit, in der die Stadt ihre politischen und wirtschaftlichen Rechte gegen Kaiser und Landadel erfolgreich zu verteidigen verstand, der entscheidende Kulturträger. Politische Missionen im Auftrag der Stadt führten Heinrich Rybisch nach Prag, Wien, Augsburg, Krakau, Ofen, also gerade in die künstlerischen Zentren der Renaissance nördlich der Alpen. Die jüngere Generation, Seyfried Rybisch und Thomas Rehdiger, bereisen Belgien, Frankreich und Italien bis Neapel. Als Ausbeute dieser Reisen und der weitverzweigten Handelsbeziehungen entstehen bedeutende Kunstsammlungen von Gemälden, von Bildnissen historischer Persönlichkeiten, von Wachsbossierungen, Bronzen und Medaillen, von Büchern und illuminierten Handschriften, unter denen sich eines der bedeutendsten Werke der spätmittelalterlichen französischen Buchkunst, die Froissarthandschrift, befindet. Heinrich Rybisch, der den Humanistennamen Philokalos (Schönheitsfreund) führte, läßt sich sein Haus in der Junkernstraße more italico in reichen Renaissanceformen erbauen (etwa 1526 bis 1531, z.T. erhalten). Zu gleicher Zeit erhält das Rathaus das prächtige Portal der Ratsstube (1528), entsteht der mächtige, zinnenbekrönte Bau der „Goldenen Krone" am Ring mit Fassadenmalereien, dessen reiches Portal (bis 1945 am Staatsarchiv) ebenfalls die Jahreszahl 1528 trägt.

Bayrischer Import oder zumindest Arbeiten eines in Süddeutschland geschulten Steinmetzen sind die Rotmarmorplatten der Grabmäler Sauer (1533) und Rybisch (1534), die den Arbeiten des Matthäus

Kreniß in Pfarrkirchen und Eggenfelden in Niederbayern nahestehen. Ihnen schließt sich die rotmarmorne Tumba des Bischofs Jakob v. Salza (1539) in Neisse an.

Der dritte Einflußstrom kommt von Norden. In Görlitz tritt uns der Architekt Wendel Roskopf (+ 1549), der sich auf der Tagung der Werkmeister zu Annaberg (1518) als „Meister zu Görlitz und in der Schlesy" unterzeichnet, als ausgeprägte Künstlerpersönlichkeit entgegen, deren Wirkungsbereich sich über ganz Niederschlesien bis nach Breslau (1528) erstreckt. Er ist aus der Prager Schule des Benedikt Rieth hervorgegangen; Spätgotik und Renaissance stehen bei ihm vielfach noch unvermischt nebeneinander. Auf den „Wladislawschen Saal" in der Prager Burg (1503) gehen die „gewundenen Reihungen" (kurvierte Gewölberippen) in der Gröditzburg und in den Rathäusern von Löwenberg, Bunzlau und Lauban zurück. Daneben verwendet er an Türen und Fenstern reine, wenn auch etwas derbe Renaissanceformen, wobei er die Fenster zwischen Pilastern mit schwerem Gebälk zu Gruppen zusammenzufassen versucht (Gröditzburg 1523, Löwenberg 1522–23, Görlitz, Schönhof 1526). Auch ihre Kenntnis hat er sich wohl in Prag erworben, wo sich eine verwandte Gruppe von Denkmälern aus den zwanziger Jahren findet (Fenster des „Wladislawschen Saales", Neustädter und Altstädter Rathaus). Aber was zu Prag in hochwüchsiger Schlankheit von aristokratisch–weltmännischer Eleganz ist, wird bei Roskopf etwas bürgerlich–hausbacken, wenn auch voll reicher natürlicher Erfindungskraft, wie vor allem der Rathauseingang in Görlitz zeigt, an dem sich die geschwungene Freitreppe mit einer von der Justitia (1591) bekrönten Balustersäule, der breiten Rednertribüne (1537), dem Portal und dem Fenster darüber zu einer reich bewegten, malerischen Gruppe zusammenfügt. Von der weitverbreiteten Wertschätzung dieses Stadtbaumeisters spricht, daß er 1527 von Herzog Friedrich II. nach Liegnitz, 1529 vom Stadtrat nach Posen, 1531 von den Brüdern Ernst, Dompropst zu Prag und Meißen, und Georg v. Schleinitz zu künstlerischer Beratung vom Görlitzer Rat erbeten wird. Neben dieser böhmisch–lausitzischen Schule sind sächsische Einflüsse, die vor allem vom Dresdner Schloßbau ausgehen, am Görlitzer Rathaus (Archivflügel 1534), am Schloß Plagwitz bei Löwenberg und am Brieger Schloß zu beobachten.

Während die erste Entwicklungsphase der schlesischen Renaissance bürgerlich—städtisch ist, übernehmen im 3. und 4. Jahrzehnt die Höfe, später der Landadel die Führung. Die großen Schloßbauten in Brieg, Ohlau, Liegnitz, Haynau, Oels ziehen heimische und fremde Künstler an. Damit treten auch in größerer Zahl die „Walen" auf, lombardische Wanderkünstler, oft weitverzweigte Künstlerfamilien, wie die Bahr (Pahr), die von Mailand nach Schlesien, von hier nach Mecklenburg (Schwerin Schloß, Güstrow), nach Schweden (Kalmar, Borgholm, Uppsala) und Finnland ziehen, oder die Spaccio (Wacz), die in Österreich und Böhmen, in Schlesien (Anton Wacz) und Schweden anzutreffen sind. Diese oberitalienischen Künstler verbreiten die Renaissance ihrer engeren Heimat in einer dem Norden wesensverwandteren Form in Deutschland, Polen und Skandinavien.

Der Schloßbau in Brieg, begonnen unter Herzog Friedrich 1536, im wesentlichen von Herzog Georg II. (1547—86) durchgeführt, gehört zu den bedeutendsten baukünstlerischen Leistungen der Zeit in Deutschland. Das Interesse, das die Zeitgenossen an ihm nehmen, zeigt sich darin, daß Herzog Julius v. Braunschweig (1565) und der Großkanzler von Böhmen, Wratislaw II. v. Pernstein (1567), sich Bilder und ein Holzmodell des Schlosses erbitten, und dieser sich an seinem Schloß in Proßnitz drei „Gänge" (Galerien) nach Art des Piastenschlosses von Caspar Khune ausführen läßt. Die Bauleitung in Brieg lag in den Händen des Jakob Pahr, dem sein Schwiegersohn Bernhard Niuron aus Lugano folgt. Auch Franz Pahr, in Haynau seßhaft, der wahrscheinlich der Erbauer des dortigen Schlosses ist, wird zur Beratung herangezogen. Die Pahr—Niuron sind Baumeister, nicht Steinmetzen, wie Niuron einmal klar ausspricht: „dieweil ich meines Handwerks kein Steinmetz, sondern ein Maurer", liefern aber den Steinmetzen die „Visirung" (Zeichnung). Die Steinmetzarbeiten, bei denen wir wohl eine gewisse künstlerische Selbständigkeit annehmen können, wurden von Deutschen ausgeführt: Jakob Warter, Caspar Khune, Andreas Walther und sein Sohn dürften die wichtigsten künstlerischen Arbeitskräfte gewesen sein. Das Ergebnis ist eine Durchdringung italienischer Formensprache mit deutschem Formgefühl, die sich in den weitgespannten Segmentbogen des Arkadenhofes, in der ganzen künstlerischen Problematik des Portalbaus, die gerade aus der Asymmetrie von Durchfahrt und Gehtü-

17. Breslau, Rybisch-Epitaph in St. Elisabeth (um 1550)

re die überaus reizvolle Spannung und Mehrdeutigkeit der architektonischen Gliederung gewinnt, in der Proportionierung der Ordnungen und der Detailbildung bekundet. Man muß sich zu dem kahlen Gemäuer des jetzigen Zustands nach literarischen Berichten die überaus reiche Innenausstattung hinzudenken, den „großen Kirchensaal" mit dem Stammbaum der briegischen Herzöge, der an den Luxemburger Stammbaum in Karlstein erinnert, das „große Speisegemach" mit Bildnissen der Brieg–Liegnitzer Herzöge in Wirkteppichen, um den künstlerischen Hochstand dieser schlesischen Herzogsresidenz zu ermessen. Noch stärker tritt der deutsche Charakter am Portal des Liegnitzer Piastenschlosses (1533) hervor, das wahrscheinlich Georg v. Amberg, also wohl einem Oberpfälzer, zuzuschreiben ist, der 1532 in Liegnitz als „Meister an unseres gnädigen Herren Haus" genannt wird: die Formen sind schwerer, wuchtiger, eigenwilliger, die reich geschmückten Säulenschäfte wirken wie alte „Feldschlangen".

Haben sich früher die Fürsten der städtischen Baumeister bedient wie im Falle Roskopf, so arbeiten jetzt die fürstlichen Baumeister für die Städte: Jakob Pahr steht seit 1564 im Dienste der Stadt Brieg und führt den Neubau des 1569 durch Feuer zerstörten Rathauses durch, während Niuron die „Visirung" für die auf dorischen Säulen ruhende Vorhalle entwirft.

Die Machtstellung des protestantischen Adels in Nordmähren, vor allem des weit verzweigten Geschlechtes der Zierotin und der mit ihm verschwägerten Familien der Würben und der Welen v. Boskowitz, findet auch im Schloßbau seinen Ausdruck. Der wahrscheinlich nach 1575 ausgeführte Arkadenhof in Goldenstein ist noch über unregelmäßigem Grundriß, zweigeschossig in bescheidenem Ausmaß errichtet, aber von feiner Einzelbildung, die an deutsche Schreinerrenaissance erinnert. In Groß Ullersdorf (um 1580–89) wird der aus Italien übernommene Baugedanke in einer regelmäßigen hufeisenförmigen Anlage mit dreigeschossigem Aufbau zu höchster Monumentalität ausgebildet. Einzelformen, wie die Lisenen über den Säulen, erinnern an den Schloßbau in Brieg. Auch der humanistische Adelshof, den Ladislaus Welen I. v. Boskowitz in Mährisch–Trübau um die Wende des 15. und 16. Jhs. begründet hatte, findet unter seinem Nachfolger Johann (+ 1589), der auch als Bauherr hervortritt (großer Saalbau), seine Fortführung und erlangt unter Ladislaus Welen v. Zierotin (1589—1622), der an seinem Hofe, wohl im überheblichen Bestreben, es seinem kaiserlichen Herrn in Prag gleichzutun, einen Kreis von Künstlern, Dichtern und Gelehrten zu versammeln wußte und das Schloß durch einen äußeren Arkadenhof mit Torturm erweiterte, eine letzte Hochblüte, die allerdings durch die Flucht Zierotins und die Enteignung seiner Güter nach der Schlacht am Weißen Berg einen jähen Abbruch erlitt.

Mit den italienischen Architektureinflüssen gelangt auch die Sgraffito—Technik (Kratzputz) nach Schlesien. Ihr hauptsächliches Verbreitungsgebiet umfaßt das nördliche Niederösterreich, Böhmen und Mähren, die sich in dieser Zeit in mehrfacher Hinsicht zu einem Kunstkreis zusammenschließen. Die glatten Fassaden des Schlosses in Proskau waren ganz mit Sgraffiti überzogen; sie zeigen zwischen den Fensterrahmen in Architekturformen Bildfelder und gehen z.T. auf italienische Vorbilder zurück, wie die Beischriften beweisen (Allegorien, Philosophen, tanzende Genien), z.T. in den kleinfigurigen Kriegs— und Lagerbildern offenbar auf deutsche Stiche und Holzschnitte. Eine volkstümliche Verwendung fand die figurale Sgraffito—Malerei an den Fassaden der Bürgerhäuser, wie an den „Heringsbuden" und am Hause „Zum Wachtelkorb" in Liegnitz, an denen ebenso antike Formrequisiten wie die Fabeln der mittelalterlichen Bestiarien spielerisch ausgebreitet werden. Häufiger ist die Verwendung in Form einer Zierquaderung, wie im Schloßhof von Grafenort, dem sie ähnlich wie am Schwarzenberg—Palais am Hradschin in Prag seinen eigenartig ernsten Charakter gibt, an Rathäusern, Pfarr- und Dorfkirchen.

Das allmähliche, kampflose Eindringen des Protestantismus in Schlesien, das konservative Festhalten an der Überlieferung, das sich auch in der Praxis der evangelischen Kirchenmusik zeigt (vgl. S. 262), läßt den evangelischen Kirchenbau mit seinen neuen baulichen Forderungen als Predigtkirche nur langsam aus den mittelalterlichen Voraussetzungen herauswachsen. Stifter und Förderer der wenigen Neubauten und durchgreifenden Umbauten des 16. und beginnenden 17. Jhs. ist vor allem der zumeist protestantische Landadel. Im Herrschaftsgebiet der Schaffgotsch wird 1562—67 die Kirche in Friedeberg a. Qu. erbaut, eine dreischiffige Halle mit einem alle drei Schiffe umfassenden polygonalen Chorschluß, der an den spätgotischen Typus der Pfarrkirche in

Guhrau anknüpft. Auch in Ohlau hält Niuron an der Hallenform fest; nur in dem der Kanzel gegenüberliegenden Seitenschiff ist eine Empore eingebaut (1587 beg.) Die (jetzt katholische) Pfarrkirche in Landeshut vom Ende des 16 Jhs. gestaltet die Seitenschiffe bereits zweigeschossig mit eingebauten Emporen und erweitert den Raum gegenüber der Kanzel durch asymmetrisches Anfügen eines vierten Schiffes; zum erstenmal wird hier eine Säulenordnung eingeführt. In Schlesiersee (Schlawa) wird bei der um 1604 unter Förderung der Rechenberg erbauten Kirche das ehemals polygonal geschlossene Presbyterium mit dem Gemeindehaus zu einer Raumeinheit zusammengefaßt, die um den seitlich gestellten Predigtstuhl angeordnet ist. Der erste einheitlich und folgerichtig durchgeführte protestantische Kirchenbau in Schlesien ist die Schloßkapelle in Carolath, die Georg v. Schönaich um 1618 erbaut. Der nahezu quadratische Raum, an den eine Altarnische anschließt, wird an drei Seiten von dreigeschossigen Emporen umfaßt, die von Arkaden auf Säulen getragen werden. Er bildet damit den Typus der Schloßkapellen von Stettin (1570–77) und Schmalkalden (Wilhelmsburg 1590) weiter. Das Auftreten gotischen Maßwerkes an den Emporenbrüstungen neben sonst reinen Renaissanceformen entspricht dem Wiederaufleben gotischen Formgefühles, das um diese Zeit als eine europäische Erscheinung zu beobachten ist.

Dieser gotischen Renaissance um die Jahrhundertwende gehören auch die Kirchenbauten im Herrschaftsgebiet der Zierotin in Groß Ullersdorf (1599–1603) und in dem der verschwägerten Familie von Würben gehörigen Goldenstein (1612–14) an, die an die volkstümliche Überlieferung gotischer Dorfkirchen anknüpfen: einschiffige Saalkirchen mit Strebepfeilern und polygonalem Schluß, der in Goldenstein aus einem Streben nach räumlicher Zentralisierung auch an der Westseite durchgeführt wird. Protestantischer Gepflogenheit entsprechend umfängt eine Empore, die eine zweigeschossige Anordnung von spitzbogigen Fenstern und kreisrunden darüber bedingt, gleichmäßig den ganzen Raum (ursprünglich auch in Groß Ullersdorf hinter dem Altar herumgeführt). Auch die Hultschiner Kirche schließt sich diesem Typus an.

Der politische Aufstieg des Landadels in der 2. Hälfte des 16. Jhs. spiegelt sich im Anwachsen der großfigurigen Grabplastik, in der im bewußten Gegensatz zum bürgerlichen Epitaph die mittelalterlich—feudale Überlieferung weiterlebt. Selbst das Tumbengrab tritt wieder auf (Hans und Anna v. Redern in Krappitz, Schaffgotsch mit Gattin in Reußendorf + 1585, + 1567) und erfährt noch im 17. Jh. eine Nachblüte (Hatzfeld in Prausnitz, + 1658; Hedwigstumba in Trebnitz, errichtet 1680). Die kleinen Dorfkirchen auf den adligen Herrschaftssitzen werden zu reich ausgestatteten Familienmausoleen, in denen die großen repräsentativen Figurengrabsteine aneinandergereiht, mitunter architektonisch zu Gruppen zusammengefaßt, an den Wänden aufgestellt werden (Parchwitz, Kr. Liegnitz, Mondschütz, Kr.Wohlau, Greiffenberg, Baumgarten, Kr. Jauer u.a.m.). In Ober Gläsersdorf, Kr. Lüben, ist das ganze Presbyterium als Sepultur ausgebildet, in dem an den Seitenwänden, ähnlich wie in der Stiftskirche in Stuttgart, zwischen Säulen die lebensgroßen Figuren der Verstorbenen eingestellt sind, die wie zu Lebzeiten im Herrschaftsgestühl am Gottesdienst teilzunehmen scheinen. Die Figuren stehen meist streng frontal, in sorgfältig durchgebildeter modischer Kleidung, bei der liebevoll Webe- und Stickmuster durchgebildet werden, wobei in der Spätzeit des Jahrhunderts das Stoffliche noch durch farbige Behandlung hervorgehoben wird. Die dem Spätmanierismus eigene Tendenz zur Formenhärtung, zu einem flächenhaften, graphisch—linearen Stil zeigt sich in dem schönen, über den landläufigen Durchschnitt weit hervorragenden Rotmarmorgrabstein des Abtes Fuchs in der Sandkirche in Breslau (+ 1620), der mit metallischer Schärfe den prunkliebenden Kirchenfürsten in überreichem geistlichem Ornat darstellt, mit dem das sorgendurchfurchte Gesicht als eindrucksvolle seelische Spiegelung der schweren Zeitläufe seltsam kontrastiert.

Aus dem Epitaph mit predellenartigem Untersatz, Mittelrelief, seitlichen Figuren und Bekrönung entwickelt sich der Altar des ausgehenden Jahrhunderts und der Jahrhundertwende. Es sind meist mehrgeschossige, kleinteilige, kleinfigurige Aufbauten, wie in Rudelstadt, Kr. Jauer, Gießmannsdorf, Kr. Bunzlau, Schedlau, Kr. Falkenberg, und Greiffenberg (1606), die wie ins Große gesteigerte Epitaphien wirken. Die Freude an der Kleinplastik, am „Kabinettstück", ist ein kennzeichnender Zug der Zeit; ihr entspricht auch die Vorliebe für Alabaster, dessen kostbare Wirkung oft noch durch aufgesetzte Goldlinien gesteigert wird und dessen transluzide Oberflächenwirkung der glasigen, emailartigen Behandlung der Farbe in der gleichzeitigen Malerei ähnelt. Sächsische Einflüsse scheinen dabei maßgebend gewesen zu sein, wie sie der Bildschnitzer Paul Mayner aus Marienberg in Meißen vertritt, aus dessen Werkstatt in Dittmannsdorf der Greiffenberger Altar laut Inschrift hervorgegangen ist.

Beziehungen zum Hof Rudolf II. in Prag und zu der dort zusammenberufenen Künstlerkolonie zeigen sich in der von Adam Hannewaldt, Rat der Erzherzöge Matthias und Maximilian, umgebauten und ausgeschmückten kleinen gotischen Kirche in Rothbach (Rothsürben). Der Niederländer Bartholomäus Spranger malt das Epitaph für seine Eltern (1603) und der Bildhauer Adrian de Vries liefert die Bronzegüsse, eine Geißelung Christi, für das Grabmal seiner Frau (1604); beide waren am Prager Hof tätig. Der gleichen Zeit gehört auch das Bronzerelief von Vries am Vinzenzaltar im Breslauer Dom an. Die Verbreitung flämisch—niederländischer Kunst durch Einfuhr und durch Wanderkünstler über ganz Nord— und Mitteldeutschland ist auch in Schlesien und weit hinein nach Polen zu verfolgen. Die üppig wuchernde Rollwerkornamentik des „Florisstiles" zeigt sich an den Epitaphien des Heinrich Müller (+ 1503) in der Magdalenenkirche und des Bischofs Jerin (+ 1596) im Domchor. Gerhart Heinrich v. Amsterdam (+ 1615), ein weitgereister Meister, der auf seiner Wanderschaft in „Frankreich, Welschland, zu Venedig und dergleichen im Römischen Reich" gewesen, ist der richtige Vertreter dieser übernationalen Kunst des Spätmanierismus. Sein Hauptwerk ist die prächtige Kanzel in der Schloßkirche in Oels (1605), deren Korb von der kraftvollen Gestalt des hl. Christophor getragen wird. Man hat sie bezeichnenderweise für ein Werk des Spätbarock halten können; und doch wird in ihr auch wiederum Spätgotik lebendig: ein charakteristisches Beispiel für den säkularen Entwicklungsrhythmus, mit dem in der europäischen Kunst immer wieder barocke Züge hervortreten.

Die Entwicklung der Malerei im 16. Jh. läßt deutlich die religiösen und sozialen Wandlungen erkennen. Ihr allmähliches Verdorren und Absterben ist vor allem durch den Mangel großer kirchlicher Aufträge bedingt. Durch den Protestantismus werden ihr die bisher wichtigsten Gebiete, das Andachtsbild und der Flügelaltar, entzogen. Ein später, vereinzelter Nachläufer ist der Hochaltar im Breslauer Dom, dessen Flügel Bartholomäus Fichtenberger 1591 in harter Zeichnung und hellen, dissonierenden Farben malt. Es ist überdies zu beachten, daß man sich auch hier im Bereiche katholischer Überlieferung nicht mehr zu einem großen Mittelstück aufschwingt, einem Schnitzwerk oder einer Altartafel, sondern an ihre Stelle eine kleinfigurige Silberschmiedearbeit von Paul Nitsch setzt (1690). Auch die in Schlesien zur Zeit der Spätgotik so volkstümliche Wandmalerei verliert im protestantischen Kirchenbau ihre religiöse Bedeutung und durch die Emporen die notwendigen Wandflächen. So verbleiben dem Maler als Betätigungsfeld nur das bemalte bürgerliche Epitaph und als eine neue zeitbedingte Aufgabe das Porträt.

Die engen wirtschaftlichen und kulturellen Beziehungen Schlesiens zu Süddeutschland, die sich in der Plastik der ersten Jahrzehnte des 16. Jhs. deutlich ausgesprochen haben, finden auch in der gleichzeitigen Malerei in den Dürer—Einflüssen ihre Auswirkung. Wahrscheinlich hat sich Hans Dürer, der jüngere Bruder Albrechts, auf seinem Weg nach Krakau, wo er 1529 zum erstenmal nachweisbar ist, in Breslau aufgehalten. Ihm dürfte das Madonnenbild in der Jakobskirche in Neisse zuzuschreiben sein, das H D 1524 signiert ist und dessen Madonnenfigur auf einen Stich Albrechts zurückgeht (B 32, 1516); ihm nahestehend ist der Kreuztragungsaltar (Diözesanmuseum), der 1522 von Breslauer Kanonikern in den Dom gestiftet wurde.

Daneben setzt schon früh der Einfluß der Cranach—Werkstatt in Wittenberg ein, die bis zur Jahrhundertmitte die schlesische Malerei fast ganz beherrscht. Der Zusammenhang mit dem vordringenden Protestantismus ist hier deutlich faßbar. Das Geschenk der Cranach—Madonna von etwa 1510 (Domschatz) durch den schlesischen Reformator Johann Heß an Bischof Turzo hat sinnbildliche Bedeutung. Ein zweites Original Cranachs (1518) befindet sich als Geschenk des Propstes Lidlau (+ 1565) im Glogauer „Dom". Von der Wittenberger Werkstatt mit ihrem handwerklichen Großbetrieb geht die großzügige Bildpropaganda des Protestantismus aus, die sich auch in Schlesien auswirkt. Die Tafel mit dem hl. Hieronymus im Glogauer „Dom" (um 1508) zeigt, wie früh sich diese Beziehungen anbahnen. Der Stilcharakter mit seinen Anklängen an die „Donauschule" weist auf den frühen Cranach der vorwittenbergischen Zeit. Die Spiegelung der weiteren Entwicklung Cranachs in der gleichzeitigen, meist recht provinziellen schlesischen Malerei beweist, daß diese Beziehung stets lebendig blieb. Auf Cranach'sche Vorbilder gehen vor allem die neuen Bildkompositionen zurück, in denen der Protestantismus für seine religiöse Überzeugung die allegorisierende Verbildlichung fand: die von Cranach illustrierte Lutherbibel von 1534 dient der eigenartigen Darstellung des Weltenschöpfers auf dem Jenkwitz—Epitaph (+ 1537, Elisabethkirche) zum Vorbild; eine in mehreren Repliken und Varianten erhaltene Cranach'sche Komposition — was für ihre Bedeutung spricht — „Gesetz und Gnade", eine Gegenüberstellung von Sündenfall und Erlösungswerk, liegt dem Epitaph des Johann Heß (+ 1547, Magdalenenkirche) zugrunde; das eigenartige Motiv des Abendmahlsbildes von 1537 (früher im Rathaus, dann im Altertumsmuseum), auf dem angesehene Breslauer Bürger in porträthafter Darstellung Christus und die Apostel vertreten, findet sich auf einem Bilde des jungen Cranach wieder (Köthen).

Nach der Jahrhundertmitte verebbt diese Auswirkung der Wittenberger Werkstatt und damit auch der geistige Antrieb eines religiösen Bekennertums, der dieser Kunst aus zweiter Hand doch einen gewissen Eigenwert gibt. Ein verblaßter internationaler Stil, vorwiegend wie in ganz Norddeutschland von den niederländischen Romanisten bestimmt, vereinzelt auch vom italienischen Manierismus, wird vorherrschend.

Als Porträtisten scheinen Anton Riehl (Rüll, + 1567), dem wir ein Bildnis des Johann Heß verdanken (1546), und Ernst Elnar, der nach archivalischen Mitteilungen Johann Siegmund v. Zapolya als Kind malte, einen gewissen Ruf genossen zu haben. Die jüngere Generation wandert bereits ab: der jüngere Riehl zieht 1551 an den Ansbacher Hof, Bartholomäus Strobell flüchtet vor der Gegenreformation nach Danzig und findet in Polen Betätigungsmöglichkeit. In seinen allegorischen Stammbuchblättern spiegelt sich bereits der große Religionskrieg. Das künstlerische Eigenleben Schlesiens war aber schon längst erstorben, ehe die Schrecken des Dreißigjährigen Krieges und die Verwüstungen der Schwedeneinfälle über das Land hereinbrachen.

Die Zeit des 16. und beginnenden 17.Jhs. ist trotz der Herrschaft der Habsburger künstlerisch nicht von Wien und Prag, sondern von

Sachsen und Norddeutschland bestimmt; erst durch die Gegenreformation wird Schlesien kunstgeschichtlich dem Kulturkreis der habsburgischen Erblande eingegliedert. Die Jesuiten, der Stoßtrupp der Gegenreformation, sind auch die künstlerischen Wegbereiter. Mit den großen Kollegienbauten in Glatz (1654—90), Schweidnitz (1664—68), Neisse (1669—90), Sagan (1689—93), Glogau (etwa 1690—1724), Liegnitz (1706—07) setzt eine neue Periode monumentaler Baukunst ein. In Troppau werden an die 1675—79 errichtete Jesuitenkirche von den Baumeistern Joh. Hausrucker und Jos. Ried symmetrisch zu beiden Seiten die Klostergebäude angefügt und damit eine großzügige städtebauliche Anlage geschaffen (1730). Von den Jesuiten empfangen auch die alten Klöster des Landes die entscheidende Anregung zu umfassenden Um- und Neubauten: die Prämonstratenser in Klosterbrück (Czarnowanz, vollendet 1682) und Breslau (begonnnen 1682), die Zisterzienser in Heinrichau (1682—85) und Kamenz (gleichzeitig), in Leubus (begonnen unter Johann IX., 1672—91), Trebnitz (begonnen 1697) und Grüssau, die Chorherren in Breslau am Sande (1709 bis etwa 1730), errichten sich gewaltige neue Abts- und Konventsgebäude, barockisieren die mittelalterlichen Kirchen (Heinrichau, Leubus) oder erbauen neue (Grüssau, Klosterbrück). Eine überaus lebhafte Bautätigkeit setzt ein, die im Sinne des barocken Gesamtkunstwerkes auch der Monumentalmalerei und Bauplastik neue große Aufgaben stellt.

Die Formensprache des schlesischen Frühbarock schloß sich enge der Wiener Baukunst an, die bald nach dem Westfälischen Frieden durch das Erstarken der Kirche und den Zuzug des katholischen Adels an den Kaiserhof einen lebhaften Aufschwung genommen hat. Vermittelnd wirkte Mähren und Troppau, das vor allem für Oberschlesien als Kunstzentrum Bedeutung gewann. So baute der Troppauer Hans Fröhlich das Klostergebäude für die Prämonstratenserinnen in Klosterbrück und wurde von da zum Neubau des Vinzenzklosters nach Breslau berufen. Auch der Adel blickt nach Wien und sucht, was am Kaiserhof gebaut wurde, auf seinen Landschlössern nachzuahmen; so läßt sich Johann Friedrich Graf Herberstein 1637 in Grafenort von einem welschen Baumeister ein Lusthaus bauen nach einem Abriß „auß Schönbrunn bey Wien".

18. Leubus, Gemälde von Michael Willmann (1630-1706):
    Maria erscheint dem hl. Bernhard

Die angestammten Beziehungen zu Prag zeigen sich frühzeitig in Glatz, wo Carlo Lurago in Anlehnung an das Prager Clementinum das Jesuitenkollegium baut und sein Polier Andreas Carove selbständig die Kirche in Neurode errichtet (1659). Durch die böhmische Adelsfamilie der Lobkowitz (vgl. S. 87) dringt böhmischer Einfluß auch nach Niederschlesien vor. Antonio Porta, der Erbauer des Lobkowitz'schen Schlosses in Raudnitz (Böhmen 1665—80), führt auch den Saganer Schloßbau aus, nachdem der Breslauer Baumeister versagt hatte. Der erhaltene Bauriß, von dem die Ausführung z.T. abweicht, zeigt eine Kastellanlage mit Ecktürmen; die Fenster sind mit grotesken Stuckmaskerons geziert, die an das Esterhazy'sche Schloß in Eisenstadt (Burgenland) erinnern: es ist der in ganz Österreich verbreitete Stil der oberitalienischen muratori und stuccatori, die in dieser Zeit Baukunst und Bauplastik beherrschen.

Eine flächenhafte Aufteilung der Fassaden in Felder durch ein verflochtenes Netz von vertikalen und horizontalen Bändern und Lisenen, Pilastern und Gurtgesimsen, eine Entwertung aller Architekturformen in ihrer tektonischen Bedeutung und Umbildung zu Flächenelementen ist für diese Entwicklungsphase kennzeichnend. Dabei bildet sich eine gewisse schlesische Eigenart in der Vorliebe für durchgehende Vertikalgliederung ohne Sockelgeschoß heraus (Vinzenzkloster in Breslau, Klosterbrück, Jesuitenkolleg in Neisse, Sagan, Glogau). Ein volkstümlicher Zug zeigt sich in der Behandlung der Putzfelder in Heinrichau und Kamenz, die in lebhaften Farben gegeneinander abgesetzt werden, mit rot, schwarz und ockergelb mit weißen Tupfen (in Sgraffito-Technik), und in die Glasscherben eingedrückt sind, um die Flächen funkeln und glitzern zu lassen. Auch der große Klosterbau in Leubus gibt der 40 Achsen langen Front (die Kirchenfassade nicht eingerechnet) keine Risalitgliederung, hält an der flächenhaften Gliederung ähnlich dem Esterházy-Palais in Wien fest und betont nur die Ecken durch schmale dreigeschossige Erker.

Einen neuen entscheidenden Anstoß bringt der Schwabe Johann Georg Knoll in die Entwicklung des schlesischen Barock mit seinen Entwürfen für das Jesuitenkolleg in Liegnitz. Eine flüchtige Faustskizze auf dem Plan von 1698 zeigt in der Mitte eine zweitürmige Kuppelkirche mit eingeschwungener Fassade, ähnlich der Dreifaltigkeitskirche

Fischers v. Erlach in Salzburg, zwischen niedrigen Flügelbauten, die an höhere Quertrakte anlaufen: zum erstenmal tritt an Stelle eines einheitlichen Baukörpers ein gegliederter Gruppenbau. Auch der vereinfachte Entwurf von 1700 zeigt Risalitbildung; am ausgeführten Bau tritt der Einfluß Fischers v. Erlach an der Durchbildung des Portales mit Balkon und Fenster noch stärker hervor.

In Johann Bernhard Fischer v. Erlach und Lukas v. Hildebrandt waren zu Wien die großen deutschen Baukünstler erstanden, durch welche die Vorherrschaft der Italiener gebrochen und aus einem neu erwachenden Nationalbewußtsein ein wesenhaft deutscher Barock geschaffen wurde. Schlesien hat diese neuen Errungenschaften des Wiener Barock nicht nur aus zweiter Hand bekommen: die führenden Wiener Künstler haben selbst hier gewirkt. Die in Wien und Breslau ansässigen Großkaufherren Johann Rudolf und Gottfried Christian v. Schreyvogel lassen sich in Breslau von Hildebrandt ein Palais bauen (1705 bis 1711), dessen Nachwirkung im Spätgenpalais (später königliches Schloß) zu erkennen ist. Derselbe Architekt entwirft für den Fürsten Florian v. Liechtenstein eine Residenz in Troppau (etwa 1712—14, nicht ausgeführt) und arbeitet für dessen Tochter Eleonore Gräfin Harrach in Kunewald (1712).

Italienischer und deutscher Barock treten in sinnbildlicher Weise einander gegenüber in den beiden Chorkapellen am Breslauer Dom: der Elisabethkapelle, begonnen 1680—86 von Bischof Friedrich v. Hessen-Darmstadt, dem Werk römischer Künstler des Bernini-Kreises, Domenico Guidi, Ercole Ferrata, Giacomo Scianzi, und der Kurfürstenkapelle des Bischofs Franz Ludwig, eines Bruders der Kaiserin Eleonore, nach dem Entwurf Fischers v. Erlach 1715—24 errichtet, dort klare rationale Gestaltung des Raumes, in dem sich die Erscheinung der Heiligen und der Engel am Altar wie ein theatralischer Vorgang abspielt, dem der Bischof in andächtigem Gebete beiwohnt, hier Raumweitung und Raumverschmelzung, Vereinheitlichung von Architektur und Plastik. Noch einmal wird das gleiche Raummotiv in Breslau von Christoph Hackner an der Hochbergkapelle gewissermaßen in schlesischer Mundart abgewandelt. Die Ausführung eines Entwurfes Fischers für den Hochaltar des Breslauer Doms (1716) wurde leider „auf bessere Zeiten" verschoben. Die Anwesenheit von Wiener und Prager Künstlern beim Bau der Kurfürstenkapelle verstand der Kaiserliche Kommerzienrat Georg v. Wolff sich zunutze zu machen, indem er sich von Ferdinand Maximilian Brokoff porträtieren (1721) und von Fischer sein Grabmal entwerfen ließ (+ 1722, Elisabethkirche). Den Familienbeziehungen des Fürstbischofs zum Wiener Hof sind auch in der Kirche zu Ottmachau, der bischöflichen Sommerresidenz, die beiden Seitenaltäre zu verdanken, die 1696 von der Kaiserin gestiftet wurden. In Wien wird von Josef Emanuel Fischer v. Erlach, dem Sohne Johann Bernhards, der Entwurf für die vom Kaiser gestiftete Ritterakademie in Liegnitz ausgearbeitet, und zur Kontrolle des ausführenden heimischen Baumeisters Scheerhofer wird der vom Wiener Hofe viel beschäftigte Anton Erhard Martinelli nach Liegnitz entsandt.

Dem Einflußkreis des älteren Fischer gehört auch das Schloß Deutsch Krawarn im Hultschiner Ländchen an (1729) als eine Verwirklichung von Baugedanken, die sein „Entwurf einer Historischen Architektur", der auch eigene Entwürfe enthält, in Idealprojekten gleichsam als ein Musterbuch seiner Zeit zur Verfügung stellte. Damit verbinden sich allerdings auch Kennzeichen des Prager Barock in der Art der Dientzenhofer, womit sich Schlesien in diesem Bau als Durchdringungsgebiet der Ausstrahlungsfelder der beiden österreichischen Kunstzentren Wien und Prag erweist.

Für das Eindringen Wiener Kunsteinflüsse sind vor allem die gesellschaftlichen Beziehungen des Hochadels zum Kaiserhof von entscheidender Bedeutung. So sind als Baumeister des Fürsten Johann Adam v. Liechtenstein Anton Ospel und etwas später, etwa seit 1732, Antonio Beduzzi in Nordmähren und dem südlichen Schlesien tätig. Ospel, der schon in Spanien im Dienste des nachmaligen Kaisers Karl VI. stand, mit ihm nach Österreich kam und später „Stuckhauptmann" und Stadtbaumeister in Wien wurde, vertritt eine mehr handwerkliche, volkstümliche Richtung. Er erbaut im Auftrag des Fürsten die Kirche in Goldenstein (abgebrochen), und wahrscheinlich ist ihm auch die Marienwallfahrtskirche auf dem Burgberg bei Jägerndorf zuzuschreiben (geweiht 1726). Beduzzi, der „kaiserliche Theatralingenieur", ist dagegen einer jener vielseitigen, in allen Sätteln gerechten Barockkünstler, die sich in gleicher Weise als Architekten, Maler und Festdekorateure betätigen. Nach dem Brande von 1726 wird mit Förderung des Fürsten die Stadtpfarrkirche zu Mährisch-Trübau nach seinen Plänen wiedererbaut, deren wuchtige, kraftstrotzende Schauseite von pathetischer Rhetorik den Bau bedeutsam aus dem Umkreis provinzieller Landkirchen heraushebt.

So bedeutsam diese Werke sind, sie bleiben vereinzelte Ansätze: zur Entwicklung einer Süddeutschland ebenbürtigen Hochblüte des Barock fehlt das künstlerische Zentrum einer höfischen Residenz. Die Bischöfe gerade der für den Hochbarock entscheidenden Jahrzehnte, Friedrich (1671—82) und Franz Ludwig (1683—1732), weilten viel außerhalb ihrer Diözese, jener in Rom, dieser als Erzbischof in Trier und Mainz (vgl. S. 109 und S. 116 ff.). In Schlesien selbst teilt sich ihr Aufenthalt zwischen dem Bischofssitz Breslau, der Hauptstadt des Bischofslandes Neisse und der Sommerresidenz Ottmachau. So kommt es in keinem dieser Orte zu einem den süddeutschen Bischofsresidenzen gleichwertigen Schloßbau. Zwar taucht der Gedanke des Baues einer Residenz in Breslau einmal auf: Fischer v. Erlach hat einen Plan ausgearbeitet, offenbar in großem Stil, da er vom sparsamen Hofkanzler Freiherrn v. Spätgen abgelehnt wird (Brief vom 17. April 1719). Das Bischofspalais in Neisse (etwa 1710) ist ein schlichter Bau, in den Stilformen für die Zeit zurückgeblieben; in Ottmachau ist nur das in den Abmessungen bescheidene Niederschloß, erbaut von Michael Klein (1706-07), ein Zeuge des Hochbarock. Das Fehlen einer ständigen bischöflichen Residenz erklärt auch, daß Breslau nicht zum gesellschaftlichen Sammelpunkt des Landadels wurde, wofür die geringe Zahl barocker Adelspalais bezeichnend ist. Der bedeutendste Bau, das Palais Hatzfeld von Christoph Hackner, ist allerdings bei der Beschießung der Stadt 1760 zerstört worden und uns nur durch einen Stich bekannt. In seiner gewaltigen Dynamik, mit der im Mittelrisalit das Hauptgeschoß von Atlanten hochgehoben wird und das Hauptgesimse sprengt, unterscheidet es sich vom gemäßigteren Wiener Barock, dem es sicherlich auch Anregungen verdankt, und zeigt im Gestaltungsprinzip engere Verwandtschaft mit der Zwingerarchitektur und Pöppelmanns Entwürfen für das Dresdner Schloß.

Das höfische Leben, das von den Bischöfen ausging, gab immerhin dem Neisser Lande einen eigenen Charakter, der sich bis in die Dorfkirchen auswirkt. Unter tatkräftiger Förderung Franz Ludwigs wird die

Kreuzherrenkirche in Neisse vom Hofmaurermeister Michael Klein 1719 begonnen und von seinem Nachfolger in bischöflichen Diensten, Felix Anton Hammerschmidt, vollendet, der auch die unter bischöflichem Patronat stehende Kirche in Ziegenhals erbaut (1729). Ein Zug höfischer Eleganz und Weltläufigkeit durchweht diese Bauten des Bischofslandes.

Wie die Jesuiten die Wegbereiter des Barock in Schlesien sind, so führen sie ihn auch in ihren Breslauer Bauten auf schwer erkämpftem Boden zum Gipfel. Als Saalkirche mit Kapellen und hochräumigen Emporen geht die Breslauer Universitätskirche (1689—1709) letzten Endes auf Il Gesu, den Archetyp der Jesuitenkirchen, zurück, zeigt aber doch in der Proportionierung und Raumverschmelzung die charakteristische süddeutsche Umgestaltung, wie sie sich in der Abfolge von der St. Michaeliskirche in München und der Hofkirche in Neuburg zu den Kirchen in Obermarchthal und Friedrichshafen (Schloßkirche) ausbildet. Der unmittelbare Vorläufer der Universitätskirche ist die Franziskanerkirche St. Antonius in Breslau, die Matthäus Biener nach dem Riß eines „Welschen" ausführte (1685—1710). Die ungefähr gleichzeitigen Bauten der Wallfahrtskirche in Wartha (1686—1704) von Michael Klein und der Jesuitenkirchen in Troppau und Neisse (1688—92) sowie die etwas jüngere Kirche in Ottmachau (1691—95) von Johann Peter Tobler (Dobler) schließen sich dagegen im basilikalen Schema mit durchgehendem Gebälk über den Emporen, klarer Scheidung der Gewölbezone und eingeschnittenen Fenstern mit Stichkappen enger den italienischen Vorbildern an. Bei der Glogauer Jesuitenkirche (1696—1702) kehrt man wieder zum Hallenquerschnitt ähnlich der Universitätskirche zurück.

Die kunstgeschichtliche Bedeutung der Universitätskirche liegt weniger in der Raumgestaltung als in ihrer dekorativen Ausstattung, die ähnlich wie bei der Wiener Jesuitenkirche mehr als zwei Jahrzehnte nach der Weihe (1698) in einer zweiten Bauperiode ausgeführt wurde (1722—28). Ihr Schöpfer ist der Tiroler Jesuitenpater Christoph Tausch, ein Schüler des berühmten Malers, Architekten und Dekorateurs Andrea Pozzo, mit dem er sieben Jahre in Wien zusammengearbeitet hat (1702—09). Seinem Handwerk nach Maler, ist er eine jener eigenartigen, so schwer faßbaren Künstlerpersönlichkeiten des Barock, darin Matthias Steinl vergleichbar (vgl. S. 255),die auf den verschiedensten Gebieten wirksam sind, skizzieren und entwerfen, korrigieren und umändern, beratend eingreifen und anregen, immer hinter den ausführenden Kräften als spiritus rector stehen und deren Anteil vielfach kaum sicher zu umschreiben ist. Es ist das überreiche, prunkvolle Gewand einer Festdekoration, das von Tausch dem schlichten Bau übergeworfen wird. Aus einer mit malerisch—illusionistischen Mitteln aus Holz und Leinwand aufgebauten Gelegenheitsdekoration zur Gedächtnisfeier des Jesuitenapostels Franz Xaver erwächst der mächtige Aufbau des Hochaltars in Stuckmarmor, da „die Malerei im Beschauer den unbescheidenen Wunsch erregt habe, daß dieser provisorische Altar recht bald in Wirklichkeit in plastischer Arbeit ausgeführt werden möge". Die Farben des schon früher ausgeführten Deckengemäldes, die Tönung des Stuccolustro und die reiche Vergoldung verbinden sich mit Architektur und Plastik in rauschender Pracht zu einem überwältigenden Gesamteindruck. Ob Tausch auch am Schul— und Kollegiengebäude, der jetzigen Universität, künstlerischen Anteil hat, ist nicht erwiesen, aber auch nicht widerlegt. Quellenmäßig gesichert ist, daß er als Architekt tätig war, und es zeugt für seine Wertschätzung, daß er 1725 nach Mergentheim berufen wird, um sein fachmännisches Urteil über die Entwürfe Balthasar Neumanns für den Umbau des Hoch— und Deutschmeisterschlosses abzugeben.

Das Universitätsgebäude ist Torso. Die gewaltige Oderfront war in einer Länge von 49 Fensterachsen geplant; über dem Kaisertor sollte sich ein hoher Turm mit spitzem Helm erheben, den zwei niedrigere Türme mit kuppelförmigen Hauben über den Mittelrisaliten der Flügelbauten zu flankieren hatten. In der architektonischen Formensprache verbinden sich Wiener und Prager Einflüsse zu einem großartigen künstlerischen Wurf, den man kaum, wie Patzak annahm, dem ausführenden Baumeister Blasius Peintner nach seinen übrigen etwas schwerfälligen Werken (Orphanotropheum 1702—15, Kirche der Barmherzigen Brüder 1714—22, Alumnat 1726—29) wird zutrauen können. Eine kritische Überprüfung des archivalischen Materials scheint für einen entscheidenden Anteil Christoph Hackners zu sprechen (H. Jung). Im Inneren zeigen die Aula Leopoldina in ihrem plastischen Schmuck, einem Hymnus auf das habsburgische Kaiserhaus, und das Oratorium

Marianum (jetzt Musiksaal) den gleichen überreichen Dekorationsstil wie die Universitätskirche, so daß man vielleicht zumindest hier einen entscheidenden Anteil von Tausch annehmen könnte.

Die Prager Einflüsse, die an der Universität vor allem in der Anlehnung des Oratorium Marianum an das Refektorium im Clementinum zu Prag hervortreten, gewinnen über Wien in der 1. Hälfte des 18. Jhs. an Bedeutung. Ob die Sommerprälatur des Kreuzherrenstiftes in Breslau (vollendet 1712) nach den Plänen des in Prag tätigen Franzosen Jean Baptiste Mathey erbaut wurde, wie Morper vermutet, scheint zweifelhaft. Dagegen tritt die Auswirkung der für den Prager Spätbarock maßgeblichen Dientzenhofer—Schule in einer Gruppe schlesischer Kirchen deutlich hervor. Das ihr gemeinsame Kennzeichen ist die Schrägstellung der Pilaster im Inneren, wie bei der 1703 begonnenen Jesuitenkirche St. Niklas auf der Kleinseite und der Benediktiner—Kirche in Břevnov. Zum erstenmal tritt dieses Motiv in Schlesien in der Jesuitenkirche zu Liegnitz auf (1719—30), es folgen die Kreuzherrenkirche in Neisse (1719—30) von Joh. Michael Klein (vollendet von Felix Hammerschmidt), die Klosterkirchen in Liebenthal (1727—30) von Jakob Scheerhofer und in Grüssau (1726—35) von Josef Anton Jentsch, die Pfarrkirchen in Ziegenhals (1729) von Felix Hammerschmidt, in Neustadt (1730—38) von Johann Töpper und in Städtel Leubus (1734—35), vielleicht von Martin Frantz. Wer für die Liegnitzer Jesuitenkirche die entscheidende Umgestaltung des Planes von Johann Georg Knoll v. J. 1700, der noch durchaus der Überlieferung des 17. Jhs. folgt, vorgenommen hat, ist nicht bekannt; man möchte einen Prager Baumeister vermuten. Werden in Liegnitz die Beziehungen zu Prag von den Jesuiten vermittelt, so in Wahlstatt von den Benediktinern in Břevnov und Braunau in Böhmen. In der Kirche von Wahlstatt, einem Werk von Ignaz Kilian Dientzenhofer, dem jüngsten, künstlerisch bedeutendsten Mitglied der Baumeisterfamilie, findet der Spätbarock in Schlesien seine gelösteste, beschwingte Gestaltung. Ihr gegenüber wirkt die Fassade von Grüssau trotz ihrer gewaltigen Dynamik schwerflüssig, die Steinhelme mit ihren aufsteigenden Voluten, die an Dürnstein (Niederösterreich) erinnern, dickköpfig, der Innenraum breit gelagert und erdgebunden.

Eine einzig dastehende Raumgestaltung zeigt die sog. Lindenkirche bei Römerstadt, vom Baumeister Friedrich Höfler errichtet (1710—15), ein ovaler Raum, dessen eigenartig verschliffenen Gewölbekappen von vier mächtigen korinthischen Säulen getragen werden. Der italienische Zentralbautypus, wie ihn auf mährischem Boden z.B. die Kuppelbauten in Kremsier und Jarmeritz zeigen, wird hier mit kühnem Zupacken in einer Weise umgebildet, die gerade in ihrer unbekümmerten Naivität — von einer architektonischen „Lösung" des Problems kann keine Rede sein — deutsche Eigenart unmittelbar ausspricht: es scheint hier etwas vom Raumgefühl deutscher spätgotischer Hallenchöre wieder lebendig zu werden.

Gehört Schlesien zur Zeit des Barock durchaus dem österreichisch-böhmischen Kunstkreis an, so ist es doch für seine kulturgeographische Lage bezeichnend, daß immer wieder auch eine nördliche Komponente sich bemerkbar macht: auf allen Gebieten der bildenden Kunst kommen die stärksten Persönlichkeiten, die im schlesischen Boden Wurzel fassen, aus dem Norden, der Architekt Martin Frantz, geb. in Reval, der Bildhauer Thomas Weißfeld, geb. in Christiania, und der Maler Michael Willmann, geb. in Königsberg i. Pr.

Die Familie Frantz stammt allerdings aus Sachsen; Martin d.Ä. zieht von Dresden nach Reval, heiratet dort eine Einheimische und macht sich als Stadtbaumeister seßhaft. Sein Sohn (geb. 1679) wächst im Bannkreis der Ostseekunst auf, zu der sich schon seit dem Mittelalter die deutschen Küstenstädte, das Baltikum, Dänemark und Schweden durch die einende Kraft der Handelsbeziehungen zusammengeschlossen haben. Sein erster selbständiger Bau in Schlesien, die Hirschberger Gnadenkirche (1709—16), geht in ihrer Zentralanlage auf die Katharinenkirche in Stockholm zurück, zeigt aber doch in den höheren Raumabmessungen und den Emporeneinbauten den Anschluß an die schlesische Überlieferung. Auch die gleichzeitig erbaute schlichtere Gnadenkirche in Landeshut (1709—17) zeigt nordisch-klassizistischen Formencharakter. Stellt man diesen Frühwerken als Spätwerk die Kirche in Seitsch (beg. 1736) gegenüber, so zeigt sich die ganze Spannweite der Entwicklung dieses Künstlers, seine überraschende Anpassungsfähigkeit an die böhmisch-süddeutsche Kunst, die man stilkritisch kaum für möglich hielte, wären die Bauten nicht archivalisch gesichert. Der

19. Liegnitz, Piastengruft an der Johanneskirche (1677)

überwältigende Eindruck der Dientzenhofer—Bauten in Prag, in diesem Falle die Niklaskirche in der Altstadt, hat den Künstler ganz in seinen Bann gezogen.

Auch für die Entwicklung des Schloßbaus in Schlesien bedeutet Martin Frantz die Wende zum Spätbarock. Die vorherrschende Entwicklungsstufe vertritt als reichstes und künstlerisch wertvollstes Beispiel Schloß Groß Peterwitz, 1693 von einer Gräfin Colonna erbaut; ein plastisch ungegliederter kubischer Baukörper mit einer Flächenaufteilung durch Pilaster und Putzplatten, welche die einfachen Fenster vertikal zusammenfassen, mit reichem Schmuck von Festons und Kartuschen, schließt es sich stilistisch den gleichzeitigen schlesischen Klosterbauten an. Wie lange sich dieser Typus erhält, zeigt Schloß Rohnstock (1720). Der grundsätzlich neue Baugedanke, den Frantz einführt, ist der Gruppenbau, die Massengliederung. In Brauchitschdorf (1723—28) bilden die Baukuben einen sich stufenweis vertiefenden Ehrenhof, dessen Rückfront sich zu einem hohen Giebelaufbau erhebt, der an die Sommerprälatur des Kreuzherrenstiftes in Breslau erinnert. In Klein Kotzenau (beg. 1728) beim Umbau einer Renaissanceanlage ist dem Bauquadrum ein mächtiger Baublock von Schlüter'scher Schwere und Wucht als Torbau vorgelegt, über den sich weiter hinten ein hoher reichgegliederter Turm erhebt, in dessen schlankem, von zwei Laternen durchbrochenem Helm ein norddeutscher Baugedanke in süddeutsche Formensprache übersetzt erscheint. Am einheitlichsten und geschlossensten ist der Entwurf für Schönwaldau (1734), in dem die böhmische stilistische Note wie ungefähr gleichzeitig am Kirchenbau in Seitsch zum vollen Durchbruch gelangt.

Das Rokoko findet weder im Kirchen— noch im Schloßbau eine reichere bodenständigere Entwicklung, was wohl für die schlesische Gefühlshaltung bezeichnend ist. Schloß Goschütz aus der Mitte des 18. Jhs. verrät trotz der etwas derben Rokoko—Ornamentik in der Gliederung der Baumasse mit einem blockhaften schweren Mittelrisalit noch durchaus barockes Empfinden. Nur in den Innenräumen des Schlosses Sabor kommt etwas von der Eleganz und Leichtigkeit friderizianischen Rokokos zur Geltung.

Die Platz— und Straßenbilder der schlesischen Städte werden vom schmalbrüstigen Bürgerhaus auf tiefer Parzelle bestimmt, das auch im

Barock meist am hohen Giebel festhält. Der horizontale Abschluß mit einer das Dach verbergenden Attika, wie in Breslau am Hause „Zur Krone" (abgerissen) oder am Ring in Brieg bleibt eine vorübergehende, bald wieder überwundene Erscheinung. Im Vorherrschen des Giebelhauses zeigt sich die engere kulturelle Verbundenheit mit Böhmen und Sachsen gegenüber der vorherrschenden Breitenentwicklung des bayrisch–österreichischen Stadthauses.

Die hochstehende bürgerliche Kultur der protestantischen Kaufherren in Görlitz, Hirschberg, Landeshut und Schmiedeberg findet nicht nur in den beiden ansehnlichsten „Gnadenkirchen" monumentalen Ausdruck, sondern noch unmittelbarer in den reich ausgestalteten barocken Grabkapellen, die aneinandergereiht wie die Umgänge eines Camposanto die Friedhöfe umfassen. Die kaufmännischen Beziehungen stellen dabei über die Landesgrenzen hinweg die künstlerische Verbindung zwischen Schlesien und der Lausitz her.

Der Westfälische Friede zwang die Protestanten in den Erbfürstentümern zur Abgabe ihrer Kirchen an den katholischen Klerus und beschränkte den Bau neuer protestantischer Kirchen auf die drei sog. „Friedenskirchen" in Glogau (im 18. Jh. umgebaut), Jauer (1654) und Schweidnitz (1656–58) (vgl. S. 92). In der Not der Zeit bricht um so elementarer aus tiefster Glaubensinbrunst ein volkstümlicher schöpferischer Gestaltungswille hervor. Außen, der Vorschrift entsprechend, schlichte Fachwerkbauten, entfaltet sich im Inneren durch die Einbauten der Emporen und Logen und durch die einheitliche Ausmalung ein überraschender Formenreichtum, so daß diese Kirchen zu den eigenartigsten Bauschöpfungen Deutschlands gehören. Die kreuzförmige Anlage in Schweidnitz mit der Kanzel an der einen Vierungsecke monumentalisiert den Typus der älteren Dorfkirchen in Schlichtingsheim, Kr. Fraustadt, (1645) und Rostersdorf, Kr. Steinau, (1654) und erweist damit die bodenständige, volkstümliche Herkunft. Weit schlichter, räumlich beschränkter — richtige Notbauten — aber gerade darum ein ergreifender Ausdruck religiöser Glaubensstärke, sind die „Grenzkirchen", die nach der Kirchenreduktion für die Protestanten der katholischen Landesteile auf dem Gebiet der Oberlausitz, Brandenburgs, Polens und des Herzogtums Liegnitz–Brieg errichtet wurden. In Kriegheide, Kr. Lüben, wurde die Kirche in eine Banse eingebaut, und da der

Raum nicht reichte, der Dachboden als Versammlungsraum der Gläubigen durch Schallöffnungen mit der Kirche verbunden, was zu dem eigenartigen Motiv eines Palmbaumes Anlaß bot, dessen durchbrochene Blätterkrone die Öffnung in der Decke übergittert. Seltener sind Zentralanlagen, wie in Grenzkirch (Podrosche, 1690) und Logau (1697), die vielleicht auf Einflüsse aus Sachsen zurückgehen, wo die ältesten Zentralanlagen schon in den achtziger Jahren nachweisbar sind (Carlsfeld im Erzgebirge, 1684—1688). Neue Entfaltungsmöglichkeiten brachte die Altranstädter Konvention (S.118ff.), durch die Karl XII. v. Schweden den schlesischen Protestanten die Bewilligung für den Bau von sechs „Gnadenkirchen" erwirkte. Nur in den reicheren Handelsstädten, in Hirschberg, Landeshut und Teschen, entstehen Steinbauten, während im übrigen am Fachwerkbau festgehalten wird, wobei man in Sagan an den Langhausbau von Jauer, in Militsch und Freystadt an den Kreuzgrundriß von Schweidnitz anknüpft. Nach 1742 bringt die von Friedrich d. Gr. gewährte Religionsfreiheit eine Hochblüte protestantischer Bethäuser (das Kupferstichwerk von J.B. Werner 1748—52 zählt ihrer 164), zumeist rasch errichtete einfache Fachwerkbauten, die vielfach im Äußeren Bauernhäusern gleichen und erst im Laufe der Zeit z.T. durch steinerne Kirchen ersetzt werden.

Gegenüber dem bodenständig—volkstümlichen Charakter des protestantischen Kirchenbaus zeigen die Saalkirchen der von Niklas v. Zinzendorf 1722 gegründeten „deutschen Brüdergemeine" in Gnadenberg, Gnadenfrei, Neusalz, Gnadenfeld OS. trotz der kühlen Nüchternheit und Kahlheit durch die logenartigen Betstuben und Balkone in ihren abgewogenen Verhältnissen und gepflegten Formen eher aristokratischen Charakter.

Dem protestantischen Fachwerkbau tritt der katholische Schrotholzbau, zumeist in den Waldgegenden Oberschlesiens, gegenüber, in dem sich mittelalterliche Bauweise mit geringfügiger Abwandlung der Formen, vornehmlich an den Hauben der Ständertürme und den Dachreitern, bis weit in die Neuzeit als volkstümliches Kulturgut erhält.

Der Aufschwung der katholischen kirchlichen Kunst nach dem Westfälischen Frieden zeigt sich noch unmittelbarer als in der Baukunst in der Plastik: man stattet die mittelalterlichen Kirchen mit neuen Altären, Kanzeln und Chorstühlen aus. Das älteste barocke

Chorgestühl in Ratibor (1655) ist wahrscheinlich Import aus Krakau, zumindest steht es dem Gestühl der Krakauer Marienkirche stilistisch nahe. Bald folgt der Hochaltar in derselben Kirche und der ungefähr gleichzeitige mächtige Altaraufbau in der Pfarrkirche in Gleiwitz. Unter Abt Matthäus Paul (1656—72) wird die St. Vinzenzkirche in Breslau von Franz Zeller einheitlich im Knorpelstil eingerichtet. Eine neue stilistische Entwicklungsphase vertreten die Chorgestühle in Leubus (1672—91) und Heinrichau (um 1700). Palmenartig entfaltet sich in Leubus das Gezweige der Akanthusranken, fontainenartig schießt es empor und schließt sich zu Blattlauben über den Stallen zusammen; in aufschäumender Bewegung zerstiebt es in Heinrichau wie in Wellenkämmen an der Bekrönung. Schlesien hält mit auffallender Vorliebe an dem krautigen, wuchernden Akanthuswerk bis in die ersten Jahrzehnte des 18. Jhs. fest, in einer Zeit, da es in Österreich und Süddeutschland schon vom Bandlwerk verdrängt wurde.

Diese Langlebigkeit des frühbarocken Stilcharakters zeigt sich auch in der figuralen Plastik. Ein manieristischer Zug, in dem verborgene Gotik weiterlebt, eine Neigung für überschlanke, schraubenförmig gewundene Gestalten (figura serpentinata), für lang gezogene, dichte wie geriefelte Faltenzüge und wallende, gesträhnte Bärte, Formen, die künstlerisch Träger eines abstrakten Linienspieles sind, scheint für die bodenständige schlesische Plastik kennzeichnend. In Heinrichau an den Figuren des Chorgestühles, die die Repräsentanten der kirchlichen Hierarchie darstellen, und an den monumentalen Gestalten der Kirchenväter, am rechten Seitenaltar der Pfarrkirche in Sagan, an der prächtigen Figur des hl. Augustin in der Sandkirche tritt diese schlesische Eigenart besonders deutlich hervor. Auch die Werkstatt des Christoph Königer, die die Altäre für Kamenz geliefert hat, scheint dieser Richtung angehört zu haben, denn aus ihr geht mit Thomas Weißfeldt (1670/71—1721) die stärkste Künstlerpersönlichkeit hervor, durch die dieser schlesische barocke Manierismus zu Höchstleistungen aufsteigt. Die wahrhaft „flamboyanten", flammenden, züngelnden Gestalten der 14 Nothelfer in Kamenz, die Figuren in der Hirschberger katholischen Pfarrkirche, in der Kreuzkirche und der Barmherzigen Brüderkirche zu Breslau in ihrer mystisch—ekstatischen Erregtheit, ihrer stürmisch aufwallenden Jenseitssehnsucht erscheinen als künstlerische Repräsentanten eines im schlesischen Wesen tief verwurzelten mystisch—religiösen Empfindens, das hier ebenso wie in der barocken Dichtung elementar hervorbricht.

Neben dieser eigenständigen Entwicklung zeigt sich das Eindringen süddeutscher und böhmischer Einflüsse. Aus den österreichischen Alpentälern der „Herrgottschnitzer" kommt über Wien Matthias Rauchmiller, über Prag Matthias Braun v. Braun (nach E.W. Braun, in Grüssau tätig), aus Salzburg Matthias Steinl (nach Patzak). Rauchmiller schmückt (1677) die Grabkapelle der Piasten in Liegnitz nach dem dichterischen Programm von Daniel Casper v. Lohenstein mit Wandmalereien und Marmorfiguren der Herzogsfamilie, zierlichen, preziösen Gestalten in fein ziselierter Behandlung der Locken, Spitzen und modischen Gewänder, in der sich der Elfenbeinschnitzer verrät, und errichtet zwei Jahre später die Grabmäler Arzat und Pestaluzzi in der Magdalenenkirche in Breslau. Matthias Steinls Tätigkeit in Leubus, die Patzak archivalisch nachgewiesen hat, ist bisher nicht näher feststellbar. Von Breslau zieht er nach Wien, wo er seit 1691 ebenso als Elfenbeinschnitzer wie als „Ingenieur" durch seine Entwürfe für Architektur, Kirchenausstattung und Kunstgewerbe eine vielseitige Tätigkeit entfaltet. Die Beziehungen zu Breslau waren aber nicht abgebrochen: 1715 wenden sich die Barmherzigen Brüder an ihn um Entwürfe für die Altäre ihrer Breslauer Kirche. Der Hochaltar zeigt einen für ihn charakteristischen flüssigen Dekorationsstil mit gerafften Vorhängen, Baldachinen und Lambrequins, aber in der gemäßigten zurückhaltenden Form, die dem höfischen Wiener Barock eigen ist.

Weiter ausgreifend und tiefer gehend ist der Prager Einfluß. Ferdinand Max Brokoff, einer der bedeutendsten Mitarbeiter am Statuenschmuck der Prager Karlsbrücke, wird von Fischer v. Erlach zu den Bildhauerarbeiten an der Kurfürstenkapelle und am Grabmal Wolff herangezogen. Carl Joseph Hiernle arbeitet unter Dientzenhofers Leitung in Wahlstatt. Zur Ausstattung der Stiftskirche hat sich in Grüssau eine ganze Kolonie deutschböhmischer Künstler, Bildhauer und Maler, zusammengefunden: Joh. Ferd. Brokoff, Matthias Braun v. Braun, Anton Dorasil, Peter Johann Brandel, Ignaz König aus Raudnitz. Von Michael Klahr, dem Hauptmeister der Grafschaft Glatz, wissen wir, daß er zu Studienzwecken die Statuengruppen der Karlsbrücke nach den Stichen

Neuräutters nachgezeichnet hat. Auch die vorwiegend in Breslau tätigen Meister Joh. Georg Urbanski, der Bamberger Joh. Albrecht Siegwitz, der pompöse Dekorateur Franz Josef Mangoldt, der den plastischen Figurenschmuck der Aula Leopoldina und des Fürstensaals in Leubus ausführte, zeigen mehr oder weniger ihre künstlerische Abhängigkeit von Prag. Ihnen schließt sich Leonhard Weber an, der in Schweidnitz, Breslau (Ceslauskapelle), Warmbrunn und Bunzlau tätig ist. In ganz Schlesien ist in den ersten Jahrzehnten des 18. Jhs. das Rauschende, Bauschige, Füllige der Prager Plastik wiederzufinden.

Die umbildende Kraft der Prager Einflüsse ist deutlich im Schaffen des Georg Anton Heinz aus Zittau zu beobachten. Er dürfte in Permosers Werkstatt in Dresden seine Ausbildung erhalten haben. Für den Park des Schlosses in Bransdorf bei Jägerndorf (1707–09) kopiert er die Götterstatuen seines Lehrers aus Apels Garten in Leipzig und Werke von Puget und Houzeau in Versailles, die er ebenfalls in Dresden, sei es in Stichen, sei es in kleinen plastischen Tonkopien, kennengelernt haben konnte, da auch Permoser von dieser Seite entscheidende Anregungen erhielt. In seinen späteren Arbeiten, in Mährisch Neustadt an der Mariensäule (1743), an den Seitenaltarfiguren der Pfarrkirche und der Johannes–v.–Nepomuk–Säule (um 1747–50), an den Denkmälern der Heiligen Johannes Sarkander und Johannes v. Nepomuk auf dem Fulneker Ring (1749) wird das in Dresden aufgenommene Schulgut immer mehr von böhmischen Einflüssen überdeckt. An Stelle des großen durchschwingenden Linienzuges Permosers tritt immer mehr eine ausgreifende Bewegung, etwas Flüssiges, Quellendes, manchmal auch Verquollenes in Falten und Gewanddrapierung; in der Vorliebe für gewaltige Wolkensockel, umspielt von Putten und Engeln, wie bei den Fulneker Statuen, ist das Vorbild der Statuenreihe der Prager Karlsbrücke zu erkennen.

Die internationale Jesuitenkunst vertritt der Schlesier Johann Riedel (1654 bis 1736). Sein Lebensweg führt ihn im Dienste seines Ordens nach Böhmen (Kuttenberg, Prag), nach der Schweiz (Luzern), nach dem Elsaß (Lützel) und Frankreich (Lyon, Paris). Mit diesen Reiseeindrücken verbinden sich italienische Einflüsse, wahrscheinlich durch Stiche nach den Altären von S. Ignazio in Rom vermittelt. In der großartigen, einheitlichen Ausstattung der Jesuitenkirche in Schweidnitz zieht er aus all dem künstlerisch das Fazit.

Um die Mitte des 18. Jhs. gewinnen süddeutsch—bayrische Einflüsse die Oberhand. An dem Motiv der Schiffskanzel, auf der der Prediger an Christi statt im Schifflein auf dem See Genezareth erscheint, läßt sich die Typenwanderung von Schwaben über Bayern und Oberösterreich nach Schlesien (Troplowitz, Mittelwalde, Eckersdorf, Seitendorf) und weiter nach Polen bis Wilna verfolgen. Aus Böhmen kommt dagegen die eigenartige, pathetische Form der Walfischkanzel in Reinerz, bei der der Prediger — man möchte sich einen wetternden und zeternden Abraham a Santa Clara vorstellen — im weit aufgesperrten Rachen des Leviathans erscheint, der mit dem Schwanz die Meereswogen peitscht und aus den Nüstern Wasserfontainen spritzt; zugleich ein Symbol der Auferstehung und des Gerichtes, wie die aus den Gräbern sich erhebenden Toten und der Salvator mundi. Eine mehr volkstümliche Wiederholung dieses Motives findet sich in Rummelsdorf (Dobrischau), Kr. Strehlen. Dem Kreise des bayrischen Rokoko gehört der Hauptmeister der Seitenaltäre in Himmelwitz, vielleicht Joh. Georg Lehnert aus Regensburg, mit den porzellanartig weiß gefaßten kleinköpfigen, ekstatisch beschwingten Figuren, die an Ignaz Günther, Christian Jorhan d. Ä., Joh. Michael Feichtmayr erinnern. Dem in dieser Zeit den ganzen Südosten beherrschenden geistigen Bannkreis der Wiener Akademie, der in der Plastik von der Nachwirkung Rafael Donners bestimmt ist, gehört als Schüler Jakob Schletterers Andreas Schweigel an, der den ehemaligen Hochaltar der Wallfahrtskirche am Burgberg bei Jägerndorf ausführt (um 1765 bis 1770) und von dem zwei prächtige Statuen im Troppauer Landesmuseum erhalten sind.

In der Malerei setzt der künstlerische Aufschwung nach dem Dreißigjährigen Krieg gleich mit einer der bedeutendsten Persönlichkeiten des deutschen Frühbarock ein, mit Michael Willmann (1630—1706). Die geistige Bannkraft der Gegenreformation zeigt sich bei ihm wie bei dem Konvertiten Joh. Brokoff in Prag: Willmann gibt seine Stellung als kurfürstlicher Hofmaler beim Großen Kurfürsten auf, um nach seinem Übertritt zum Katholizismus seine ganze Arbeitskraft in den Dienst der schlesischen Zisterzienserklöster zu stellen. Aus diesem tief religiösen Erlebnis geht auch der künstlerische Wandel hervor, der ihn, den Ostpreußen, ganz in den süddeutschen Barock hineinwachsen läßt. Neben den Eindrücken seiner niederländischen Reise, die ihn mit den Werken von Rubens, van Dyck und Rembrandt bekannt gemacht hat und von der er sein ganzes Leben zehrt, sind wiederum, wie bei der gleichzeitigen Plastik, manieristische Züge für ihn kennzeichnend, die sich ebenso in der Landschaftsmalerei im Anschluß an die Frankenthaler Schule, im großfigurigen Bild in Kompositionsgedanken Tintorettos wie in der Farbgebung der frühen und mittleren Periode kund tun.

Von mehr lokaler Bedeutung ist die Nachfolge Willmanns, wenn sie auch seinen Stil nach Böhmen und Polen verbreitet. Ihre Hauptvertreter gehören dem engeren Familienkreis des Künstlers selbst an: sein Stiefsohn Christian Lischka (+ 1712), sein Schwiegersohn Christian Neunhertz (+ 1689) und sein Neffe Georg Wilhelm Neunhertz (+ um 1750), ein routinierter Freskant, der auch viel außerhalb Schlesiens tätig ist (Prag, Gostyn, Ląd), bei dem sich aber bereits neue österreichisch—bayrische Einflüsse mit der Werkstattradition verbinden.

Der entscheidende Anstoß für die Weiterentwicklung kommt wieder wie in der Baukunst von Süden. Das erste illusionistische Deckengemälde großen Stils schafft der Bayer Joh. Michael Rottmayr (1660—1730) in der Jesuitenkirche in Breslau (voll. 1703) nach einem umfassenden theologischen Programm: ein Triumphzug des Namen Jesu, dem die Vertreter der vier Weltteile beiwohnen. Zusammen mit dem kurfürstlich mainzischen Hofmaler Rudolf Byß aus Wien (1660—1738) malt er den Festsaal des Palais Hatzfeld aus mit einer Apotheose dieses Adelsgeschlechtes an der Decke. Die Tradition von Christoph Tausch führt der Jesuitenpater Johannes Kuben weiter, der nach dem Rezept Andrea Pozzos die Jesuitenkirche in Brieg mit einem gewaltigen gemalten Architekturprospekt als Abschluß des Presbyteriums versieht. In Wahlstatt ist Cosmas Damian Asam, einer der bedeutendsten bayrischen Barockfreskanten, tätig, und sein Schüler Felix Anton Scheffler aus München (1701 bis 1760) entfaltet in der Zeit von 1730 (Neisse, Kreuzherrenkirche) bis 1744 (Glatz, Minoritenkloster) eine rege Wirksamkeit, wenn er auch zu seiner vollen künstlerischen Entfaltung erst in Werken außerhalb Schlesiens (Brünn, Baumberg a.d. Alz in Bayern) gelangt. Aus Prag kommt Philipp Christian Bentum, ein Schüler Peter Brandls, der in seinem Deckengemälde des Fürstensaales

20. Himmelwitz, St. Andreas von J.G. Lehnert in der Klosterkirche (1762)

in Leubus (um 1735) auf Pietro da Cortona zurückgreift und noch in seinen Spätwerken in Seitsch (1740) und Trebnitz (1748) in Form und Farbe am Hochbarock festhält. Feinfühliger für die zart abgestimmte Farbskala der Rokokomalerei ist der aus der handwerklichen Tradition hervorgehende Joh. Christoph Handke in Olmütz (1694—1774), über dessen Schaffen eine trockene, aber datenreiche Selbstbiographie unterrichtet: als erste große Freskomalerei führt er die von Ferdinand Naboth begonnene Deckenmalerei der Lindenkirche bei Römerstadt aus (1715); als seine bedeutendste Leistung malt er 1732 die Decke der Aula Leopoldina und im folgenden Jahr das Oratorium Marianum der Jesuitenuniversität in Breslau. Auch Judas Thaddäus Joseph Supper (1712 bis 1771) ist gebürtiger Mährer. Von seiner Werkstatt in Mährisch Trübau versorgt er einen verhältnismäßig beschränkten Umkreis, der annähernd mit dem deutschen Schönhengstgau zusammenfällt; nur ausnahmsweise wird er von weiterher wie von den Zisterziensern in Sedlitz herangezogen. Seine handfesten Malereien in der Pfarrkirche (1765—67) und der Friedhofskirche (1763—65) seiner Heimatstadt und in Tattenitz (1765) zeigen eine erfinderische Freude an illusionistischen Kunststücken, Durchblicken und Stiegenaufgängen, in denen der reale Raum sich in einer Phantasiewelt zu erweitern und zu verlieren scheint. Die Tiepoleske Richtung vertritt Franz Anton Sebastini (Schebesta), in Proßnitz ansässig (+ 1789), als der letzte bedeutende Freskant durch seine reiche Tätigkeit in Mähren und Schlesien, in Sternberg, Troppau, Jägerndorf und Umgebung, in Rauden (1775) und zu Oberglogau in der Pfarrkirche (1776—81), an der Casa di Loretto und in der Schloßkapelle. Die Figurenkomposition wird aufgelockert, die Kontur flackernd und aufgelöst, die Farbskala zart und hell in gebrochenem Rosa, Lila und erbsengrünen Tönen. Im Stukkateur Johann Schubert aus Leipnik in Mähren fand er einen wahlverwandten Mitarbeiter, dessen beschwingte, hoch aufsteigende Bekrönungen über Kanzel und Taufbecken in Oberglogau sich im Linienfluß und Formgefühl harmonisch der Ausmalung einfügen. Handke, Supper und Sebastini sind wohl durch den bedeutendsten österreichischen Freskanten des Spätbarocks Fr. A. Maulpertsch vermittelt, charakteristische Vertreter einer mehr volkstümlichen Entwicklung, wie sie die Barockmalerei handwerklich gebunden in zahlreichen kleineren örtlichen Mittelpunkten im österreichischen Gebiet gefunden hat, wodurch das Kunstempfinden kulturelle Breite und Bodenständigkeit gewann und damit auch in entscheidender Weise die stammesmäßige Geschmacks- und Wesensbildung beeinflußte.

Fritz Feldmann

DIE MUSIK

I. Das 16. Jahrhundert

Der erste Teil der Musikgeschichte Schlesiens schloß mit einer Würdigung des über Schlesien hinaus in Ungarn wirkenden Thomas Stoltzer, der nicht nur als deutscher Meister im „Gefolge" des damals führenden Niederländers Josquin zu bezeichnen ist, sondern eine ausgeprägte Eigenart und Verknüpfung von Altem und Neuem offenbart. Seine Messen verarbeiten entgegen niederländischem Brauch gregorianische Meßmelodien und keine weltlichen cantus firmi, als Schöpfer der „Octo Tonorum Melodiae" weist er der Instrumentalmusik neue Bahnen. Auf die ebenfalls neuartigen Vertonungen von Luthers Psalmenübersetzungen wurde schon im 1. Teil hingewiesen, ebenso auf die besondere Innigkeit und Tiefgründigkeit seiner Musik überhaupt. Durch die intensiven Forschungen Hoffmann-Erbrechts wurde inzwischen auch in biographischer Hinsicht Stoltzers Wirken in Breslau (1519-1522 als Domvikar) nachgewiesen[1]. Aber nicht nur darum ist hier — im 2. Band, der die Zeit von 1526 ab behandelt — Stoltzer noch einmal genannt: Ist doch dieser im Todesjahre seines Königs Ludwig von Ungarn ebenfalls verstorbene Meister erst nach seinem Tode — besonders zwischen 1532 und 1570 — über Breslau, Budapest und Königsberg hinaus in Mittel- und auch in Süddeutschland aufgeführt worden, ein frühes wichtiges Beispiel des Ausstrahlens schlesischer Tonkunst.

Zugleich eröffnet Stoltzer damit eine ganze Reihe bedeutender schlesischer Komponisten, die man, von Schlesien her gesehen, als „Auswanderer" bezeichnen könnte. Genannt seien hier bereits Joh. Knöfel, M. Schramm, Es. Reusner, S. Weiß. Auch diese jüngeren Meister gingen in außerschlesischen Fürstendienst und wurden so über die Landesgrenzen hinaus berühmt. Andere suchten städtischen bzw. Kirchendienst wie im 16. Jh. Fr. Lindner in Nürnberg, David Wolkenstein in Straßburg, Dan. Speer (17. Jh.) in Göppingen, Altnikol (18.Jh.), der Schwiegersohn Bachs, im thüringischen Naumburg.

Neben diesen — der Übersicht wegen einmal kurz vorweg genannten — „Auswanderern" ist die 2. Gruppe von Komponisten für den lokalen Aspekt „Schlesien" in vollem Umfang, also genauer, zu würdigen: die in Schlesien geborenen und auch hier wirkenden Meister. Daß eine 3. Gruppe, die „Einwanderer", für die Musikgeschichte Schlesiens wichtig sein und nicht übergangen werden kann, darf nicht vergessen werden. Im Vergleich mit anderen Landschaften (auch des deutschen Ostens, wie Pommern, Danzig, Ostpreußen) ist aber die Zahl solcher Einwanderer geringer. So ist in Schlesien vor allem in der Zeit, da die niederländischen Meister in Europa führend waren – im 16. Jh. – persönlich keiner nach Schlesien gekommen, um hier in Diensten zu bleiben, im Gegensatz zu den Danziger Marien-Kapellmeistern Rivulo und Wanning, die beide aus den Niederlanden stammten. Vielleicht waren diese Meister für schlesische Verhältnisse zu teuer, vielleicht aber auch – und dies dürfte zutreffen – gab es genug einheimische Kräfte[2].

Es ist bekannt, daß die ersten Jahrzehnte der Reformation in Schlesien infolge der kompromißbereiten Haltung sowohl des Kaisers Ferdinand und des Breslauer Bischofs auf der einen Seite, der führenden schlesischen Protestanten auf der anderen Seite friedlich und in gutem Einvernehmen verliefen. Schon am 19. IV. 1525 erschien in Breslau „EYn gesang Buchlien Geeystlicher gesenge Psalmen..Gedruckt in dieser koniglichen Stadt Breslaw durch adam dyon", das sich den beiden Erfurter und dem Straßburger „Enchiridion" anschloß, auch mit dem Nürnberger Gesangbuch gleichen Titels verwandt scheint, nach neuesten Forschungen[3] jedoch auf dem Erfurter, das Maler druckte, basiert.

Bekundet dies Breslaus Anschluß an die neue Praxis des Gemeindegesanges im Zuge der Reformation, so sang man andererseits die „Horae", auf Matutin, Laudes, Vesper, Complet beschränkt, in Breslaus St.Maria-Magdalenenkirche weiter[4]. Länger noch lassen sich die „Horae de passione" der Breslauer Elisabethkirche verfolgen: noch 1611 benutzt sie Besler in seinen „Hymnorum..centuriae". Diese konservative Haltung dem gregorianischen Choral gegenüber zeigt sich auch in der Messe: Die schon von Sagan (um 1425) her bekannte Alternatim-Praxis zwischen einstimmigem gregorianischem Gesang und dessen Fortsetzung auf der Orgel wurde sogar üppiger, mehrstimmiger Chor wechselte mit Orgelspiel, und der Typ der schon für Stoltzer charakteristischen Choralmesse, d. h. der Wechsel mehrstimmiger Bearbeitungen gregorianischer Meßweisen mit Orgelspiel, war noch 1574 beim Breslauer Rat beliebt. Schreibt doch Joh. Knöfel, der seine Sammlung „ Cantus choralis" in diesem Jahre von Liegnitz aus den „Reipublicae Wratislauiensis Senatoribus" widmete, daß der gregorianische Gesang in Breslauer Kirchen „mit frommen Eifer bewahrt werde", während er anderswo „ganz ausgelassen" würde[5]. Daß Knöfel damit nicht allein stand, beweist die im gleichen Jahre dem Breslauer Rat gewidmete Messe von Aventinus[6].

Auch auf dem Lande und in Kleinstädten Schlesiens spüren wir das Weiterleben der vorreformatorischen lateinischen Kirchengesänge, vor allem der „Prosae", die in deutscher Fassung, ein- bis dreistimmig „daheim und in Kirchen zu singen" für „Layen und Gelerten, Kinder vnd alten" gedruckt wurden. Es ist dies das 1555 erschienene „Schlesisch singebüchlein" des Pfarrers Valentin Triller, der, aus Guhrau stammend, in Pantenau bei Nimptsch[7] wirkte. Mit Recht nennt man Triller einen „der ersten Pfarrer, die systematisch altes geistliches und weltliches Volksliedgut sammelten und für den Gemeindegesang nutzbar machten". Das in Neumarkt im 15. Jh., in Neisse noch im Anfang des 17. Jhs — aber nie außerhalb Schlesiens — nachweisbare „Deitatis fragrans stella" wurde von Triller zu einem dreistimmigen Gesang „Ey Got Vatter" umgestaltet. Ist hier ein Pfarrer außer den oben erwähnten höfischen Kapellmeistern wie Stoltzer, Knöfel usw. musikgeschichtlich bedeutsam, so bleibt doch — gerade für Schlesien — der „Kantor", beruflich gesehen, die führende Persönlichkeit im Musikleben von Stadt und Land. Daß man in Schlesien — und nur hier — ursprünglich „Signator" sagte[8] und erst langsam, den anderen deutschen Landen folgend, die Bezeichnung Kantor übernahm, sollte nicht unerwähnt bleiben, ändert aber nichts an der Wichtigkeit des Signators bzw. Kantors. In der hier zu behandelnden Zeit war er meist Komponist, Dirigent und Musikpädagoge, überhaupt Schullehrer zugleich.

Ein „Signator" von besonderer Bedeutung für die Schulmusik ist Virgilius Haugk, der 1541 seine „Erotemata musicae practicae ad captum puerilem formata" in Breslau herausbrachte, 1545 in 2. Auflage[9]. Bis sich 1562 das pädagogisch einfachere „ Compendiolum pro incipientibus" Heinrich Fabers auch in Breslau durchsetzte und damit das eigenständige Lehrbuch von dem mitteldeutschen des Naumburger

Kantors und Rektors Faber verdrängt wurde, darf Haugks Werk als bezeichnend für Breslaus Schulen um 1550 gelten. Es zeigt, wie sehr man damals auf das Erlernen des mehrstimmigen Singens, der „Mensuralmusik", Wert legte, wie sehr dabei Josquin, der Meister der dritten niederländischen Schule, das große Vorbild war.

Die Norm war nun, daß der Kantor in den Lateinschulen als „tertius" nach dem Rektor und Konrektor eingestuft wurde. Das blieb freilich nicht in Schulen, die sich nach der akademischen Seite ausweiteten, wie in der berühmten Lateinschule von Goldberg, in der 1531-1556 Valentin Trozendorf Rektor war. Hier rangierte der „musicus" an 5., später sogar 6. Stelle; auch ist leider unbekannt, wie der Musikunterricht an dieser über Schlesien hinaus bekannten Schule gestaltet war. Mehr schon ließe sich über die Musik an den Gymnasien von Brieg, Liegnitz, Görlitz — von Breslau abgesehen — sagen. Sicher jedenfalls ist, daß die Lateinschüler dieser 4 Städte einen reichen Notenbestand zur Verfügung hatten, der vor allem in der Kirchenmusik, an der die Schüler mitwirkten, zum Erklingen gebracht wurde. Zu dem „Repertoire" gehörte damals — in Schlesien wie anderswo — an erster Stelle die Musik des in München tätigen Niederländers Orlando di Lasso, der in der 2. Hälfte des 16. Jahrhunderts neben Palestrina unbestritten führte. Daß Schlesien zwischen 1570 und 1590 in der Pflege Lasso'scher Kunst besonders eifrig war, lehrt der Quellenbestand[10].

Zu dem Kreis der Lassus-„Nachfolge" darf man den schon genannten Joh. Knöfel, der eine Messe über die Lassus-Motette „In me transierunt" schrieb, rechnen, ebenso den Münsterberger Melchior Schramm, der von 1574 ab in Sigmaringen, dann in Offenburg wirkte[11]. Auch Gregor Lange, 1540 in Havelberg geboren, ab 1583, von Frankfurt/-Oder kommend, in Breslau tätig, wird zur Lassus-Nachfolge gezählt; doch weist der geniale, früh verstorbene Meister, der sein Hauptwerk von 19+26 Motetten dem Breslauer Senat widmete, genug eigene Züge auf, die aber im einzelnen bisher nicht herausgearbeitet wurden. Noch 8 Jahre nach seinem Tode wird Lange von Demantius den Meistern Lassus und Lechner gleichgesetzt, werden Langes dreistimmige deutsche Lieder fünfstimmig bearbeitet[12]. Bartholomäus Gesius, vermutlich Langes Schüler, bis zu seinem Tode 1613 in Frankfurt/Oder amtierend, verkörpert die damals enge Bindung zwischen der Viadrina-Stadt und Schlesien, obwohl er selbst nicht hier tätig war[13]. Besonders zeigt dies das 1613 erschienene „Opus plane novum" mit Messen „ad imitationem cantionum Orlandi..", die Gesius dem sogleich noch näher zu erwähnenden Liegnitzer Herzog Georg Rudolf widmete. Gesius' Sohn, ebenfalls Bartholomäus benannt, wirkte übrigens in den Städten Fraustadt und Glogau, bekräftigt also die Bindung an Schlesien.

Ebenfalls dem Spätstil der Renaissance angehörend, kommt aus dem protestantischen Görlitz Johannes Nucius (* um 1556), der gegenüber Lange und Gesius die katholische Kirchenmusik des damaligen Schlesien am nachhaltigsten verkörpert, und der darüber hinaus niederschlesische Herkunft mit intensivem Wirken in Oberschlesien verknüpft. Seit 1586 in Rauden, von 1591 bis zu seinem Tode 1620 Abt im Zisterzienserkloster Himmelwitz, gehört Nucius mit seinen 102 Motetten, die sein Hauptwerk ausmachen, zu den hervorragendsten Komponisten Schlesiens. Neben dem Komponisten Nucius ist aber nicht der Theoretiker zu vergessen, der in knappster, aber sehr inhaltreicher Form ein Lehrbuch über die „Musica poetica" 1613 in Neisse erscheinen ließ und dabei — in enger Anlehnung an die Rhetorik — eine Kompositionslehre mit Beispielen bringt, in denen er bis auf Josquin, ja noch weiter, zurückgeht und neben Stoltzer und anderen deutschen Meistern genaue Kenntnis der niederländischen Musik zeigt[14]. Während eine Auswahl der Motetten des Nucius neuerdings in einer kritischen Neuausgabe zugänglich ist, blieb das Schaffen des 1563 ebenfalls in Görlitz geborenen Arztsohnes Thomas Fritsch noch unerforscht. Das trifft vor allem für sein Hauptwerk, das „Novum et insigne opus musicum" zu, wiederum ein Motettenwerk, das 1620 in Breslau, wo Fritsch „Kreuzherr mit dem roten Stern" an St. Matthias war, erschien. Seine Zeitgenossen ehrten ihn mit Worten wie „musicus suavissimus" und „vir in Politica conversatione optimus"[15].

Sind zwar die Hauptwerke der genannten Meister wie Gesius, Nucius und Fritsch erst nach 1600 geschrieben, so ist doch weder bei ihnen noch anderen schlesischen Komponisten der gleichen Zeit etwas von der „Nuove musiche" zu spüren, die um 1600 von Italien her die neue Richtung des „monodischen Stils" brachte. Außer Lassus ist bei den genannten Meistern am ehesten Gallus, Mich. Praetorius und überhaupt die Venezianische Schule hinsichtlich ihrer Farbigkeit als Vorbild erkennbar, sonst bleibt man in Schlesien gegenüber Neuerungen zurückhaltend.

Diese Vorsicht verbindet sich andererseits mit liebevoller Bewahrung überlieferter Kulturwerte. Das zeigt sich nicht nur in der geistlichen Musik, sondern auch im weltlich- bürgerlichen Sektor. Schlesien wurde für den „Meistergesang" eine der letzten Pflegestätten, es gab „Singschulen" in Görlitz, Lauban, Sagan, Breslau, Brieg, Schweidnitz, Glatz und Neustadt O/S. Der Görlitzer Schneider Adam Puschmann darf dabei als letzter Kronzeuge dieser alten „Zunft" bezeichnet werden. Sein 1571 erschienener „Gründtlicher Bericht des Deutschen Meistergesangs" und sein handschriftliches „Singebuch" verteidigen den Meistergesang gegen den Spott und die Verachtung moderner Zeitgenossen[16]. So fand dieser Kunstzweig in Schlesien eine Spätblüte, eine Erscheinung, für die noch weitere Parallelen aufzuzeigen sind.

II. Das 17. Jahrhundert

Als Repräsentanten schlesischer Musik in den ersten Jahrzehnten des 17. Jahrhunderts sind die Gebrüder Besler, Samuel (*1574) und Simon (*1583), zu nennen. Söhne des ersten Brieger Gymnasialrektors, verbinden sie als „Kantoren" Kirchenmusik und Lehrerstand, komponieren in erster Linie schlichte, für die Schüler geeignete Liedsätze. Samuel, der bedeutendere Musiker der beiden Brüder, zeigt sich darüber hinaus modern und bewahrend zugleich: Seine 1611 erschienenen „Hymnorum et Threnodiarum S. Crucis .. Centuriae" bringen -wie schon oben gesagt- noch gregorianische Weisen, die anderswo in protestantischen Kirchen nicht mehr erklangen, sind aber andererseits modern durch das Privat-Persönliche dieser Andachten: im „Heptalogus in cruce pendentis Christi" bedient er sich des sonst in Schlesien noch abgelehnten Generalbasses, d.h. des modernen „stile nuovo" und zeigt zugleich seine echt schlesische Neigung zur Mystik eines Jacob Böhme. Von seinen 4 Passionen benutzt die Matthäus- und Johannespassion die traditionellen Fassungen der Chöre, in der Marcus- und Lucaspassion bringt er neu komponierte Chorsätze, ist auch sonst ein

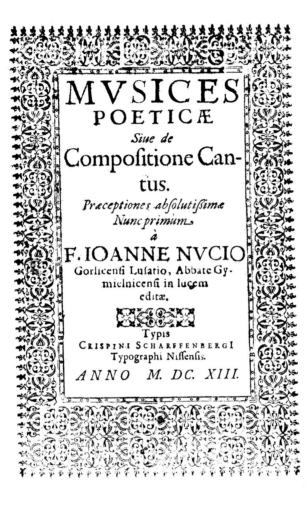

21. Titelseite des Lehrbuchs 'Musices Poeticae'
von Johannes Nucius (1556-1620)

Vorläufer der Passionen von Heinrich Schütz. Prunkvollen achtstimmigen Satz wiederum verwendet Samuel Besler, damals Rektor der Hl. Geist-Schule zu Breslau, wenn er mit seinem „Melos harmonicum" 1611 den Erzherzog Matthias in Breslau begrüßt oder 1620 mit seinen „Citharae Davidiacae" den „Winterkönig" feiert[17]. Als sich dann das Kriegsglück wandte und im nächsten Jahre der sächsische Kurfürst Joh. Georg I. die Huldigung der schlesischen Stände für den Kaiser in Schlesiens Hauptstadt entgegennahm, brachte er seinen Oberkapellmeister Heinrich Schütz mit, der sein „Syncharma musicum" für diese Feier komponiert hatte[18]. Wir wissen leider nicht, ob dieser führende deutsche Meister damals mit Besler zusammentraf.

Weitere, Berührungspunkte mit Schlesien brachte die Bekanntschaft zwischen Schütz und Martin Opitz. In den Jahren 1624 bis 1627 nahm Schütz von Opitz Texte zu seinen Madrigalen „Die Erde trinkt für sich", „Tugend ist der beste Freund", „Liebster sagt in süßen Schmerzen"[19]. Aus Opitzens Gedicht „Nachtklag" vertonte er einige Strophen, und das zweiteilige Schütz-Opitz-Werk „Nachdem ich lag in meinem öden Bette" ist zudem allein in einer Breslauer handschriftlichen Quelle erhalten. Daß die erste deutsche Oper, die „Pastoral—Tragicomödie von der Daphne", von Opitz geschrieben, 1627 von Schütz komponiert, verloren ging, ist bekannt, mindert aber nicht die hierdurch erwiesene enge Bindung zwischen dem schlesischen Dichter und dem sächsisch—thüringischen Musiker. Die Bedeutung des Bunzlauer „Boberschwans" für die deutsche Dichtkunst braucht hier nicht erörtert zu werden. Vom musikhistorischen Aspekt aber interessiert Opitzens Einwirken auf schlesische Musiker und Musikpflege[20]. Dazu gehört nicht zuletzt sein Wirken am Piastenhofe in Liegnitz. Daß Opitz hier in Herzog Georg Rudolf, der zeitweilig das „Oberamt" unter den schlesischen Fürsten innehatte, einen bedeutenden Kunstmäzen vorfand, darf nicht vergessen werden. Über das bloße Fördern hinaus war der Herzog selbst kompositorisch tätig[21] und schuf mit der Gründung der nach ihm benannten „Rudolphina" eine hervorragende schlesische Bibliothek, in der das Schwergewicht auf Theologie, Medizin und Musik lag. Unter den hier vorhandenen musikalischen Werken waren 201 italienische, 163 deutsche, 39 französische und 37 niederländische Komponisten neben 47 anderer Nationen vertreten[22], insgesamt also 487 Autoren. Unter ihnen enthalten die „Cantiones sacrae" von Schütz eine eigene eigenhändige Widmung des Meisters an den Herzog. Mit dieser Beziehung zu Schütz geht politisch parallel die „Konjunction" des vom Kaiser enttäuschten Herzogs, der sich 1633 mit den Kurfürsten von Brandenburg und Sachsen verband, aber auch hier bald enttäuscht wurde. Die Musikliebe bewog den Herzog, seinen Musiker Paul Hallmann (*1600 bei Schweidnitz, +1650 zu Breslau) zum „Fürstlichen Rat" zu ernennen und als „Herrn auf Strachwitz" in den Adelsstand zu erheben. Als Hofkomponist schuf Hallmann neben Kirchenliedbearbeitungen Motetten, geistliche Konzerte und „Missae breves" im protestantischen Sinne, im Stil wohl eher dem älteren Handl als dem Führer der Moderne, Heinrich Schütz, verpflichtet[23].

Ein Parallelfall, in dem ein schlesischer Fürst seinen Musiker zum engen Berater erhebt, ist beim Herzog Heinrich Wenzel von Bernstadt-Oels zu finden, der 1629 als Nachfolger des damals resignierenden Georg Rudolf die stark entmachtete „Scheinwürde" eines schlesischen Oberhauptmanns übernahm—gegen Zusicherung protestantischer Religionsübung. Hier war es der aus Neustadt O/S stammende Sattlerssohn Matthäus Appel (1594—1639), dem es gelang, vom Leobschützer Kantor in den Jahren 1625—35 zum Kanzleisekretär, fürstlichen, ja kaiserlichen Rat und Adelsstand emporzusteigen und als Matthäus Apelles von Löwenstern, Dichter, Musiker und Gelehrter[24] in die Geschichte einzugehen. Auch er vertonte ein Opitz—Drama, die „Judith", war aber dabei noch weniger als Schütz darauf bedacht, eine Oper im monodischen Stil zu komponieren, sondern begnügte sich, die 11 Chöre in Musik zu setzen, wobei der Opitz—Schüler Andreas Tscherning vor allem Nr. 1 beisteuerte.

Für die heutige Wertschätzung Löwensterns ist weniger seine höfische Leistung und sein Mäzenatentum als die gehaltvolle und bis in die Gegenwart anerkannte Kirchenlied—Dichtung u n d —Komposition entscheidend; noch heute singt man das „Christe du Beistand deiner Kreuzgemeinde" — die „Sapphische Ode"— und „Nun preiset Gottes Barmherzigkeit", die „Alkäische Ode", deren Titel Löwensterns Vorliebe für antike Versmaße bezeugen[25].

Einblicke in die katholische Kirchenmusik Schlesiens während des 30jährigen Krieges gewähren zwei Gebrauchshandschriften, die in

Glatz und Neisse von den Kantoren und Schulmeistern Schwedler und Haertel geschrieben wurden[26]. Hier wird deutlich, wie der neue Concerto—Stil des Römers Viadana sich nach einem Vierteljahrhundert in schlesischen Provinzstädten durchgesetzt hat, daß aber auch die alte niederländische Tenortechnik bei Schwedler noch immer beliebt war. Ebenfalls steht dem neuen Generalbaßstil ablehnend gegenüber ein sonst außerhalb des Schwedler—Kodex kaum bekannter Glatzer Jesuitenpater Simon Praunstein (+1624), der in seinen Tricinien—Sätzen gregorianische Choralmelodien linear kunstvoll verarbeitet. Der Neisser Haertel—Kodex wiederum dokumentiert die besondere Hochschätzung, die man in Neisse dem 1591 in Prag verstorbenen niederländischen Meister Jacobus de Kerle entgegenbrachte. Zeigt sich auch hier die Tendenz zum rückwärts Gerichteten, so ist der Haertel—Kodex hinsichtlich des Bewahrens alten Musikgutes insofern noch besonders interessant, als hier nicht nur einstimmige Melodien, sondern dazu eine 2. Stimme aus der alten „Deitatis"-Fassung des 15. Jahrhunderts nun im 17. Jh. vierstimmig verarbeitet wurde.

Wie sehr die Härte des Krieges damals auch die katholische Seite treffen konnte, zeigt eine Notiz im Schwedler—Kodex, wo es nach dem „Surrexit Christus hodie" heißt: „Scripsi Nissae Anno 1632 undecima decembr: .. flagrantibus omnibus suburbiis". Neisse war damals von den Dänen und Sachsen eingenommen worden. Daß gegen Ende des Krieges und in der dann folgenden „Gegenreformation" neben den Geistlichen auch die protestantischen Musiker von der Ausweisung betroffen wurden, zeigen die Aufenthaltsorte des in Neurode gebürtigen Tobias Zeutschner, der aus der Grafschaft Glatz nach Bernstadt, dann Oels fliehen mußte, schließlich 1649 in Breslau als Organist tätig war und hier 1675 starb. Seine Kompositionen, namentlich die 1661 in Leipzig gedruckte „Musicalische Kirchen-- und Haus—Freude", waren über Schlesien hinaus u.a. auch in Schweden beliebt[27].

Breslau als Hort des Protestantismus bewährte sich auch im Falle Ambrosius Profes. In Breslau 1589 geboren und 1617 Lehrer an St. Elisabeth, ging Profe im gleichen Jahr in die Geburtsstadt seines Vaters Jauer (wo dieser Tuchmacher gewesen war), wurde dort Lehrer, Kantor und Organist, mußte aber 1629 nach der Rekatholisierung Jauers diese Stadt wieder verlassen. Er kehrte nach Breslau zurück, wurde hier

Musikalienhändler und -verleger, daneben (zwischen 1633 und 1649) Elisabethkantor. Als Verleger setzte sich Profe für die Verbreitung der damals führenden italienischen Meister ein; dreißig davon brachte Profe durch seine Drucke auch seinen Landsleuten näher. Das Andenken Profes bewahrte noch 1740 der Hamburger Johann Mattheson. Er lobte ihn in seiner „Ehrenpforte"[28] als frühen Streiter gegen die „Solmisation": in der Tat schafft Profe in seinem 1641 erschienenen „Compendium musicum" die „Mutation" ab und läßt als Musikpädagoge — der er ja als Kantor a u c h war — statt ut re mi fa sol la die einfachen, wenn auch unsanglichen Tonbuchstaben singen[29].

Gleichsam Propagandist der damals modernen italienischen Musik ist ein weiterer Breslauer „Schulkollege": Daniel Sartorius (am St. Elisabeth-Gymnasium). Zwar nicht als Drucker, sondern nur sammelnd und vermutlich auch aufführend besaß er eine solche Fülle monodischer, geringstimmiger Kirchenmusik führender italienischer Meister, besonders auch Meßkompositionen[30], daß man sich fragt, wie wohl diese für katholischen Gottesdienst bestimmten Werke in Breslau verwendet wurden, ob über die protestantische Elisabethkirche hinaus im Zuge der damaligen Gegenreformation auch katholische Kirchen Breslaus Anteil daran hatten.

Es wurde bereits betont, daß die schlesischen Komponisten in ihren eigenen Werken die moderne italienische Monodie — wie Schütz es tat — nicht übernahmen, obwohl nach dem eben Gesagten die Möglichkeit des Kennenlernens in Breslau vorhanden war. Wohl aber erlebte hier in Breslau die zeitlich davor liegende venetianische Mehrchörigkeit eine auffällige Nachblüte. Es ist jene Kunst, die das Konzertieren mehrerer verschieden-farbiger Chöre, das Erfüllen des Kirchenraums durch Klangquellen aus verschiedenen Richtungen pflegt und die von Michael Praetorius (dessen Vater aus Bunzlau stammte) in Deutschland propagiert wurde. Diese aufwendige Kunst finden wir in Breslau selbst in der Zeit des 30jährigen Krieges und — was noch mehr auffällt — weiter in der 2. Hälfte des 17. Jahrhunderts. Wenn 1668 ein Kaufmann Friedrich Chremnitz eine 5chörige „Jubilate" — Musik für etwa 50 Ausführende stiftete, wenn der Bernhardin-Organist Martin Mayer zwischen 1671 und 1690 83 meist vielchörige Werke komponierte, so wurde hier ein ca. 80jähriges Klangideal weitergepflegt. Inwieweit dabei mit Traditionellem auch Neues vermischt war, ist noch näher zu erforschen. Es wäre zu wünschen, daß diese mehrchörigen Werke durch Neuausgaben zugänglich würden, besonders die Martin Mayers[31].

Die Zerrissenheit des Glaubenskrieges und der darauf folgenden Zeit wird in der Persönlichkeit Joh. Schefflers besonders deutlich: in Breslau 1624 getauft und 1677 verstorben, vom protestantischen Mystizismus Böhmescher Richtung 1653 zum Katholizismus konvertiert, hat dieser bedeutende Dichter zahlreiche Komponisten beider Konfessionen angeregt[32], mit keinem aber war die Zusammenarbeit so eng wie mit Georg Joseph, von dem man nur weiß, daß er in der Mitte des 17. Jh. im Dienste des Breslauer Fürstbischofs stand. Das Produkt davon ist nicht der „Cherubinische Wandersmann", sondern die „Heilige Seelenlust oder geistl. Hirtenlieder der in ihren Jesum verliebten Psyche gesungen von Johann Angelo Silesio und von Herren Georgio Josepho mit ausbundig schönen Melodeyen geziert", Breslau 1657 (Baumann). Nicht Gemeindelieder sind diese 205 Melodien mit meist unbeziffertem Baß, von denen 184 Joseph schrieb. Man wird sie vielmehr als geistliche Sololieder mit affektgeladener Melodik und dem Charakter einer barocken pietistischen Arie zu bezeichnen haben.

Inwieweit der Grüssauer Abt Bernhard Rosa, mit Angelus Silesius einer der Vorkämpfer der Gegenreformation in Schlesien, auch als Musiker in die gleiche Richtung gehört, muß hier offen bleiben.

Zehn Jahre nach der „Seelenlust" mit ihrer so engen Verbindung von Dichter und Musiker — im gleichen Jahr von Zeutschners „Musikalischer Hausandacht"— ließ in Hirschberg der Stadtmusicus Martin Schneider seine „primicias": „Erster Theil Neuer Geistlicher Lieder. Ariaetten, Canto Solo, cum Sonatella à 5 Violin, Doi Violini. Doi Viola di Braccio è Violono cum Basso Continuo" erscheinen, die darum interessieren, weil sie hinsichtlich ihres musikalischen Gewandes dem Josephschen Werk ähnlich[33] sind, weil textlich von den 40 Arien fast alle von Scheffler stammen, der Komponist aber dabei sozusagen „interkonfessionell" genannt werden darf. Weiterhin ist zu erwähnen, daß 1695 das Lüneburger Gesangbuch und andere Sammlungen Melodien der Schneiderschen „primiciae" übernommen haben[34].

Haben wir im Bereich der schlesischen Musikgeschichte nun schon mehrfach Fälle von „Spätblüten" zu verzeichnen gehabt — z.B. die Meistersinger—Kunst um A. Puschmann, die Mehrchörigkeit M. Mayers um 1680 — so ist weiterhin die Lautenmusik in diesem Zusammenhange zu nennen. Wohl sind schlesische Quellen von Lautentabulaturen schon aus der Zeit des 16. Jahrhunderts nachweisbar[35], ist der Löwenberger Matthäus Reimann von Reimannswaldau (1544—1597), Komponist der „Cithara sacra" und der „Noctes musicae", zugleich aber auch Kaiserlicher Rat Rudolf II. und Jurist, noch in das Renaissance—Jahrhundert gehörig und noch Zeitgenosse des berühmten J. Dowland. Ein knappes Jahrhundert später aber kommt aus demselben Löwenberg Esaias Reusner (1636—1679), der nicht nur auf dem Gebiet der Lautenkomposition, sondern darüber hinaus für die Gattung der Suite bedeutend war. Durch seinen „harmonischen Einfallsreichtum", die Synthese zwischen altem polyphonem Satz und der reichen Ornamentik der Gautierschule gilt er als der „hervorragendste deutsche Lautenist vor S.L. Weiß"[36]. Im Dienste der schlesischen Herzöge Georg III. und dann Christian stehend, ließ er 1668 in Breslau „Delitiae Testudinis Oder Erfreuliche Lautenlust" und im gleichen Jahr in Brieg „Musikalische Taffel—erlustigung" im Selbstverlag erscheinen. Ebenfalls noch in seiner schlesischen Zeit wurden 1670 10 Suiten für 3 Streichinstrumente mit Basso continuo unter dem Titel „Musicalische Gesellschaftsergetzung" gedruckt, während „Neue Lauten—Früchte" sowie „Hundert Geistl. Melodien Evangelischer Lieder" 1676 bereits in Berlin herauskamen: Reusner, der 1674 in den Dienst des Großen Kurfürsten getreten war und dort bereits 1679 starb, verkörpert nämlich das 1675 erfolgte Aussterben der schlesischen Piasten; sein Überwechseln an den Hohenzollernhof deutet die kommende politische Entwicklung Schlesiens an. Dies wird noch deutlicher, wenn wir den ebenfalls schlesischen, 1696 in Breslau geborenen letzten Theoretiker der Laute, Ernst Gottlieb Baron, in seinem Lebensgang verfolgen.

Baron, der insbesondere durch sein Buch „Historisch—theoretische und practische Untersuchung des Instruments der Lauten", Nürnberg 1727, aber auch durch seine Trios für Laute, Violine und Violoncello hervorragt, verließ seine Heimat schon 1715, wurde nach vielen Kunstreisen und dem Dienst am Gothaer Hofe (wo er Nachfolger des Breslauer Lautenisten Meusel war) 1735 „Kammertheorbist" bei dem preußischen Kronprinzen in Rheinsberg und blieb im Dienste Friedrichs II. bis zu seinem Tode (1760)[37].

Wenn oben von Reusner als dem „bedeutendsten Lautenisten v o r S. Weiss" gesprochen wurde, so handelt es sich hier bei Weiß nochmals um einen Schlesier, ja um eine ganze Lautenistenfamilie: Silvius Leopold (geboren 1686 in Breslau), dessen Bruder Joh. Sigismund, den Sohn des ersteren Joh. Adolf Faustinus Weiß. Selbst der kritische Mattheson nennt Silvius Leopold „den größesten Lautenisten der Welt", und der erste Bach-Biograph Forkel sagt von dessen Kompositionen, sie seien „in dem ächten und körnichten Geschmack geschrieben wie ungefehr die Clavier-Arbeiten des sel. Joh. Seb. Bach". In der Tat erfahren wir von besonderer gegenseitiger Wertschätzung beider Meister- und von einem Besuch Weissens bei Bach (1739). Silvius Weiß, der in Breslau um 1706 im Dienst des Pfalzgrafen Karl Philipp stand, dann mit dem Prinzen Sobieski nach Italien reiste, war von 1718 ab bis zu seinem Tode (1750) „kurfürstl. sächs. und kgl. poln. Kammermusicus", also an einem besonders kunstsinnigen Hofe[38].

Zu dieser für das barocke Schlesien charakteristischen Leistung im Bereich der Lautenmusik, die sich bei den obengenannten Meistern in Ermangelung schlesischer Hofhaltungen in Berlin und Dresden entfaltete, kann auf dem Gebiet des Orgelspiels und vor allem der Orgelkomposition nichts Entsprechendes genannt werden. So sehr im 15. Jahrhundert, in der Frühzeit der Orgel überhaupt, Schlesien führend war, so wenig kann im 17. Jahrhundert dem Hallenser Samuel Scheidt eine annähernde schlesische Begabung gegenübergestellt, auch kein schlesischer Schüler Scheidts genannt werden[39]. So sehr die Kantoren in Schlesien die Führer städtischer Musikpflege waren, so treten Orgelkompositionen schlesischer Meister neben vokaler Kirchenmusik zurück. Erst im 19. Jahrhundert war Ad. Hesse ein international bekannter Orgelspieler, war katholischerseits M. Brosig u.a. ein bedeutender Orgelkomponist schlesischer Herkunft.

III. Das 18. Jahrhundert

Es fällt auf, daß die Zeit des Spätbarock — die letzten 50 Jahre der Habsburger-Herrschaft in Schlesien — viel weniger von ihren Musikschätzen bewahrt hat als die Jahrhunderte vorher. Daß und wieviel vorhanden war, wissen wir aus der Biographiensammlung, die Mattheson 1740 in Hamburg erscheinen ließ, teilweise recht genau, sind doch 10 schlesische Musiker in die schon oben genannte „Ehrenpforte" aufgenommen, 7 davon brachten die von Mattheson gewünschte Selbstbiographie[40]. Unter diesen —von Hamburg her gesehen— hervorragenden schlesischen Meistern sind zwar tüchtige Orgelspieler —aber diese scheinen keine reinen Orgelwerke geschrieben zu haben—, und vor allem: erstaunlich ist der Anteil, den Wien —der Süden— und nicht Sachsen-Thüringen aufweist. Vor allem ist es der gebürtige Wiener Franz Tiburtius Winckler, selbst in Rom ausgebildet, der in Breslau bis zu seinem Tode (1706) Dom— und Kreuzkirchenorganist war und hier den aus Kanth bei Breslau gebürtigen Johann Hinrich Krause als Schüler und Nachfolger hatte. Von Krause schreibt Mattheson in seiner Kurzbiographie Wincklers, daß er (Krause) „in Fugen und im Vorspielen alle Organisten in Breslau übertreffe". Das läßt nicht gerade auf eine Überlegenheit der protestantischen Organisten dieser Stadt schließen. Die Selbstbiographie des 1682 in Lossen bei Brieg geborenen Michael Kirsten, der 1720 in Breslau Organist an der Maria-Magdalenen-Kirche wurde, enthält diesbezüglich ein interessantes Streiflicht. Kirsten sagt, er habe die Stelle erhalten, weil er „einen guten Choral spielte, welches zur selbigen Zeit in den Breslauischen Kirchen nicht gewöhnlich war; nachher aber eingeführet worden ist, so, daß sich etliche brave Leute anitzo ebenfalls damit hervorthun". Daß Mattheson dennoch Kirsten in seine „Ehrenpforte" aufnahm—obwohl auch kompositorisch von ihm kaum etwas zu berichten war—, lag an der damals neu erbauten Orgel der St. Maria—Magdalenen—Kirche, an deren Disposition Kirsten wohl einen wesentlichen Anteil hatte. Der Berliner Orgelbauer J.M. Röder, der auch sonst in Schlesien (z.B. Liegnitz) sich einen guten Namen gemacht hatte, war bei der Ausschreibung des Baus vor dem Paduaner Casparini und dem Schweidnitzer Kretschmer bevorzugt worden. Daß das entstandene Werk einen überragenden Wert hatte, bezeugt Mattheson selbst. Er glaubt nicht „etwas prächtigers und artigers von dergleichen Arbeit je gesehen zu haben. Der bloße Anblick des Kupferstichs beweget das Gemüth zu einer besonderen Ehrfurcht gegen Gott und seinen klingenden Dienst". Es waren „56 klangbare Stimmen, 4 Principale ... eines a 32, eines a 16, und zwey a 8 Fuß", dazu ein kunstvolles Glockenspiel. Mattheson besaß in Hamburg den 1725 entstandenen Kupferstich dieses Orgelprospekts, „eingerahmt im besten Ort seines Zimmers" in Hamburg. Auch schien ihm der soziale Aufstieg Kirstens bewunderswert: stieg Kirsten doch vom Schuhmacherssohn und Leibeigenen, Musikanten einer „Dorfbande" auf zum Schul-Kollegen, Organisten und Kantor in Löwen bei Brieg, wo er zugleich auch Hof- und Stadtmusikant, ja Glöckner war, bis er die angesehene Stellung eines Maria-Magdalenen-Organisten in Breslau gewann.

Ein anderer schlesischer Organist, der gleichaltrig mit J.S. Bach 1685 geborene Georg Gebel — Vater musikalisch ebenfalls begabter Söhne — wie Kirsten auch Handwerkerssohn, aber in Breslau nach seiner Brieger Zeit an der kleinen Christophorus-Kirche tätig, dürfte als Orgelspieler und als Komponist Kirsten übertroffen haben. Er schrieb „5 Dutzend" Kantaten, 2 Dutzend großer Klavierkonzerte und 2 Dutzend „Choralia" (Choralbearbeitungen bzw. Choralvorspiele?) für Pedalorgel oder Cembalo „nach unterschiedlicher Art ausgeführt". Leider wissen wir von diesen und weiteren Werken des Gebel Sen. meist nur den Titel; wir bedauern dies besonders darum, weil Gebel als Erbauer eines „Clavichordium mit Vierteltönen" vermutlich mindestens ein recht origineller Musiker gewesen sein muß. Schüler des katholischen Domorganisten Winckler und befreundet mit seinem Mitschüler Krause, half er, obwohl Protestant, oft am Dom als Organist aus, scheint also ein recht entspanntes Verhältnis zwischen den beiden Konfessionen zu repräsentieren. Im handschriftlichen Vorwort zu seinen „geistlichen Chorsätzen und Arien" wird die strenge Satztechnik hervorgehoben und die Formulierung „ein Sonderling in dem reinen Satze..." benutzt. Noch bekannter war der Name „Gebel" wohl damals durch den 1709 geborenen älteren Sohn Georg Gebel „der Jüngere", der schon mit 6 Jahren als Wunderkind in den Häusern vornehmer Standespersonen spielte, auch auf dem vom Vater gebauten Vierteltonklavier konzertierte, später gleichzeitig mit seiner Breslauer Tätigkeit Kapellmeister am Hofe des Herzogs von Oels, ab 1735 aber Kammermusiker beim Grafen Brühl in Warschau und Dresden, zuletzt Hofkapellmeister am Hofe in Rudolstadt wurde. 4 Jahrgänge Kirchenkantaten, 2 davon für Oels geschrieben, sind verschollen. Sein Weihnachtsoratorium „Jauchzet ihr Himmel" galt damals als bestes Werk Gebels, der aber auch u.a. durch 12 Opern und Instrumentalmusik bemerkenswert ist. Sein jüngerer Bruder, Georg Siegmund, blieb in Breslau als Kirchenmusiker, von seinen Kompositionen, zu denen auch Orgelmusik gehörte, ist nichts erhalten[41].

Beim älteren Gebel, der mit J.S. Bach nicht nur das Geburts-, sondern auch das Todesjahr gemeinsam hat, wird unser Blick auf die Frage gelenkt, wie Schlesiens Musiker überhaupt damals zu ihrem Zeitgenossen J.S. Bach standen. Viele waren es nicht, die ihn näher kennen lernten, und — wie überall auch sonst in Deutschland — es war meist der virtuose Orgelspieler Bach, der zu einem Besuch bei dem berühmten Thomaskantor reizte. Das gilt für den 1702 in Breslau geborenen und später an der Gnadenkirche in Hirschberg wirkenden Balthasar Reimann, den selbst Mattheson einen „sehr angenehmen Melodienmacher" nennt und der 1747 ein vielbenutztes Choralbuch erscheinen ließ. Wenn hier von den 362 enthaltenen Melodien 118 von Reimann selbst stammen, so rechtfertigt dies das Lob Matthesons durchaus. Daß aber Reimann seinen Besuch bei Bach wegen der Kompositionen des Thomaskantors unternahm, ist kaum anzunehmen. Wir hören von ihm nur: „Dieser große Künstler nahm mich liebreich auf und entzückte mich dermaßen durch seine ungemeine Fertigkeit, daß mich die Reise niemals gereuet hat"[42].

Anders war es bei dem Schweidnitzer Kantor Chr. Gottlieb Wecker. Er lernte in seiner Leipziger Studienzeit Bach als Organisten, Dirigenten und Komponisten kennen und erhielt für die Zeit von 1723 ab ein Attestat Bachs, daß Wecker „in verschiedenen Instrumenten wohl versieret nicht weniger auch vocaliter sich wohl hören lassen, dannenhero Er auch in meiner Kirchen und anderen Musiquen rühmlichst assistieren können"[43]. Als dann auf Bachs Empfehlung hin Wecker 1729 das Kantorat an der Schweidnitzer Friedenskirche erhielt, erbat er gleichzeitig — um sich vor den Schweidnitzern mit einer Bachschen Musik vorzustellen — die „Passions-Musique" (vermutlich die Matthäus-Passion), die er aber nicht erhielt, weil Bach sie „selbsten heuer benöthiget". Hier ist also ausnahmsweise der Komponist und nicht der Orgelspieler Bach gefragt. Ebenfalls im Jahre 1729 erhält der Görlitzer David Nicolai (1702—1764) durch Bachs Vermittlung das Organistenamt an der Görlitzer Peterskirche[44]. Der jüngste unter den schlesischen Bach-Schülern, zugleich aber auch der mit ihm vertrauteste, war J.Chr. Altnikol. In Berna Kr. Lauban 1719 geboren, kam er erst 6 Jahre vor Bachs Tode zum Studium nach Leipzig, wo er sich 1744 immatrikulieren ließ, 1749 Bachs Tochter Elisabeth Juliana Friderike — vom Vater meist „Liesgen" genannt — heiratete und seinem Schwiegervater gerade in der letzten Zeit seines Lebens zur Hand war. Es ist allgemein bekannt, daß ihm der erblindete Meister den Orgelchoral „Vor deinen Thron tret ich hiermit" diktierte. Altnikol, von dem zahlreiche Abschriften Bachscher Werke, darunter der I. Teil des „Wohltemperierten Klaviers", existieren, der laut Attest Friedemann Bachs bei dem Vater „das Clavier und zugleich die Composition gelernet", 1749 in Naumburg dank Bachs Hilfe den Organistenposten erhielt, war vorher — 1748 — Organist in Niederwiesa und auch hier hatte Bach geschrieben: „Er ist ein Ecolier, dessen ich mich nicht zu schämen haben darf". Wenn Altnikol auch diese Organistenstelle in seiner schlesischen Heimat nicht lange innehatte — wohl nicht zuletzt, weil es ihn zu „Liesgen" zog —, so handelte es sich doch hier um den Kirchendienst in einer stark frequentierten Grenzkirche, die den Ersatz für das den Protestanten verbotene Greiffenberg bedeutete[45]. Eine ausführliche Arbeit über diesen von Bach so geschätzten Musiker, der als eigene Kompositionen die Motette „Befiehl du deine Wege", eine Kantate, zwei Klaviersonaten u.a. hinterließ, fehlt bisher noch.

Kennen wir nun zwar die führenden Kirchenmusiker in den schlesischen Orten Hirschberg, Görlitz, Schweidnitz, Niederwiesa und ihre Beziehungen zu Bach, so wissen wir doch über Einzelheiten im „Repertoire" ihrer Kirchenmusik recht wenig. Überhaupt ist über die Musik in schlesischen Landstädten bisher nichts zu berichten gewesen, weil es an Quellen fehlte. Das Städtchen Nimptsch macht hierin eine Ausnahme, und zwar dank dem unermüdlichen Fleiß und Eifer des damaligen

Organisten, der 1680 (also 5 Jahre vor Bach) in Nimptsch zur Welt kam und dort 1768 starb, vermutlich ohne den Ort jemals auf längere Zeit in weiterer Entfernung verlassen zu haben: Johann Heinrich Quiel. Auch er entstammt einer armen Handwerkerfamilie: der Vater war „bürgerlicher Züchner" und der Sohn mußte — statt die Musik als Beruf wählen zu dürfen — dem Handwerk seines Vaters „fleißig obliegen" „wider" sein „Naturell". Aus seiner Schulzeit hört man, daß wöchentlich 4 Singstunden gehalten und daß man dabei Motetten von Hammerschmidt (*1612 zu Brüx in Böhmen, +1675 in Zittau) musizierte, vielgesungene Werke, die aber damals über 40 Jahre alt waren. Weiter erfahren wir aus seinem „Lebenslauff", der 1756 von Marpurg in den „Historisch-kritischen Beyträgen zur Aufnahme der Musik" abgedruckt wurde[46], daß er, als „die beyden hiesigen Kirchen den Catholischen .. eingeräumet", auch dort zum Orgelspiel herangezogen wurde, daß dann 1707 nach der Rückgabe der Kirchen an die Evangelischen er „ad interim die Orgel zu spielen" hatte, bis er 1708 „ohn alles Gesuch zum Organisten und Adjunctus Scholae ernennet .. ward". Von da ab versorgte der neue Organist seine Kirche mit Kantatenmusik, ohne hierzu verpflichtet zu sein, schuf sich einen Kirchenchor, der ohne Entgelt stets mitarbeitete, nahm „Lehrlinge" zur Musikausbildung an, die „more silesiaco" — wie J.G. Walther in seinem zeitgenössischen Musiklexikon sagt — die überaus lange Zeit von 5 Jahren zu lernen hatten, u.zw. auf allen damals gebräuchlichen Instrumenten. Man kann aus Quiels Angaben entnehmen, wie er sich als Autodidakt theoretisch die damalige „Moderne", Heinichens und Matthesons Schriften, erarbeitet, wie er — besonders durch Noten-Ausleihe vom Hirschberger Kantor Volckmar — 15 ganze Kantaten-Jahrgänge abschrieb, unter denen sich zwar kein einziger von Bach befand, aber von einem seiner Vorgänger, dem Thomaskantor Schelle, dann von heut kaum bekannten und erforschten Komponisten wie Koch, Aster, Liebhold, Garthoff. Doch auch die damalige Avant-Garde war vertreten: Reinhard Keisers „Landlust" von 1714 und „Kayserliche Friedenspost" von 1715 sowie 2 „Telemannische Concerten-Jahrgänge". Versorgte also Quiel seine Gemeinde nicht mit eigenen Kompositionen — die wenigen mit „Quiel" bezeichneten erhaltenen Kantaten dürften mit ziemlicher Sicherheit von seinem Sohn J. Gottlieb stammen, der später in Schmiedeberg Kantor war und dort 1779 starb —, so wurde ihr doch eine bunte Fülle verschiedener Komponisten geboten wie sonst anderorts, wo der Kantor allein eigene Musik brachte, selten. Ungewohnt für unsere heutige Auffassung ist der damals konsequent durchgeführte Brauch, zu Beginn des Kirchenjahrs einen ganzen „Jahrgang" eines bestimmten Meisters auszuwählen und dann bis zum Ende des Kirchenjahres dabei zu bleiben. Chor und Gemeinde werden so die Tonsprache dieses Jahrgangs-Komponisten einheitlich kennen gelernt haben, mußten aber auf den für uns so selbstverständlichen Wechsel verzichten. Zeigt es sich hier, wie von einer einzigen Persönlichkeit das Musikleben einer Stadt wesentlich abhängen kann, so gilt dies für die Kleinstadt in besonderem Maße. Wenn Quiel selbst sagt: „Kleine Städte verdienen bisweilen in Ansehung löbl. Sitten vor vielen großen Städten ein gar großen Vorzug", so begründet er dies damit, daß die Kleinstadt „das nöthige und nützliche der bloßen Augenpracht vorziehe" und nicht „aufgeblasen vollüstig" werde. Er polemisiert aber dann speziell gegen die weltliche Musik überhaupt, gegen die Virtuosen „in der Opera", die für ihn geradezu das „Werkzeug des Widersachers" ist. Hinter diesen Zeilen steckt mehr als etwa der Komplex des Kleinstädters: Noch immer ist für Quiel die Kirchenmusik die einzig vollwertige Musik, wie es besonders vor 1600, dem Beginn der Opernkomposition, übliche Auffassung war. Noch einmal also äußert sich hier der Totalitätsanspruch der Kirchenmusik.

Wie sehr die Großstadt solche Auffassungen verändert, zeigt sich am deutlichsten an dem Schüler Quiels Johann Georg Hoffmann, der 1700 zu Nimptsch geboren wurde und 1780 als Oberorganist an St. Maria-Magdalenen in Breslau starb. Hoffmann dürfte von allen Schlesiern Mattheson am nächsten gestanden haben und war wohl auch der Vermittler zwischen dem Hamburger und den anderen oben genannten Musikern der Ehrenpforte — soweit es Schlesien betraf. Wenn er 1740 „4 vollständige und 2 Kantaten-Jahrgänge .. ein Paar Paßions-Oratoria, nebst einer Menge anderer Kirchensachen .. insonderheit zu Ernte-Andachten, welche hiesigen Ortes .. sehr feierlich begangen werden" sowie über 400 Gelegenheitsarbeiten als eigene Werke aufzählt, so sind davon leider nur einige Kantaten erhalten. Diese aber bestätigen seine durchaus „moderne" Musikauffassung, die in Hoffmanns Autobiographie folgendermaßen formuliert ist: „habe jederzeit das singende und gebundene Wesen dem Flüchtigen vorgezogen. Mir ist die Melodie, die vernünfftige Melodie, ans Hertze gewachsen, und Mattheson macht mir, durch derselben Vertheidigung und Beschreibung, so viel Vergnügen als nur irgend möglich. Harmonische Schwierigkeiten sehe ich lieber auf ander Leute Papier, als ich sie auf dem Clavier und in der Composition selber suche allzu offters nachzumachen". Dieses Bekenntnis zur Mattheson-Telemannischen Richtung ist auch hinsichtlich seiner Neigung zur Oper vorhanden und hierin trennt sich der zum Großstädter gewordene ehemalige Schüler von seinem Lehrer in Nimptsch. Trotz seiner Stellung als Kirchenmusiker nimmt er seit 1727 aktiv an der Oper teil — als Cembalist bzw. „Concertmeister".

Damit wird unser Blick auf die Frage nach der Oper in Schlesien gelenkt. Von der Zusammenarbeit Opitzens mit Schütz und der „Judith"-Vertonung Löwensterns wurde oben berichtet; die Oper im eigentlichen Sinne ist aber damals textlich und hinsichtlich der vokalen Ausführung italienisch, auch ihre Komponisten waren meist Italiener. In Schlesiens Hauptstadt war nun der Boden für eine italienische Opern-Saison noch nicht vorbereitet. Eine Vorstufe bildete aber die Gründung eines „Collegium musicum" am 18.X.1720, an dem die Breslauer Kaufmannschaft stark beteiligt war und in dem die italienische Musik propagiert wurde, so z.B. in einer Kantate „Die supplizierende Musik an ihre teils unverständigen, teils unbeständigen Liebhaber", die von Anton Albert Koch komponiert und auch dirigiert wurde (im Saale des „Blauen Hirsch" in der Ohlauer Strasse). Der entscheidende Schritt zu einer —wenn auch kurzen— Breslauer Opernperiode geschah, als Franz Anton Graf v. Sporck, der Statthalter des Königreichs Böhmen, eine italienische Operngesellschaft nach dem böhmischen „Kocksbad" (Kukus) gezogen hatte. Breslauer Patrizier und schlesische Adlige, die dort gewesen waren, einigten sich, auch für Breslau eine solche Truppe zu gewinnen. Es gelang, den Rat von Breslau, die katholische Geistlichkeit und den katholischen Adel dafür zu gewinnen. So fand im großen Ballhaus in der „Breitengasse in der Neustadt" 1725 die erste italienische Oper statt[47]. Antonio Bioni war der Komponist dieser ersten Oper, deren Titel „Orlando furioso" hieß. Den 12 italienischen Solisten standen etwa 20 einheimische Instrumentalisten gegenüber. Zu den Patronen der Oper gehörte der Bischof Franz Ludwig, der kaiserliche Oberamtsdirektor Joh. Anton Graf v. Schaffgotsch, 12 weitere Grafen u.a., während die Bürgerschaft und die protestantische Geistlichkeit sich zurückhielt. Was Händel in London —ins Große projiziert— erlebte, geschah hier im spätbarocken Breslau in ähnlicher Weise: Schlechte Einnahmen zwangen immer wieder zu Pausen, neuen Ansätzen, Personalwechsel. Das zeigte sich schon in der Führung, wechselte doch in gewisser Rivalität als Komponist wie als Dirigent der Italiener Bioni mit dem Stuttgarter Dan. Gottlieb Treu (italienisch „Fedele"), der, ein Neffe des berühmten Hamburger Opernleiters Kusser, in Schlesien viele Jahre seines Lebens tätig war und 1749 in Breslau starb.

Von den insgesamt 41 Opern, die bis 1734 —dem Ende der italienischen Oper in Breslau— dargeboten wurden und ihren Stoff meist der antiken Sage entnahmen, scheinen die Werke Treus mehr Abwechslung anzustreben wie z.B. „Don Chisciotte" (Don Quichote). In dem chronologischen Verzeichnis der Opern, das wir G. Hoffmann, von dem es Mattheson übernahm, verdanken, ist bei Treus „Astarto" vermerkt: „gantz neu und schön gesetzt", beim „Coriolano" desselben Meisters „gerieth überaus wohl", aber auch zuweilen bei Bioni steht lobend: Attalo ed Arsinoe „Sehr wohl geraten". Dem immer wieder abnehmenden Interesse gegenüber der wirklichkeitsfremden Barockoper, die in London von der „Bettleroper" bekämpft wurde, versuchte man in Breslau —wie auch anderswo— durch das „Pasticcio" aufzuhelfen, indem man nur neuen Text und neue Rezitative zu altbewährten Arienmelodien verschiedener Herkunft nahm. Dies begann bereits 1727 mit der „Ariodante". Aber auch dieses Mittel konnte die Geldschwierigkeiten der Breslauer Operntruppe nicht beheben; 1729 erfolgte Personalwechsel, eine längere Pause und neuer Anlauf. Franz Ludwig, der Hauptgönner der Oper, war 1729 Kurfürst von Mainz geworden. Die Breslauer hatten dies durch eine italienische Serenate „L'amour universel" gefeiert, eine Dichtung, in der die Oder, die Donau, Main und Rhein singend eingeführt wurden und die Treu — derzeit Kapellmeister des Grafen Henckel-Donnersmarck in Beuthen — komponiert hatte. Franz Ludwig ernannte 1731 Bioni zum Kur-Mainzischen Kammer-Kompositeur, und so erfuhr die Breslauer Oper einen neuen Aufschwung, der nach außen hin besonders deutlich wurde, als der Kurfürst im Frühjahr 1732 wieder in Breslau erschien und hier den Besuch des Herzogs Franz Stephan von Lothringen, des späteren Gemahls der Kaiserin Maria Theresia, empfing. Bionis „Lucio Papirio" wurde dabei aufgeführt. Der Tod des Kurfürsten Franz Ludwig im April 1732 brachte einen erneuten Einschnitt. Den Nachfolger, Kardinal von Sinzendorf, feiert der deutsche Rivale Bionis, Treu, zum ersten Pontifikat mit einer Messe, die „keine gemeine, sed ad stylum gregorianum, instrumentis adhibitis in stylo madrigalesco et florido" war, leider aber ebenso verschollen ist wie die Musik all der genannten Opern[48]. Bioni, der dem neuen Kardinal seine Oper „Issipile" widmete, versuchte bis 1734 als Impresario, Dirigent und Komponist die Breslauer Oper zu halten; nach seiner letzten Oper, der 40. im Breslauer Repertoire, „Alessandro nell 'Indie", folgte nur noch eine Wiederholung der Eröffnungsoper vom Jahre 1725, der „Orlando furioso", dann schloß die Breslauer Barockoper endgültig ihre Pforten. Wohl mag der polnische Erbfolgekrieg mit zu dem Ende beigetragen haben, zu retten war im Übergang vom Barock zu einer neuen Zeit die Oper ohnehin nicht. Das lehrt ein Vergleich mit London (Händel) und Hamburg.

Die geschilderte Opernperiode zeigt, kurz vor dem Ende der Habsburgerzeit, noch einmal Schlesiens Bindung nach dem Süden hin, zeigt die musikalische Einstellung des katholischen Adels in Schlesien.

Im Sektor „weltliche Musik" ist gegenüber dem öffentlichen, gesellschaftlichen Ereignis „Oper" das „Lied" ein Produkt privater Sphäre, der „Hausmusik". Hier ist nun lediglich ein Werk zu verzeichnen, das in der damals allgemeinen „Baisse" für die Geschichte des Liedes Bedeutung erlangte: die „Singende Muse an der Pleisse, in 2.mahl 50 Oden, der neuesten und besten musikalischen Stücke mit den darzu gehörigen Melodien, zu beliebter Clavier-Übung und Gemüths-Ergötzung. Nebst einem Anhange aus J.C. Günthers Gedichten", Lpz. 1736, deren weitere Auflagen 1740 bis 1751 z.T. in Breslau erschienen. Hinter dem im Druck genannten Pseudonym Sperontes verbirgt sich der 1705 in Lobendau bei Liegnitz geborene Johann Sigismund Scholze, der zum Studium der Rechte nach Leipzig übersiedelte und dort 1750 —im gleichen Jahr wie Bach— starb[49]. Ein eigentümliches Verfahren ist von Scholze angewandt: nicht das Finden einer Melodie

22. Breslau, Maria-Magdalenenkirche, Orgel von J.M. Röder (1721-1725)

zu vorliegenden Texten, sondern umgekehrt das Unterlegen von Texten zu beliebten, vorhandenen Melodien war sein Anliegen. Insgesamt sind 248 Musikstücke verschiedenster Art, vor allem Klavierstücke, von ihm benutzt, oft französischen, auch polnischen Ursprungs, meist im „galanten Genre". Die Texte stammen — wie der Titel sagt — z.T. von J.C. Günther und Scholze selbst. Vorbild für ihn war außer Günther u.a. noch ein Schlesier: Ch. Hofmann von Hofmannswaldau. J.S. Bach hat mit der Melodie zum Text „Ich bin nun wie ich bin" (später auch als „Blaustrumpflied" mit dem Text „Ihr Schönen höret an" gesungen) für Scholzes Sammlung einen Beitrag geliefert.

Wirkte hier ein Schlesier für die Entwicklung des weltlichen Liedes außerhalb seiner Heimat, so trifft das Gleiche bei dem 1719 in Winzig Kr. Wohlau geborenen Christian Gottfried Krause zu. Ebenfalls Jurist —wie Scholze— wirkte er hauptsächlich in Berlin, wo er auch 1770 starb[50]. Er gehört also —streng genommen— nicht mehr in die mit der Habsburger-Herrschaft abschließende Geschichtsperiode, zeigt aber gerade recht deutlich, wie aktiv Schlesier selbst in der preußischen Hauptstadt am Musikleben beteiligt waren; beginnt doch mit den „Oden mit Melodien", die 1753 und 1755 in 2 Teilen erschienen, das Wirken der „ersten Berliner Liederschule", deren richtungsweisender Kopf der Advokat und „Musikliebhaber" Chr. G. Krause war. Jetzt, im friderizianischen Berlin, ist die französische Chanson Vorbild geworden, man soll die Lieder auch ohne Klavier singen können, sie sollen „artig, fein und naiv" sein und auch bei Spaziergängen gesungen werden können. Das Bemühen um Schlichtheit, um Natürlichkeit — von der zweiten Berliner Liederschule mit noch größerem Erfolg fortgesetzt — zeigt deutlich das Ende des Barock, aber auch den neuen Geist des Preußischen an, von dem der folgende Band berichten soll.

ANMERKUNGEN UND LITERATURHINWEISE

Zu: Ludwig Petry, Politische Geschichte (S. 1 - 135)

Als Fazit aller vorausgegangenen und als Grundlage aller folgenden bibliographischen Bemühungen ist vorweg zu nennen V. Loewe: Bibliographie der Schlesischen Geschichte, Breslau 1927 (= Bd. 1 der sechsbändigen "Schlesischen Bibliographie" der Historischen Kommission für Schlesien, vgl. L. Petry und (+) H. Schlenger: 50 Jahre Historische Kommission für Schlesien in JSFWUB 17, 1972. S. 385 - 416, hier S. 406f.). Für 1935 - 41 erschienen von verschiedenen Bearbeitern bibliographische Jahresübersichten in ZVGS 70 - 76, 1936 - 42. Die Schließung der Lücke für 1928 - 34 sowie vier Bände für die Veröffentlichungen aus den Jahren 1942 - 1957 und sieben Auswahlbibliographien für die Jahre 1958 - 68 in der ZfO 9 - 20 (1960 - 71), jeweils mit entsprechender Berücksichtigung des Schrifttums in slawischer Sprache, verdanken wir H. Rister (vgl. Petry/Schlenger a.a.O.S. 409). Eine ausführliche handschriftliche Biographie von Rister für die Jahre 1958 - 70 wartet noch auf eine Drucklegung.

Eine kritische Sichtung und Würdigung der deutschsprachigen Literatur zur schlesischen Geschichte nehmen die Forschungsberichte von E. Birke vor (Blätter für deutsche Landesgeschichte 95, 1959, S. 646 - 696; 98, 1962. S. 540 - 580; 104, 1968. S. 461 -515). Für Oberschlesien ist noch immer hilfreich H. Bellee und L. Bellee-Vogt: Oberschlesische Bibliographie, 2 Bde. Lpg 1938. Angemessen berücksichtigt ist Schlesien ferner bei H. Jilek, H. Rister und H. Weiss: Bücherkunde Ostdeutschlands und des Deutschtums in Ostmitteleuropa, Köln 1963 sowie in den Handbüchern von B. Gebhardt/H. Grundmann (Deutsche Geschichte, Bd. 2, 9. Aufl. Stuttgart 1970, — hier W. Schlesinger: Der Osten — S. 667 - 764 in Kapitel VI: Die deutschen Territorien) und K. Bosl (Geschichte der böhmischen Länder, Bd. 2, Stuttgart 1971ff., hier S. 97 - 412 K. Richter über die Epoche 1471 - 1740). In dem von G.W. Sante hrsg. "Territorien-Ploetz" = Geschichte der deutschen Länder, Bd. 1, Die Territorien bis zum Ende des alten Reiches, Würzburg 1964, bringt der Darsteller der schlesischen Geschichte E. Birke (S. 582 - 619) noch keine Literaturangaben, sie bleiben vielmehr, wie auch die Karten, dem Schlußband vorbehalten.

Einschlägige Aufsätze bringen laufend (neben ZfO u. JSFWUB) das von J. Gottschalk hrsg. "Archiv für schlesische Kirchengeschichte" (30=1972, künftig zitiert ASKG) und das von G. Hultsch hrsg. "Jahrbuch für schlesische Kirchengeschichte"

(Bd 51 der Neuen Folge = 1972, künftig zitiert JSKG), beide — wie die ZfO — mit einem Besprechungsteil.

Von polnischer Seite sind als Schrifttumsübersichten zu nennen die Bände „Bibliografia historii Śląska za lata. . .." der Wrocławskie Towarzystwo Miłośników Historii, nämlich für 1939—46 (K. Maleczyński 1954), für 1948—55 (ders. 1961), für 1957/58 (H. u. J. Pabisz 1964), für 1959 (K. Maleczyński in: Sobótka 15, 1960), für 1960 (J. Pabisz ebd. 16, 1961), für 1961 (ders. ebd. 17, 1962), für 1962 (ders. ebd. 18, 1963), für 1963 (ders. ebd. 19, 1964), für 1964 (ders., selbständig erschienen 1966), für 1965 (ders. u. R. Gelles in: Sobótka 23, 1968), für 1966/67 (R. Gelles, selbständig 1969), für 1968 (ders. 1970), für 1969 (ders. 1971), jeweils mit Autorenregister. Die Lücke für 1947 schließt B. Kocowski in: Sobótka 5, 1950, für 1956 ders. ebd. 12, 1957. — Stark geschichtlichen Einschlag haben auch die zuverlässigen Gesamtbibliographien des „Śląski Instytut Naukowy w Katowicach" (für 1960 — noch als Provisorium gedacht — zwei Hefte 1963 und 1964; für 1961 noch Lücke; für 1962—1966 erschienen in den Jahren 1966—70).

Auf tschechischer Seite wird Schlesien mit berücksichtigt in der bis zum Berichtsjahr 1964 reichenden „Bibliografie Československé historie za rok. . ." (St. Jonašová-Hájková, Praha/Prag 1957ff.). Die in den böhmischen Ländern nach 1848 erschienene Literatur zur Geschichte, historischen Geographie, Wirtschafts- und Kulturgeschichte Mährens und des tschechischen Schlesiens verzeichnen J. Kubiček und J. Vlach: Bibliografie historicko-vlastivědné literatury k období let 1848—1960 na Moravě a ve Slezsku (Historický místopis Moravy a Slezska v letech 1848—1960. Sv.2) Ostrava/Ostrau 1968. 234 S.

Die Schlußseite (S. 65) bei W. Reinhard: Katholische Reform und Gegenreformation in der Kölner Nuntiatur 1584—1621. — Aufgaben und erste Ergebnisse eines Editionsunternehmens der Görres-Gesellschaft in: Röm. Quartalschrift 66, 1971, S. 8—65 bietet eine willkommene jüngste „Übersicht über die Nuntiaturberichte aus dem Reich, den Niederlanden und der Schweiz bis 1652" (seit Anfang des 16. Jhs., gegliedert nach den festen Sitzen bzw. Sondernuntiaturen, durch Typenwechsel den Editionsstand kennzeichnend).

Aus dem mit Literaturangaben gut ausgestatteten, von Th. Schieder hrsg. Handbuch der europäischen Geschichte sind heranziehenswert aus Bd III (Stuttgart 1971) G. Rhode: Polen—Litauen vom Ende der Verbindung mit Ungarn bis zum Ende der Vasas (1444—1669), S. 1006—1060, aus Bd IV (1968) G. Oestreich: Das Reich— Habsburgische Monarchie — Brandenburg/Preußen von 1648 bis 1803, S. 378—475. Zu Bedenken und Widerspruch fordern heraus ebd. S. 736 die allzu summarischen Sätze von H. Roos über die Verbindung zwischen Schlesien und Polen in der späteren Habsburgerzeit, die nur mit zwei auf die Zeit nach 1740 bezüglichen polnischen Büchern belegt werden. Vergl. unten Anm. 14, 26, 40 und 45.

1 Grundlegend und heute noch nicht überholt für das erste Jahrhundert der Habsburgerzeit F. Rachfahl: Die Organisation d. Gesamtstaatsverwaltung Schlesiens vor d. 30jährigen Kriege. Lpz. 1894, XII, 482 S. (Staats- u. sozialwiss. Forschgn. hrsg. v. G. Schmoller Bd. 13/1). Zu Ferdinand I. vgl. A.

Wandruszka in: NDB 5, 1961. S. 81 ff. mit der auch leider heute noch gültigen Feststellung „Moderne Biographie fehlt" und — fast gleichzeitig — G. Stöckl: Kaiser Ferdinand I. (1503—1564) in: Gestalter der Geschicke Österreichs, hrsg. v. H. Hantsch. Innsbruck—Wien—Mchn 1962. S. 127—141. (Studien d. Wiener Kathol. Akademie Bd 2).

2 Vgl. zunächst aus dem ersten Bande (S. 292) die Karte „Herrschaftsverteilung im Jahre 1500". Die offenbar seit 1945 unwiederbringlich verlorene Territorialkarte von 1526 der Arbeitsstelle der Historischen Kommission für Schlesien im Historischen Seminar Breslau, Schuhbrücke 49/II, beruhte auf dem Unikat einer farbigen Großkarte der schlesischen Teilgebiete bis zu den Weichbildern hinunter aus der Hand von Rektor Gonschorek, dessen Vorarbeiten an dieser Stelle eine dankbare Erwähnung verdienen. Als Ersatz bringen wir daher auf S. 36 den entsprechenden Ausschnitt der ebenfalls von H. Schlenger erarbeiteten Karte aus dem Atlas „Östliches Mitteleuropa". Bielefeld—Bln—Hannover 1959 (für den Stand 1571).

3 L. Petry: Friedrich II., Herzog v. Liegnitz (1480—1547) in: NDB 5, 1961. S. 514. Seinen im Staatlichen Archivlager Göttingen erhaltenen Briefwechsel mit seinem Schwager Albrecht von Brandenburg, dem letzten Hochmeister und ersten preußischen Herzog, wertet aus die Mainzer Dissertation (1968) von Chr. Krämer: Beziehungen zwischen Albrecht v. Brandenburg—Ansbach u. Herzog Friedrich II. v. Liegnitz im Spiegel ihrer Korrespondenz, jetzt vor dem Druck unter dem Titel „Beziehungen zwischen Albrecht v. Brandenburg—Ansbach u. Friedrich II. v. Liegnitz — Ein Fürstenbriefwechsel 1514 — 1547" als Bd 8 der Reihe „Veröff. aus d. Archiven Preußischer Kulturbesitz", Köln — Berlin. Zu seinem theologischen Ratgeber Kaspar Schwenckfeld aus Ossig vgl. unten Beitrag Meyer S. 310 Anm. 23.

4 L. Petry: Die Hohenzollern in Jägerndorf 1523 bis 1621 in: Schles. Blätter 3, 1939. S. 46—52. Dort auch die hier wieder übernommene Karte, die auf Herbert Schlenger zurückgeht. Ferner G. Pfeiffer: Georg d. Fromme (oder Bekenner) Markgraf v. Brandenburg—Ansbach (1484—1543) in: NDB 6, 1964. S. 204 f. 1955 erschienen gleichzeitig die Aufsätze von K. Müller: Markgraf Georg v. Brandenburg—Ansbach—Jägerndorf. Eine Gestalt d. fränk. u. schles. Reformationszeit in: JSKG 34, 1955. S. 7—31 sowie — z.T. auf ungedruckten Ansbacher, Jägerndorfer u. Nürnberger Beständen aufbauend — E. Kober: Beziehungen zwischen Ansbach u. Schlesien unter bes. Berücksichtigung d. Fürstentums u.d.Stadt Jägerndorf in: 75. Jahresbericht d. Hist. Vereins f. Mittelfranken. 1955. S. 23—40. Vgl. ferner die in der nächsten Anmerkung zu nennende allgemeine Schrift von O. Wagner aus dem Jahre 1967.

5 Vgl. für die Entwicklung bis 1526 zunächst Bd I, S. 299 ff. An neuerem Schrifttum seit 1938 ist aus den beiden einschlägigen kirchengeschichtlichen Zeitschriften je eine Aufsatzfolge zu nennen, zuerst K. Engelbert: Die Anfänge d. luth. Bewegung in Breslau u. Schlesien in: ASKG 18, 1960, S. 121 — 207; 19, 1961. S. 165 — 232; 20, 1962, S. 291 — 372 (diese drei Teile für die Zeit

vor Sommer 1526); 21, 1963. S. 133 — 214 (Einstellung der schlesischen Fürsten bis rund 1540); 22, 1964. S. 177 — 250 (Entwicklung in den Erbfürstentümern, einschließlich Sagan, bis rund 1540), alsdann die im JSKG seit Bd 37, 1958 laufende Aufsatzfolge von G. Jaeckel: Die staatsrechtlichen Grundlagen d. Kampfes d. ev. Schlesier um ihre Religionsfreiheit, von der hier nur der erste Teil (S. 102 — 136) mit einigen Ausführungen über das 16. Jahrhundert, vor allem über den Zusammenhang der schlesischen mit der böhmischen Entwicklung, zu nennen ist (vgl. unten Anm. 30,33,36,38,39,42,46,53,58 u. 59). Die jüngste Zusammenfassung der wichtigsten Gesichtspunkte ist die kleine Schrift von O. Wagner: Reformation in Schlesien. Ein Beitrag zur deutschen Kirchen- und Geistesgesch. Leer 1967. 29 S. Die Rolle Schlesiens im größeren ostmitteleuropäischen Zusammenhang und über den deutschen Sprachbereich hinaus würdigten kurz nacheinander L. Petry: Die Reformation u. d. deutsche Osten in: Deutsche Monatshefte in Polen 3 (13), 1939. S. 567—575 und E. Benz: Luther u.d. volksdeutsche Osten in: Deutsche Ostforschung. Ergebnisse u. Aufgaben seit d. ersten Weltkrieg, Bd 2. Lpz. 1943. S. 236—256. Eine Quellensammlung in deutscher Sprache begann G. Kretschmar: Die Reformation in Breslau. I. Ausgewählte Texte. Ulm 1960. (Quellenhefte z. ostdeutschen u. osteuropäischen Kirchengesch. 3/4.) (reicht bis 1525). Vgl. auch R. Stupperich: Weg u. Charakter d. Reformation im deutschen Osten. Leer 1967, 65 S. darin S. 51—61: IV. Die reformatorische Bewegung in Schlesien, ferner G. Rhode: Die Reformation in Osteuropa in: ZfO 7, 1958. S.481—500.

6 Bis auf eine Zusammenfassung von 5 Seiten ungedruckt blieb bisher L. Petry: Breslau u. seine ersten Oberherren aus d. Hause Habsburg 1526—1635. Ein Beitrag z. polit. Gesch. d. Stadt Breslau. Bresl. Habil. Schrift 1937. Der Briefregestenband ging am Kriegsende verloren. Der Haupttext (mit kritischem Apparat) soll eingehen in die als Bd 8 der QD vorgesehene Herausgabe des Mittelbandes der dreiteiligen Buchfolge von Th. Goerlitz: Verfassung, Verwaltung u. Recht d. Stadt Breslau. Vgl. ferner G. Bauch: Geschichte d. Bresl. Schulwesens in d. Zeit d. Reformation. XI, 402 S. (CDS 26, 1911).

7 Mit dem Druck eines Vortrages von J. Konrad: Die schlesische Toleranz. Geschichtl. Erbe u. polit. Idee. Düsseldorf 1953. 24 S. ist dieser zunächst konfessionsgeschichtlich gemeinte Begriff in der seitdem immer wieder auflebenden Erörterung auf das Mittelalter zurück und auch für die spätere nationale Problematik in Schlesien angewendet worden. Er bedarf für das 16. Jahrhundert der Unterbauung durch regionale und lokale Einzelforschung, die auch heute, vor allem aus gedruckten Quellen, noch möglich ist; vgl. zuletzt die Besprechung (durch J. Grünewald) des 1970 neu herausgegebenen und ergänzten Buches von P. Skobel: Das jungfräuliche Klosterstift z. Hl. Maria Magdalena v.d. Buße zu Lauban in Schlesien v. 1320 — 1821. Stg.—Aalen 1970. XIX, 412 S. in: JSKG 49, 1970. S. 235—237. Vgl. auch J. Gottschalk: Möglichkeiten z. Erforschung d. kirchl. Lage Schlesiens im 16.Jh in: ASKG 28, 1970. S. 221—233.

8   A. Sabisch: Beiträge z. Gesch. d. Bresl. Bischofs Balthasar v. Promnitz (1539–1562). I. Teil: Wahl u. Regierungsantritt. Breslau 1936. VI, 90 S. (Zur schles. Kirchengesch. 16). Weitere Vorarbeiten zu einer Biographie dieses Bischofs nennt ders. Verf. in seinem Aufsatz: Das Hirtenschreiben d. Bresl. Bischofs B.v.P. an d. Klerus u. die Weihekandidaten v. Jahre 1555, seine Veranlassung u. seine Folgen in: ASKG 8, 1950. S. 77–104, Anm. 9 (S. 101). Ein Fall gegenläufiger Aktivität aus der Regierungszeit dieses wenig verantwortungsbewußten Bischofs wird beleuchtet von H. Tüchle: Erste Versuche d. kathol. Wiedererneuerung in Schlesien. Eine Denkschrift d. Friedrich Staphylus in: Reformata Reformanda. Festschrift f. Hubert Jedin. Teil 2. Münster 1965. 715 S., hier S. 114–129. Die Denkschrift entstand vermutlich im Sommer 1554. Das Amt des Weihbischofs war — die einzig nennenswerte Unterbrechung von 1398 an — bezeichnenderweise in den Jahren 1545 bis 1576 unbesetzt (R. Samulski: Die Bresl. Weihbischöfe 1. Teil. Schles. Priesterjb. III/IV, 1964. S. 92).

9   Eine umfassende Monographie hat unter ihnen einzig Falkenberg erhalten in der im wesentlichen Heinrich Wendt zu verdankenden Veröffentlichung H. Graf Praschma (Hrsg.): Geschichte d. Herrschaft Falkenberg in Oberschlesien. Falkenberg 1929. VII, 328 S. Auf unserer Karte 2 mußten diese Unterherrschaften unberücksichtigt bleiben. Eine Skizze der „Herrschaft Oberglogau 16. – 18. Jh" bringt H.v. zur Mühlen (vgl.S.303) in der Vierteljahrschrift f. Soz. u. Wirtsch. gesch. 38, 1949/51. S. 359.

10 L. Petry: Georg II. d. Schwarze, Herzog v. Brieg (1523–1586) in: NDB 6, 1964. S. 209.

11 H. Wendt: Die ersten schles. Förderer d. Oder-Elbschiffahrt in: ZVGS 65, 1931, S. 302–327. Vgl. unten Beitrag Aubin S. 139ff.

12 Rachfahl a.a.O. (Anm. 1), S. 270 ff.

13 W. Kampf: Georg Friedrich (v. Jägerndorf) (1539–1603) in: NDB 6, 1964. S. 205 f. Eine — auch für das schlesische Wirken auswertbare — Gesamtdarstellung der Leistung dieses Markgrafen in Preußen wollte die Bonner Phil. Diss. von J. Petersohn (1959) bieten, die aus Gründen ihres Umfangs dann nur mit einem Teilaspekt zum Druck gelangte: Fürstenmacht u. Ständetum in Preußen während d. Regierung Herzog Georg Friedrichs 1578–1603. Würzburg 1963. XVI, 196 S. Gesondert erschien u.a.: Staatskunst u. Politik d. Markgrafen Georg Friedrich v. Brandenburg–Ansbach u. Bayreuth 1539–1603 in: Z.f. bayer. Landesgesch. 24. 1961. S. 229–276. Hier S. 273 der Hinweis auf die Anziehungskraft der fränkischen Heilsbronner Fürstenschule auf Schüler auch aus den schlesischen Landen aufgrund von W. Dannheimer: Die Heilsbronner Fürstenschüler v. 1582–1631 in: Z.f. bayer. Kirchengesch. 28. 1959. S. 154–183 (36 Schlesier zwischen 1582 und 1610, meist aus Jägerndorf und Leobschütz).

14 Zur Rolle der Reformation im Adel und — z.T. im 16. Jahrhundert noch deutschsprachigen — Bürgertum in Polen vgl. G. Schramm: Der polnische Adel

u.d. Reformation 1548—1607. Wiesbaden 1965. X, 380 S. (Veröff. d. Instituts f. europ. Gesch. Mainz Bd 36). Für das Slawentum des 16. u. 17. Jahrhunderts in Schlesien, dessen Betreuung in der Muttersprache evangelische Landesfürsten, Stände und Geistliche durchaus als eine bedeutsame Aufgabe ansahen, sind die möglichen (auch gedruckten) Quellen noch nicht hinreichend ausgewertet bzw. die Meinungsverschiedenheiten durch Rechtfertigungsversuche von volkspolitischer Seite her emotionell belastet. Vgl. vorerst G. Hultsch: Polnische Geschichtsumdeutung in: JSKG 46, 1967. S. 152—176 (zu dem Aufsatz von Altbischof K. Kotula im Kalendarz Ewangelicki von 1964 über den urewig polnischen Charakter Breslaus), hier bes. S. 171 f. u. 174 sowie demnächst aufgrund der katholischen Visitationsberichte mit Kartenbeigaben die im Druck befindliche Mainzer Diss. (1970) v. E. Sawatzki über das Vorkommen der slawischen Sprache in Schlesien im 17. u. 18. Jahrhundert. Daß die tschechische Sprache in (dem westlichen Ober-)Schlesien nicht nur die Funktion einer Amtssprache gehabt habe, betont A. Knop: Spisovná čeština ve Sleszku v 16. stoleti. Praha/Prag 1965. 174 S. (Spisy pedagogicke fakulty v Ostravě. Sv. 1).Belege zur Volkstums- bzw. Sprachenfrage auch bei J. Ryba: Die katholische Restauration in den Fürstentümern Troppau und Jägerndorf in: ASKG 5, 1940. S. 152 — 186.

15 W. Dürig: Der Laienkelch im Bistum Breslau in: Sapienter ordinare. Festgabe f. Erich Kleineidam, hrsg. v. F. Hoffmann, L. Scheffczyk u. K. Feiereis. Lpz. 1969. (Erfurter Theol. Studien 24.) S. 260—271. Die endgültige Abschaffung erfolgte mit dem scharfen Dekret, welches der päpstliche Nuntius Carl Caraffa am 23. August 1628 dem Administrator des Breslauer Bistums, Johann Friedrich Breiner, übermittelte.

16 Außer dem Buch von W. Kuhn: Siedlungsgesch. Oberschlesiens. Würzburg 1954. 395 S. vgl. die als Bd. 16 der QD im Druck befindliche Edition dess. Verf.: Vier oberschles. Urbare des 16. Jhs und seinen Aufsatz: Geschichte d. Herrschaft Bielitz bis 1660 in: Deutsche Monatshefte 8, 1941/42. S. 86—130. In unserer Karte 4 sind die genannten Minderherrschaften dargestellt.

17 G. Croon: Die landständische Verfassung v. Schweidnitz-Jauer. Zur Gesch. d. Ständewesens in Schlesien. Brsl. 1912. IX, 388 S. (CDS 27).

18 K. Engelbert: Kaspar v. Logau, Bischof v. Breslau (1562—1574). Ein Beitrag z. schles. Reformationsgesch. Teil I. DQ 28, 1926. VIII, 375 S. Als Fortsetzungen erschienen im ASKG 3 (1938) „Maßnahmen d. Bischofs Kaspar v. Logau (1562—1574) z. Hebung d. Katholizismus im Bistum Breslau. Die Diözesan- u. Provinzialsynoden" (S. 127—151), 4 (1939) = Fortsetzung (S. 129—164), 7 (1949) „Der Breslauer Bischof Kaspar v. Logau u. sein Domkapitel" (S. 61—125), 10 (1952) „Beiträge z. Geschichte d. Breslauer Bischofs Kaspar v. Logau (1562—1574). Bischof Kaspar als Fürst v. Neisse" (S. 121—147) u. 11 (1953) „Beiträge z. Gesch. d. Breslauer Bischofs Kaspar v. Logau (1562—1574). Sein Tod u. Begräbnis" (S. 65—89). Diese Fortsetzungen einschließlich der Kontroverse mit H. Eberlein verzeichnet R. Samulski: Biblio-

graphie Kurt Engelbert in: Beiträge z. schles. Kirchengesch. Gedenkschrift f. Kurt Engelbert, hrsg. v. B. Stasiewski. Köln—Wien 1969. XII, 695 S. (Forschungen u. Quellen z. Kirchen- u. Kulturgesch. Ostdeutschlands Bd. 6). S. 597—640, hier S. 600.

19 J. Jungnitz: Martin v. Gerstmann, Bischof v. Breslau. Ein Zeit- u. Lebensbild aus d. schles. Kirchengesch. d. 16. Jhs. Breslau 1898. VI, 535 S.

20 E. Siegmund-Schultze: Kryptocalvinismus in d. schles. Kirchenordnungen. Eigenart u. Schicksal d. Calvinismus in: JSFWUB, 1960, S. 52—68. Zu Crato vgl. unten Beitrag Meyer S. 309 Anm. 17. Über den schlesischen Mitschöpfer des Heidelberger Katechismus vgl. G.A. Benrath: Zacharias Ursinus (1534—1583) in: Blätter f. pfälz. Kirchengesch. 37/38. 1970/71. S. 202—215.

21 Von einer besonderen Quelle her beleuchtet Rudolfs schlesische Huldigungsfahrt J. Köhler: Der Besuch Kaiser Rudolfs II. in Breslau 1577 nach d. Briefen des Nuntius Delfino in: ASKG 28, 1970. S. 29—49.

22 Vgl. neben dem Editionsband von K. Wutke: Schlesiens Bergbau u. Hüttenwesen, Urkunden u. Akten 1529—1740. VII, 322 S. (CDS 21, 1901) auch Teil I, Kap. I (S. 6—18) bei H. W. Büchsel: Zur Rechts- u. Sozialgesch. d. oberschles. Berg- u. Hüttenwesens 1740—1806. Breslau 1941. 195 S. Forschgn. z. schles. Wirtschaftsgesch., geleitet v. K. Groba Bd. 1 (Veröff. d. Hist. Komm. f. Schles. III. Reihe).

23 Seine Fahrten überlieferte in anschaulichster Weise sein Marschall Hans v. Schweinichen (vgl. F. Andreae in: SL IV, 1931. S. 80—91), dessen Aufzeichnungen Gustav Freytag zu einem amüsanten Kapitel in seinen "Bildern aus der deutschen Vergangenheit" (Aus dem Jh. d. Reformation II/9: Deutscher Landadel im 16. Jh.) dienten und unlängst auch vom Film bzw. Fernsehen aufgegriffen wurden. Vgl. unten im Beitrag Meyer S. 313 Anm. 39.

24 Jerins Relation ist veröffentlicht von A. O. Meyer in: ZVGS 38, 1904. S. 343—350. Zu diesem Bischof vgl. A. Naegele: Der Breslauer Fürstbischof Andreas Jerin v. Riedlingen. Bilder aus d. Leben und Wirken eines Schwaben in Schlesien. Mainz 1911. VII, 101 S. Ders.: Ein Schwabe in Schlesien vor 400 Jahren. Paul Albert v. Radolfzell. Domscholasticus u. Fürstbischof v. Breslau (1547—1600) in: ZGORh 94, 1942. S. 134—201. Gegen die „Legende von der Erneuerung des katholischen Lebens durch die Schwabenpartei" wandte sich bereits H. Jedin: Die Krone Böhmen u. d. Breslauer Bischofswahlen 1468—1732 in: ASKG 4, 1939. S. 165—208, hier S. 177 Anm. 47.

25 An versteckter Stelle erschien die Spezialstudie v. K. Haselbach: Österreich u. d. polnische Königswahl von 1587 in: Jahresbericht über d. k. k. Josephstädter Ober-Gymnasium. Wien 1869. S. 1—34.

26 Neben dem Gesamtbild, welches für das 16. Jahrhundert die in der nächsten Anmerkung zu nennende Monographie von Zimmermann bietet, vgl. für mittel- und oberschlesische Klöster die Monographien und Aufsätze von K. Blasel: Gesch. v. Kirche u. Kloster St. Adalbert zu Breslau. DQ 16, 1912. S. 48 ff. B. Panzram: Das Deutschtum in d. mittelalterl. Klöstern Schlesiens in:

ASKG 10, 1952. S. 63—83, hier an unvermuteter Stelle (S. 79—82) Ausführungen über Spannungen in diesem — zur polnischen Dominikanerprovinz gehörenden — Kloster. Vgl. auch K. Wutke: Nationale Kämpfe im Kloster Trebnitz in: ZVGS 24, 1890. S. 1—30; 25, 1891. S. 42—69. Nicht ohne Grund betonen Beschlüsse des Breslauer Domkapitels im Jahre 1614 zu den Fragen und Vorschlägen Bischof Karls zur Kirchenpolitik als ersten Punkt, es sei in diesen schlimmen Zeiten nicht geraten, die Trennung, welche vor langer Zeit nach reiflicher Überlegung und aus gerechten Gründen dem Gnesener Metropoliten gegenüber geschehen sei, gleichsam durch das Heimkehrrecht wieder zu beseitigen. Auch gebe es keine Hilfe bei den Polen (K. Engelbert: Das Bistum Breslau im 30jährigen Kriege 1. Vorgesch. in: ASKG 23, 1965. S. 85—148, hier S. 116 f.). Im Oktober 1616 beschlossen die Domherren, ein polnisches königliches Interventionsschreiben an die schlesischen Fürsten und Stände zugunsten Fürstbischof Karls, das ohne ihr Wissen und ohne ihren Rat in dieser schwierigen Zeit geschrieben sei und ihnen in Abschrift zugegangen war, dem Fürstentag nicht vorzulegen (ebd. S. 130).

27 G. Zimmermann: Das Breslauer Domkapitel im Zeitalter d. Reformation u. Gegenreformation (1500—1600). Verfassungsgeschichtl. Entwicklung u. persönliche Zusammensetzung. Weimar 1938. 626 S. (mit ausführlicher Angabe einschlägiger Literatur), hier bes. S. 186, 281—284 u. 312—314.

28 J. Kallbrunner: Lazarus Henckel v. Donnersmarck in: VSWG 24, 1931. S. 142—156. G. Probszt: L.H.v.D. (1551—1624) in: NDB 8, 1969, S. 517 f.

29 K. Engelbert: Erzherzog Karl v. Österreich in: SL V, 1968. S. 41—50. Vgl. dess. Verfassers Aufsatzfolge unten Anm. 33.

30 Das Patronatsrecht als ausschlaggebendes Moment in Religionssachen betonen unmittelbar nach dem Schlesischen Majestätsbrief die Visitatoren der Johanniter-Ordens-Kommende Lossen. Vgl. H. Richter: Die Visitation d. Johanniter-Ordens-Kommende Lossen (Kr. Brieg) im Jahre 1610 in: ASKG 27, 1969. S. 252—275, hier S. 257. Mit dem Majestätsbrief setzt in voller Breite ein die oben Anmerkung 5 schon erwähnte Aufsatzfolge v. G. Jaeckel: Die staatsrechtlichen Grundlagen d. Kampfes d. ev. Schlesier um ihre Religionsfreiheit, hier Teil I (JSKG 37, 1958, S. 102—136), Abschnitt IV/2 „Der Majestätsbrief vom 20. August 1609" (S. 129—133). Wortlaut hier S. 130—132.

31 Zum rokosz von 1606 als Einschnitt (politische Niederlage des Protestantismus, der nun günstigstenfalls geduldet wird, aber persönliche Toleranz Wladislaws IV.) vgl. G. Rhode: Kleine Geschichte Polens, Darmstadt 1965 (Wiss. Buchgesellschaft). XVI, 543 S. (Neuauflage unter dem Titel „Geschichte Polens. Ein Überblick" in Vorbereitung), hier S. 268 f.; G. Schramm (oben Anm. 14), bes. S. 314 u. 323. Das Lob der polnischen Toleranz enthält ein im Mai 1619 beschlossenes Schreiben der schlesischen Stände in lateinischer Sprache an den König Wladislaw IV. von Polen unter gleichzeitigem Hinweis darauf, daß der böhmische König seit Jahrhunderten Patron der schlesischen

Kirche sei (vgl. H. Palm: Acta publica. Verhandlungen u. Correspondenzen d. schles. Fürsten u. Stände I. Jg. 1618. Brsl. 1865. S. 428—441).

32 Die einzelnen Konflikte in Glogau, Neisse und verschiedenen oberschlesischen Orten zwischen 1611 und 1618 im 1. Teil der in Anm. 33 genannten Aufsatzfolge von K. Engelbert; vgl. oben Anm. 26. Zu einer niederschlesischen, durch ihr am Vorabend des Krieges blühendes Akademisches Gymnasium angesehenen Standesherrschaft vgl. G. Grundmann: Die Herren v. Schönaich auf Carolath in: JSFWUB 6, 1961. S. 229—330, darin über Georg Friedrich v. Schönaich-Carolath, 1611 Kanzler der Schlesischen Kanzlei in Breslau, S. 255—264.

33 H. Sturmberger: Aufstand in Böhmen. Der Beginn des Dreißigjährigen Krieges. Mchn—Wien 1959 (Janus-Bücher 13). 103 S. G. Jaeckel (oben Anm. 30), Teil II: Der schles. Ständestaat u. d. böhm. Aufstand bis z. ev. Konföderation v. 31. Juli 1619 in JSKG 38, 1959. S. 74—109. Die Ausführungen beruhen weithin — wie auch die von K. Engelbert: Das Bistum Breslau im Dreißigjährigen Kriege in: ASKG 23, 1965, S. 84—148; 24, 1966. S. 127—181; 25, 1967. S. 201—251 — auf den von H. Palm und J. Krebs 1865 ff. herausgegebenen "Acta publica. Verhandlungen u. Correspondenzen d. schles. Fürsten u. Stände" (8 Bde), einer Fundgrube für die Kenntnis des Jahrzehntes 1619—1629. Zu dem 1617 als böhmischer König angenommenen und 1619 verworfenen habsburgischen Oberherrn vgl. K. Eder: Ferdinand II. (1578—1637) in: NDB 5, 1961. S. 83 ff. sowie H. Hantsch: Kaiser Ferdinand II. (1578—1637) in dem von ihm hrsg. Sammelwerk (oben Anm. 1), S. 156—170.

34 Zum Winterkönig vgl. die jüngste Literaturzusammenstellung in dem betreffenden Artikel von F. H. Schubert in: NDB 5, 1961. S. 535 f. Die schlesische Entwicklung bis Anfang 1621 bei G. Jaeckel (oben Anm. 30), Teil III: Der schles. Ständestaat u. d. böhm. Aufstand bis z. Dresdner Akkord v. 18. Februar 1621 in: JSKG 39, 1960. S. 51—90. Über seinen Hofprediger vgl. G.A. Benrath: Abraham Scultetus in: Pfälzer Lebensbilder hrsg. v. K. Baumann, 2. Bd Speyer 1970 S. 97—116.

35 L. Petry: Georg Rudolf, Herzog v. Liegnitz (1595—1653) in: NDB 6, 1964. S. 218 f. Vgl. den Beitrag Feldmann, oben S. 267 f. Bei Jaeckel (oben Anm. 30) erscheint die schwere Amtszeit Georg Rudolfs in Teil IV: Stände u. Volk in Abwehr gegen kirchl. u. verfassungsrecht. Restauration 1621—29 in: JSKG 40, 1961. S. 7—30. Für Schlesien als Zufluchts- und Durchgangsland der 1621 einsetzenden böhmisch-mährischen Emigration enthalten viel Material die 1934 und 1937 in Brünn (Brno) erschienenen Bände I und II d. Publikation von F. Hrubý: Moravské korrespondence a akta z let 1620—1636 (I bis 1624: X, 485 S., II bis 1636: zumeist Briefe Karls v. Zierotin, 1629—33 vielfach aus schles. Orten = XII, 573 S. — beide mit ausführlichem Namenregister). Für die schlesische Emigration von 1626 an nach benachbarten Landstrichen Großpolens — vgl. auch den Beitrag Aubin S. 162 f. — besitzen wir zwei Kartenbeispiele

in der umfassenden Monographie von W. Kuhn: Geschichte d. deutsch. Ostsiedlung in der Neuzeit (= Ostmitteleuropa in Vgh. u. Ggw. 1) Bd. 1 Köln–Graz 1955. XVI, 272 S. (Karten Nr. 11 „Neuzeitl. deutsche Stadtsiedlung in Großpolen, Nordschlesien u.d.Neumark" und Nr. 12 „Herkunftsorte von Neubürgern in Rawitsch von 1639–1688"). Zu den Varianten in der Haltung des Troppauer Adels vgl. die oben Anm. 14 genannte Studie von J. Ryba.

36 Vgl. K. Engelbert (oben Anm. 33), Abschnitt 5 in: ASKG 25, 1967: "Zwei Denkschriften über die Gegenreformation in Schlesien" (S. 212–216), nach Acta publica (oben Anm. 33) für 1622–1625, S. 9–27: Engelbert vermutet als Verf. den Konvertiten Otto v. Nostitz, der böhmischer Vizekanzler, kaiserlicher Rat, 1642–1650 Landeshauptmann im Erbfürstentum Breslau, 1651–1665 im Erbfürstentum Schweidnitz-Jauer war. Ferner H. Jedin: Eine Denkschrift über die Gegenreformation in Schlesien aus d. Jahre 1625 in: ASKG 3, 1938. S. 152–171, Wiederabdr. in: Kirche d. Glaubens, Kirche d. Geschichte. Ausgewählte Aufsätze u. Vorträge I. Freiburg–Basel–Wien 1966. 508 S., hier S. 395–412. Unter den Helfern des Kaiserhofes ragt ferner der schlesische Kammerpräsident hervor; vgl. A. Duch: Karl Hannibal v. Dohna (1588–1633) in: NDB 4, 1959. S. 51.

37 W. Irgang: Freudenthal als Herrschaft d. Deutschen Ordens 1621–1725, Mainzer Diss. 1971 (Quellen u. Studien z. Gesch. d. Deutschen Ordens, hrsg. v. P. Kl. Wieser OT u. U. Arnold, Bd. 25. Bonn-Godesberg 1971. XVI. 276 S.). Als Landesfürst kam Erzherzog Leopold Wilhelm im Herbst 1656 nach Freudenthal, wohl der letzte männliche Habsburger, der – zugleich als Breslauer Bischof – schlesischen Boden betrat.

38 Zu Sagan erhielt Wallenstein 1632 noch das Erbfürstentum Glogau. Für Sagan plante er sogar die Gründung einer Universität. Die neue Biographie von G. Mann: Wallenstein. Frankf. a.M. 1971. 1368 S. bietet neben einer neunzehnseitigen Bibliographie und 111 Seiten Anmerkungen drei Register: Personen u. Werke, Historisches, Geographisches, in jedem zahlreiche schlesische Stichworte, darunter freilich auch unverständlich aus einem Zitat übernommen (S. 1092) „Bistum Neyso".

39 Hierzu G. Jaeckel (oben Anm. 30), Teil V/2: Die kaiserl. Resolution f. Schlesien z. Prager Friedensschluß v. 30. Mai 1635 u. d. Ende d. schles. Ständestaates in: JSKG 42, 1963. S. 25–49. Er nennt dort als jüngste von ihm benutzte Veröffentlichungen Friedensburg/Seger sowie einen Zeitschriftenaufsatz aus dem Jahre 1901: daher vgl. K. Repgen: Die röm. Kurie u. d. Westfälische Friede. I. Bd: Papst, Kaiser u. Reich 1521–1644, 1. Teil Tbg. 1962. XLV, 555 S., hier S. 293–388 (Der Prager Friede). Zu dem habsburgischen Oberherrn, auf den die Schlesier nach 1637 bald erwartungsvoll, bald besorgt blickten, vgl. K. Eder: Ferdinand III. (1608–1657) in: NDB 5, 1961. S. 85 f.

40 Neue Fäden nach Polen, die von der polnischen Forschung schon in der Zwischenkriegszeit überbewertet worden sind, scheinen mit der bischöflichen

Regierung des Wasaprinzen Karl Ferdinand und mit der Verpfändung der Erbfürstentümer Oppeln-Ratibor an das polnische Königshaus 1645–1666 gegeben. In seinen einschlägigen Arbeiten (oben Anm. 33) schildert K. Engelbert die Begleitumstände, unter denen 1625–28 die Nachfolge von Bischof Karls Neffen, des minderjährigen Karl Ferdinand, im Bistum Breslau gegen das widerstrebende Domkapitel durchgesetzt wurde (ASKG 25, 1967. S. 206 f. u. 209–212; über die Vernachlässigung des kaum besuchten Bistums durch Karl Ferdinand ebda. S. 228, über finanzielle Übergriffe ausgerechnet durch einen kalvinistischen Beauftragten S. 241 ff.). 1628 kamen Ansprüche des Posener Bischofs Matthias Lubienski auf das Schwiebuser Gebiet nicht zum Zuge (S. 222). Im selben Jahre lehnte das Breslauer Domkapitel eine Einladung zur Provinzialsynode des Gnesener Erzbischofs nach Petrikau ab. Für Oppeln-Ratibor, in dessen Besitz Ferdinand III. noch als Kaisersohn 1625 gekommen war, vgl. L. Petry: Das Territorialbild Oberschlesiens im Jahre 1648 in: Der Oberschlesier 19, 1937. S. 508–511; die dortige, von H. Schlenger entworfene Karte, ist hier auf S. 91 übernommen und zeigt, daß Oppeln-Ratibor nur etwa die Hälfte des damaligen Oberschlesiens ausmachte, wobei seine geringe Bevölkerungsdichte noch gar nicht einmal zum Ausdruck kommt. In den Vorverhandlungen zum Friedensschluß von 1648 (unten Anm. 42) spielte Oppeln-Ratibor auch als Entschädigung für Jägerndorf an die Hohenzollern eine Rolle, während diesen durch die um Pommern mit ihnen rivalisierenden Schweden niederschlesische Herzogtümer zugedacht waren. Die archivalisch breit unterbaute Monographie von J. Leszczyński: Władysław IV a Śląsk w latach 1644–1648. Wrocław (Breslau) 1969. 231 S. (Prace Wrocł. Tow. Nauk Ser. A. Nr. 135), deutsche Zus.fassung S. 216–220, spricht von „lediglich dynastischen Plänen unter gänzlicher Außerachtlassung staatlicher Interessen". Die Popularität der toleranten Herrschaft Wlad. IV. bei dem Großteil der Bevölkerung infolge Schutzes vor kaiserlichen Behörden, schwedischen Truppen und gegenreformatorischen Tendenzen leuchtet ein.

41 G. Engelbert: Melchior Hatzfeldt (1593–1658) in: NDB 8, 1969. S. 64 f. Der Verf. bereitet in den Arbeiten der Rheinischen Gesellschaft eine Publikation des Hatzfeldt-Nachlasses auf Schloß Schönstein vor.
42 Grundlegend für alle Einzelheiten wie für den großen Zusammenhang das Buch von F. Dickmann: Der Westf. Frieden. Münster 1959. 2. Aufl. (mit Ergänzungen in einem gesonderten Nachtrag) 1965. Dazu G. Jaeckel (oben Anm. 30), Teil VI: Der Friedensvertrag zu Osnabrück in: JSKG 45, 1966. S. 71–110 (wo Dickmann nicht genannt wird). Zu den Friedenskirchen vgl. noch unten Anm. 46. Von der mehrteiligen umfassenden Publikation „Acta Pacis Westphalicae" (seit 1962) sind für Schlesien besonders ergiebig Serie II A: Die kaiserl. Korrespondenzen Bd. I 1643/44. Münster 1969. XXX, 745 S. (Stichworte Schlesien, Schweidnitz); Serie II C: Die schwedischen Korrespondenzen Bd I 1643–45. Münster 1965. XXXII, 960 S. (dieselben Stichworte) Bd. II 1645-46 Münster 1971. XL 609 S. (Stichworte Glogau, Oppeln, Ratibor, Sagan, Schlesien);

Serie I: Instruktionen Bd I (Frankreich, Schweden, Kaiser). Münster 1962. XXX, 476 S. (Stichworte Schlesien u. Sagan); Serie III A: Protokolle Bd 4 (Die Beratungen d. kath. Stände I 1645—47). Münster 1970. LXVII, 585 S. (Stichwort Schlesien).

43 J. Heckel: Corpus evangelicorum in: RGG I, 3. Aufl. 1957. Sp. 1873 f.; F. Wolff: Corpus Evangelicorum u. Corpus Catholicorum auf d. Westf. Friedenskongreß. Die Einführung d. konfessionellen Ständeverbindungen in die Reichsverfassung, Münster 1966. XX, 231 S. (Schriftenreihe d. Vereinigung z. Erforschung d. neueren Gesch. e.V.2).

44 Daniel v. Czepko: Weltliche Dichtungen, hrsg. v. W. Milch. Darmstadt 1963. Unveränderter fotomechanischer Nachdruck der Ausgabe Breslau 1932. VII, 468 S. (Einzelschriften d. HKSchl. 8). Darin S. 370 der Gedichtvers.

45 Über die Maßnahmen der katholischen Obrigkeit nach 1650 vgl. G. Jaeckel (oben Anm. 30), Teil VII: Der Generalangriff d. Gegenreformation in: JSKG 47, 1968. S. 7—40. Zur Diözesansynode von 1653, auf der u.a. die geistlichen Mitglieder der Kirchenreduktionskommission gewählt wurden, vgl. J. Sawicki: Concilia Poloniae Bd 10. Breslau 1963 XVII, 754 S., hier S. 282—323, lat. Text S. 645—721. Zur sprach- und bevölkerungsgeschichtlichen Auswertungsmöglichkeit der durch J. Jungnitz publizierten Visitationsberichte vgl. die oben Anm. 14 genannte Mainzer Diss. von E. Sawatzki sowie L. Petry: Schlesische Visitationsberichte d. 16. u. 17. Jhs. als volkstumsgeschichtl. Quelle in: ZfO 9, 1960. S. 271—275. Die Hauptträger und -stützpunkte der Gegenreformation in Schlesien nach 1650 veranschaulicht unsere auf J. Menzel zurückgehende Karte 6.

46 G. Grundmann: Der ev. Kirchenbau in Schlesien. Frankf. 1971. 252 S., 150 Tf. (Bau- u. Kunstdenkmäler d. Deutschen Ostens, Reihe C Schlesien, Bd 4). Diesem Band verdanken wir unsere Karte 8 „Die evang. Kirchen in Schlesien 1740", welche die Friedens-, Gnaden-, Grenz- und Zufluchtskirchen enthält, dazu die Standorte der 1740 überhaupt noch vorhandenen evangelischen Kirchen (S. 119/20).

47 Zur habsburgischen Bistumspolitik in Schlesien zuletzt A.A. Strnad: Wahl und Informativprozeß Erzherzog Leopold Wilhelms, Fürstbischof v. Breslau (1655—1662). Nach röm. Quellen in: ASKG 26, 1968. S. 153—190. Vgl. auch die oben Anm. 37 genannte Diss. von W. Irgang. Über den im Zisterzienserorden damals aktiven und angesehenen Abt von Grüssau vgl. A. Rose: Abt Bernardus Rosa von Grüssau. Stg. 1960. 128 S. (Die Dominsel Bd. 4).

48 Unter den Teilnehmern im ersten Jahr befand sich der bekannte Breslauer Bürgersohn und deutsche Liederdichter Johann Scheffler (Angelus Silesius). Vgl. J. Gottschalk: St. Hedwig Herzogin v. Schlesien. Köln 1964. XVI, 359 S. (Forschungen u. Quellen z. Kirchen- u. Kulturgeschichte Ostdeutschlands, hrsg. v. B. Stasiewski, Bd. 2), hier S. 311—315 (Hedwigsverehrung in der Neuzeit). Zu Angelus Silesius vgl. unten im Beitrag Meyer S. 312 Anm. 36, wo auch die jüngste Kontroverse zwischen W. Dürig und E.O. Reichert zitiert ist.

49 Für die Situation vor Dezember 1740 vgl. K. Bimler: Die schles. massiven Wehrbauten. Bd. 1. Im Fürstentum Breslau: Kreise Breslau-Neumarkt-Namslau (mit vielen Abb.) Breslau 1940 und W. Klawitter: Gesch. d. schles. Festungen in vorpreußischer Zeit. ZVGS 73, 1939, S. 133—189; 74, 1940. S. 191—241. Vollständig DQ 39, Breslau 1941. 154 S.

50 Inzwischen verlorenes bzw. schwer zugängliches Archivgut ist in dem 1941 fertiggestellten und mannigfach ergänzten Aufsatz von G. Münch genutzt: Charlotte v. Liegnitz, Brieg u. Wohlau, d. Schwester d. letzten Piasten in: ASKG 10, 1952, S. 148—188. Hier S. 185 Anm. 45 Ausführungen über das Streben der letzten Piasten nach dem Titel „Fürstliche Durchlaucht".

51 Die Sorgen der schlesischen Protestanten zwischen 1670/1674 legt dem schwedischen König als Garanten des Westfälischen Friedens dar Esaias Pufendorfs Bericht über Kaiser Leopold, seinen Hof und die österreichische Politik 1671—74, hrsg. u. erläutert v. K.G. Helbig, Lpg. 1862. 99 S., hier S. 41 und 44—46. W. Dersch: Friedrich Kardinal v. Hessen in: SL III, 1928. S. 70—78. Nachfolger des Kardinals als Oberlandeshauptmann von Schlesien wurde der als Inhaber von Freudenthal gefürstete Hoch- und Deutschmeister (K.H. Lampe: Johann Caspar v. Ampringen 1619—1684 in: NDB 1, 1953. S. 259 f.). Über den langjährigen Habsburger Oberherrn in der 2. Hälfte des 17. Jhs. vgl. H. Benedikt: Kaiser Leopold I. (1640—1705) in dem oben Anm. 1 genannten Sammelwerk S. 209—219.

52 Die Münchener Preisschrift (1959) von H. Schmidt: Kurfürst Karl Philipp v. d. Pfalz als Reichsfürst. Mannheim 1963. 370 S. (Forschungen z. Gesch. Mannheims u. d. Pfalz NF Bd 2) bietet S. 38—65 ein eigenes Kapitel „Schlesische Jahre, zweite Heirat — Karl Philipp als Statthalter in Innsbruck"; darin wird S. 42 nach Münchener Korrespondenzen die Verpfändung von Liegnitz— Brieg— Wohlau behandelt. Vgl. auch die Literaturangaben bei L. Petry: Das Haus Neuburg u. d. Ausläufer d. Gegenreformation in Schlesien u. d. Pfalz (Festschrift G. Biundo = Bll. f. pfälz. Kirchengesch.. 28, 1952. S. 3—21) und unten Anm. 56.

53 D. van Velsen: Die Gegenreformation in d. Fürstentümern Liegnitz—Brieg— Wohlau. Ihre Vorgesch. u. ihre staatsrechtl. Grundlagen. Lpg. 1931. XVI, 212 S. (Quellen u. Forschungen z. Reformationsgesch. 15). G. Jaeckel (oben Anm. 5 u. 30), Teil VII: Der Generalangriff d. Gegenreformation in: JSKG 47, 1968 bes. S. 23 ff.

54 L. Petry: Das Zipser Deutschtum in seinen kulturellen Beziehungen zu Schlesien v. 16. bis 18. Jh. in: Schles. Jb. 9, 1937. S. 57—74. Eine kurze Skizze „Die kirchl. Lage in Schlesien v. Westfäl. Frieden bis zur Altranstädter Konvention" auch bei H. Zimmermann: Caspar Neumann u. d. Entstehung der Frühaufklärung. Ein Beitrag z. schles. Theologie- u. Geistesgesch. i. Zeitalter d. Pietismus. Witten 1969. 162 S. (Arbeiten z. Gesch. d. Pietismus Bd 4), S. 18—22.

55 L. Petry: Geistesleben d. Ostens im Spiegel d. Bresl. Universitätsgeschichte in:

Deutsche Universitäten u. Hochschulen im Osten. Wissenschaftl. Abhandlungen d. Arbeitsgemeinsch. f. Forschung d. Landes Nordrhein-Westfalen Bd. 30 Köln–Opladen 1964. S. 127 (mit Literaturangaben). Vgl. dazu Beitrag Meyer S. 227 sowie die dort in Anm. 19 genannte Mainzer Diss. von O. Bardong.

56 A. Brück: Franz Ludwig, Pfalzgraf v. Neuburg (1664–1732) in: NDB 5, 1961, S. 369 f. G. Münch: Franz Ludwig v. Pfalz-Neuburg in: LThK 4, 1960. Sp. 240. L. Petry: Das Meisteramt (1694–1732) in d. Würdenkette Franz Ludwigs v. Pfalz-Neuburg (1664–1732). Zwischenbilanz f. ein Forschungsanliegen in: Festschrift M. Tumler OT. (Acht Jhe Deutscher Orden in Einzeldarstellgn. Quellen u. Studien z. Gesch. d. Deutschen Ordens, hrsg. v. Kl. Wieser OT, Bd. 1), Bad Godesberg 1967, XXII, 671 S., hier S. 429–440 (mit Literaturangaben).

57 Einschlägige Literatur (bis 1935) zur Geschichte der Bistumsgrenzen und der Ordensprovinzen vor 1740 ist verzeichnet bei L. Petry: Die Errichtung schles. Ordensprovinzen unter Friedrich d. Gr. in: Der Oberschlesier 18, 1936. S. 355–360.

58 Anläßlich des 250-Jahrgedenkens entstanden R. Hoppe: Der Vertrag v. Altranstädt 1707 in: JSKG 36, 1957. S. 124–149 und K. Engelbert: Die Konvention v.A. 1707 in: ASKG 16, 1958. S. 243–264. Dazu jüngstens die Kölner Diss. von N. Conrads: Die Durchführung d. Altranstädter Konvention in Schlesien 1707–1709. Köln 1971. XLVII, 413 S. (Forschungen u. Quellen z. Kirchen- u. Kulturgeschichte Ostdeutschlands, hrsg. v. B. Stasiewski Bd. 8). Lateinischer Text bei Conrads: Teil I (Vertrag) S. 317–321. Teil II (Schwedische Separatartikel) S. 326 f. Deutscher Text des Exekutionsrezesses ebenda S. 355–367. In einem Absatz (S. 171 f.) werden in größerem Rahmen die schlesischen Vorgänge berührt von H. Kretzschmar: Der Friedensschluß von Altranstädt 1706/07, abgedruckt S. 161–183 in dem deutschsprachigen Sammelwerk russischer, polnischer und deutscher Historiker: Um die polnische Krone. Sachsen und Polen während des Nordischen Krieges 1700–1721, bearb. v. J. Kalisch und J. Gierowski, Berlin 1962. 307 S. (Schriftenreihe d.Kommission der Historiker der DDR u. Volkspolens Bd I). Zu dem kaiserlichen Partner des Vertrages vgl. W. Bauer: Joseph I. in: Mitteilungen d. Oberösterreichischen Landesarchivs 4, 1955. S. 260–276 — eine Skizze aus dem Nachlaß Bauers, die möglicherweise schon geraume Zeit vor seinem Tode im Nov. 1953 entstanden ist. Daß auch die bedrängten Juden in Schlesien hohe Erwartungen an eine schwedische Intervention knüpften, zeigt eine undatierte Eingabe (wohl 1708) an Karls Beauftragten, den Freiherrn v. Stralenheim, auf die J. Rabin: Vom Rechtskampf der Juden in Schlesien (1582–1713), Breslau 1927 (Ber. d. Jüd. theol. Seminars f.d.J. 1926. Wiss. Beilage) S. 82 aufmerksam macht. Abdruck der Toleranzeingabe im Anhang bei Rabin S. XVI–XX. In der Tat erging am 10.Jan. 1713 ein Toleranzedikt Karls VI., dessen Auswirkungen allerdings nicht auf eine kurze Formel zu bringen sind. Für den Bereich der schlesischen Landeshauptstadt bis zum Edikt von 1713 vgl. speziell B. Brilling: Geschichte

der Juden in Breslau von 1454–1702. Stuttgart 1960. 110 S. (Studia Delitzschiana hrsg. v. K.H. Rengstorf Bd. 3).

59 Das kirchengeschichtliche Nehmen und Geben, Leiden und Leisten in der Teschener Vielvölkerecke würdigte zuletzt H. Patzelt: Der Pietismus im Teschener Schlesien 1709–1730. Göttingen 1969. 263 S.   (Kirchen im Osten. Studien z. osteuropäischen Kirchengesch. und Kirchenkunde, hrsg. v. R. Stupperich Bd 8).

60 Zur Wirtschaftspolitik Franz Stephans von Lothringen vgl. H.L. Mikoletzky: Franz Stephan von Lothringen als Wirtschaftspolitiker in: Mitteilungen d. Österreichischen Staatsarchivs 13, 1960. S. 231–257. Über des Herzogs Besuch bei seinem fürstbischöflichen Breslauer Oheim Franz Ludwig s. Beitrag Feldmann S. 281.

61 Die unterschiedliche Bewertung von Friedrichs Einmarsch 1740 nach Schlesien durch G.P.Gooch (1951) und G. Ritter (1959) liefert zwei der drei Paradebeispiele in der jüngst wieder aufgelebten „Werturteils"-Diskussion zwischen H. von der Dunk und D. Junker; vgl. Histor. Zeitschr. 211, 1970. S. 1–33 (bes. S. 2 f.) und 214, 1972, S. 1–25 (bes. S. 12 ff.).

62 Die schlesischen Beziehungen zur Universität Frankfurt a.d.Oder von 1506 bis 1811 vor dem Hintergrund schlesischen Fernstudiums insgesamt untersuchen und belegen die beiden im Beitrag Meyer (unten S. 308f. Anm. 5 u. 19) genannten Mainzer Dissertationen von G. Kliesch und O. Bardong.

Nachtrag zu Anm. 58: Während des Umbruchs wurde mir bekannt B. Brilling: Die jüdischen Gemeinden Mittelschlesiens. Entstehung und Geschichte. Stuttgart/Berlin/Köln/Mainz 1972 (= Studia Delitzschiana Bd 14) VIII 221 S. Hier werden aus Breslauer Archivalien, die größtenteils im Zweiten Weltkrieg verloren gingen, die 47 jüdischen Gemeinden des Reg. Bez. Breslau Ort für Ort vom Mittelalter bis 1938 mit Schwergewicht auf der Zeit vor dem preußischen Emanzipationsedikt vom 11. März 1812 behandelt.

Eine Liste der toleranzsteuerpflichtigen Juden in Schlesien im Jahre 1737 findet sich bei B. Brilling: Die schlesische Judenschaft im Jahre 1737 in: JSFWUB 17, 1972. S. 43-66. Für die Juden in Breslau sind zu vergleichen vom selben Verf.: Zur Geschichte der Juden in Breslau 1697 – 1707, ebenda 12, 1967. S. 126 – 143, und: Geschichte der Juden in Breslau 1702 – 1725, ebenda 16, 1971. S. 88 – 126. Brilling hält im übrigen die oben genannte, von Rabin veröffentlichte Eingabe für eine Mystifikation (vgl. ZVGS 66, 1932. S. 352).

Zu: Hermann Aubin, Die Wirtschaft (S. 136 - 180)

Anders als auf dem Felde der neuzeitlichen Kunstgeschichte Dagobert Frey (unten S. 316) hat H. Aubin nach der Niederschrift seines Beitrages zum 2. Bande der „Geschichte Schlesiens" kurz vor Ausbruch des Krieges 1939 seine Bemühungen als Forscher und akademischer Lehrer um die Wirtschaftsgeschichte Schlesiens zwischen 1526 und 1740 unablässig fortgesetzt. Bestimmend hierfür war einmal die Beschäftigung mit dem handschriftlichen Nachlaß seines Bruders Gustav (+ 15.IX.1938, vgl. Nr. 9 der unten angeschlossenen Schrifttumsübersicht), da beide sich auf dem Felde der ostmitteldeutschen Wirtschaftsgeschichte in der Frühneuzeit besonders eng berührten — zweitens die bis 1967 wahrgenommene Herausgeberschaft der Vierteljahrsschrift für Sozial- und Wirtschaftsgeschichte (VSWG) sowie die Mitherausgeberschaft an Band I des entsprechenden Handbuches (42), drittens die Betreuung von einschlägigen Schülerarbeiten, die infolge des Krieges und Zusammenbruchs z.T. erst verspätet zum Druck gelangten, und schließlich der ständige Gedankenaustausch mit Altersgefährten und jüngeren Fachkennern, wie er sich am deutlichsten im Mitarbeiterkreis der von Aubin 1952—1966 herausgegebenen „Zeitschrift für Ostforschung" (ZfO) und in dem Freiburger Kopernikus-Kreis vollzog. Die 1950, 1955 und 1965 von Freunden und Schülern herausgebrachten Festschriften (14, 19, 30) sind eine zusätzliche Bestätigung dafür, in welchem Umfang das Forschungsfeld Schlesien und in diesem Rahmen wiederum die Wirtschaftsgeschichte in Anregung und Widerhall ein breiter Sektor im Wirken Aubins geblieben sind (38 und 39).

In dem Manuskript von 1939 und der durchkorrigierten Fassung der Fahnen, aus denen in der polnischen Fachliteratur gelegentlich auch zitiert wird, kamen neben der bei Schünemann entstandenen Berliner Diss. von Frohloff (6) von Breslauer Schülerarbeiten der 30er Jahre die von Reiter (1), Kaulbach (2), Kühn (3) und Trillmich (4) direkt zur Auswirkung; erst nach dem Krieg konnten zum Druck gebracht werden die von Aubin schon in der maschinenschriftlichen Fassung verwerteten Dissertationen von Gumtau (8) und Meyer (12); eine Kurzfassung aus dem Gedächtnis mit Heranziehung der erreichbaren Literatur wurde von zur Mühlen neu für den Druck erstellt (13 bzw. 15). Das für den ländlichen und städtischen Sektor der Frühneuzeit ergiebige und für Aubin als Textilfabrikantensohn doppelt reizvolle Thema des Leinengewerbes und -handels hat er selbst in einem ausführlichen Aufsatz seiner VSWG entfaltet (10) und damit den betreffenden Ausführungen in unserem Bande gewissermaßen den breiteren Unterbau und den kritischen Apparat geliefert. Wenn später Festvorträge den Anlaß dazu boten, hat Aubin gerne — beim 4. Bundestreffen der Reichenberger in Augsburg 1963, vor der Gesellschaft für westfälische Wirtschaftsgeschichte 1964 — deutsche Textilgebiete zum Gegenstand gewählt, deren Eigenart und Einbettung er aus der fundierten Kenntnis der schlesischen Wirtschaftsentwicklung treffend zu kennzeichnen wußte (25, 27). Ursula Lewald, die aus Schlesien stammende Oberkustodin an dem von Aubin begründeten Bonner Institut für Geschichtliche Landeskunde der Rheinlande hat in der ZfO 1961 das Thema der ländlichen Textilindustrie vergleichend für Rheinland und Schlesien neuerdings aufgegriffen — unter Heranziehung der noch nicht vollständig veröffentlichten Forschungsergebnisse von E. Zimmermann (5,20) — und in einem Vortrag 1970 bestätigt, daß das für die Wirtschaft Schlesiens unter den Habsburgern insgesamt von Aubin seinerzeit entworfene Bild in seinen Grundlinien heute noch zutreffe (40).

In der aus Hamburg in Gang gebrachten und von dem aus russischer Kriegsgefangenschaft zurückkehrenden Herbert Schlenger zur Vollendung geführten Festgabe von 1950/51 (14) hat Aubins Hamburger Schüler W. Jochmann den Umkreis der hamburgisch-schlesischen Handelsbeziehungen abgesteckt (16), den in zeitlich stärkerer Begrenzung, dafür mit räumlichem Ausgreifen jüngst der Fischer-Schüler R. Ramcke aus Hamburger und Wiener Archivalien für uns noch deutlicher gemacht hat (37). Der Festschrift zum 80. Geburtstag (30) hat der Breslauer und Hamburger Weggefährte G. Grundmann eine Studie zur vergleichenden Wirtschafts- und Kunstgeschichte über seine Vaterstadt Hirschberg beigesteuert, deren „gültige Stunde" im 17./18. Jh. schlug (32). In der von Aubin 1951 begründeten Buchreihe der Historischen Kommission für Schlesien „Quellen und Darstellungen zur schlesischen Geschichte" (QD) erschienen neben den schon genannten Dissertationen von Gumtau (8) und Meyer (12) eine weitere, gerade für die Frühneuzeit ergiebige Dorfmonographie von C. Liebich (24), die im wesentlichen auf das Mittelalter beschränkte, die Vorstufen der neuzeitlichen Dominialverfassung erhellende Grazer Dissertation — in erweiterter Form — von J.J. Menzel (28) und die oberschlesische Urbar-Edition durch W. Kuhn (47), mit dessen Erwähnung ein Name genannt ist, der hier besondere Hervorhebung verdient.

Mitarbeiter Aubins schon in Breslau und weiterhin wissenschaftlicher Gesprächspartner in dessen Hamburger und Freiburger Jahren hat Kuhn über die mittelalterliche Siedlungsentwicklung in Schlesien hinaus einmalige Verdienste um die Erforschung auch des frühneuzeitlichen Ablaufs im Rahmen der deutschen Ostbewegung allgemein. Außer den im Anmerkungsteil Petry oben schon genannten Arbeiten (S. 289-93) sind hier anzuführen die — zugleich als umfassendes Programm gebotene Zwischenbilanz von 1943 in der Brackmann-Festschrift (11), die oberschlesische Siedlungsgeschichte von 1954 (17) und die auf 2 Kartenbeispiele oben (S. 293) schon angesprochene Bandfolge von 1955—57 (21). In deren landschaftlich angeordnetem Teilband II kommen die Kapitel V über neue Stadtsiedlungen im Nordosten mit dem Abschnitt über die deutschen Tuchmacherstädte, VI über die Waldgebiete mit den Abschnitten über die lausitzisch-niederschlesische Heide, über das Bartschgebiet und das östliche Schlesien sowie das große Kapitel VII mit den Abschnitten über die östlichen und westlichen Sudeten wie über die Lebensformen der neuzeitlichen Gebirgsdörfer in Betracht; außer den oben schon genannten Karten sind aus der 20 Nummern umfassenden Kartenmappe Kuhns noch zu erwähnen: 2 = Bergstädte des 15. — 17. Jhs., 3 = Eisenhämmer des schlesischen Raumes bis 1700, 4 = Glashütten des böhmisch-schlesischen Raumes (fußend u.a. auf den unvollendeten Forschungen von M. Klante, vgl. 7), 8 = Herkunftsorte der deutschen Neubürger in Lublin 1605—1626, 9 = Herkunft der Neubürger von Goldingen in Kurland von 1601—1700, 10 = desgleichen in Narwa von 1607—1659, 13 = Neuzeitliche deutsche Siedlungen in den östlichen Sudeten, 14 = Neuzeitliche deutsche Siedlungen im Riesen- und Isergebirge. Spätmittelalter und Frühneuzeit stellen auch — auf dem begrenzten, jedoch mit besonderer Verantwortung zu bestellenden Arbeitsfeld der Geschichte des Judentums in Schlesien — Forschungsschwerpunkte des heute in Münster wirkenden Oberrabbiners B. Brilling dar (22), der mit Dank die einstige Förderung durch seinen Lehrer H. Aubin bekennt. Den Sachverhalt alter Aktenauszüge teilt mit Brillings Buch die kleine Korrespondenzprobe von Petry aus der Zips (18).

Daß man versuchen müsse, aufs neue zu einschlägigen Archivalien für fundierte Darstellungen schlesischer Geschichte seit dem 15. Jh. vorzustoßen — diese Auffassung hat Aubin nach 1950 immer wieder und in Übereinstimmung mit seinem Nachfolger im Kommissionsvorsitz Herbert Schlenger betont. Mit Nachdruck hat er sich im Rahmen des J.G. Herder-Forschungsrates der von Kurt Dülfer betreuten „Inventarisation Ost" angenommen, die in den Archiven der Bundesrepublik eine planmäßige Erhebung von Beständen durchführte, welche für ostdeutsche Geschichte ergiebig sind. Entsprechend hat der Sohn der Habsburgermonarchie mit Genugtuung begrüßt, daß naheliegende Wege begangen wurden, im heutigen Österreich Quellen zur schlesischen Geschichte, speziell der frühneuzeitlichen Wirtschaftsgeschichte, zu erschließen. In demselben Jahre 1965, als Richard Klier eine aus Prager Archiven schöpfende polnisch-tschechische Gemeinschaftsarbeit über den Breslauer Waren-, vorrangig den Viehhandel des späteren 16. Jh. durch Böhmen nach Nürnberg den deutschen Lesern in einer ergänzungsreichen Besprechung zugänglich machte (33), erschien in der ZfO ein großer Aufsatz von Harald Prickler (34), der aus burgenländischen und niederösterreichischen Quellen die überragende Rolle Schlesiens in der frühneuzeitlichen Weinausfuhr aus dem pannonischen Raum nach Norden und Osten belegte; 1966 folgte, auf oberösterreichischem Archivgut aufbauend, die Innsbrucker Dissertation von Franz Fischer (35), welche das Breslau des 17. Jh. als Zentrum des für Nord- und Osteuropa höchst bedeutsamen Sensenhandels erwies. Die Ausdehnung der Fischerschen Studien auf das 16. und spätere 15. Jh. im Rahmen des umfassenden Forschungsprogramms von Ingomar Bog auf dem — nach den jahrzehntelangen positiven Erfahrungen der „Schlesischen Handelsregesten" von Markgraf, Wendt und Scholz-Babisch — für eine internationale wissenschaftliche Kooperation besonders fruchtbaren Felde der Handelsgeschichte legt es nahe, an dieser Stelle unsere Linie über das Lebensende von H. Aubin (11.III.1969) hinaus bis zum Jahre 1972 auszuziehen: Im Todesjahre Aubins erschien die oben erwähnte Hamburger Dissertation von Ramcke (37), 1970 sodann die von Herbert Helbig betreute Berliner Dissertation von Adelheid Simsch (41) über den Handel zwischen Nürnberg und Posen, die aus den Archiven beider Partnerstädte schöpfte und mancherlei Ertrag für das Schlesien des 15. und 16. Jh. erbringt, und 1971 folgte der verheißungsvolle Sammelband von Ingomar Bog (43) auf Grund eines Marburger und eines Grazer Kolloquiums, worin eine Kurzfassung der Ergebnisse von Simsch (45) sowie der neue Ertrag von Fischers Forschungen Eingang fanden (46). Zugleich aber bietet hier in deutscher Übersetzung Marian Wolański seine Sicht von „Schlesiens Stellung im Osthandel vom 15. bis zum 17. Jh." (44), eine Gelegenheit zur Bekanntschaft mit Einzeluntersuchungen bei unseren östlichen Nachbarn, um die es bei uns noch ungleichmäßig bestellt ist und die uns daher als Aufgabe künftiger Beschäftigung mit schlesischer Sozial- und Wirtschaftsgeschichte um so ernster bewußt bleiben muß.

Chronologische Folge der einschlägigen Veröffentlichungen
(Alphabetische Verfasserliste am Ende)

1 L. Reiter: Beiträge zur Besiedlungs-, Rechts- und Wirtschaftsgeschichte des Weichbildes Kanth. Diss. Breslau 1935 XIV 81 S.

2 H. Kaulbach: Aus der Verwaltungs- und Wirtschaftsgeschichte der Stadt Jauer vom Ende des Dreißigjährigen Krieges bis zur preußischen Besitzergreifung (1648–1740). Ein Beitrag zur schlesischen Städtegeschichte in österreichischer Zeit. Diss. Breslau 1936 VIII 93 S. erschienen in: Johannes Halbsguth: Beiträge zur Sozial- und Wirtschaftsgeschichte der Stadt Jauer (1936)

3 S. Kühn: Der Hirschberger Leinwand- und Schleierhandel von 1648–1806. Diss. Breslau 1938 (Breslauer Historische Forschungen 7) IV 158 S.

4 W. Trillmich: Siedlung und Wirtschaft im Isergebirgslande bis an die Schwelle des Industriezeitalters. Diss. Breslau 1938 (ebenda 11, 1939) VI 139 S.

5 E. Zimmermann u. A. Kunze: Greiffenberger Leinenkaufleute in vier Jahrhunderten, Görlitz 1938 als Ms. gedruckt.

6 H. Frohloff: Die Besiedlung des Kreises Neustadt OS von den Anfängen bis zur Entwicklung der Gutsherrschaft unter Berücksichtigung der gesamtschlesischen Verhältnisse. Diss. Berlin 1938 (Eberings Historische Studien 345) 138 S.

7 M. Klante: Das Glas des Isergebirges in: Deutsches Archiv für Landes- und Volksforschung 2, 1938, S. 575–599.

8 H. Gumtau: Das Entwicklungsbild eines schlesischen Dorfes (Scheidelwitz Kr. Brieg), Diss. Breslau 1939, erschienen QD 4, Kitzingen 1953. 79 S.

9	G. Aubin und A. Kunze:	Leinenerzeugung und Leinenabsatz im östlichen Mitteldeutschland zur Zeit der Zunftkäufe. Ein Beitrag zur industriellen Kolonisation. Stuttgart 1940. 400 S.
10	H. Aubin:	Die Anfänge der großen schlesischen Leineweberei und -handlung in VSWG 35, 1943. S. 105—178. Wiederabdruck in: (29) S. 686—731.
11	W. Kuhn:	Die Erforschung der neuzeitlichen deutschen Ostsiedlung in: Deutsche Ostforschung. Ergebnisse und Aufgaben seit dem ersten Weltkrieg 2.Bd Leipzig 1943. S. 155—235.
12	W. Meyer:	Gemeinde, Erbherrschaft und Staat im Rechtsleben des schlesischen Dorfes vom 16. bis 19. Jh. Dargestellt auf Grund von Schöppenbüchern an Beispielen aus Nieder- und Oberschlesien. Diss. Breslau 1944, erschienen QD 12, Würzburg 1967. XVI 196 S.
13	H.v.z.Mühlen:	Die Entstehung der Gutsherrschaft in Oberschlesien. Die bevölkerungs- und wirtschaftsgeschichtlichen Verhältnisse in der Herrschaft Oberglogau bis ins 18. Jh. Diss. Breslau 1944 bzw. Hamburg 1947, erschienen als Auszug in VSWG 38, 1949/51, S. 334—360.
14	—	Geschichtliche Landeskunde und Universalgeschichte. Festgabe für H. Aubin zum 23. Dez. 1950. Hamburg 1951. 283 S. Darin (15) und (16)
15	H.v.z.Mühlen:	Kolonisation und Gutsherrschaft in Ostdeutschland in (14) S. 83—95.
16	W. Jochmann:	Hamburgisch-schlesische Handelsbeziehungen. Ein Beitrag zur abendländischen Wirtschaftsgeschichte in (14) S. 217—228.
17	W. Kuhn:	Siedlungsgeschichte Oberschlesiens (4. Veröffentlichung hrsg. von der Oberschlesischen Studienhilfe). Würzburg 1954. 395 S.
18	L. Petry:	Schlesische Kaufmannsfamilien um 1700 in Handelskorrespondenzen aus Leutschau in: ZfO 3, 1954, S. 597—601.
19	—	Syntagma Friburgense. Historische Studien H. Aubin dargebracht zum 70. Geburtstag am 23.12.1955. Lindau und Konstanz 1956. 359 S.
20	E.Zimmermann:	Der schlesische Garn- und Leinenhandel mit Holland im 16. und 17. Jh. in: Economisch-Historisch Jaarboek 26, 1956. S. 193—254.
21	W. Kuhn:	Geschichte der deutschen Ostsiedlung in der Neuzeit (Ostmitteleuropa in Vergangenheit und Gegenwart 1) 2 Bde und 1 Kartenmappe Köln-Graz 1955—57. XVI 272 S. und XII 435 S. 20 Ktn.

22	B. Brilling:	Geschichte der Juden in Breslau von 1454 bis 1702 (Studia Delitzschiana 3) Stuttgart 1960, 110 S.
23	U. Lewald:	Die Entwicklung der ländlichen Textilindustrie im Rheinland und in Schlesien in: ZfO 10, 1961, S. 601–630.
24	C. Liebich:	Werden und Wachsen von Petersdorf im Riesengebirge (QD 6) Würzburg 1961. 160 S.
25	H. Aubin:	Das Textilgewerbe in und um Reichenberg bis zum Übergang in die moderne Industrie in: Sudetenland 1963. S. 109–123. S. 123 f. engl. Zus.fassg. Wiederabdruck in: (29) S. 732–746.
26	F. Lütge:	Strukturwandlungen im ostdeutschen und osteuropäischen Fernhandel des 14. bis 16. Jh. (Bayerische Akademie der Wissenschaften, phil.-hist. Klasse, Sitzungsberichte Jahrgang 1964, Heft 1) Wiederabdruck in: Beiträge zur Sozial- und Wirtschaftsgeschichte. Stuttgart 1970. S. 95–133.
27	H. Aubin:	Das westfälische Leinengewerbe im Rahmen der deutschen und europäischen Leinwanderzeugung bis zum Anbruch des Industriezeitalters (Vortragsreihe der Gesellschaft für westfälische Wirtschaftsgeschichte 11, Dortmund 1964, 32 S.) Wiederabdruck in:(29) S. 427–448.
28	J.J. Menzel:	Jura ducalia. Die mittelalterlichen Grundlagen der Dominialverfassung in Schlesien (QD 11) Würzburg 1964. 201 S.
29	F. Petri (Hg.):	H. Aubin: Grundlagen und Perspektiven geschichtlicher Kulturraumforschung und Kulturmorphologie. Aufsätze zur vergleichenden Landes- und Volksgeschichte aus viereinhalb Jahrzehnten anläßlich der Vollendung des 80. Lebensjahres des Verfassers, Bonn 1965. 820 S.
30	O. Brunner (Hg.) u.a.:	Festschrift H. Aubin zum 80. Geburtstag, 2 Bde Wiesbaden 1965. 720 S. darin (31) und (32).
31	W. Zorn:	Probleme der deutschen Gewerbe- und Handelsgeschichte 1650–1800 in (30) S. 303–319.
32	G. Grundmann:	Hirschberg in Schlesien. Eine Studie zur vergleichenden Wirtschafts- und Kunstgeschichte in (30) S. 495–510.
33	R. Klier:	Der schlesische und polnische Transithandel durch Böhmen nach Nürnberg in den Jahren 1540–76 in: Mitteilungen des Vereins für die Geschichte der Stadt Nürnberg 53, 1965. S. 195–228.
34	H. Prickler:	Zur Geschichte des burgenländisch-westungarischen Weinhandels in die Oberländer Böhmen, Mähren, Schlesien und Polen in: ZfO 14, 1965. S. 294–320, 495–529 und 731–754.
35	F. Fischer:	Die blauen Sensen. Sozial- und Wirtschaftsgeschichte der Sensenschmiedezunft zu Kirchdorf–Micheldorf bis zur Mitte des 18. Jhs. (Forschungen zur Geschichte Oberösterreichs 9) Linz 1966. XVI 228 S.

36	W.A. Boelcke:	Verfassungswandel und Wirtschaftsstruktur. Die mittelalterliche und neuzeitliche Territorialgeschichte ostmitteldeutscher Adelsherrschaften als Beispiel (Beiheft 8 zum JSFWUB, Würzburg 1969) XVI 614 S.
37	R. Ramcke:	Die Beziehungen zwischen Hamburg und Österreich im 18. Jh. Kaiserlich-reichsstädtisches Verhältnis im Zeichen von Handels- und Finanzinteressen (Beiträge zur Geschichte Hamburgs 3) Hamburg 1969. VIII 284 S.
38	G. Rhode und W. Kuhn:	Hermann Aubin und die Geschichte des deutschen und europäischen Ostens in: ZfO 18, 1969. S. 601—621.
39	L. Petry:	Hermann Aubin in Gießen und Breslau in: H. Aubin 1885—1969. Werk und Leben. Alma Mater, Beiträge zur Geschichte der Universität Bonn 32, Bonn 1970. S. 24—35.
40	U. Lewald:	Schlesiens Wirtschaft in der Habsburgerzeit (1526—1740). Forschungsstand, Probleme einer Darstellung in der „Geschichte Schlesiens" Bd. IIa in: Schlesischer Kulturspiegel 5, 1970. Folge 7—9. S. 3.
41	A. Simsch:	Die Handelsbeziehungen zwischen Nürnberg und Posen im europäischen Wirtschaftsverkehr des 15. und 16. Jhs. (Osteuropastudien der Hochschulen des Landes Hessen, Reihe 1, Gießener Abhandlungen zur Agrar- und Wirtschaftsforschung des europäischen Ostens 50) Wiesbaden 1970. 223 S.
42	H. Aubin u. W. Zorn (Hg.):	Handbuch der deutschen Wirtschafts- und Sozialgeschichte. 1. Bd. Stuttgart 1971. XIV 714 S.
43	I. Bog (Hg.):	Der Außenhandel Ostmitteleuropas 1450—1650. Die ostmitteleuropäischen Volkswirtschaften und ihre Beziehungen zu Mitteleuropa. Köln—Wien 1971. XVI 627 S. Darin (44), (45) und (46).
44	M. Wolanski:	Schlesiens Stellung im Osthandel vom 15. bis zum 17. Jh. in (43) S. 120—138.
45	A. Simsch:	Die Handelsbeziehungen zwischen Posen und Nürnberg im 15. und 16. Jh. in (43) S. 139—146.
46	F. Fischer:	Die Sensenausfuhr aus Österreich nach dem Norden und Osten 1450—1650 in (43) S. 286—319.
47	W. Kuhn	Vier oberschlesische Urbare des 16. Jh. (QD 16) Würzburg. 1973. 123* 182 S.

Verfasserübersicht nach dem Alphabet
unter Angabe der vorstehend gebrauchten Ziffer.

G. Aubin	9	A. Kunze	5, 9
H. Aubin	10, 14, 19, 25, 27, 29, 30, 42	U. Lewald	23, 40
W.A. Boelcke	36	C. Liebich	24
I. Bog	43	F. Lütge	26
B. Brilling	22	J. J. Menzel	28
O. Brunner	30	H.v.z.Mühlen	13, 15
F. Fischer	35, 46	F. Petri	29
H. Frohloff	6	L. Petry	18, 39
G. Grundmann	32	H. Prickler	34
H. Gumtau	8	R. Ramcke	37
J. Halbsguth	2	L. Reiter	1
W. Jochmann	16	G. Rhode	38
H. Kaulbach	2	A. Simsch	41, 45
M. Klante	7	W. Trillmich	4
H. Klier	33	M. Wolański	44
S. Kühn	3	E. Zimmermann	5, 20
W. Kuhn	11, 17, 21, 38, 47	W. Zorn	31, 42

Ludwig Petry

Zu: Hans Heckel/Hans Meyer, Literatur und Geistesleben (S. 181 - 229)

Der Beitrag, den Hans Heckel noch selbst verfaßt hat, allerdings krankheitsbedingt mit zahlreichen Unebenheiten, beruht auf seiner Literaturgeschichte, die auch heute noch die maßgebende Darstellung der Epoche ist: H. Heckel, Geschichte der deutschen Literatur in Schlesien. Bd 1. Von den Anfängen bis zum Ausgang des Barock. Brsl. 1929. 418 S. Auf die dort genannte Literatur (S. 380–403) wird generell verwiesen. Die Angaben in der neuen Gesamtdarstellung von Arno Lubos: Geschichte der Literatur Schlesiens. Bd 1. Mchn 1960. 441 S. sind nicht immer zuverlässig. Zum Werk selbst vgl. u.a. G. Münch: Bemerkungen z.e. Lit.–gesch. Schlesiens, in: ZfO 10,1961. S. 518–523. Zur Problematik schlesischer Literaturgeschichtsschreibung A. Lubos: Methoden u. Wandlungen d. schles. Literaturbetrachtung, in: Lubos: Linien u. Deutungen. Mchn 1963. S. 9–24.

Lit.–wiss. Bibliographien: Publications of the Modern Language Association of America (PMLA). Menasha/Wisc. 1,1884 ff. (seit 1921 Suppl: Annual Bibliography); Bibliographie d. dt. Lit.–Wiss. Bearb. v.H.W.Eppelsheimer (ab Bd 2: Cl. Köttelwesch). 1,1945–53ff., Frankf. 1957ff.; Internat. Bibliographie z. Gesch. d. dt. Lit. v. d. Anfängen bis z. Gegenwart. Erarb. v. . . . . unter Ltg. u. Gesamtred. v. G. Albrecht u. G.Dahlke. Bd 1. Von d. Anf. bis 1789. Bln (Ost) u. Mchn 1969. 1045 S. (Berichtszeit bis ca 1964)

1 Über diese geistesgeschichtlichen Bedingungen und ihre Folgen vgl. H. Schöffler: Deutscher Osten im deutschen Geist. Von Martin Opitz zu Christian Wolff. Frankf. 1940. 245 S. 2.unveränd. Aufl. u.d.T.: Deutsches Geistesleben zwischen Reformation und Aufklärung. Ebda 1956.

2 Hierzu W. Milch: Schles. Sonderart im dt. Schrifttum, in: ZfD 45,1939. S. 566–581. Wiederabdr. in: Milch: Kl. Schriften z.Lit.– u.Geistesgesch. Heidelbg–Darmstadt 1957. S. 67–86; bei Milch auch Auseinandersetzung mit Heckel u. J. Nadler: Literaturgesch. d.dt. Stämme u. Landschaften (Bd 1–4. 3.Aufl. Regensburg 1929–32), dessen stammeskundliche Betrachtungsweise eine Fülle neuer Einsichten gebracht hat. Über das Verhältnis von schles. Wesensart zu Wortgestaltung schrieb A. Lubos: Wortkunst u. Wortmagie in d. schles. Lit., in: Schlesien 7,1962. S. 158–65.

3 Das Leben der hl. Hedwig, übers. v. K. u. F. Metzger u. eingel. v. W. Nigg. Düsseldorf 1967. 234 S.

4 Joh. v. Neumarkt: Schriften, hrsg. v. J. Klapper, in: Vom Mittelalter z. Reformation. Bd 6,1-4.Bln 1930-39; Briefe, ges., hrsg. u. erl. v. P.Piur. Mit e. Anh.:

Ausgew. Briefe an J.v.N. Bln 1937. XII, XXXV, 554 S. (Vom MA z. Reform. Bd 8); J. Klapper: Zur Lebensgesch. d. Humanisten J.v.N. ... in: MSGV 28,1927. S. 148—64; ders.: J.v.N., Bischof u.Hofkanzler. Relig. Frührenaissance z.Zt. Kaiser Karls IV. Lpz. 1964. XII, 175 S.

5   Zum schlesischen Schulwesen vor allem G.Bauch, zumeist in ZVGS. Für Breslau u.a.: Geschichte des Breslauer Schulwesens vor der Reformation. Brsl. 1909. XII, 313 S. (CDS 25) und:...in der Zeit der Reformation. Brsl. 1911. XI, 402 S. (CDS 26); umfangreiche Literaturübersicht jetzt bei G.Kliesch: Der Einfluß d. Univ. Frankf. (Oder) auf die schles. Bildungsgesch., dargest. an d. Breslauer Immatrikulierten von 1506—1648. Würzburg 1961. XXXII, 244 S. (QD 5).

6   H. Heckel: G. S. in: SL IV, 1931. S. 6—12.

7   H. Heckel: C.U.V. in: SL IV, 1931. S. 12—18.

8   Zum schles. Humanismus die Aufsätze von G.Bauch, zumeist unter dem Sammeltitel "Zur Literaturgesch. d. schles. Humanismus" in ZVGS.

9   H. Rupprich: C.C. in: NDB 3,1957. S. 181—83.

10   R. Newald: L.C. in NDB 3,1957. S. 372.

11   P. Habel: Barthel Stein in: SL IV, 1931. S. 91—98.

12   Des Vulturinus Lobgedicht auf Schlesien von 1506, hrsg. u. übers. v. H.Meuß in: MSGV 28, 1927. S. 38—81.

13   Vgl. oben Anm. 5.

14   Vgl. H.Eberlein: Schles. Kirchengesch., 4. Aufl. Ulm 1962. 256 S. (Das evang. Schlesien 1). Die reformatorische Bewegung in Schlesien ist betont innerlich unabhängig von der Person Luthers, besonnen und konservativ, eine Kirche des lauteren Evangeliums in äußerlich mittelalterlicher Form, zugleich ökumenisch besonders auch zum Slawentum. K. Engelbert: Die Anfänge d. luth. Bewegung in Breslau u. Schlesien (ASKG 18,1960. S. 121—207; 19,1961. S. 165—232; 20,1962. S. 291—372; 21,1963. S. 133—214; 22,1964. S. 177—250) korrigiert das "freudige Ja" der Schlesier zur Reformation durch den Hinweis auf die machtpolitischen und wirtschaftlichen Spannungen zwischen Domkapitel und Magistrat, Kirche und Fürsten; das "Volk" habe, infolge des Beibehaltens überkommener Bräuche, vom Wandel wenig gespürt. An den Tatsachen ändert dies nichts.

15 G. Eberlein: Melanchthon und seine Beziehungen zu Schlesien in: CVGKS 6,1898. S. 76–101.

16 Vgl. Schöffler Anm. 1.

17 K.A. Siegel: J. C. v. C. in: SL IV, 1931. S. 124–33; G. Eis: C. v. C. in: NDB 3,1957. S. 402f.

18 A. Biber: Th. R. in: SL IV, 1931. S. 113–24.

19 Untersuchungen liegen für einzelne Universitäten vor, so aus älterer Zeit Pfotenhauer für Bologna, Erfurt und Leipzig, Bauch für Erfurt und Krakau, ferner J.Gottschalk: Oberschlesier auf den Universitäten des Mittelalters in: Beitr. z. Heimatkde Oberschlesiens 2,1934. S. 29–78; Chr. Krämer: Der Osten als Herkunftsbereich der Rektoren u. Studenten d. Univ. Jena in: ZfO 7,1958. S. 402–19; A.Müller: Schlesier auf d. Hochschule in Leiden (1597–1742) in: ASKG 17,1959. S. 164–205 mit Berichtiggn u. Erg. v. E.v.Schickfuß u. Neudorff ebda 19,1961. S. 293–97. W.A. Fasel Kampen: Schlesier an d. Univ. Leiden im 17.Jh. in: JSFWUB 6,1961. S. 331–50 bringt zusätzlich die Angaben für Franeker, Groningen u. Utrecht; K. Engelbert: Schlesier auf d. Univ. Perugia (1565–1733) in: ASKG 16,1958. S. 218–28; U. Hielscher: Schlesier an d. Univ. Wien in d. Zeit v. 1365–1658/59 in: ZfO 11,1962. S. 648–73; G. Kliesch f. Frankfurt/Oder von 1506–1648 vgl. Anm. 5; O. Bardong: Die Breslauer an d. Univ. Frankfurt/Oder. E. Beitr. z. schles. Bildungsgesch. 1648–1811. Würzburg 1970. XXII, 368 S. (QD 14). Zeitlich an Kliesch anschließend, bringt B. auch listenmäßige und tabellarische Zusammenstellungen der Immatrikulierten und genaue Lebensläufe. S. 9–59 ist das Studium der Breslauer von 1648–1810 an anderen Universitäten, u.a. Leipzig, Jena, Wittenberg, Halle, Leiden, auch in Padua und Wien dargestellt. Vgl. auch A. Müller: Schlesier auf der Akademie in Olmütz von 1576–1631 in: ASKG 12, 1954. S. 61–111.

20 G. Bauch: V.T. und die Goldberger Schule. Bln. 1921, XX, 532 S. (MGP 57); K. Weidel: V. T. in: SL IV, 1931. S. 98–107; J. Grünewald: Zum 400jähr. Todestag V. T.'s in: JSKG N.F. 35,1956. S.7–22; A. Lubos: V.T., e. Bild aus d. schles. Kulturgesch. Mchn 1962.63 S.

21 G. Blümel: J.H. in: SL III, 1928. S. 36–42; H. Eberlein: Lobgesänge in der Nacht. Die geistl. Sänger Schlesiens v. d. Reform. bis zur Gegenwart. Mchn 1954. 131 S.; H.P. Adolf: Das Kirchenlied J.H.'s u. s. Stellung im Vorpietismus. 1957. 159 Bl. Tüb. Diss.

22 R. Newald: G.C. in: NDB 3,1957. S. 91f.

23 Schriften und Briefe sind gedruckt im Corpus Schwenckfeldianorum, hrsg. v. Hartranft u.a. Lpz. u. Pennsburg/Pa 1907ff., das noch heute in den USA erscheint; E. Lohmeyer: C. Schw. v. Ossig in: SL IV, 1931. S. 40—49; H. Tüchle in: LThK 2.Aufl. Bd 9,1964. Sp. 546f.; G. Maron in: RGG 3.Aufl.Bd 5, 1961. Sp. 1621f; S. G. Schulz: C. Schw. v. O. Pennsburg/Pa 1946. 453 S. (Publ. of the Schwenckfelder Church. 46); W. Knörrlich: K.v.Schw. u. die Reformation in Schlesien. 1957. VI, 172 Bl. Bonn Diss.

24 Zur ganzen Frage am besten W. E. Peuckert: Die Rosenkreuzer. Jena 1928. XII, 452 S. u. ders: Pansophie. E. Versuch z. Gesch. d. weißen u. schwarzen Magie. 2. Aufl. Bln 1956. XVI, 533 S.

25 J. Buddecke: Verz. v. J.B.—Handschriften. Göttingen 1934. XXIII, 143 S.; ders.: Die J.B.—Ausgaben. E. beschreibendes Verz. T.1.2. Göttingen. 1. Die Ausg. in dt. Sprache. 1937. XXIV, 255 S. 2. Die Übersetzungen. 1957. XVIII, 268 S. J.Böhme: Die Urschriften. Hrsg. v.W.Buddecke. 1. Stg. 1963. 381 S.; Sämtliche Schriften. Faks.—Neudr. d. Ausgabe v. 1730. Begonnen v. A. Faust, neu hrsg. v. W. E. Peuckert. Bd 1—11. Stg. 1955—61 (in Bd 10 biogr. Quellen, u.a. Franckenbergs Bericht sowie Peuckerts Monographie: Das Leben J.B.'s. Jena 1924. 187 S.); H. Bornkamm: J.B. in: DgD 1,1956. S. 500—513; dess. wichtige Studie Luther u. J.B. Bonn 1925. VIII, 300 S.; H. Grunsky: J.B. Stg. 1956. 348 S.; E. Benz: Der Prophet J.B. E. Studie über d. Typus nachref. Prophetentums. Mainz 1959. 121 S.; B. Asmuth: J.B. in: GDS S. 19—27.

26 Buch von der deutschen Poeterey. Nach d. Ed. v. W. Braun neu hrsg. v. R. Alewyn. 2.Aufl. Tübingen 1966. IX, 57 S. mit Faks. (NdL.N.F.8). Gesammelte Werke. Krit. Ausg. v. G. Schulz-Behrend. Bd 1. Die Werke von 1614—1621. Stg. 1968. XXII, 398 S., Bd 3,1.2. Übers. v. J. Barclays Argenis. Stg. 1970. 638 S. (BLVS 295—297); Geistl. Poemata. Hrsg. v. E. Trunz. Reprogr. Nachdr. d. Ausg. 1638. Tübingen 1966. 408,55 S. Mit Bibliographie M.O. (DN Barock 1.); Weltl. Poemata. T. 1 unter Mitw. v. Chr. Eisner hrsg. v. E. Trunz. Neudr. d. Ausgabe 1644. Tübingen 1967. 573,38 S.(DN Barock. 2.); E. Ermatinger: M.O. in: SL III, 1928.S. 1—10; H.L. Abmeier: M.O. in: GDS S. 28—33; M. Szyrocki: M.O. Bln 1956. 233 S. Sz. sieht den entscheidenden Durchbruch zu neuen Formen bereits in Schlesien, vor dem Heidelberger Aufenthalt.

27 G. Koziołek: Die Lyrik des Opitz-Schülers Chr. K. in: Germanica Wratislaviensia 3,1959. S. 157—73.

28 K. Schindler: Der schles. Barockdichter A. S. Brsl. 1930. VIII, 220 S.; ders.: A. S. in: SL IV, 1931. S. 161—66.

29 Vgl. Danziger Barockdichtung. Hrsg. v. H. Kindermann. Lpz. 1939. 333 S. (DLE XIII b. Erg.—Bd.) Darin auch Lenz: Opitz in Danzig und in K.'s Einleitung (S. 1—41) Charakterisierung der Danziger Schlesier, u.a. von Titz.

30 J. Piprek: W. Sch. v. Sch. Poeta śląski i polonofil 17. wieku. Opole 1961. 265 S. (mit dt. Zsfassg.)

31 Salomon von Golaw (d.i.F.v.L.): Erstes Hundert Teutscher Reimen—Sprüche. Neudr. d. Ausg. Brsl. 1638. Hrsg. v.K.Dimter. Königsberg 1940. 72 Bl.(enth. auch Das Andere Hundert Teutscher Reimen—Sprüche); Sämtl. Sinngedichte. Hrsg. v. G. Eitner. Tübingen 1872. 817 S. (BLVS 113); M. Bojanowski: F. v. L. in: SL III, 1928, S. 10—19.

32 Literaturbarock ist seit dem 1. Weltkrieg international bevorzugtes Forschungsgebiet. Der Zeitraum ist durch Bibliographien und Forschungsberichte erschlossen, worauf hier nur generell hingewiesen werden kann. Bis 1935 Bibliogr. v. A. Pyritz in: Epochen d. dt. Lit. II,2. Stg. 1935. S. 478—512 (2. Aufl. 1947), Ber. v. E. Trunz in: DV 18, 1940. Ref.—H. S. 1—107; E. Lunding in: Orbis litt. 8, 1950. S. 77—91; R. Tarot in: Euphorion 57, 1963. S. 411—53; M. Brauneck in: Das 17. Jh. in neuer Sicht. Stg. 1969. S. 93—120; ders. f. 1945—70 in: DV 45, 1971. Sonderh. Forschungsref. S. 378—468.

Wichtig das ausgezeichnete Verzeichnis von Originalausgaben (1882 Nummern) C. v. Faber du Faur: German Baroque Literature. A Catalogue of the collection in the Yale Univ. Libr. New Haven 1958. XLII, 496 S.

Textausgaben: DLE XIIIa. Barockdrama, 6 Bde hrsg. v. W. Flemming (Lpz. 1930—36, Nachdr. 1965), XIIIb. Barocklyrik, 3 Bde hrsg. v. H. Cysarz (Lpz. 1937, Nachdr. 1964). Zahlr. Anthologien, zuletzt: Das Zeitalter des Barock, 2. Aufl. Hrsg. v. A. Schöne. Mchn 1968. XXXII, 1251 S.

Zss.—Aufsätze in Slgen zusammengefaßt, zuletzt: Dt. Barockforschung. Köln/Bln 1965. 466 S.; zu Stileigentümlichkeiten: Emblemata. Handb. z. Sinnbildkunst... Hrsg. v. A. Schöne u. A. Henkel. Stg. 1967. LXXXI S., 2196 Sp.; zur Dichtungstheorie: B. Markwardt: Gesch. d. dt. Poetik. Bd 1. Barock u. Frühaufklärung. 2. Aufl. Bln 1958. XI, 512 S., zuletzt: W. Barner: Barock—Rhetorik... Tüb. 1970. 537 S. Zu Einzelfragen vgl. o. Forschungsber.

33 Werke, hrsg. v. H. Palm in 3 Bden (BLVS 138, 162, 171; 1878—84); hierzu Erg.—Bd Lat. u. dt. Jugenddichtungen, hrsg. v. F. W. Wentzlaff—Eggebert mit Bibliogr. d. G—Drucke (BLVS 287, 1938). Palm—Ausg. im Neudr. bei Olms u. Wiss. Buchges. Diese plant 2bändige krit. Ausg., die vor allem auch frühe Prosa enthalten soll. Gesamtausg. d. deutschsprach. Werke v. M. Szyrocki u. H. Powell, bisher Bd 1—7,1. Tüb. 1963 ff. (NdL, N.F. 9—12, 14, 15, 21.)

Über Probleme d. G—Forsch. H. Powell in: Germ.—Rom. Monatsschr. 38 = N.F. 7, 1957. S. 328—43.

F. Gundolf: A.G. Heidelbg. 1927. 63 S.; P. Merker: A.G. in: SL III, 1928. S. 109-19; M. Szyrocki: Der junge G. Bln. 1959. 159 S.;ders.A.G. Sein Leben u. Werk. Tüb. 1964. 136 S.; E. Mannack: A.G. Stg. 1968. VIII, 97 S.; H.M. Meyer: A.G. in: GDS. S. 34—43; K.G. Just: A.G. und kein Ende in: Schlesien. 10, 1965. S. 1 — 12 (auch in: Just: Übergänge. Bern/Mchn. 1966. S. 115—32). Interpretationen der Dramen in d. Slg. Die Dramen des A.G. Stg. 1968. XI, 385 S. Vgl. Forschungsber. Anm. 32.

34 W. E. Peuckert: A.v.F. in: SL III, 1928. S. 43—49; dess. Diss: Die Entwicklung A.'s v. F. bis z. Jahre 1641. Lpz. 1927. 75 S. (Teildr. aus: Die Rosenkreuzer); P. Poscharsky: A.v.F. in: NDB 5, 1961. S. 348f.

35 Vor allem Milch hat den vielseitigen C. als den "größten Mittler und Anreger" des 17. Jhs dargestellt. W. Milch: D.v.C. in: SL IV, 1931. S. 151—60. (Auch in: Milch: Kl. Schriften ... Heidelbg/Darmst. 1957. S. 105—13). Er auch gab unter Verwendung d. handschr. Nachlasses C. in d. jetzt gültigen Ausg. heraus: D.v.C. Geistliche Schriften. Brsl. 1930. XLIV, 408 S.; Weltliche Dichtungen, Brsl. 1932. VII, 468 S. Nachdr. d. Wiss. Buchges. Darmst. 1963.

36 Sämtl. poetischen Werke. Hrsg. u. eingel. v. H.L. Held. 3. erw. Aufl. Bd 1—3. Mchn 1949—52; Cherubinischer Wandersmann. Eingel. u. unter Berücks. neuer Quellen erl. v. W.E.Peuckert. 3. Aufl. Bremen 1956. XXXVII, 253 S. (Slg Dieterich 64.); K. Vietor: J. Sch. in: SL III, 1928. S. 78—89; H. Kunisch: A.S. in: DgD 5, 1957. S. 118—25 (auch in Kunisch: Kl. Schriften. Bln 1968. S. 165—75); K. Schindler: A.S. in: GDS, S. 44—52; J.L. Sammons: A.S. New York 1967. 176 S. E.D. Reichert: J. Sch. als Streittheologe. Dargest. a. d. konfessionspolem. Traktaten d. Ecclesiologia. Gütersloh 1967. 240 S. Münster. Habil.-Schr.; hier die Frage des Bruches d. Persönlichkeit durch die Konversion. W. Dürig wendet sich in seinen Marginalien zu Reichert (ASKG 28,1970. S. 78—92) gegen die These, Sch. habe hier nichts Originales gedacht; D. sieht das Schaffen der späten Jahre gleichwohl als Entwicklung der Persönlichkeit, das sich unschwer in das Gesamtbild einfüge. Vgl. Forschungsberichte Anm. 32.

37 C. Salecker: Chr. K. v. R. Lpz. 1931. VIII, 148 S. Eine neue Werkausgabe ist in Vorbereitung.

38 Quirinus Kuhlmann: Der Kühlpsalter. Hrsg. v. R. L. Beare. Tüb. 1971. Bd 1 = Th. 1, Buch 1—4. XXIII, 337 S., Bd 2 = Th. 2/3. Buch 5—8. Paralipomena. 409 S. W.E. Peuckert: Qu. K.: in: SL III, 1928. S. 139—44; K.G. Just: Qu. K. in: Schlesien 4, 1959. S. 232—39; W. Dietze: Qu. K., Ketzer und Poet. Vers. e.

monogr. Darst. v. Leben u. Werk. Bln. 1963. 626 S., 7 Taf. Diese Leipziger Habil–Schr. wertet in umfassender Weise Quellenmaterial, auch aus Rußland, aus. Die Bibliogr. d. Werke K.'s führt 68 bis 1688 gedruckte Schriften auf.

39 F. Andreae: H.v.S. in: SL IV, 1931. S. 80–91; Das Memorialbuch ist seit der 3-bändigen Ausgabe von Büsching (1820–23) wiederholt gedruckt.

40 Schlesiens curieuse Denckwürdigkeiten, oder vollkommene Chronica von Ober– und Niederschlesien, welche in sieben Haupt–Theilen vorstellet alle Fürstenthümer und Herrschaften etc. Ausgefertiget von F. Lucae. Frankfurt am Mayn 1689. 2400 S.

41 Benjamin Neukirchs Anthologie. Herrn von Hoffmannswaldau und anderer Deutscher auserlesener und bißher ungedruckter Gedichte erster theil/nebenst einer vorrede von der deutschen Poesie. Nach e. Druck v. Jahre 1697 mit e. krit. Einl. u. Lesarten hrsg. v. A.G. de Capua u. E.A. Philippson. Tübingen 1961. XXXVI, 481 S.; ebda: anderer Theil. 1965. XLIV, 395 S.; dritter Theil. Nach d. Erstdr. v. Jahre 1703 mit e. krit. Einl. u. Lesarten hrsg. v. A.G. de Capua u. E.A. Metzger. 1970. XXXVIII, 379 S. (NDL N.F. 1.16.22); Sinnreiche Helden–Briefe verliebter Personen von Stande. Hrsg. v. F. Kemp. Frkf. 1962. 78 S. m. Abb. (Insel-Bücherei 779); F. Heiduk: Das Geschlecht der Hoffmann von Hoffmannswaldau in: Schlesien 13, 1968. S. 31–41. H. Heckel: Chr. H. v. H. in: SL III, 1928. S. 119–26; K.G. Just: Zwischen Poetik u. Lit.–Gesch. C.H. v. H.'s Gesamtvorrede in: Poetica 2, 1968. S. 541–57.

42 H. V. Müller: Bibliographie d. Schriften D.C. v. L.'s in: Werden u. Wirken. Festgruß f. Hiersemann. Lpz. 1924. S. 184–261; H. Cysarz: D.C. v. L. in: SL III, 1928. S. 126–31; Werkausgabe K.G. Just: Türkische Trauerspiele. Ibrahim Bassa. Ibrahim Sultan. Stg. 1953. XLVII 265 S.: Röm. Trauerspiele. Agrippina. Epicharis. Stg. 1955. XIX, 316 S.; Afrikanische Trauerspiele. Cleopatra. Sophonisbe. Stg. 1957. XX, 413 S. (BLSV 292–94). Dazu die Würzburger Habil–Schr. v.K.G. Just: Die Trauerspiele L.'s. Versuch e. Interpretation. Bln 1961. 188 S. Zu Einzelfragen vgl. o. Forschungsberichte (Anm. 32) und G. Spellerberg: Verhängnis u. Geschichte. Unters. z. d. Trauerspielen u. d. Arminius-Roman D.C.'s v. L. Bad Homburg 1970. 263 S. Bln. FU, Diss.

43 A. Klein: J. Chr. H. in: NDB 7, 1966. S. 564/65.

44 Noch kein Neudruck. E.M. Szarota: L. u. die Habsburger in: Colloquia Germanica 1, 1967. S. 263–309, wo Verschlüsselungen einsichtig gedeutet werden;

dies.: L.'s Arminius als Zeitroman. Sichtweisen d. Spätbarock. Bern/Mchn. 1970. 534 S.; D. Kafitz: L.'s Arminius. Disputatorischer Aufbau u. Lehrgehalt in e. Roman zwischen Barock u. Aufklärung. Stg. 1970. VI, 216 S.

45 Asiatische Banise. Vollst. Text nach d. Ausg. v. 1707 unter Berücks. d. Erstdr. v. 1689. Mit e. Nachw. v. W. Pfeiffer—Belli. Mchn. 1965. 485 S.(Die Fundgrube 15); W. Pfeiffer—Belli: Die Asiatische Banise. Studien z. Gesch. d. höf.—histor. Romans in Deutschland. Bln 1940. 193 S.

46 J.G.H., ein Onkel des berühmten Magus, wurde 1697 zu Wendisch—Ossig in der Oberlausitz geboren und starb 1733. Frühere Zeugnisse bezeichnen ihn als Hrsg. des 2. Teiles, in Wirklichkeit ist er Verfasser.

47 F. Heiduk: E. J. v. A. Ein unbekannter schlesischer Romanautor in: Schlesien 14, 1969. S. 7—14.

48 K. Gajek: Über D.S.'s Familie u. Jugendzeit in Schlesien in: Acta litteraria 9, 1967. S. 281—88; F. Burckhardt: Der "Ungarische Simplizissimus". Vom Leben u. Schaffen D.S.'s aus Breslau in: Schlesien 14, 1969. S. 15—20.

49 P. Gabriel: H.v.A. in: NDB 1, 1953. S. 418/19.

50 Poetische Übersetzungen und Gedichte. Faksimiledruck nach d. Gesamt—Ausg. v. 1704, mit d. Vorrede v. Christian Gryphius. Hrsg. v. E.A. Metzger. Bern 1970. 68,16,192 S. (Nachdr. dt. Lit. d. 17. Jhs 3); Anemons und Adonis Blumen. Hrsg. v. G. Müller. Halle 1929. XC, 76 S. (NDL 174—77); W. Flemming: H.A. v. A. in: NDB 1, 1953. S. 24/25; B. Asmuth: H.A. v. A. in: SL V, 1968. S. 51—62.

51 W. Dorn: B.N. Sein Leben u. s. Werke. Weimar 1897. X, 140 S.

52 Christian Hölman: Galante Gedichte. Mit Christoph Burgharts Gedichten. Hrsg. v. F. Heiduk. Mchn 1969. 274 S. Diese Ausg. ist ein teilweiser Neudruck der Teile IV—VI der Neukirchschen Sammlung. Heiduks Nachwort (S. 217—41) gibt zudem eine genaue Analyse des heutigen Forschungsstandes.

53 P. Moser: Chr. G. Ein schles. Dichter d. ausgehenden 17. Jhs. Würzburg 1936. VI, 90 S.

54 S. Fornaçon: B.S. in: RGG 3. Aufl. Bd. 5, 1961. Sp. 1461.

55 Sämtl. Werke. Histor.–krit. Gesamtausgabe. Hrsg. v. W. Krämer. Bd 1–6. Stg. 1930–37. 275, 277, 283, 284, 286.) Nachdr. Wiss. Buchges. Darmst. 1968. Der geplante Bd 7, der u.a. das einzige Drama G.'s enthalten sollte, ist infolge des Krieges nicht mehr erschienen. Das Drama, "Die von Theodosio bereute und von der Schuljugend von Schweidnitz den 24. Sept. anno 1715 vorgestellte Eifersucht", ist nach der Ausg. v. 1733 v.d. Wiss. Buchges. als Nachdr. veröffentlicht (Darmst. 1968. IV, 118 S.)

A. Hoffmann: J.Chr.G.-Bibliographie. Brsl. 1929. 94 S. Nachdr. Hildesheim 1965; W. v. Scholz: J. Chr. G. in: SL III, 1928. S. 166–78; W. Krämer: Das Leben des schles. Dichters J. Chr. G. Godesberg 1950. 360 S.; D. Fuhrmann: J. Chr. G. in: NDB 7, 1966. S. 269–71; W. Klose: J. Chr. G. in: GDS S. 62–72. H. Dahlke: J. Chr. G. Seine dichter. Entwicklung. Bln. 1960. 260 S.

Hans M. Meyer

Zu: Dagobert Frey, Die Kunst (S. 230 - 260)

I

Dagobert Frey hat seit dem Abschluß des Manuskriptes bis zu seinem Tode keine Beiträge zur Kunstgeschichte der Habsburgerzeit geliefert. Im Folgenden wird ein kurzer Überblick über Forschungen von anderer Seite zu diesem Gebiet der schlesischen Kunstgeschichte erstattet. Zur Kunst der Renaissance hat Georg Friedrich Koch in einer Studie über Beziehungen sächsischer und schlesischer Renaissance-Schlösser zur französischen Schloßbaukunst wichtige Erkenntnisse stilkundlicher Beziehungen des Brieger Schlosses zu französischen Schloßbauten, insbesondere Fontainebleau, beigebracht.

So enthält auch der 1965 erschienene Band von Kurt Degen „Die Bau- und Kunstdenkmäler des Landkreises Breslau" eine Fülle von Ergänzungen der baugeschichtlichen Kenntnisse über Renaissanceschlösser und -kirchen, z.B. Groß Sägewitz oder Rothsürben. Das gleiche gilt für eine Reihe von Barockschlössern in der Umgegend von Breslau, wie Kammendorf, Wirrwitz und andere.

Die Zahl der inzwischen erschienenen Veröffentlichungen zur Kunst des Barock ist erheblich umfangreicher. So erschien von Adolf Gessner 1952 eine Monographie über die oberschlesische Abtei Rauden mit quellenmäßig belegter Baugeschichte der barocken Um- und Neubauepoche unter besonderer Berücksichtigung der barocken Ausstattungen an Stukkaturen, Decken- und Wandmalereien. Wichtig vor allem die Zuschreibungen der Plastiken Johann Melchior Österreichs. Die bisher immer ungeklärte Baumeisterfrage der Marienkirche des Klosters Grüssau behandelte unter neuen Gesichtspunkten im Hinblick auf die Tätigkeit der Dientzenhofer in Schlesien und des Matthias Braun aus Prag 1966 Beda Franz Menzel. Er lehnt eine Zuschreibung der Marienkirche an einen Dientzenhofer grundsätzlich ab und entscheidet sich für Matthias Braun nicht nur als Bildhauer, sondern auch als Architekt der Fassade. Auch Gotthard Münch widmete dem Dientzenhoferbau von Kloster Wahlstatt 1956 eine Sonderuntersuchung, und Günther Grundmann gab 1958 in seinem Buch „Barockkirchen und Klöster in Schlesien" eine knappe reich bebilderte Übersicht über die bedeutendsten kirchenbaulichen Schöpfungen während der Habsburger Zeit.

Für das von Dagobert Frey nur mit einigen charakteristischen Zügen herausgearbeitete Gebiet des evangelischen Kirchenbaues wurde 1970 von Günther Grundmann eine möglichste Vollständigkeit erstrebende Darstellung „Der evangelische Kirchenbau in Schlesien" veröffentlicht, in der in den Kapiteln 1 und 2 die Bauten des 16. Jahrhunderts, die Friedens- und Gnadenkirchen, sowie Grenz- und Zufluchtskirchen mit reichem Karten- und zeichnerischen Beigabenmaterial behandelt wurden.

Das wichtige Gebiet der Barockmalerei in Schlesien erfuhr durch den Frey-Schüler Hans Tintelnot in zwei größeren, ganz Deutschland umfassenden Publikationen 1951 und 1959 gebührende Berücksichtigung: „Die barocke Freskomalerei in Deutschland" und „Barocktheater und barocke Kunst". In ihnen ist Schlesien zum Teil recht ausführlich in den Kreis der Betrachtung einbezogen, und es sind wichtige Ergänzungen besonders auf dem Gebiet der Künstler- und Werkgeschichte der barocken Freskomalerei in Schlesien beigebracht und dabei in größere europäische Zusammenhänge eingeordnet worden.

Angeregt hierdurch erfolgte 1967 eine monographische Darstellung eines Spezialgebietes, nämlich das der Barockfresken in Breslau durch Günther Grundmann. Hierbei konnten jüngere Studien über eine Rottmayer-Skizze in der Sammlung Reuschel und ältere über den Freskomaler Handke besondere Berücksichtigung finden.

Zur barocken Plastik veröffentlichte 1959 Gotthard Münch eine wichtige Ergänzung zur Ikonographie des Heinrichauer Chorgestühls. Besonders wertvoll für neue Erkenntnisse erwies sich außerdem die Monographie über den österreichischen Bildhauer Matthias Steinl, die 1966 Leonore Pühringer-Zwanowetz vorlegte. Aufgrund älteren Archivmaterials aus dem Nachlass Bernhard Patzaks im Archiv des Provinzialkonservators von Niederschlesien lieferte sie den Nachweis, daß die bildhauerischen Arbeiten des Leubuser Engelsgestühls von Matthias Steinl geschaffen worden sind.

Zum Gesamtgebiet der barocken schlesischen Chorgestühle liegt ein Manuskript von Karl Johannes Heyer vor, das in der Reihe der Bau- und Kunstdenkmäler des deutschen Ostens seitens des Herder-Forschungsrates zur Veröffentlichung vorgesehen ist. Es enthält eine Darstellung der Chorgestühle aus insgesamt 12 Kirchen und damit einen Beitrag zur Geschichte des Kunsthandwerks des Barock mit einem musikgeschichtlichen Beitrag. Ebenso ist vorgesehen eine Neuausgabe des Werkes von Burgemeister über die schlesischen Orgeln der Barockzeit.

H. Tintelnot, Die barocke Freskomalerei in Deutschland, München 1951.
H. Tintelnot, Barocktheater und barocke Kunst, München 1959.
G. Grundmann, Barockfresken in Breslau. Frankfurt a.M. 1967. Bd 3, Reihe C der Bau- und Kunstdenkmäler des deutschen Ostens. Hrsg. im Auftrag des Herder-Forschungsrates in Marburg von Grundmann.
A. Gessner, Abtei Rauden in OS, Bd. 2 der QD. Kitzingen 1952.
G.F. Koch, Studien zum Schloßbau in Mitteldeutschland, in: Beiträge zur Kunstgeschichte (Festgabe Rosemann). München 1960. S. 155–186, hier S. 168–170.
G. Grundmann, Der evangelische Kirchenbau in Schlesien. Frankfurt a.M. 1970. Bd 4, Reihe C der Bau- und Kunstdenkmäler des deutschen Ostens. Hrsg. im Auftrag des Herder-Forschungsrates in Marburg von Grundmann.
K. Degen, Die Bau- und Kunstdenkmäler des Landkreises Breslau, Frankfurt a.M. 1965 Bd 1 der Reihe C der Bau- und Kunstdenkmäler des deutschen Ostens. Hrsg. im Auftrag des Herder-Forschungsrates in Marburg von Grundmann.
B.F. Menzel, Die schlesischen Barockkirchen und die Dientzenhofer, in: Schlesien 11, 1966, S. 129–138.
G. Münch, Wahlstatt, Schlesiens barockes Ehrenmal, in: ASKG 14, 1956. S. 174–190.

G. Grundmann, Schlesische Barockkirchen und Klöster. Lindau und Konstanz 1958.

W. Reuschel, Die Sammlung Wilhelm Reuschel, ein Beitrag zur Geschichte der Barockmalerei. München 1963.

G. Münch, Das Heinrichauer Chorgestühl, in: Schlesien 4, 1959. S. 201—207.

L. Pühringer-Zwanowetz, Matthias Steinl. Wien und München 1966.

K.J. Heyer, Das barocke Chorgestühl in Schlesien. Manuskript 1929—1967.

Ingeborg Eckert, Die Fresken des schlesisch-mährischen Malers Franz Anton Sebastini. In: ZfO 2, 1953, S. 530—545.

Charlotte Fischer, Zu den Bauten Johann Blasius Peintners. In: ZfO 2, 1953, S. 546—567.

Günther Grundmann

II

Eine Bibliographie der seit 1945 erschienenen Arbeiten zur schlesischen Kunstgeschichte findet sich in den Jahrbüchern zur schlesischen Kunst „Roczniki Sztuki Śląskiej"(RSS), erarbeitet von Jozef Gebczak; Band 5 enthält die Arbeiten von 1945—63, Band 7 die Arbeiten von 1964—67. In der Bibliographie sind alle erschienenen Arbeiten, nicht etwa nur diejenigen in polnischer Sprache, berücksichtigt. Die wenigen im folgenden aufgeführten Veröffentlichungen in polnischer Sprache sind solche, die entweder Lücken in der bisherigen Forschung füllen (besonders Monographien) oder die wichtige neue Ergebnisse bringen (z.B. zur Baugeschichte des Schlosses in Brieg).

Das künstlerische Gewicht Breslaus in der Neuzeit fand in einem Sammelband 1967 ausführliche Behandlung seitens mehrerer Autoren. — Marian Morelowski verfolgte 1961 den Weg italienischer Renaissance-Elemente der Architektur und Bauplastik nach Schlesien und führte deren frühe Verwendung wesentlich auf den Einfluß des Breslauer Bischofs Johannes V. Turzo zurück. Mieczysław Zlat behandelte die Geschichte und Entwicklung der Attika-Aufsätze auf schlesischen Bauwerken. Mit häufigem Auftreten der Attiken, und zwar in zahlreichen Typengruppen, war Schlesien im Zeitraum um 1530/60 gegenüber seinen Nachbarländern Polen und Böhmen führend. In der 2. Hälfte des 16. Jh. setzte sich nach Zlat der polnische Attika-Typ durch, jedoch nicht ohne Abwandlungen in Schlesien zu erleben. Janusz Keblowski untersuchte monographisch das Werk des Bildhauers Andreas (I) Walther. Er schrieb ihm, dem Mitarbeiter am Brieger Schloß, außer dem Turzo- und dem Rybisch-Grabmal in Breslau auch ein anonymes Epitaph in Brieg zu, bestritt aber, entgegen Bimler, die Mitarbeit Walthers in Görlitz und Schweidnitz. Wichtig sind die neuen Forschungen zum Brieger Schloß, über die von verschiedenen Autoren berichtet wurde. Die bei der Restaurierung gefundenen Daten und Initialen wurden von Jan Przala erläutert. Man stellte auf einem Bossenquader des Schloßportals die Jahreszahl „1532" fest. Damit ergibt sich das Grunddatum für die Errichtung des Portalbaues, doch folgte die bildhauerische Dekoration erst um 1552/53; sie stammte zum Teil von Andreas Walther („A.W."), Teile auch von den Monogrammisten „I.W.", „D" und „W". Der Monogramm-Buchstabe „G" und das Datum 1576 sind mit dem linken wappenhaltenden Ritter über dem kleinen Portal der Front verbunden; es scheint, daß außer den Wappengruppen auch das Fürstenpaar erst um 1576 gemeißelt worden ist.

Janusz Keblowski beschäftigte sich 1967 in einem Buch mit dem formalen und inhaltlichen Wandel in der schlesischen Bildhauerkunst der Renaissance, sowie mit den religions- und kulturgeschichtlichen Voraussetzungen dieses Wandels. Tadeusz Chrzanowski behandelte zusammenfassend die Renaissancetradition der Figuralgrabsteine im Oppelner Oberschlesien, sowie den Ausklang der Tradition im

Barock. Zentren für die Ausbildung der besprochenen Typen waren Brieg und Neisse.

Eine wichtige Zusammenstellung, die in erster Linie der künftigen Forschung dienen sollte, bot die 1966 vom Schlesischen Museum in Breslau veranstaltete Ausstellung „Schlesische Malerei 1520—1620", deren sorgfältig gearbeiteter Katalog aus der Hand von Bożena Steinborn stammte. Verschiedene Besprechungen und Einzeluntersuchungen sind bereits gefolgt. Wichtig ist eine zusammenfassende Behandlung der gemalten Bürger-Epitaphien in Schlesien von 1520 bis 1620 durch die gleiche Autorin; der Katalog dieser Epitaphien enthält 74 Objekte. Eine Monographie widmete Eugeniusz Iwanoyko dem in Breslau 1591 geborenen Maler Bartholomäus Strobel, der allerdings überwiegend im Bereich des damaligen Polen tätig gewesen ist.

Nach Vermutung von Stanisław Kozak hätte Christoph Dientzenhofer den Plan für den Umbau der Wallfahrtskirche in Albendorf (um 1715/20) entworfen; es sei seine ideelle Aufgabe gewesen, ein „Abbild" des Salomonischen Tempels zu geben.

Einigen schlesischen Barockbildhauern wurden monographische Bearbeitungen gewidmet. So faßte Danuta Ostowska 1963 das Werk von Georg Leonhard Weber in einer Werkliste zusammen, in der sich auch Neuzuschreibungen an Weber selbst (Atlantenbrunnen in Schweidnitz, 1732) und an seine Söhne (Ausstattung der Pfarrkirche in Neustadt/OS, 1738) finden. Adam Wiecek schreibt in seinem 1963 erschienenen Werk über Johann Georg Urbanski dem Künstler die Johann-v.-Nepomuk-Figur vor der Breslauer Kreuzkirche begründet zu (1731), außerdem diejenige in Groß Tinz (Kr. Breslau). In einem Aufsatz über Johann Georg Lehnert in Troppau stellte Wiecek folgende Arbeiten als Hauptwerke des Meisters heraus: den Hochaltar der Kirche St. Mariä Himmelfahrt der Barmherzigen Brüder in Teschen, 1742—43; die Stuckdekoration und drei Altäre der Paulinerkirche auf der Skalka in Krakau, 1744—47; den ehem. Hochaltar der Deutschordenskirche St. Mariä Himmelfahrt in Troppau, 1751 (1758 verbrannt, Modell erhalten); das Epitaph des Fürsten Karl v. Liechtenstein in der Troppauer Pfarrkirche, 1755—63; sechs Pfeileraltäre der ehem. Zisterzienserkirche zu Himmelwitz/OS, 1762—63.

Dem bedeutenden Freskanten des schlesischen Barock, Georg Wilhelm Neunhertz, dessen Werk lange Zeit viel zu wenig beachtet und dessen Bedeutung dann von Tintelnot betont worden war, gilt eine Monographie von Anna Dobrzycka.

Die zitierten Publikationen:

Sztuka Wrocławia (Breslaus Kunst), Breslau 1967.

M. Morelowski: Początki italieanizującego renesansu na Śląsku. (Die Anfänge der italienisierenden Renaissance in Schlesien.) In: Rocznik Historii Sztuki 2, 1961. S. 31—86.

M. Zlat: Attyka renesansowa na Śląsku. (Die Renaissance-Attika in Schlesien.) In: Biuletyn Historii Sztuki (BHS) 17, 1955. S. 48—79.

J. Kęblowski: Ze studiów nad renesansowa rzezba śląska. Andrzej Walter I. Zagadnienie osoby i dzialalnosci rzezbiarskiej. (Aus Forschungen über die Renaissanceplastik in Schlesien. Andreas Walter I - Fragen zur Person und zur bildhauerischen Tätigkeit). In: Rozprawy Komisji Historii Sztuki WrTN, Bd. 2: Prace Komisji Historii Sztuki 1, Breslau 1960. S. 127–172 u. 251–286.

J. Przala: Przyczynek do ikonografii zamku w Brzegu. (Beitrag zur Ikonographie des Schlosses in Brieg.) In: Ochrona Zabytków 13, 1960. S. 53–59.

J. Przala: Daty, monogramy i gmerki na bramie zamku w Brzegu. (Daten, Monogramme und Steinmetzzeichen am Schloßportal in Brieg). In: BHS 22, 1960. S. 400–409.

M. Zlat: Brama zamkowa w Brzegu. (Das Schloßportal in Brieg). In: BHS 24, 1962. S. 284–322.

J. Kęblowski: Renesansowa rzezba na Śląsku 1500–1560. (Renaissanceplastik in Schlesien 1500–1560). Posen 1967.

J. Chrzanowski: Plyty nagrobne z postaciami na Śląsku Opolskim w XVI – XVIII wieku. (Figürliche Grabplatten im Oppelner Schlesien vom 16. bis zum 18. Jh.) In: Roczniki Sztuki Śląskiej (RSS) 7, 1970. S. 75–105.

Malarstwo Śląskie 1520–1620. (Schlesische Malerei 1520–1620).Bearb.v.B. Steinborn. Breslau (Muzeum Śląskie) 1966.

B. Steinborn: Malowane epitafia mieszczanskie na Śląsku w latach 1520–1620. (Gemalte Bürgerepitaphien in Schlesien von 1520–1620.) In: RSS 4, 1967. S. 7–133 u. Taf. 1–54.

E. Iwanoyko: Bartlomiej Strobel. (Bartholomäus Strobel). Posen 1957.

St. Kozak: Kościoł pielgrzymkowy w Wambierzycach. (Die Wallfahrtskirche in Albendorf.) In: RSS 6, 1968. S. 106–117.

D. Ostowska: Jerzy Leonhard Weber. (Georg Leonhard Weber). In: RSS 2, 1963. S. 92–116.

A. Wiecek: Jan Jerzy Urbanski (Johann Georg Urbanski). Breslau 1963. (Vgl. dazu WD 14, 1964. S. 313–314).

A. Wiecek: Prace opawskiego rzezbiarza Jana Jerzego Lehnerta w Polsce. (Werke des Troppauer Bildhauers Johann Georg Lehnert in Polen.) In: Časopis slezského musea 12, 1963. S. 91–94 m. Abb. 1–10.

A. Dobrzycka: Jerzy Wilhelm Neunhertz, malarz śląski. (Georg Wilhelm Neunhertz, ein schlesischer Maler.) Posen 1958.

Dieter Großmann

Zu: Fritz Feldmann, Die Musik (S. 261 - 283)

1 An neuer Literatur über Thomas Stoltzer ist besonders zu nennen das Buch von L. Hoffmann-Erbrecht: Thomas Stoltzer, Leben und Schaffen, Kassel 1964. Ferner der Artikel: Stoltzer, Thomas in Musik in Geschichte und Gegenwart (MGG), hrsg. v. Fr. Blume, Bd. 12, 1965. Sp. 1398ff. vom selben Verfasser, schließlich dessen Aufsatz in: Musik in Schlesien. Dülmen (Westf.) 1970 „Die Bedeutung Thomas Stoltzers für die dte. u. europ. Musikkultur" S. 7—27.

2 Dem Warenaustausch zwischen den Niederlanden und Schlesien (H. Aubin oben im Wirtschaftsteil S. 141) entspricht jedenfalls kein Musikeraustausch. Dies bedeutet aber nicht, daß der Einfluß niederländischer Musik auf schlesische Meister nicht vorhanden wäre. Von ihm wird weiter unten zu sprechen sein.

3 Zur Frage des frühesten schlesischen protestantischen Gesangbuchs vgl. G. Birkner: Die beiden ältesten evangelischen Gesangbuch-Drucke Schlesiens 1525 und 1525/26, in: ASKG 26, 1968. S. 141—52. Hier ist die Theorie von W. Lucke (D. Martin Luthers Werke, Kritische Gesamtausgabe Bd 35. Weimar 1923. S. 342), die das Breslauer unmittelbar mit dem Nürnberger Enchiridion in Verbindung bringt, widerlegt und dafür das Erfurt-Maler'sche als Vorlage aufgezeigt.

4 Über die schlesischen Sonderformen auf dem Gebiet der Breslauer protestantischen Liturgie schrieb H.A. Sander: Geschichte des lutherischen Gottesdienstes und der Kirchenmusik in Breslau. Breslau 1937. Auffällig ist besonders die Kombination der Frühmesse einschließlich Communion mit der Matutin, „matura" genannt.

5 Knöfel sagt im Vorwort zum „Cantus choralis": „Saepenumero .... de Cantu Chorali Musicis numeris incluso miratus sum, cur multis in locis hoc tempore partim raro exerceretur, partim omnino omitteretur, ac pro eo alterum genus Cantionum, liberum videlicet, frequentiori in vsu haberetur". Knöfel zieht also kunstvolle Choralbearbeitungen, die aus der Mode gekommen seien, der freien kompositorischen Erfindung vor.

6 Petrus Aventinus, der vermutlich in Breslau lebte, widmete außer der Messe auch noch weitere 5stimmige Kompositionen der Stadt Breslau (vgl. R. Eitner, Quellenlexikon der Musiker und Musikgelehrten Bd. 1 Graz, 1959 sowie E. Bohn: Katalog der Musikhandschriften des 16. u. 17. Jahrh. in der Stadtbibliothek zu Breslau. Bresl. 1890. Nachdruck Hildesheim 1970).

7 Über Valentin Triller und sein Singebüchlein vgl. MGG Bd. 13, 1966. Sp. 680 f. (K. Ameln). Von den insgesamt 131 in Noten wiedergegebenen Liedern ist nur der kleinere Teil aus weltlichen deutschen Volksliedern (Nr. 130 „Tröstlicher lieb" in „Tröstlich ist mir" oder Nr. 127 „Zart schön Fraw" in „O

Mensch, nu schaw, bedenck") in geistliche umgewandelt, überwiegend sind es lateinische Gesänge, besonders Sequenzen, „Prosae", die von Triller nach Luthers Vorbild übersetzt wurden. Einen kurzen zusammenfassenden Artikel über Triller bringt der im Druck befindliche Supplementband des Riemannschen Musiklexikons (Ergänzung zur 12. Auflage).

8 Auf die besondere schlesische Bezeichnung „signator" statt sonst „cantor" weist K.W. Niemöller hin: Untersuchungen zu Musikpflege und Musikunterricht an den deutschen Lateinschulen vom ausgehenden Mittelalter bis um 1600. Regensburg 1969. Die Frage nach der Bedeutung des Wortes „signator" muß freilich noch offen bleiben. In Glogau taucht 1514 erstmalig der Titel „Cantor seu Signator" auf. Zur damaligen schlesischen Schulmusik vgl. auch F. Feldmann: Studien zur Geschichte der Schulmusik Schlesiens, in: Hamburger Mittel- und Ostdeutsche Forschungen. Bd 7, Hamburg 1970. S. 153ff. Auf die besondere Bedeutung des „Kantors" für die schlesische Musikpflege weist u.a. auch A. Schmitz hin: Stand und Aufgaben schlesischer Musikforschung, in: Schlesisches Jb. f. dte. Kulturarbeit im gesamtschles. Raum hrsg. v. Schneck, Bd 8, 1935, S. 127 ff.

9 Zu Virgilius Haugk s. MGG Bd 5, 1956. Sp. 1826f. (W. Brennecke). Vgl. auch Anm. 8.

10 W. Bötticher bringt in: Orlando di Lasso und seine Zeit, Kassel und Basel 1958, auf den S. 544, 551, 822, 826 eine Zusammenstellung der schlesischen Lassusquellen.

11 Über Schramm, Melchior vgl. MGG Bd 12, 1965. Sp. 64f. (Th. Wohnhaas), dort u.a. weitere Literatur.

12 Lange, Gregor ist in MGG Bd 8, 1960. Sp. 184f. gewürdigt (B. Stockmann).

13 Bartholomäus Gesius, Kantor in Frankfurt/Oder, ist näher behandelt bei N. Hampel: Deutschsprachige protestantische Kirchenmusik Schlesiens bis zum Einbruch der Monodie, phil. Diss. Breslau 1937, und in MGG Bd 5, 1956. Sp. 34ff. (A. Adrio).

14 Ältere Literatur über Johannes Nucius ist in Rubsamens MGG-Artikel (Bd 9, 1961. Sp. 1742—45) zu ersehen. Über den Musiktheoretiker Nucius im Hinblick auf sein eigenes Schaffen schrieb F. Feldmann in: Deutsches Jb. der Musikwissenschaft für 1956, S. 39—65. Beispiele seiner Motetten s. in: Das Erbe deutscher Musik, in Bd 5 der Sonderreihe, Wiesbaden 1968. „Johannes Nucius, Ausgewählte Motetten", hrsg. v. J. Kindermann. Vgl. auch H. Unverricht: Johannes Nucius, in: Schlesische Lebensbilder Bd 5. Würzburg 1968 S. 24—28.

15 Vgl. den Artikel: Fritsch, Thomas, in: MGG Bd 4, 1955. Sp. 973ff. (F. Feldmann).

16 Über den Meistergesang schrieb H. Husmann in: MGG Bd 8, 1960. Sp. 1916f. Im schlesischen Bereich liefert Glatz mit einer 1557 datierten Dichtung des Kürschners Hieronymus Lieck die früheste Quelle. Breslau scheint erst 1570 mit einer Singeschule gefolgt zu sein.

17 Eine Zusammenfassung, die Brüder Besler betreffend, brachte A. Adrio in: MGG Bd 1, 1951. Sp. 1819 ff.
18 Näheres hierüber s. H.J. Moser, Heinrich Schütz. Sein Leben und Werk, Kassel 1936. S. 379 ff. im Kapitel "Politische Tonwerke".
19 Vgl. in dem eben genannten Buch Mosers, bes. die S. 332-47.
20 Martin Opitz hat sogar einen Artikel in MGG Bd 10, 1962. Sp. 118f. (M. Szyrocki) gefunden. Schlesische Vertoner von Texten Opitzens sind außer dem sogleich weiter unten zu erwähnenden Löwenstern auch hier nicht genannt.
21 H.J. Mosers posthume Liedersammlung: Schlesische Komponisten aus 5 Jahrhunderten, 1972 im A. Laumann-Verlag (Dülmen) erschienen, bringt u.a. auch 2 Satzproben des komponierenden Herzogs.
22 Über die "Rudolphina" schrieben E. Pfudel, Mitteilungen über die Bibliotheca Rudolphina in Liegnitz, in: Mitteilungen der Ritterakademie 1876, Nr. 153; 1877, Nr. 157 und 1878, Nr. 159, sodann W. Scholz in seiner Breslauer Diss.: Beiträge zur Musikgeschichte der Stadt Liegnitz von ihren Anfängen bis etwa zum Jahre 1800, Breslau 1941, und zuletzt in: Musik des Ostens, Bd 5, Kassel 1969. S. 113 ff. (Im letztgenannten Aufsatz ist ein Druckfehler auf S. 135 zu verbessern: statt 337 niederländischer Komponisten soll es nur 37 heißen).
23 Hallmann von Strachwitz hat in MGG Bd 5, 1956. Sp. 1373f. einen Artikel erhalten (W. Scholz).
24 Über Apelles von Löwenstern schrieb Peter Epstein (Breslau 1929) mit einer Neuausgabe der Chöre zu Martin Opitz' "Judith". Epstein zitiert dabei Verse des Opitz–Schülers Colerus, die Vielseitigkeit Löwensterns rühmend:
"Und ernstlich dir legt auff die Renten-Meisterey
So dir ein Spiel nur war; befahl dir auch dabey
Der Fürstlichen Capell in trewen fürzustehen:
..... Die Leyer mußt' erschallen
Voran dem Ober-Herren zu Ehren und gefallen.
25 Vgl. den Artikel K. Amelns in: MGG Bd 8, 1960. Sp. 1117ff. Demnach verdiente auch die erste daktylische ev. Liedstrophe "Ich sehe mit Wonne die güldene Sonne" in den Kernbestand des ev. Kirchengesangbuchs wieder aufgenommen zu werden.
26 Der aus Patschkau stammende Schwedler begann 1626 in Glatz mit der Sammlung der Stücke, setzte sie in Neisse (1627/28) fort, wo noch weitere Eintragungen sich bis 1638 hinzogen. Die Handschrift gehörte dann dem "Conventus Nissensis Mariae ad Rosas Fratrum Minorum" und kam später bei der Säkularisation der schlesischen Klöster in den Besitz des "Musikalischen Instituts bei der Universität Breslau" (Vgl. F. Feldmann: Ein unbekanntes Denkmal der Neisser und Glatzer Musikpflege aus der Zeit des 30 jährigen Krieges, in: Der Oberschlesier 18, 1936. S. 145ff.). Fast zur gleichen Zeit schrieb der Neisser Jacobus-Kantor Haertel für den Gebrauch in Kirche und Schule einen ähnlichen Kodex, der später im Städtischen Museum Neisse (pag. 23, Tit. XI. Nr.

27) aufbewahrt wurde. (S. darüber F. Feldmann, Neue Einblicke in alte Neisser Musikkultur, in: Der Oberschlesier 19, 1937. S. 437 ff.).

27 Die „Musicalische Kirchen- und Haus-Freude" war besetzt für „4, 5 und 6 Vocal-Stimmen und 2 Violinen, denen beygefügt 3 Trombonen und in etzlichen 2 Clarin, so aber . . . . können ausgelassen werden". (Vgl. den Artikel Zeutschner, Tobias in: MGG Bd 14, 1968. Sp. 1251 ff. W. Braun). Moser nennt Zeutschner in: Musik der deutschen Stämme (Wien/Stg. 1957) den „schlesischen Hammerschmidt" (S. 585).

28 In seiner Biographiensammlung „Grundlage einer Ehrenpforte" Hamburg 1740 ist Profe von den 8 dort aufgenommenen Breslauer Musikern der einzige dem 17. Jahrh. angehörende Meister, alle anderen sind mehr oder weniger Zeitgenossen Matthesons, vgl. F. Feldmann: Der Hamburger Johann Mattheson (1681—1764) und die Musik Mittel- und Ostdeutschlands. Eine topographische Studie anhand der „Ehrenpforte", in: Hamburger Mittel- und ostdeutsche Forschungen Bd. 5, Hamburg 1966.

29 Zusammenfassendes über Profe bringt A. Adrio in: MGG Bd 10, 1962. Sp. 1641 ff. Von der pädagogischen Seite ist Profe u.a. beleuchtet in: Studien zur Geschichte der Schulmusik Schlesiens, in: Hamburger Mittel- und ostdeutsche Forschungen Bd. 7, Hamburg 1970. S. 153 ff. (F. Feldmann).

30 Die Breslauer Dissertation von H.A. Sander: Zur Geschichte der Barockmesse (vom Kirchenmusikalischen Jahrb. 1933 auszugsweise abgedruckt) benutzt hauptsächlich das zahlreiche Material des Sartorius, dessen Schätze später in die Breslauer Stadtbibliothek übergingen.

31 Vgl. den Aufsatz von M. Schneider: Die Besetzung der vielstimmigen Musik des 17. und 18. Jahrh., in: Archiv für Musikwissenschaft Jahrg. 1, 1918. S. 219 ff. Darüber hinaus die Diss. von Fritz Koschinsky: Das protestantische Kirchenorchester im 17. Jahrh. unter Berücksichtigung des Breslauer Kunstschaffens dieser Zeit, Breslau 1931.

32 Außer Georg Joseph (vgl. darüber den Artikel von W. Kahl in MGG Bd 7, 1958. Sp. 185 ff.) vertonten später Buxtehude, im 20. Jahrh. Arnold Mendelssohn (der aus Ratibor stammt) in seinem op. 14, Hugo Distler im „Lübecker Totentanz" und der Schweizer Conrad Beck in seinem Oratorium nach Spruchdichtungen des Angelus Silesius (1936) Texte von Scheffler.

33 Joseph versprach in der Vorrede zur 1. Aufl. der „Seelenlust", daß „künftig" „unsere meisten Melodeyen mit schönen Symphonien und vollstimmigen Instrumenten" ausgestattet werden sollten. Eben dies tat Martin Schneider 1667.

34 Vgl. Bd 6 der „Melodien der deutschen ev. Kirchenlieder" von J. Zahn, Hildesheim 1963. Nachdruck d. Ausgabe Gütersloh 1893, S. 229.

35 Über diese frühe Quelle schlesischer Lautenmusik schrieb Max Schneider in der Festschrift für Johannes Wolf (Berlin 1929): „Eine unbekannte Lautentabulatur aus den Jahren 1537—1544". Die Quelle selbst wurde von H. Ringmann in Hirschberg aufgefunden.

36 Dieses Zitat entstammt dem MGG-Artikel „Reusner, Esaias" von K. Dorfmüller (Bd 11, 1963. Sp. 331 ff.). Reusners Beitrag zur Geschichte der Suite besteht einmal darin, daß die späteren Kernsätze „Allemande, Courante, Sarabande, Gigue" bei ihm bereits klarer hervortreten als bei Froberger, daß ferner „motivische Anklänge die Einheit der Satzfolge verstärken". Problematisch ist noch der Lebenslauf und kompositorische Anteil des (gleichnamigen) Vaters Esaias Reusner, der 1645 im Dienste des Fürsten von „Buestat in Schlesien" (gemeint ist wohl Bernstadt) gestanden haben soll, und dessen Todesjahr nicht feststeht. Eigentlich müßte also oben sein berühmterer Sohn als „Esaias Reusner der Jüngere" bezeichnet sein, wie es z.B. im genannten MGG-Artikel der Fall ist. Die Verbreitung der Werke des jüngeren Reusner geht nun weit über Schlesien hinaus: sie reicht bei den in Schlesien entstandenen Werken bis Uppsala und Paris, bei den Berliner Drucken fällt außer Brüssel die „Hofbibliothek Wien" als Besitzer eines Exemplars auf (vgl. R. Eitner: Quellenlexikon der Musiker, (genauer Titel s.o. Anm. 6) unter Reusner, Esaias).

37 Vgl. den Artikel „Baron" in MGG Bd 1, 1951. Sp. 1338ff. von W. Boetticher. Dort auch weitere Literatur.

38 Über die Familie Weiß schrieben J. Klima und R. Radke in der MGG, Bd 14, 1968. Sp. 437ff.

39 Das ist um so auffälliger, als die Werke Scheidts in Schlesien — besonders in Breslau — verbreitet waren und das sog. „Görlitzer Tabulaturbuch" mit „100 geistlichen Liedern und Psalmen" 4-stimmig ausgesetzt 1650 dem Rat der Stadt Görlitz gewidmet wurde und dort im Druck erschien.

40 Genaueres über die von Mattheson in seine „Ehrenpforte" aufgenommenen Schlesier s. in dem oben (Anm. 28) genannten Aufsatz.

41 Während die MGG über Krause und Kirsten keine Artikel brachte, erhielt — verdientermaßen — Vater Gebel mit seinen beiden Söhnen eine kurze Biographie und Würdigung durch H.-Chr. Wolff (Bd 4, 1955. Sp. 1524ff.). Hieraus geht nun hervor, daß wenigstens einige Werke der beiden Georg Gebel erhalten sind, aber in der Literatur noch nicht eingehender behandelt wurden.

42 Dies schreibt Reimann in der erwähnten Autobiographie unter Nr. 94 in der schon mehrfach genannten „Ehrenpforte". Über das Choralbuch Reimanns und seinen Anteil von 118 Melodien vgl. u.a. J. Zahns Hauptwerk: „Die Melodien der deutschen ev. Kirchenlieder" Bd 5 und 6, Hildesheim 1963. Nachdruck d. Ausgabe Gütersloh 1892f. In MGG und dem Musiklexikon Riemanns ist Joh. Balthasar Reimann bisher nicht gewürdigt.

43 Dieses Zitat entstammt den Originalbriefen, die der Verf. s.Zt. im Archiv der Schweidnitzer Friedenskirche fand und über die im Bach-Jahrbuch 31, 1934. S. 89ff. unter dem Titel „Chr. Gottlob Wecker, ein Schüler Bachs als schlesischer Kantor" berichtet wurde.

44 Über den Görlitzer Bach-Schüler Nicolai vgl. M. Gondolatsch: Görlitzer Musikleben. Görlitz 1914.

45 Über Altnikols Wirken in Niederwiesa schrieb F. Hamann im Bach-Jahrbuch

36, 1939, in MGG würdigte ihn F. Blume (Bd 1, 1951. Sp. 397ff.). Abschriften Bachscher Werke sind von Schmieder im Bach-Werke-Verzeichnis unter den Nrn. 234, 236 (2 Messen), der Sonate 1030, dem Konzert 1060 und den Orgelchorälen 666ff. nachgewiesen. Hiervon ist 668 der oben genannte Orgelchoral „Vor deinen Thron", der nur bis zum Takt 26 vorliegt. Außer der ebenfalls bereits genannten Abschrift des „Wohltemperierten Claviers" I ist im Anhang bei Schmieder unter Nr. 164 eine „möglicherweise" Altnikol zuzuschreibende Motette „Nun danket alle Gott" genannt.

46 Dieser „Lebenslauff" hatte also nicht „die Ehre", in die „Ehrenpforte" Matthesons aufgenommen zu werden, erschien bei Marpurg 16 Jahre nach der Autobiographie von Quiels Schüler Hoffmann, über den sogleich zu berichten sein wird. Neu herausgegeben wurde dieser Lebenslauf in Willi Kahls Selbstbiographien deutscher Musiker des XVIII. Jahrh. Köln 1948. S. 145ff. Vgl. auch F. Feldmann: Evangelische Kirchenmusik in schlesischer Landschaft. Von der Persönlichkeit und dem Wirken J. Heinrich Quiels in: Festschrift Max Schneider zum 60. Geburtstag, 1935. S. 10ff.

47 Sind zwar die Partituren der Breslauer Opern sämtlich nicht mehr vorhanden, so verdanken wir doch Matthesons „Ehrenpforte" genauere Angaben, ohne die wir über Breslaus Barockoper wenig sagen könnten. Eine zusammenhängende Schilderung davon bringt H.H. Borcherdt: Geschichte der italienischen Oper in Breslau, in: ZVGS 44, 1910. S. 18–47. Die Folge der 41 Opern ist auch in dem bereits zitierten Aufsatz von F. Feldmann (oben Anm. 28) auf S. 102f. angegeben.

48 Treu lehnte sich bei diesen Stücken an den strengen Stil des „Kaiserlichen Oberkapellmeisters" Joh. Jos. Fux an, „wo keine faulen Stimmen darin sind", ging also den Weg der damals auch sonst beliebten „Palestrina–Nachfolge".

49 Lit. über Sperontes: M. Friedländer: Das deutsche Lied im 18. Jahrh. Bd I, 1, Stuttgart und Berlin 1902. S. 83–87. In MGG Bd 12, 1965 Sp. 1034ff. (Verf. D.u.U.Härtwig). Notenausgabe in: Denkmäler deutscher Tonkunst Bd 35 und 36, Neuausgabe 1958 (Hrsg. E. Buhle, H.J. Moser). Die Frage nach den Melodien zu Günther–Texten bedürfte noch spezieller Untersuchungen. Günther hat in der Gegenwart Vertonungen erhalten z.B. von Franz Krause, op. 10 mit 30 Gedichten in 3 Heften (erschienen 1957, 1959 und 1965 im Selbstverlag Kassel).

50 Vgl. den obengenannten Bd I, 1 von M. Friedländer, S. 115ff. Neuerdings den Artikel Krause, Christian Gottfried, von H. Becker in MGG Bd 7, 1958. Sp. 1717ff.

SACH- UND NAMENWEISER

Das folgende Gesamtregister bezieht sich auf die vorausgehenden S. 1-327. Ausgenommen sind unter den Namen lediglich die in den bibliographischen Titelangaben der Fußnoten bzw. der Nachspänne (Petry zu Aubin, Grundmann und Großmann zu Frey) genannten Autoren.

Zusätzlich zu den S. XV angegebenen Abkürzungen wurden im Gesamtregister noch folgende angewandt:

a.	= am, an, auf		Kg.	= König
b.	= bei		kgl.	= königlich
B.	= Bischof		kirchl.	= kirchlich
bayer.	= bayerisch		Ks.	= Kaiser
bfl.	= bischöflich		ksl.	= kaiserlich
böhm.	= böhmisch		kunstgeschichtl.	= kunstgeschichtlich
d.Ä.	= der Ältere		ländl.	= ländlich
d.J.	= der Jüngere		Landgf.	= Landgraf
dt.	= deutsch		lit.	= literarisch
engl.	= englisch		märk.	= märkisch
Erzb.	= Erzbischof		Markgf.	= Markgraf
Erzhg.	= Erzherzog		nachweisb.	= nachweisbar
erzhgl.	= erzherzoglich		niederl.	= niederländisch
ev.	= evangelisch		Ndb.	= Niederbayern
fränk.	= fränkisch		NS	= Niederschlesien
franz.	= französisch		österr.	= österreichisch
Frhr.	= Freiherr		OS	= Oberschlesien
fstl.	= fürstlich		Pfalzgf.	= Pfalzgraf
geistl.	= geistlich		poln.	= polnisch
Gf.	= Graf		preuß.	= preußisch
Gfin.	= Gräfin		protest.	= protestantisch
Gfn.	= Grafen		röm.	= römisch
Gr.	= Große(r)		s.a.	= siehe auch
Hg.	= Herzog		sächs.	= sächsisch
Hgin.	= Herzogin		schles.	= schlesisch
hgl.	= herzoglich		schwed.	= schwedisch
Hl.	= Heilige(r)		schweiz.	= schweizerisch
Jh.	= Jahrhundert		sen.	= senior
Inst.	= Institut		SJ	= Societas Jesu
ital.	= italienisch		span.	= spanisch
jüd.	= jüdisch		v.	= vom, von
kath.	= katholisch		Verf.	= Verfasser
Kf.	= Kurfürst		zw.	= zwischen
*	= geboren		†	= gestorben

Register

Aachen 141
Abendmahlsbild 241
Abendmahlsspendung 6
Abendmahlsstreitigkeiten 32
Aberglaube 195
Abfall-Verbot 1709 123
Abkommen (Frankfurt a.M.,1539) 15
Abordnung (nach Warschau 1620) 73
Absatz 146f, 163, 173
Absatzgebiete 136, 146, 174
Abschatz, Hans Assmann v. (1641-99) 226
Absolutismus 137, 208, 223
Abt 28, 47, 52f, 102, 117, 271, 295
Abtei 151, 316
Abtsgebäude 242
Abtswahl 52, 104
Abwanderung 80, 92, 100, 102, 115f, 122, 124, 129, 137, 162ff, 166, 175
Acht 58, 74f
Acker 153, 156f, 169
Ackergerät 162
Adam Wenzel (Hg.v.Teschen 1579-1617) 65f
Adel 4, 20, 29, 39, 48, 53, 57, 80, 87, 106, 113, 137, 140, 148, 158, 165, 182, 194, 208, 213, 217f, 220, 235, 242f, 258, 268, 280, 282; 293 (Troppauer)
Adelsaufstand 118
Adelsbrief 209
Adelsgüter 17
Adelshof 235
Adelsmacht 141, 158, 172
Adelspalais 246
Adelsrepublik s. Polen
Adimari, Alessandro (vor 1700, Sonettenautor) 226
Adjunctus Scholae 278
Adlergebirge 150

Administrationspacht 130f
Adria 1, 130, 179
Advokat 283
Äbtissin 46, 52, 117, 125
Ämterverbindung 53
Ämterverleihung 41, 121
Afrika 231
Agrarwesen 137, 139, 151, 157, 168
Akademie s. a. Paris, Wien 186
Akkord (Dresdner 1621) 75, 79, 83, 85f
Akzise 108, 163, 167
Alaun 25, 150
Albendorf 320
Alchimie 195f
Aldobrandini, Ippolito (Kardinallegat, später Papst Clemens VIII. 1592-1605) 50
Albrecht II. (dt. Ks. 1438-39) 1f
Albrecht v. Brandenburg (Hg.v.Preußen 1525-68) 286
Alexandriner 198, 213ff
Allegorien 221, 236
Allemande 326
Alpenländer 3, 130
— östl. 3
Alpentäler 255
Altar (Altäre), s. a. Greiffenberg 237f, 240, 244, 253ff, 320
Altar (Hedwigs-) s. Antwerpen
Alternatim-Praxis 262
Altdorfer, Albrecht (um 1480-1538, Maler) 231
Altnikol, Johann Christoph (1719-59, Schwiegersohn Bachs) 261, 277, 326f
Altranstädt b. Leipzig 92, 118, 122, 125, 174, 297
Altseidenberg 197
Altvater-Gebirge 148
Alumnat s. Breslau

331

Register

Amberg, Georg (nachweisb. 1532, Baumeister) 235
Amboise 230
Amerika 124, 146
Ampringen, Johann Caspar v. (Hochmeister 1664-84) 296
Amsterdam 174
Amsterdam, Gerhart Heinrich v. († 1615, Bildhauer) 239
Amtssprache (dt.) 38
— (tschechische) 38, 289
Anbaufläche (Erweiterung) 154
Andachtsbild 239
Andreas v. Jerin (B. v. Breslau 1585-1596) 48, 52f, 56
Angelus Silesius s. Scheffler
Anger 153
Angerhäusel 170
Anhalt 67
Anhalt-Dessau 110
Anlage (städtebauliche), s. Troppau
Anleihen 44, 113, 139
Annaberg 101, 125, 233
Annenkapelle s. Neisse
Annolied 203
Ansbach 9, 17, 29, 38, 226, 241, 286
Antwerpen 141
Anwartschaft 7, 57, 112, 134
Apelles v. Löwenstern, Matthäus (1594-1639, Dichter u. Musiker) 204, 216, 268, 280, 324
Apels Garten s. Leipzig
Appellationskammer (Prager) 21, 26, 45, 62f, 109
Appellationsrecht 26, 54
Arbeiter 151
Arbeiterbevölkerung 180
Arbeiterfrage 144f
Arbeitermangel 163, 169
Arbeitskräfte 154, 156, 164, 170, 231

Arbeitsteilung 148
Arbeitsverfassung 157
Archidiakonat (Archidiakone) 99, 104
Architekten 233, 244f, 248, 316
Architektur 236, 243f, 248, 255, 319
Archiv(e), s.a. Nürnberg, Posen, Prag 233, 296, 301, 317, 326
Archivgut s. Oberösterreich
Arianer 100
Arien 271, 281
Arkaden 234-237
Armenier 142, 176
Arnim (1581-1641, Feldmarschall) 84, 86
Arnold (Privilegiensammlung) 127
Arzat v. (Grabmal) (Breslauer Ratsherrengeschlecht, v. 1591-1677 im Rat) s. Breslau, Maria Magdalenenkirche
Arzt 194f
Asam, Cosmas Damian (1686-1739, Maler) 258
Assig, Hans v. (1650-94, Dichter) 226
Aster, David (um 1700, Komponist) 278
Astrologie 195
Atlanten (kunstgeschichtl.) 246, 320
Atlantischer Ozean (Atlantikküste) 140f, 176
Atlas Silesiae 129
Attestat 276
Attika 252, 319
Aubin, Gustav (1881-1938, Nationalökonom) 299
— Hermann (1885-1969, Historiker) 299, 301
Auersperg (1615-77, österr. Minister) 106f
Aufgebot 44, 50, 106
Aufklärung 197, 205
Aufrührer (böhm. 1618) 69

Register

Aufstand (in Ungarn, 1606) 58
Aufstieg (sozialer) 275
Augsburg, s.a. Friedensschluß u. Interim 9, 11, 146, 192, 232, 299
August, Gf. v. Liegnitz (1627-79) (Stiefbruder Christians) 110f
August v. Sachsen (Kf. 1694-1733, Kg. v. Polen 1697) 117
Aula Leopoldina s. Breslau
Ausführung (vokale) 280
Ausführungsvertrag (Altranstädter, 1709) 118, 122
Ausfuhr 130, 142, 145f, 154, 171, 174
Aussaat 169f
Ausstellung: Schlesische Malerei 1520-1620 (1966) 320
Auswanderer 261
Auswanderung s. Abwanderung
Autobiographie 279f, 327
Autodidakt 278
Autoren 268
Autorff, Ernst Jacob v. (1639-1705, Romanschriftsteller) 225
Aventinus, Petrus (um 1574, Komponist in Breslau) 263
Bach, Elisabeth Juliana Friederike (1726-81) 277
—, Friedemann (1710-84, Komponist) 277
—, Johann Sebastian (1685-1750, Komponist) 261, 273, 275-278, 282f, 326f
Bach-Schüler 277
Bahr s. Pahr
Bakkalaureus 187
Balkan 176
Ballhaus s. Breslau
Baltasar v. Promnitz (B.v.Breslau 1539-62) 16, 20, 231, 262
Baltikum 250
Bamberg 256

Bandlwerk 254
Banér, Johan (1596-1641, schwed. Feldherr) 84
Bannmeile 148, 158, 165, 172
Banse (Scheune) 252
Barbara v. Brandenburg (1527-95, Hgin. v. Brieg) 15, 46
Barchent 145f
Barclay, John (1582-1621, Dichter) 200
Barläus, Caspar (1584-1648, Dichter) 204
Barmherzige Brüderkirche s. Breslau
Barock 192, 197, 203ff, 207-210, 217, 219, 221-224, 226, 228, 243-246, 250, 252, 255, 258f, 283, 316f, 320
Barockdrama 193, 221f
Barocklyrik 216
Barockoper 281f
Baron, Ernst Gottlieb (1696-1760, Lauten-Komponist) 272f
Bartsch (Nebenfluß d. Oder) 300
Basso continuo 272
Baß (unbeziffert) 271
Bathory, Siegmund (Fürst v. Siebenbürgen 1572-1613) 54
—, Stephan (Kg. v. Polen 1576-86) 44
Bauernhäuser 253
Bauernland 151-154, 161, 167ff
Bauernstück (lit.) 213
Bauerntum 152-158, 162, 167-171
Bauherren 188, 231, 235
Baumann (Verleger in Breslau 1657) 271
Baumberg a.d. Alz/Bayern 258
Baumeister 234f, 242-245, 248ff
Baumgarten b. Jauer 238
Baumwolle 146
Bauplastik 242f, 319
Bautätigkeit 165, 230, 242
Bautzen 73
Bayern 231, 257

333

Register

Beamtentum 10, 17, 26, 28, 33, 47, 116, 137, 140, 149, 183
Becanus, Martin (1563-1624, SJ) 200
Beck, Conrad (* 1901, schweiz. Komponist) 325
Beduzzi, Antonio (Barockkünstler) 245
Befestigungen s. Festungswesen
Befugnisse (grundherrliche) 49, 78
— (landesherrliche) 49
— (ständische) 77, 128
Behördenwesen 27, 43, 52, 54, 79, 88, 99, 102, 108, 112, 123f, 131, 294
Bekehrungen 78, 93, 102, 116, 124, 215, s. auch Konvertiten
Bekenntnis s. Glaubensfrage
Bekenntnis (Augsburger) 41, 67, 93, 101f, 121
— (Heidersdorfer) 42
Bekenntnisdichtung s. Erlebnisdichtung
Belehrungsurteil 45
Belgien 232
Belgrad 126
Benediktiner 249
Bentum, Philipp Christian († 1750, Prager Künstler) 258
Bereitschaftsordnung (1572ff) 40
Bergfahrt (Oder-) 140
Bergwerksgesetz (böhm. v. 1575) 43
— (schles. v. 1577) 43
Bergwesen 9, 17, 29, 34, 37f, 43, 55, 112, 131, 138f, 149ff, 175, 301
Berlin 18, 37, 56f, 84, 111, 181, 226, 272ff, 283, 299, 301, 326
—, Hof 111, 117
Berna b. Lauban 277
Bernini, Lorenzo (1598-1680, Barockkünstler) 244
Bernstadt 112, 268, 326
Besetzungsrecht s. Patronat
Besitzrecht 157

Besitzverschiebung (1621-24) 159
Beskiden 135
Besler, Samuel (1574-1625, Musiker) 262, 266f, 324
—, Simon (1583-1633, Musiker) 266, 324
Bethäuser 253
Bethlen Gabor (Fürst v. Siebenbürgen 1613-29) 71, 74ff, 200
Betriebsverbesserungen s. Dominien
Bettleroper 281
Beuthen/OS 7, 9, 13, 17, 29, 38, 50, 56f, 61, 66, 100, 116, 125, 149
Beuthen-Oderberg, Standesherrschaft 75, 80 s.a. Beuthen/OS
Beuthen a.d.Oder 190, 202
Bevölkerungsgeschichte 94, 102, 116, 139, 147, 152, 158, 162-166, 173, 181, 294f
Bevölkerungsteil (slawischer) 13, 31
Bewirtschaftung (eigene) s. Eigenwirtschaft
Bibliothek 267
Bielitz, Standesherrschaft 34, 100, 172
Biener, Matthäus (*um 1700, Baumeister) 247
Biere 163
Biergeld (-steuer) 19, 21, 25, 27, 45, 138
Bildhauer 255, 316f, 319
Bildnis 232, 235, 241
Bildschnitzer 239
Bildungsdichtung 207
Bildungsreise 190, 220
Bildungsschichten 183, 208
Bildungswesen 135, 183-186, 191, 200f, 217f, 220
Bimler, Kurt (*1883, Kunsthistoriker) 319
Biographiensammlung 274, 325
Bioni, Antonio (1698- nach 1738, Komponist) 280ff

Register

Biron, Ernst Johann (1690-1772, Hg. v. Kurland) 124
Bischof 53, 56, 104, 108, 112, 114, 116, 188, 246, 294 s.a.Breslau, Posen
Bischofsgräber 231
Bischofspalais s. Neisse
Bischofsresidenzen 246
Bischofsstuhl s. Straßburg
Bischofswahlen 37, 59, 101, 116, 125
Bistum (Breslau) 14, 51, 58, 71f, 77, 101, 116, 289, 294f, 297
Bistumskandidatur s. Olmütz
Bistumsland (Neisser) 31, 60, 72, 76, 160, 247
Bittschriften 38, 99, 115
Blauer Montag 144
Blei 149
Bleicherei 148, 173
Blois 230
Boccaccio, Giovanni (1313-75, Dichter) 194
Bodenschätze 180
Böhme, Jakob (1575-1624, Mystiker) 194-197, 213ff, 217, 224, 266, 271
—, Martin (1557-1622, Dichter) 193
Böhmen 1-4, 6, 10, 20, 25f, 33, 39f, 42f, 58-62, 68-72, 74, 79f, 89f, 108, 129, 131, 139, 149ff, 166, 170, 180, 183f, 189, 194, 234, 236, 252, 256ff, 278, 280, 319
Bog, Ingomar (*1920, Wirtschaftshistoriker) 301
Bohse-Talander, August (1708-42, Dichter) 225
Boileau, Nicolas (1636-1711, franz. Dichter) 226
Boisalz 140
Bologna 185, 309
Bonaventura Hahn (B. v. Breslau 1596-99) 52f.

Bonn, Inst. f. Geschichtl. Landeskunde 300
Borgholm/Öland 234
Boskowitz, Johann Welen v. († 1589) 235
—, Ladislaus Welen I.v. (mährischer Magnat um 1500) 231, 235
Botenwesen 129
Brabant 141
Brachvogel, Christian (Privilegiensammlung) 127
Brackmann, Albert (1871-1952, Historiker) 300
Brände 159, 161
Bräuche (fremde) 207
— (überkommene) 308
Brand(e)l, Peter Johann (1660 oder 68 - 1739, Maler) 255, 258
Brandenburg 15, 56, 82f, 86, 93, 102, 105, 108, 111, 117, 140, 176, 180, 252
—, Kurhaus s. Hohenzollern
Brandenburg-Preußen 133-135
Branntwein 154, 161, 167, 171
Bransdorf b. Jägerndorf (Schloß) 256
Brauchitschdorf 251
Braun, Edmund Wilhelm (1857-1920, Kunsthistoriker) 255
—, Matthias (1684-1738, Prager Barockkünstler) 255, 316
Braunau in Böhmen 68, 249
Brauwesen 148, 154, 158, 163, 167, 171
Breiner, Johann Philipp Friedrich (1585-1638, Administrator d. Bistums Breslau) 289
Breslau 3-7, 11, 13, 15f, 18-21, 23, 25, 27f, 30ff, 37f, 40ff, 46ff, 50ff, 59, 62, 66ff, 71, 73f, 76, 80, 83ff, 88ff, 92, 94, 99f, 103, 109, 111, 115, 118,

335

Register

123, 129f, 139-146, 150, 154, 160, 162, 164, 173-176, 179, 182, 184, 187f, 192f, 200, 219ff, 225ff, 231ff, 238-244, 246f, 249, 251f, 254ff, 258f, 261-267, 269f, 272-276, 280ff, 289, 292ff, 297, 299ff, 309, 317, 319f, 322, 324-327
—, Kirchen und Klöster
—, Adalbert-Kloster 51, 60
—, Alumnat 248
—, Antonius (Franziskanerkirche) 247
—, Barmherzige Brüderkirche 248, 254f, 320
—, Bernhardin-Kloster 270
—, Christophorus-Kirche 275
—, Dom 239f, 244f, 255, 274f
—, Dom, Ceslauskapelle 256
—, Domchor, (Jerin Grabmal) 239
—, Dom, Chorkapellen 244
—, Dom, Elisabethkapelle 244
—, Dom, Vinzenzaltar 239
—, Dorotheen-Kloster 66, 88
—, 11000 Jungfrauen 115, 124
—, Elisabeth-Kirche 269f
—, Grabmal Rybisch 231f
—, Franziskaner-Kloster (1685) 115
—, Johanniter-Hospiz (-Kommende) 115, 187
—, Kreuz-Kirche 254, 274, 320
—, Maria Magdalenen-Kirche 255, 262, 274f, 279
—, Matthias-Stift (Kreuzherrenstift) 249, 251, 265
—, Orphanotropheum 248
—, Salvator 124
—, Sandkirche 254
—, Sandstift 242
—, Universitätskirche 247ff
—, Vinzenzkirche 254

—, Vinzenzkloster a.d.Elbing vor Breslau 11, 13
—, Vinzenzkloster, jüngeres 242f
—, Aula Leopoldina 248, 256, 259
—, Ballhaus in d. Breitengasse 280
—, Blauer Hirsch 280
—, Burg (Kaiser-) 46, 68, 73, 104
—, Dominsel 48, 52, 83, 160
—, Gewölbe, Leubuser 28
—, Magdalenengymnasium 221, 227
—, Ohlauer Tor 167
—, Rathaus 232
—, Sandinsel 83, 88, 160
—, Schloß, königliches 244
—, Universität 190f
—, Vorstädte 167
—, Bistum 58, 71, 289
—, Domkapitel 121, 292, 294
—, Fürstentum 30, 39, 82, 88, 161, 168f
—, Huldigung 1611 65f
—, Konsistorium 124
—, Rat 28, 33, 45, 60, 83
Brettsägen 154
Brevnov (Benediktinerkloster b. Prag) 249
Brieg 6, 29, 42, 46, 69, 77, 90, 92, 96, 101, 109, 111, 113f, 123f, 130, 153, 160, 175, 179, 187, 205f, 232, 234f, 258, 264, 266, 272, 275, 319f
—, Dechantei 37
—, Rathaus 235
—, Ring 252
—, Schloß (Portal) 233ff, 316, 319
—, Fürstentum 55, 100, 110, 121, 161, 166
—, Kammerdörfer 161
—, Konsistorium 118
—, Nächstgesessenentag 1620 73
—, ksl. Regierung 112
Brockhut b. Nimptsch 206

Register

Brokoff, Ferdinand Maximilian (1688-1731, Bildhauer) 245, 255
—, Johann (1652-1718, Bildhauer) 255, 257
Brosig, Moritz (1815-87, Domkapellmeister) 273
Brostau b. Glogau 31, 49
Brüder (Böhmische) 101, 192
Brüdergemeine (dt.) 253
Brühl, Heinrich Graf von (kursächsischer Minister 1700-63) 276
Brünn 173, 258
Brüx 278
Budapest, s.a. Ofen 261
Bühne 212, 220, 222
Bürger-Epitaphien 320
Bürgerkriege (franz.) 64
Bürgertum 39, 58, 66, 88, 101, 115, 142, 148f, 158, 184, 190, 208, 217, 236, 241, 251, 281
Bürgschaft (schwed. 1648) 93
Bund v. 1609 61
— (Heilbronner 1633) 84
— (Schmalkaldischer 1531) 15f
Bundeshilfe 61, 69, 72
Bundestreffen (d. Reichenberger 1963) 299
Bunzlau 41, 197, 202, 204; 233 (Rathaus), 256, 267, 270
Burg s. Breslau, Ofen, Prag
Burgberg b. Jägerndorf 245, 257
Burgemeister, Ludwig († 1932, Kunsthistoriker) 317
Burgen (Adels-) 165
Burgenland 301
Buxtehude, Dietrich (1637-1707, Komponist) 325
Byß, Rudolf (1660-1738, Mainzischer Hofmaler) 258
Calagius, Andreas (1549-1609, gekrönter Poet) 193

Calaminus, Georg (1547-95, Dichter) 194, 212
Campo santo 252
Canitz, Friedrich Rudolf Ludwig, Frhr.v. (1654-99, Berliner Hofdichter) 226
—, Hans Siegmund v. (Herr v. Großburg 1654) 99
Cantiones sacrae 268
Cantus choralis 263
Cantus firmus 261
Carlsfeld im Erzgebirge 253
Carolath, Herrschaft 54, 87
—, Schloßkapelle 237
Carove, Andreas (um 1600, Baumeister) 243
Casa di Loretto s. Oberglogau
Casparini, Eugen (1623-1706, Orgelbauer aus Padua) 274
Celtes, Konrad (1459-1508, Humanist) 186ff
Cembalo (Cembalist) 275, 280
Ceslauskapelle s. Breslau
Chanson 283
Chor (Chöre) 262, 266, 268, 270, 279
Choral 274
Choralbearbeitungen 275, 322
Choralbuch 276, 326
Choral (gregorianischer) 262, 269
Choralia 275
Choralmesse 262
Choralvorspiele 275
Chorgestühl 254, 317
Chorkapellen s. Breslau, Dom
Chorsätze 266
Chorschluß (polygonal) s. Friedeberg a.Qu.
Chremnitz, Friedrich (Kaufmann, Breslau 1668) 270
Christian I. Hg. v. Anhalt (1568-1630) 74

337

Register

Christian, Hg. v. Liegnitz (Wohlau) (1639-72) 101, 109f, 272
Christiania 250
Christine (Königin v. Schweden 1632-54) 99
Chrzanowski, Tadeusz (20. Jh., poln. Kunsthistoriker) 319
Clavichordium 275
Clemens VII. (Papst 1523-34) 2
— VIII. (Papst 1592-1605) 53
Clementinum s. Prag
Colerus (Opitzschüler) s. Köler, Christian
Collegium Germanicum 48
Collegium musicum 280
Colonna (Grfin. 1693 in Groß Peterwitz) 251
Communion 322
Compendiolum pro incipientibus 263
Complet 262
Concertmeister 280
Concerto-Stil 269
Corpus evangelicorum 93
Cortona, Pietro da (1596-1669, röm. Maler) 259
Corvinus s. Matthias I.
Cosel 23, 164
Courante 326
Cranach, Lucas (1472-1553, Maler) 240f
Cranach-Werkstatt 240
Crato v. Krafftheim (1519-85, ksl. Arzt) 42, 47, 190
Cymbelin(e) (sagenhafter britischer König) 194
Czarnowanz (Klosterbrück) 32, 52, 242f
Czepko, Daniel (1605-60, Dichter) 94, 197, 214f
Czigan, Brüder (mährisches Adelsgeschl., um 1630 in Dobroslawitz) 214
Dach, Simon (1605-59, Dichter) 203, 205

Dänemark (Dänen) 80, 250, 269
Dammer b. Namslau 171
Danzig 140f, 173, 203, 205, 209, 219, 262, 311
Darlehen 29, 57, 121, 125f
Dechantei s. Brieg
Deckenmalerei 248, 258f, 316
Dedekind, Friedrich (um 1525-98, Dichter) 206
Defensionsordnung (-werk) 11, 44, 50, 71f
Defensionssteuer 66, 72
Defoe, Daniel (um 1660-1731, Dichter) 225
Degen, Kurt (*1904, Kunsthistoriker) 316
Deichschutz 154
Dekorationstil 249, 255f
Dekret (Strehlener, 1573) 46
Demantius, Christoph (1567-1643, Musiker) 264
Denkschrift um 1620 75
— 1625 78
Deutsch Krawarn b. Hultschin 245
Deutschland 64, 136f, 142, 146, 166, 234
Deutschmeister 76, 296
Deutschmeisterschloß 248
Deutschordenskirche s. Troppau
Deutsch-Piekar 117
Deutschtum 17, 31, 33, 151, 157, 162, 181, 186, 197, 206, 218
Dichter (Dichtkunst, dt.,) 267f, 271
Dichterkrieg (Hamburger) 228
Dienst (städtischer) 261
Dienstbarkeit (ländl.) 155ff
Dientzenhofer, Christoph (1655-1722, Baumeister) 320
—, Ignaz Kilian (1689-1751, Baumeister) 249, 255

—, (böhm. Baumeisterfamilie) 245, 251, 316
Dientzenhofer-Schule 249
Dietrichstein, Franz Fürst v. (Kardinal, B. v. Olmütz 1599-1636) 53, 58
Diözesanklerus 48
Diözesansynode v. 1653 98, 295
Dirigent(en) 263, 276, 281f,
Distler, Hugo (1908-42, Komponist) 325
Dittmannsdorf 239
Dobrischau b. Strehlen s. Rummelsdorf
Dobroslawitz 214
Dobrzycka, Anna (20. Jh., Kunsthistorikerin) 320
Dörfer 154f, 157, 161f, 168ff, 172
Dohna, Abraham v. Groß Wartenberg (1561-1613) 58
—, Karl Hannibal v. (Burggrf. 1588-1633) 65, 71f, 76, 200f, 293
—, v. (Familie, preuß. Zweig) 124
Dom s. Breslau, Glogau
Domänenwesen 113, 131
Domchor s. Breslau
Dominialverfassung 154f, 164, 167ff, 171, 300
Dominikaner 104, 116
— (poln.) 101
Dominikanerkloster s. Breslau
Dominikanerprovinz (poln.) 291
Dominsel s. Breslau
Domkapitel 4, 14, 22, 39, 41, 48, 51ff, 71f, 121, 291, 294, 308
Domkreuzgang s. Regensburg
Domorganist 274f
Dompropstei (Magdeburger) 37
Domschatz (Breslauer) 231
Domvikar 261
Donau 136, 281
Donau-Oderkanal 129

Donner, Georg Rafael (1693-1741, Bildhauer) 257
Doppellustspiel 213
Doppelwahl 1526/27 1
— (Breslauer, 1596) 52f
— in Polen 1588 50
Dorasil, Anton († 1759, Bildhauer in Grüssau) 255
Dorfaue 170
Dorfhandwerker 130
Dorfkirchen 236ff, 246, 252
Dorfweberei 130
Dorothea Sibylla v. Brandenburg (1590-1625, 1. Gemahlin Johann Christians v. Brieg) 77, 206
Dowland, John (1562-1626, Musiker) 272
Dozenten-Kollegium (in Liegnitz) 190
Dragoner (Liechtensteiner) 80, 189
Drama 191, 193, 200, 212ff, 219, 221f, 225, 268
Dreifaltigkeitskirche s. Salzburg
Dresden 73, 84, 246, 250, 256, 273, 276
—, Schloß 233
—, Hof 117
Dresdner Akkord 1621 74
Drucke (Druck, Drucker) 270, 282
Dülfer, Kurt (*1908, Historiker) 301
Dürer, Albrecht (1471-1528, Maler) 240
—, Hans (1490-1534, Maler, Bruder Albrechts) 240
Dürnstein/Niederösterr. 249
Durchgangshandel (-verkehr) 89, 139, 143, 176
Dyck, van (1559-1641, Maler) 258
Dynastiewechsel 1740 132, 134
Eckersdorf b. Neurode 257
Edelmetall 160
Edelmetallinflation 144, 150, 153

Edikt (ksl. 1566) 40
—, (ksl. 1663) 100
—, (Nantes 1598) 122
Eggenfelden/Ndb. 233
Ehrenforst (Slawentzitz) 23
Eichendorff, Joseph Frh. v. (1788-1857, Dichter) 224
Eigenart (schles.) 182, 243, 254
Eigenwirtschaft (der Gutsherren) 153, 171
Einflüsse (böhm.) 255f
— (ital.) 256
— (österr.-bayer.) 258
— (Prager) 248f, 255f
— (süddt.) 255
— (süddt.-bayer.) 257
— (Wiener) 248
Eingabe v. 1708 (jüdische) 297
Einkommensteuer 128
Einkünfte (kirchl.) 22
— (kgl.) 83, 112f
Einlager 159f
Einnahmen 281
Einnehmer (ksl.) 45
— (ständische) 44
Einquartierung 82, 161, 165, 169
Einspruch (schwed. 1717) 123
Einwanderer 262
Einwohner s. Bevölkerungsgeschichte
Einzellandtage 128
Einzelpfandschaften 23
Eisenerzeugung 149ff, 156, 301
Eisenstadt/Burgenland 243
Ekkehart, Meister (um 1260-1328, Mystiker) 194
Elbe 140, 171
Elfenbeinschnitzer 255
Elisabethkapelle s. Breslau, Dom
Elle (Breslauer) 175
Ellwangen 127

Elnar, Ernst (um 1570, Porträtist) 241
Elsaß 256
Emanzipations-Edikt (preuß. v. 1812) 298
Emigration (böhm.-mährische) 292
— (schles.) 292
Emporen 237, 240, 247, 250, 252
Enchiridion 262, 322
Enea Silvio Picolomini s. Pius II.
Engelsgestühl 317
Enghien, Prinz Louis II. d' (1621-86) 102
England (Engländer) 141, 149, 173, 197, 200, 208, 217, 219
Enteignung (d. Güter) 236
Entlaufen (des Gesindes) 156
Entscheid (ksl. v. 1542) 58
Epigramm 204, 206
Epitaph 238ff
— in Brieg 319
— in Troppau 320
— (Jenkwitz-) in Breslau 241
Erasmus v. Rotterdam (1467-1536, Humanist) 186, 231
Erbeinigung (zw. Brandenburg, Sachsen u. Hessen) 56
Erbfolgekrieg (österr.) 132
— (poln.) 282
— (span.) 118
Erbfürstentümer 8, 13, 16, 21, 23, 25, 30f, 34, 39, 43, 48f, 54, 58, 60, 65, 78, 80, 84ff, 87, 92, 96f, 101ff, 106, 113, 118, 123, 138, 143, 155, 252, 293f s.a. Breslau, Glogau, Oppeln-Ratibor, Schweidnitz-Jauer
Erbherren 155f, 169f
Erbländer (habsburgische) 10, 21, 42, 50, 59, 63, 68ff, 86, 92f, 95, 121, 166
Erbmonarchie (Prinzip) 3, 63, 71
Erbpacht 131

Erbuntertänigkeit 154-158
Erbverbrüderung v. 1537 13, 15, 18f, 46, 84, 111, 133f
Erbzinser 169
Erbzinshufen 153
Erfurt 186, 262, 309, 322
Erlebnisdichtung 226, 228
Ernst v. Bayern (Administrator v. Passau 1517-40) 13
Ernst, Erzhg. (1553-95, Bruder Ks. Rudolf II.) 49
Ernte-Andachten 279
Ernten 156
Erotik 218ff
Erträge 131, 152, 154, 170f
Erweckten 124
Erzbischof s. Gnesen
Erzgebirge 150
Eschenloer, Peter (1430-81, Bresl. Stadtschreiber) 184
Esterházy, (ungar. Magnatengeschlecht) 243
Europa 136, 144, 146, 153
Exekutionsrezess s. Altranstädt
Exklave s. Schwiebus
Exklaven (böhm.) 22
Exotik 224
Exulanten 80, 85, 94, 115, 162
Fabeln 236
Faber, Franz (1497-1565, Dichter) 188
—, Heinrich († 1552, Rektor u. Kantor in Naumburg) 263f
Fabrikwesen 130, 173, 175
Fachwerkbau 252f
Färbereien 145
Faktor s. Handelsvertreter
Faktorei 150, 173
Falkenberg/OS, Herrschaft 23, 154, 161f, 168f, 288
Familienmausoleen 238

Fassaden 232, 243, 249, 316 s.a.Proskau
Fehdewesen 40, 137
Feichtmayr, Joh. Michael (um 1710-72, Bildhauer) 257
Feiertage 103, 144
Feldarbeit 173
Fenstersturz (Prager, 1618) 68
Ferdinand I. (dt. Ks. 1556-64) 1, 3-29, 31ff, 37-40, 42ff, 46, 49, 54ff, 75, 82, 89, 105, 108, 133f, 138ff, 155, 185, 190, 262, 285
— II. (dt. Ks. 1619-37) 28, 67, 70ff, 74f, 78f, 83, 105, 126, 167, 202, 267f, 292
— III. (dt. Ks. 1637-57) 55, 76, 86, 88f, 92, 99f, 126, 293f
— IV. († 1654, gewählter dt. Kg.) 99
—, Erzhg. (1529-95, Statthalter in Prag) 23, 30
Fernstudium (schles.) 298
Ferrata, Ercole (1610-86, ital. Bildhauer) 244
Festenberg 124
Festungswesen 13, 90, 160, 164
Fichtenberger, Bartholomäus († 1592, Maler) 240
Figuralgrabsteine 238, 319
Finnland 234
Fischer v. Erlach, Johann Bernhard (1656-1723, Baumeister) 244ff, 255
—, Josef Emanuel (1694-1742, Baumeister) 245
Fiskal (kgl.) 27
Fiume 179
Flachs 146f, 175
Flacius Illyricus, Matthias (1520-75, Theologe) 41
Flandern 141
Fleisch 160f
Fleming, Paul (1609-40, Dichter) 205

Flüchtlinge (vom Lande) 162
Flügelaltar 239
Flügelbauten 244, 248
Foltergreuel 220
Fontainebleau 230, 316
Forderungen (grundherrschaftliche) 169
Forkel (1749-1818, Bach-Biograph) 273
Forno (1586/87-1654, schles. Kammerpräsident) 89, 99
Fortschritte (technische) 173
Franckenberg, Abraham v. (1593-1652, Mystiker) 197, 213ff
Franeker /Niederlande 309
Franken 152
Frankenstein, Johann v. (nachweisbar 1540-82, Baumeister) 182
Frankfurt a.M. 15, 70, 84, 146
— a.d. Oder 135, 140, 173, 176, 191, 264, 298, 309
Frankreich 1ff, 15, 18, 64, 86, 140, 147, 173, 190, 200, 209, 217ff, 226, 230, 232, 239, 256
Frantz, Martin d.Ä. († 1684, Baumeister) 250
—, Martin d.J. (1679-1742, Baumeister) 249ff
Franz Ludwig (Pfalzgf. v. Neuburg, B. v. Breslau 1683-1732, Kf. v. Trier u. Mainz) 116, 127, 244, 246, 281f, 298
Franz Stephan (Hg. v. Lothringen, als dt. Ks. Franz I. 1745-65) 282, 298
Franziskaner 66, 88, 104, 115f, 324
— (poln.) 101, 125
Fraustadt 162, 209, 265
Freibauerntum 158
Freiburg/Schlesien 164
— i. Br. (Kopernikuskreis) 299
Freihufen 153
Freistadt/OS 34, 173

Freiwaldau 150
Fremdwörtersucht 198
Freskanten 258f, 317, 320
Freudenthal 76, 150, 293, 296
Frey, Dagobert (1883-1962, Kunsthistoriker) 316
Freystadt/Niederschlesien 121, 253
Freytag, Gustav (1816-95, Dichter) 189, 290
Friedeberg a.Qu. 236
Friedeck/OS, Herrschaft 34
Frieden (Beuthener v. 1589) 50
— (Nikolsburger v. 1622) 75
— (Nymwegener v. 1678) 111
— (Prager v. 1635) 85f, 92, 100, 133
— (Westfälischer) 65, 86, 88, 90, 92f, 95, 96, 100, 102, 112, 115, 117f, 126, 252f, 296
Friedenskirche (Schweidnitzer) 276, 326
Friedenskirchen 92, 98, 118, 227, 252, 295, 316
Friedensschluß (Augsburger, 1555) 22
— (Passauer, 1552) 21f
Friedhöfe 252, 259
Friedland i.B. 27
Friedrich v. Hessen (B. v. Breslau 1671-1682, Kardinal) 109, 244, 246
Friedrich II. (d. Gr.) (preuß. Kg. 1740-86) 112, 118, 132, 134, 151, 165, 180f, 253, 273
— II. (Hg. v. Liegnitz 1504-47) 2, 6f, 11ff, 15f, 18f, 24, 55, 105, 190, 233f
— III. (Hg. v. Liegnitz 1547-70) 24, 28, 46
— IV. (Hg. v. Liegnitz 1552-96) 46, 55
— V. (Kf. v.d. Pfalz 1610-32, Kg. v. Böhmen) 71ff, 267, 292
Friedrich Wilhelm v. Brandenburg (Gr. Kf. 1640-88) 108, 111, 114, 134,

Register

176, 257, 272
Friedrich Wilhelm I. (preuß. Kg. 1713-1740) 180
Friedrich Wilhelm (Hg. v. Teschen 1601-25) 77, 80
Friedrich (Hüttengeschlecht um 1600) 151
Friedrichshafen 247
Frischlin, Nikodemus (1547-90, Dichter) 193
Fritsch, Thomas (1563-1620, Komponist) 265
Froberger, Johann Jacob (1616-67, Komponist) 326
Fröhlich, Hans (1650-91(97), Baumeister) 242
Fronden 157, 169, 171
Frühbarock 242
Frühgeschichte (germanische) 222
Frühmesse 322
Fuchs, Bartholomäus (Abt 1601-20) 238
Fürstbischof (Breslauer) 270
Fürsten 5, 11f, 16, 22, 24ff, 28, 38, 42, 45, 54, 56ff, 65f, 73, 93f, 101, 106f, 112, 127, 132, 137, 139, 149f, 153, 164, 166f, 267, 289, 308
Fürstenbund (protest., 1619) 71
Fürstendienst 261
Fürstenkurie 65, 76, 79, 127
Fürstenrecht 10, 21, 26, 29, 56
Fürstenschule (Heilsbronner) 288
— (Siebenbürgen) 202
Fürstenstein, Herrschaft 161
Fürstentag 3, 5, 7, 9f, 12, 18ff, 25f, 32, 38ff, 44f, 52ff, 57f, 60ff, 65-74, 76, 79f, 83, 94, 109, 128, 156, 291
Fürstentum 30f, 55, 57, 59, 62, 75f, 85, 87f, 90, 92, 98ff, 102, 110-115, 121, 123f, 131, 158
Fürstenwalde 140

Fugger (Augsburger Kaufherrengeschl.) 149f
Fuhrdienste 155f, 169
Fulnek 256
Fußpost 69
Fux, Johann Joseph (1660-1741, ksl. Oberkapellmeister) 327
Gärtner 152, 155f, 161, 168ff, 170f
Gallus, Jacob (1550-91, Komponist) 265
Garn 140, 147, 149, 153, 173f
Garnisonen 83, 105, 160, 177, 180
Garthoff, David Heinrich († 1741, Komponist) 278
Garve, Christian (1742-98, Schriftsteller) 205
Gautier (-Schule) 272
Gebel, Georg d.J. (1709-53, Musiker) 275f, 326
—, Georg sen. (1685-1750, Organist) 275f, 326
—, Georg Siegmund (um 1715-75, Kirchenmusiker, Bruder d. jüng. Georg) 276, 326
Gebirge (-sgegend, -sland) 147f, 150f, 169, 172f, 300
Gebräuche 188, 225
Gebrauchshandschriften 268
Gebühren 125, 144
Gedankenlyrik (mystische) 206
Gedichte 210, 219, 226, 267, 282
Gefälle s. Steuern
Gegenreformation 30, 47, 49, 52, 58, 66, 76f, 79f, 87, 94, 96, 102, 114f, 117, 126, 137, 162, 164, 189, 200, 208, 215, 219f, 241f, 257, 269ff, 294f
Gegensätze (nationale) 52
Geheimbund s. Rosenkreuzer
Geheimlehren s. Naturphilosophie

— (alchimistische) 195
Geistlichkeit 14, 16, 21-24, 29-32, 46, 48f, 51, 71, 87, 99f, 102, 104f, 114, 116, 123-126, 139, 153, 182, 188, 192f, 257, 269, 280f, 289
Geißberg, Oberst v. (Regimentsführer, Troppau 1607) 58
Geldwesen 5, 9, 17f, 21, 39f, 44, 49f, 113, 153, 159, 161, 166f, 174
Gelegenheitsdichterei 185
Gelehrte 185f, 200f, 212, 216, 228, 236, 268
Gelehrtendichtung 205
Geleit 37
Geltung (gesellschaftliche) 218
— (politische) 152
Gemeinde (kirchl.) 279
Gemeindegesang 262f
Gemeindeländereien 169
Gemeindelieder 271
Gemeindemittel 175
Gemeinden (jüd. in Mittelschlesien) 298
Gemeinschaftsgefühl (ständisches) 54
Generalamnestie 1621 74
Generalbaß 266, 269
Generallandtag 2, 10, 43f
—. (böhm. v. 1557) 25
— (Prag 1611) 61
Generalmoratorium 160, 163
Generalsteueramt 25, 54, 77, 106
Generalsteuereinnehmer 25
Generalvikariat (bfl.) 104
Generalvisitation (1666) 104
Generalzunftartikel (1739) 130
Genossenschaftsgedanke 172
Georg v. Podjebrad (Kg. v. Böhmen 1458-71) 1f, 184
Georg I. (Hg. v. Brieg 1504-21) 6
— II. (Hg. v. Brieg 1547-86) 15, 21f, 24, 28f, 37f, 46f, 54f, 234

— III. (Hg. v. Liegnitz-Brieg 1639-64) 106, 109f, 272
— d. Fromme (Markgrf. v. Ansbach, Hg. v. Jägerndorf 1523-43) 7ff, 12f, 17f, 56, 105, 133, 150
— d. Bärtige (Hg. v. Sachsen u. Sagan 1500-39) 4, 12
Georg Friedrich (Markgf. v. Ansbach, Hg. v. Jägerndorf 1543-1603) 17, 23, 28f, 37f, 56f
Georg Rudolf (Hg. v. Liegnitz 1602-53) 55, 74, 77, 79, 83, 109, 203, 265, 267f, 292
Georg Wilhelm (Kf. v. Brandenburg 1620-40) 268
— — (Hg. v. Liegnitz 1672-75) 110f
Georgenberg/OS 149
Gerhart Heinrich s. Amsterdam
Gerichtswesen 9f, 17, 20, 26f, 33, 45, 58, 87, 104, 257
Germanen 223
Gerste 170
Gerstmann s. Martin
Gesänge (latein.) 323
Gesamtstaatsverwaltung 25, 54
Gesamtverpachtung (der Ämter) 131
Gesandtschaften 2ff, 11, 41, 49, 69ff, 73, 76, 79, 84, 96, 111, 117, 190
Gesang (ein- bis dreistimmiger) 263
— (gregorianischer) 262f
Gesangbuch 262, 322
— (Lüneburger) 271
Geschichtslegende (vaterländische) 223
Geschichtsroman 200 222
Gesellenwesen 144, 172
Gesellschaft 164, 225
Gesellschaft f. westfälische Wirtschaftsgeschichte 299
Gesetzblätter 127
Gesinde 156f, 164, 169

Register

Gesinnung (vaterländische) 203, 222
Gesius, Bartholomäus (nachweisb. 1560-1613, Kantor in Frankfurt/O) 264f, 322
Gespannbedarf 155f, 169
Gessner, Adolf (20. Jh., Kunsthistoriker) 316
Gestühl 254
Getränke 160
Getreide 154, 170f
Getreideausfuhr 139, 154
Gewerbe 137, 140-145, 154, 162f, 165, 170ff, 175
Gewerbefreiheit 43
Gewerke 149
Gewicht (Breslauer) 175
Gewichtswesen 129
Gewölbe (Leubuser) s. Breslau
Geyer, Pancraz (Vulturinus) (nachweisb. 1480-1521) 187, 308
Giebelhaus 252
Gießmannsdorf b. Bunzlau 238
Gigue 326
Glas (böhm.) 151
Glashüttenwesen 149ff, 156, 174, 301
Glatz 34, 73, 75, 77, 161, 242f, 266, 269, 323f
—, Minoritenkloster 258
—, Grafschaft 19, 32, 69, 76, 147f, 158, 160, 255
Glaubensfrage 4, 13, 16, 19-22, 29, 31f, 42, 47, 49, 58ff, 63ff, 67ff, 75, 84, 86f, 92, 94f, 98, 100-103, 112ff, 116ff, 121, 123, 126, 134, 137, 181, 188, 199, 207, 214, 220, 228, 252
Glaubenskrieg 271
Gleichberechtigung 38, 71, 125
Gleiwitz 66, 101, 125, 254
Glockenspiel 275
Glöckner 275

Glogau 12, 16, 18, 23, 30, 48f, 52, 58, 61, 77, 92, 130, 142f, 145, 160, 163, 165f, 209f, 213, 240, 242f, 247, 252, 265, 292f, 323
—, Dom 240
—, Stadtkirche 49
—, Vorstädte 165
—, Erbfürstentum 83f, 87, 90, 99, 111, 113, 155
—, Kommissariat 104
Gnadenberg/OS 253
Gnadenfeld/OS 253
Gnadenfrei 253
Gnadenkirche(n) 118, 121, 250, 252f, 295, 316
Gnesen 48, 71, 291, 294
Göbel, Georg (um 1590, Verf. v. Schuldramen) 193
Göppingen 225, 261
Görlitz 145, 192f, 195, 197, 209, 252, 264ff, 319, 326
—, Peterskirche 277
—, Rathaus-Portal 233
Goethe, Johann Wolfgang (1749-1832, Dichter) 224
Götz, Gf. Johann (1599-1645, Feldmarschall) 87
Gold 25, 149, 175
Goldberg 24, 150, 160f, 163, 191, 264
Goldene Krone s. Breslau
Goldenstein 235, 237, 245
Goldingen 301
Gonschorek (Rektor in Breslau um 1930) 286
Goschütz 251
Goslawitz (Goselgrund) 154
Gostyn 258
Gotha 272
Gotik 254

345

Gottesdienst 31, 63, 66, 73, 92, 96, 114, 216, 270
Gotteshäuser 49, 60, 115
Gottsched, Joh. Christoph (1700-66, Dichter) 205, 222
Gottsuchertum 197
Grabkapelle 252
— (d. Piasten in Liegnitz) 255
Grabmal 232, 237, 239, 245, 255
— (Turzo) 231, 319
— (Turzo, Rybisch) 232, 319
— (Tomicki) 232
Grabrede 219
Grafen 281
Grafenort 236, 242
Graz 300
Greiffenberg 149, 161, 238f, 277
Grenze 50, 52, 55, 78, 116, 125, 137, 140, 162, 167
Grenzgebiet (mittelschles.) 50
Grenzkirch s. Podrosche
Grenzkirchen 100, 102, 252, 277, 295, 316
Grenzkommission (schles.-poln., 1726) 129
Grenzstreitigkeiten 14, 26, 44
Grenzstriche (westschles.) 93
Grenzzoll 25, 138f
Griechen 142, 176
Grillparzer, Franz (1791-1872, Dichter) 194
Grimmelshausen, Hans Jakob Christoffel, (um 1625-76, Dichter) 225
Gröditzburg 233
Grofe, Hans (um 1510, Zinngießer) 232
—, Urban (um 1510, Zinngießer) 232
Groningen 309
Großabnehmer 180
Großbetriebe 145, 148
Großbürgertum 217

Großburg 99f, 123
Großkanzler 234
Großkaufherren 244
Großmarkt 147, 171
Groß Peterwitz 251
Großpolen 129, 292
Groß Sägewitz 316
Großstaat 138
Großstadt 279f
Groß Strehlitz 23
Groß Tinz b. Breslau 320
Groß Ullersdorf 235, 237
Groß Wartenberg 7, 65, 167
—, Pfarrkirche 58
—, Schloß 124
Grotius, Hugo (1583-1645, Rechtsgelehrter) 203
Gruben 149f
Grünberg/NS 145, 160, 163, 167
Grüssau 102, 116, 151, 242, 249, 255, 271, 295, 316
Grulich 173
Grundbesitz 34, 114, 126, 169
— (fstl.) 112
Grunderwerb 121
Grundgewerbe 146
Grundherren 31, 43, 112, 114, 121f, 130, 132, 147, 150, 152f, 206
Grundmann, Günther (* 1892, Kunsthistoriker) 300, 316f
Grundrente 153
Grundsteuer v. 1527 10, 25, 89, 107f, 128
Grundstruktur (bäuerliche) 169
Gryphius, Andreas (1616-64, Dichter) 189, 193, 209-213, 219ff
—, Christian (1649-1706, Schulmann) 226f
Guarini, Giovanni Battista (1538-1612, Dichter) 226

Register

Guben 29
Günther, Ignaz (1725-75, Bildhauer) 257
—, Johann Christian (1695-1723, Dichter) 208, 227ff, 282f, 327
Güstrow 234
Guhrau 163f, 237, 263
Guidi, Domenico (1625-1701, Bildhauer) 244
Gustav Adolf II. (schwed. Kg. 1611-32) 82
Gutsacker 152
Gutsbrauerei 154
Gutsherren s. Grundherren
Gutswirtschaft 153, 155f, 169ff
Gymnasialrektor 266
Gymnasien 218, 264
Gymnasium (Akademisches in Beuthen a.O.) 292
— (St. Elisabeth in Breslau) 270
Habelschwerdt 161
Habsburger 1f, 5f, 9, 14ff, 18, 20f, 32f, 43f, 49ff, 59, 62, 67, 69ff, 75, 78, 82, 87, 90, 92, 95, 102, 105, 112f, 118, 122, 125ff, 131, 133, 135, 164, 293
Hackner, Christoph (1663-1741, Baumeister) 244, 246, 248
Häfen 140, 177
Händel, Georg Friedrich (1685-1759, Komponist) 281f
Händel (Schwenckfeldische) 190
Händler 149, 173, 176
Haertel, Tobias (belegt 1609, Kantor) 269, 324
Häusler 152, 170f
Hafer 170
Halle (dreischiffige) 236ff
Halle a.d. Saale 135, 225, 273, 309
Hallenchöre 250

Hallmann, Paul (1600-50, Musiker) 268, 324
—, Johann Christian (um 1647-1704, Dichter) 220ff
Hamann, Johann Georg (1730-88, Philosoph) 225, 314
Hamburg 141, 171, 174f, 228, 274f, 279, 282, 300f
Hammermeister 150
Hammerschmidt, Andreas (1611-75, Komponist) 278
—, Felix Anton († 1762, Baumeister) 247, 249
Hancke, Gottfried Benjamin (um 1700-1750, Dichter) 227f
Hand(tote) 126
Handdienste 156, 169
Handel 14, 43, 89f, 129f, 136, 139-143, 146, 148f, 151, 160, 165, 174-177, 184, 190, 232, 250, 253f, 300f
— (Tausdorfscher, 1572) 39
Handelsherren s. Kaufleute
Handelskrieg 142
Handelspflanzen 154
Handelsregesten (Schles.) 301
Handelsverbot 139
Handelsvertreter 149
Handelszentren (süddt.) 230
Handke, Johann Christoph (1694-1744, Maler) 259, 317
Handl (= Gallus), Jacobus (1550-91, Komponist) 268
Handlungen (gottesdienstliche) 100
Handschriften (illuminierte) 232
Handwechselabgabe 153, 169
Handwerk 39, 130, 143f, 147f, 156, 162, 170ff, 192, 197, 232, 247, 278
Hannewaldt, Adam (1576-1621, ksl. Rat) 239
Harrach, Ernst Albrecht Gf. v. (1598-

347

1667, Erzb. v. Prag) 101
—, Eleonore Gfin. (1705-37, Tochter d. Florian v. Liechtenstein) 244
Hatzfeld, Melchior v. (1593-1658, ksl. General) 87, 238
—, Adelsgeschlecht 258, 294
Haugk, Virgilius (Mitte d. 16. Jh., Kantor) 263f
Haunold, Achatius († 1532, Breslauer Ratsherr 1511-32) 11
Hauptkommission (ksl., 1721) 128
Hauptmannschaft 76, 88f,
Hauptzeche (Kürschner-, in Breslau) 145
Hausandacht 121
Hausiererhandel 174
Hausmusik 282
Hausrücker, Johann (1645-1747, Baumeister) 242
Hausvertrag (Geraer, 1599) 57
Havel 140
Havelberg 264
Haynau 234
Hebungen s. Steuern
Heckel, Hans (1890-1936, Literaturhistoriker) 307
Hedwig, Hl. († 1243) 141, 182, 238
Hedwigstumba (in Trebnitz) 238
Heermann, Johannes (1585-1647, Liederdichter) 192, 228
Heerwegen s. Polkwitz
Heide s. Lausitz, Niederschlesien
Heidelberg 191, 202, 310
Heidengötter 206
Heidersdorf 42
Heilbronn 84
Heilsbronn 288
Heimfall (1675) 113
Heimwerk 153
Heinrich III. (Kg. v. Frankreich 1574-89, zuvor Kg. v. Polen) 37
— IV. (Hg. v. Breslau 1266-90) 182
— XI. († 1588, Hg. v. Liegnitz 1569-81) 28, 37, 45f, 55, 110
— d. Fromme (Hg. v. Sachsen 1539-41) 16
— (Kurprinz v.d. Pfalz 1614-29, ältester Sohn Friedrichs V.) 72
— Julius (Hg. v. Braunschweig 1589-1613) 194
Heinrich Wenzel (Hg. v. Bernstadt-Oels 1592-1639) 79, 83, 85, 268
Heinrichau 242f, 254, 317
Heinsius, Daniel (1580-1655, Literat) 198
Heinz, Anton Georg (nachweisb. 1729-1773, Bildhauer) 256
Heiraten (ins Ausland) 115
Helbig, Herbert (* 1910, Historiker) 301
Henckel-Donnersmarck, Gf. Leo Ferdinand v. (1640-99) 116
—, Gf. Carl Joseph Erdmann v. (1688-1760) 281
—, (Familie) 75, 80, 100
—, Lazarus (Herr v. Beuthen 1617-24) 57, 66
Heraldik 217
Herbergen (Gesellen-) 144
Herberstein, Johann Friedrich Gf. v. († 1701) 242
J.G. Herder-Forschungsrat (Marburg) 301, 317
Heringsbuden 236
Herolt, Wolfgang († 1614, Meistersinger) 192
Herren (böhm.) 4, 43, 45, 59, 65, 67, 70
Herrenacker 156
Herrensitze 195
Herrnstadt 6
Herrschaften 61, 100, 167f, 170f,

Register

s.a. Minderherren, Standesherren
Herrschaftsbesitzer 166, 168
Herrschaftsbrauereien 172
Herrschaftssitze (adlige) 238
Herzog 268, 272
Herzogshaus (Lothringer) 127
Herzogshufen s. Oltaschin
Heß, Johann (1490-1547, Breslauer Reformator) 13, 192, 240f
Hesse, Adolf (1809-63, schles. Organist) 273
Hessen 56
Heyer, Karl Johannes (20. Jh., Kunsthistoriker) 317
Hierarchie (kirchl.) 254
Hiernle, Carl Joseph († vor 1748, Bildhauer) 255
Hildebrandt, Johann Lukas (1668-1745, Baumeister) 244
Hilfsanlagen (zünftische) 143
Hilfsarbeiter 144
Hilfsgewerbe 163
Hilfstruppen 11, 37, 50, 73
Himmelwitz/OS 257, 265, 320
Hinrichtungen 170, 220
Hinterpommern 168
Hirschberg 121, 147, 160, 165, 173f, 179, 187, 250, 252ff, 271, 277f, 300, 325
—, Gnadenkirche 276
Hochadel 245
Hochaltar 240, 244, 248, 254f, 257, 320
Hochbarock 217, 219, 222, 246, 259
Hochbergkapelle s. Breslau, Dom
Hochmeister 296
Hochmeisterschloß 248
Hochschule (Beuthen a.O.) 190
Hochzeit-Lieder 206
Hochzeitsgedicht 187

Höfler, Friedrich (um 1700, Baumeister) 250
Hölmann, Christian (1677-1744, Mediziner) 227
Hörnigk, Philipp Wilhelm v. (1640-1714, Merkantilist) 165, 176
Hof (Gothaer) 272
—, (sächs.-poln.) 272
Hofbeamtentum 217
Hofdichter 205
Hoffmann, August Heinrich, v. Fallersleben (1798-1874, Dichter) 192
Hoffmann, Johann Georg (1700-80, Organist) 279ff, 327
Hoffmann-Erbrecht, Lothar (*1926, Musikwissenschaftler) 261, 322
Hofgerichtsordnung 38
Hofhaltung 19, 54, 110, 138, 218, 273
Hofhistoriograph 185
Hofkammer (Wiener) 27
Hofkanzlei (böhm.) 61, 63, 68, 79
Hofkapellmeister (am Hofe in Rudolstadt) 276
Hofkomponist 268
Hofmaler 257f
Hofmann, Christian v. Hofmannswaldau (1616-79, Dichter) 204, 216, 218ff, 225f, 283
Hofmarschall 34, 217
Hofmaurermeister 247
Hofmedikus 215
Hofmusikant 275
Hofprediger 292
Hofstellen (bäuerliche) 152, 156
Hohenelbe 173
Hohenlohe, Georg Friedrich v. (1569-1645, Feldherr) 74
Hohenzollern (fränk. bzw. märk.) 6ff, 15, 18f, 22, 24, 31, 37, 46, 56f, 59, 61, 82, 84, 108, 111ff, 123, 126,

349

133ff, 150, 272, 294
Holland (Holländer) 149, 171, 190, 197, 202, 208f, 215, 217
Holstein 90
Holz 148, 171, 248

Holzbezugsrechte 153
Holzschnitte 236
Homann (kartographische Firma in Nürnberg, 18. Jh.) 129
Honig 142
Hopfen 154
Hüfner (bäuerliche) 156
Hütten s. Reichenstein
Hüttengeschlechter 150
Hüttenprivilegien 151
Hufen 40, 152f, 161f, 167
— (wüste) 151f, 167, 180
Huldigung 3, 10, 33, 42, 57, 62, 65f, 70ff, 139, 267
Houzeau, Jaques (1624-91, Bildhauer) 256
Hultschin 237
Humanismus 184ff, 188, 190, 203, 206f, 210f, 213, 223, 231f, 308
Hunold-Menantes, Christian Friedrich (1681-1721, Schriftsteller) 228
Hussitenkriege 2f, 163, 168, 184
Hutungsrechte 153
Ikonographie 317
Import s. Handel
Impressario 282
Indigenatsanspruch 30
Indiktion s. Grundsteuer
Industrie 129, 166, 170, 174f, 180
Ingenieur 255
Initialen 319
Innsbruck 301
Inschriftsteine 231
Inschrifttafel 231

Inst. f. Geschichtl. Landeskunde (Bonner) 300
Inst. (Musikalisches der Breslauer Universität) 324
Instrumentalisten 280f
Instrumentalmusik 261, 276
Instrumente(n) 276, 278
Interim (Augsburger 1548) 21
Intervention (der Garanten von 1648) 117, 123
— (schwed.) 117, 297
Interventionsschreiben (poln. v. 1616) 291
Inventarisation Ost (Marburg) 301
Investitur 104
Iser 151
Isergebirge 151, 301
Italien (Italiener) 3, 185f, 190, 209, 215, 218f, 231f, 235, 267, 270, 273, 280
Italienfahrten 186, 230
Iwanoyko, Eugeniusz (20. Jh., Kunsthistoriker) 320
Jägerndorf 7, 9, 12f, 17, 23f, 29, 37f, 56f, 60f, 66f, 75f, 82, 108, 111, 127, 133f, 150, 259, 286, 294
Jagddienste 155, 169
Jagellonen 1f, 14, 27, 49, 51, 132
Jahrgangs-Komponisten 279
Jahrmärkte 144, 167, 173
Jakob v. Salza (B. v. Breslau 1520-39) 4, 11f, 233, 262
Jarmeritz/Mähren 250
Jauer 39, 92, 147, 160, 164, 226, 252f, 269
—, Fürstentum 90
Jeltsch a.d.O. 90
Jemilowsky, Anna v. (Äbtissin v. Trebnitz 1589-94) 52
Jena 221, 309

Register

Jenkwitz s. Epitaph
Jenseitssehnsucht 209, 254
Jentsch, Josef Anton (1699-1757, Baumeister in Grüssau) 249
Jerin s. Andreas
Jesuiten 30, 48, 52, 76ff, 86-89, 102ff, 115, 124, 189, 204, 209, 212, 219, 242f, 247ff, 269
Jesuitenkirche 242, 247, 249, 257f
Jesuitenkunst 256
Jesuitenstücke 212, 219-222
Jesuitenuniversität (in Breslau, Leopoldina) 115, 190, 259
Joachim I. (Kf. v. Brandenburg 1499-1535) 4
— II. (Kf. v. Brandenburg 1535-71) 13, 15f, 18f, 26, 133
Joachim Friedrich (Hg. v. Liegnitz-Brieg 1592-1602) 37, 46, 54ff
— — (Kf. v. Brandenburg 1598-1608) 57
Joachimstal 43
Johann III. Sobieski (Kg. v. Polen 1673-1696) 111
Johann (Markgf. v. Brandenburg-Küstrin 1535-71) 19
— († 1532, Hg. v. Oppeln) 7, 9, 11f, 30
Johann IV. Roth (B. v. Breslau 1482-1506) 186, 188
Johann V. Turzo (B. v. Breslau 1506-20) 188, 231f, 240, 319
Johann v. Sitsch (B. v. Breslau 1600-08) 53, 59
Johann IX. (um 1680, Abt v. Leubus) 242
Johann Christian (Hg. v. Brieg 1602-39) 55, 67, 69, 73f, 77, 80, 83ff, 105, 109f, 206
Johann Georg I. (Kf. v. Sachsen 1611-1656) 72, 267f
Johann Georg (Hg. v. Jägerndorf 1606-1621) 37, 46, 57, 60f, 66f, 69, 71, 74f, 93, 132
— — (Hg. v. Wohlau 1586-92) 54
Johann II. Kasimir († 1672, Kg. v. Polen 1648-68) 87, 101
Johann Sigismund (Kf. v. Brandenburg 1608-19) 195
Johannesberg 231
Johanniter-Hospiz s. Breslau
Johanniterorden 115
Jorhan, Christian d.Ä. (1727-1804, Bildhauer) 257
Joseph I. (dt. Ks. 1705-11) 118, 122-126, 129, 134, 138, 297
Joseph, Georg (17. Jh., bischöfl. Komponist in Breslau) 271, 325
Josquin de(s) Prez (1450-1521, niederl. Musiker) 261, 264f
Jubelfeier 1717 123
Juchtenfabrikation 175
Juden 45, 141, 166f, 176, 223, 297, 301
Judenpatent (1582) 45
Jütland 200
Julius (Hg. v. Braunschweig 1568-89) 234
Juliusburg 112
Juncker, Gottlob Friedrich Wilhelm (1702-46, Dichter) 227f
Jung, H. (20. Jh., Kunsthistoriker) 248
Jurist 272, 283
Jus praesidii 89
Justingen/Württemberg 195
Justizangelegenheiten 88
Kärnten 3
Käse 161
Kahlenberg b. Wien 136
Kaiserbildnis 84
Kaiserburg (Breslauer) 27, 104
Kaisergraben s. Kanal

351

Kaiserhof 242, 245, 293
Kaiserwahl v. 1612 65
— v. 1619 70f
Kaldenbach, Christoph (1613-98, Dichter) 205
Kalender (Gregorianischer) 45
Kalmar 234
Kalvinismus 42, 46f, 63, 67, 93, 189, 208
Kalvinisten 67
Kamenz/Schlesien 242f, 254
Kameralstadt 112
Kammendorf b. Breslau 316
Kammer 5, 11, 26-29, 33f, 37f, 47, 51, 61, 71, 76, 79, 88, 99, 104, 106, 109, 112f, 131, 186, 200, 293
— (Oppelner) 154, 156
— (Prager) 38, 43
Kammerdörfer 152, 161, 170
Kammergüter 10, 31, 37, 47, 112-115, 124, 131, 138, 153
Kammer-Kompositeur 281
Kammermusiker 272f, 276
Kanal 26, 140f, 171
— (Müllroser) 108, 176
Kanalprojekte 108, 134, 176
Kanoniker (Breslauer) 240
Kantate(n) 275, 277-280
Kanth b. Breslau 274
Kantor 263f, 266, 268ff, 273, 275f, 279, 323f
Kantorat 276
Kanzel 237, 239, 252f, 259
Kanzlei (Breslau) 27, 70, 292
— (böhm.) 62
— (dt.) 62, 68, 70
— (Fürstentum Breslau) 85
— (Karls IV.) 184
— (kursächs.) 183
Kanzleisekretär 268

Kanzleisprache (karolinische) 183
Kapelle (Jagellonische, Krakau) 230
Kapellmeister 263, 267, 276, 281
Kapital (Kapitalien) 137, 144, 146, 149, 160, 162f, 167, 174
Kapuziner 104
Kardinal 282
Kardinallegat s. Aldobrandini
Karl IV. (dt. Ks. 1346-78) 168, 183f
— V. († 1558, dt. Ks. 1519-56) 11, 56, 185
— VI. (dt. Ks. 1711-40) 122f, 125ff, 129, 131f, 134, 138, 245, 297
— XII. (Kg. v. Schweden 1697-1718) 117f, 253
— I. (1476-1536, Hg. v. Oels) 2, 7, 11ff, 62
— II. (1545-1617, Hg. v. Oels) 47, 49, 53, 59, 66
— (Erzhg., B. v. Breslau 1608-24) 59ff, 65, 71f, 74, 76f, 291, 294
— Ferdinand (B. v. Breslau u. Plock 1625-55) 71, 74, 101, 294
— Joseph (Erzhg., B.v. Breslau 1663-64) 101
— Philipp (Kf. v.d. Pfalz 1716-42) 113, 273
— (Hg. v. Troppau) s. Liechtenstein
— Friedrich (Hg. v. Oels 1593-1647) 83, 92
Karlsbrücke s. Prag
Karlstein 235
Karpaten 136
Kartuschen 251
Kasimir/OS (Propstei) 29
Kasimir (Hg. v. Teschen 1477-1528) 7, 13
Kaspar v. Logau (B. v. Breslau 1562-74) 40f, 47f, 231
Kastellanlage 243

Register

Katalog s. Ausstellung
Kataster 10, 128, 180
Katechismus (Heidelberger 1563) 290
Katharinenkirche s. Stockholm
Katholizismus 11, 31, 42, 47f, 65f, 75, 101, 103, 117, 124f, 181, 208, 215, 219, 221, 271
Kaufkraft 153, 163
Kaufleute 25, 39, 43, 89, 130, 137, 140ff, 144ff, 148, 167, 173, 175, 177
Kaufmannschaft 280
Kaufmannsgut s. Ware
Kavalierstour 219
Keblowski, Janusz (20. Jh., Kunsthistoriker) 319
Keiser, Reinhard (1674-1739, Komponist) 278
Kerle, Jacobus de (1531/32-91, niederl. Musiker) 269
Ketzer 122, 202, 220
Khune, Caspar (Mitte 16. Jh., Steinmetz) 234
Kindelsdorf 151
Kipperzeit 76, 159
Kirche 12ff, 31f, 41, 48, 63, 65, 75, 87, 92, 96-102, 109, 114ff, 118, 121f, 124ff, 165, 194, 215, 220, 239, 242f, 245, 247, 249, 252f, 255, 262, 266, 270, 308, 317
— s. Brostau, Görlitz
— (d. Barmherzigen Brüder) s. Breslau
— (Franziskaner- St. Antonius) s. Breslau
— (Maria-Magdalenen-) s. Breslau
— (St. Mariä Himmelfahrt) s. Troppau
— (St. Michaelis) s. München
Kirchenbau 165, 235ff, 240, 243, 251, 253, 255, 316
Kirchenchor 278
Kirchendienst 261, 277

Kirchenfürsten 47, 58
Kirchengesänge (vorreformatorische) 263
Kirchengut 16, 20
Kircheninspektor (Breslauer) 115
Kirchenjahr 279
Kirchenkantaten 276
Kirchenkleinodien 13, 104
Kirchenlied 101, 123, 191ff, 227, 268, 271f, 324
Kirchenmusik (ev.) 236, 264, 266, 279
— (kath.) 265, 268
— (monodische) 270
— (vokale) 273
Kirchenmusiker 276f, 280
Kirchenordnung 16, 114
Kirchenornat 161
Kirchenraum 270
Kirchenreduktionskommission 295
Kirchensprache 166
Kirchenväter 254
Kirchenvorsteher 58
Kirsten, Michael (1682-1742, Organist) 274f, 326
Klahr, Michael (1693-1742, Bildhauer) 255
Klassizismus 205, 226
Klavier 277, 280, 283
Klavierkonzerte 275
Klaviersonaten 277
Klavierstücke 283
Kleidung 146, 159, 238
Klein, Michael (um 1500, Baumeister in Ottmachau) 246f
—, Johann Michael († 1725, Baumeister in Neisse) 249
Klein Kotzenau (Schloß) 251
Kleinodien 161
Kleinplastik 238
Kleinseite s. Prag

353

Kleinstädte 158, 263, 279
Klerus 24, 39, 48, 78, 104, 116, 125, 166, 252
Klesse, Dietrich v.d. (um 1275, Dichter) 182
Klöster (mittel- u. oberschles.) 290
Klopstock, Friedrich Gottlieb (1724-1803, Dichter) 228
Kloster 11, 24, 31f, 41, 47, 51, 77, 96, 101, 103, 115f, 125, 182, 242, 316, 324
— (Adalbert-) s. Breslau
— (Bernhardin-) s. Breslau
— (Dorotheen-) s. Breslau
— (Vinzenz-) s. Breslau
Klosterbauten 242f, 251
Klosterbrück s. Czarnowanz
Klosterfrage (Trebnitzer) 125
Klostergüter (Strehlener) 21f, 80
Klosterkirchen 249
Klosterschule 184
Knappschaften 149
Knobelsdorff, Friedrich v. (nach 1543 Statthalter i. Jägerndorf) 17
Knöfel, Johann (nachweisb. 1569-92, Komponist) 261, 263f, 322
Knoll, Johann Georg († 1704, Baumeister) 243, 249
Knorpelstil 254
Knorr v. Rosenroth, Christian (1636-89, Dichter u. Komponist) 216
Kober, Tobias († 1625, Arzt u. Dichter) 194
Koch, Anton Albert († 1739/45, Komponist) 278, 280
—, Georg Friedrich (* 1920, Kunsthistoriker) 316
Kochanowski, Jan (1530-84, poln. Dichter) 206

Köler, Christoph (1602-58, Dichter) 204, 214, 324
Köln 146
König, Ignaz (um 1700, Bildhauer in Grüssau) 255
Königer, Christoph (um 1700, Bildhauer) 254
Königsberg i.Pr. 56, 191, 261
Königs-Besuch 4f, 14ff, 18, 30, 33, 42, 71, 73
Königshaus (poln.) 78, 294
Königsmark, Hans Christoph (1600-63, schwed. Unterfeldherr) 90
Königsschlösser (franz.) 230
Königswahl (dt., 1654) 96
Körperschaft (ständische) 9
Kolleg s. Jesuiten
Kollegialität (Prinzip) 27
Kolonialwaren 140ff
Kolonialzeit (mittelalterliche) 169
Kolonie (schles. in Königsberg) 191
Kolonisation 148, 151, 155, 157f, 169, 172
Kommende (Johanniter-) s. Breslau
Kommenden (Oppeln-Ratibor) 48
Kommerzkolleg 130
Kommissare (ständische, 1620) 72
Kommissariate (kirchl.) 104
Kommissionäre 174
Kommissionen 24, 29, 49, 58, 88f, 99, 105f, 128
Kommissionsbezirke 128
Kommissionshandel 130
Komödianten (fahrende) 222
Komödiantenspiel (engl.) 212
Komödienaufführungen 221
Komponist(en) 261, 263, 265, 267, 270ff, 275-278, 280ff
Kompositionen 269, 273, 276ff, 280, 322

Register

Kompositionslehre 265
Konfessionen 271, 275 s.a. Glaubensfrage
Konfiskationen 80
Konföderation (1619) 70f, 73
Konjunktion (1633/34) 83f, 86, 268
Konjunktur 143, 171, 174
Konkordienformel 42
Konrektor 264
Konsistorien 60, 101, 114, 118, 123f
Konsistorium (bfl.) 115
Konstadt 6
Konstantinopel 217
Kontributionen 138, 159
Kontrolle (Garn) 174
Konvent (Gleiwitz) 101
— (Trebnitz) 51
Konvente s. Franziskaner, poln.
Konvention (Altranstädter) 92, 118, 122, 124, 174, 253
Konventsgebäude (Sandstift) s. Breslau
Konversion 41, 59f, 65, 67, 80, 116f, 204, 257, 312
Konzerte (geistl.) 268
Konzil (Tridentiner) 47f, 96
Kopenhagen 117
Kopernikuskreis (Freiburger) 299
Kopfsteuer 108
Korn 144
Korvinus (Corvinus) s. Matthias I.
Kosmogonie (gnostische) 196
Kottbus 15
Kozak, Stanislaw (20. Jh., Kunsthistoriker) 320
Krafftheim s. Crato
Krain 3
Krakau 14, 37, 46, 50f, 108, 141, 185ff, 190f, 231f, 240, 254, 295, 309, 320
—, Paulinerkirche a.d. Skalka 320
—, Renaissancemode 230

Krappitz 23, 238
Kratzputz 236
Krause, Christian Gottfried (1719-70, Komponist, Advokat) 283
—, Franz (* 1889, Komponist) 327
—, Johann Heinrich (um 1682-1745, Organist) 274f, 326
Kreckwitz, Friedrich v. († 1593, Humanist, Diplomat) 190
Kreise s. Defensionsordnung
Kremsier/Mähren 250
Kreniß, Mat(t)häus (nachweisb. seit 1509, bayr. Bildhauer) 232f
Kretschmer (Kretschmar?), Johann (belegt 1711-35, Orgelbauer aus Schweidnitz) 274
Kreuzburg/OS 6, 13, 100f
Kreuzherrenkirche s. Neisse
Kreuzkirche s. Breslau
Kreuzkirchenorganist 274
Kreuztragungsaltar (Breslau) 240
Krieg 50, 72f, 78, 90, 100, 113, 137, 159, 162, 164-167, 170f, 173f, 200f, 236
— (30-jähriger) 3, 11, 28, 55, 64, 68, 86, 93ff, 106, 110, 126, 129, 134, 137f, 142f, 147, 150ff, 158f, 161, 163ff, 168ff, 241, 257, 267-270
— (erster Schles.) 129, 132
— (Schmalkaldischer) 16, 20, 22, 28, 75
— (Nordischer) 118
— (Erbfolge-, Span.) 118
Kriegheide b. Lüben 252
Kriegsgeneralat 61
Kriegsgründungen 150
Kriegsreste (Moratorium, 1648) 163f
Kriegsschauplatz (franz.) 3
— (ital.) 3
Kriegsvolk (Dohnasches) 80

— (schles.) 72, 78
Kronbesitz 22f, 34, 127
Kroneinkünfte 10, 21
Kronjurist (preuß.) 134
Kronländer (böhm.) 2, 73
Kronvermögen 27
Krönung (1527 und 1620) 3f, 71
— (in Krakau 1574) 37
Krossen 4, 6f, 15, 19, 56, 100, 134
Kuben, Johannes (1697-1770, SJ, Maler) 258
Kühe 169, 171
Künstler 130, 175, 186, 234, 236, 244, 247
— (ital.) 230f, 234
Künstlerfamilien 234
Künstlerkolonie (in Prag) 239
Kürschner 142, 145, 323
Küstenstädte 250
Kuhlmann, Quirinus (1651-89, Mystiker) 217
Kuhn, Walter, (*1903, Historiker) 300
Kukus i. Böhmen ("Kocksbad") 280
Kultur (bürgerl.) 252
— (kath.) 189
Kulturgemeinschaft (böhm.-schles.) 183, 242
Kulturkreis (österr.) 186, 209
— (Prager) 183
Kulturträger s. Patriziat
Kundenschutz 143
Kundschaft 172, 174
Kunewald 244
Kunst (bildende d. Spätmittelalters) 184
— (böhm.-süddt.) 250
— (flämisch-niederl.) 239
— (höfische) 182f, 192
Kunstdrama 182, 212, 221f
Kunsteinflüsse (Wiener) 245

Kunstgewerbe 255
Kunsthandwerk 317
Kunstkreis (Albrecht Altdorfer) 231
— (österr.-böhm.) 236, 250
Kunstmäzen 267
Kunstreisen 272
Kunstsammlungen s. Patriziat
Kunstzentren s. Wien, Prag, Troppau
Kupfer 140
Kupferstich 275
Kuppelbauten 250
Kuratien (Josephinische) 121
Kurfürst(en) 268, 281f
Kurfürstenkapelle s. Breslau, Dom
Kurie (römische) 185
— (Fürstentag) 7, 89, 109
Kurland 148, 301
Kurlinie (Hohenzollern) 56f
Kurpfalz 67
Kursachsen 41, 102
Kurzbiographie 274
Kusser, Johann Sigmund (1660-1727, Opernleiter in Hamburg) 281
Kuttenberg 256
Kynast, Herrschaft 87
Ląd a.d. Warthe (Zisterzienserkloster) 258
Laden (der Gesellen) 144
Ladislaus s.a. Wladislaw
— II. (Kg. v. Böhmen u. Ungarn 1471-1516) 1, 5, 111
— IV. (Kg. v. Polen 1632-48) 85, 291, 294
Länder (böhm.) 33, 43, 67, 76, 79, 80, 127, 130
Laien 104
Laienkelch 31, 76
Laientum (vor d. Reformation) 184
Land (Länder) 131, 138, 140, 151
— (flaches) 108, 148, 161, 172

Register

Landadel 115, 232, 234, 236f, 246
Landbuch (Karl IV.) 168
Landesaufgebot 78
Landesausschüsse 103
Landesbereitschaft 11, 69, 73, 78
Landesbeschreibung 188
Landesgrenzen 69, 252
Landeshauptleute 11, 61, 77, 80, 103, 127f, 293
Landeshauptmann (oberster) 10, 62, 74
Landeshauptmannschaft (Breslau) 13, 39, 85
— (mährische) 109
— (Schweidnitz-Jauer) 30
Landesherren (dt.) 12
Landeshochschule s. Universität
Landeshut 121, 160, 165, 172, 179, 237, 250, 252f
Landeskultur 154, 164
Landesmuseum (Troppauer) 257
Landesoffiziere (böhm.) 45, 79
Landesordnung s. Oppeln-Ratibor, Oels, Teschen
Landespolizei 40
Landesprivilegien 67
Landessicherung s. Landes-Verteidigung
Landessteuern (s.a. Grundsteuern) 10, 24f, 37, 44, 77, 89, 90, 128
Landestaxe 155
Landesteilungen 55, 24, 46
Landesumlagen 10, 39, 106
Landesverteidigung 39f, 71f, 131
Landeszahlamt 25, 44
Landfriede 11, 155
Landgüter (Breslauische) 104, 118
Landhandwerker 147
Landkirchen 246
Landleben 199
Landrecht 29, 38f, 56
Landschaftsmalerei 258

Landschlösser 242
Landsknechte 193
Landstädte 277
Landstände 17, 19, 34, 76
Landtag 25, 30, 163
— (Prager) 20, 130
Landtuch 145
Landvolk 158, 193
Landweber (Landweberei) 147f, 175
Landwege s. Handel
Landwirtschaft 154, 180
Lange, Gregor (1540-87, Komponist) 264f
Langenau b. Löwenberg 41
Langenbielau 175
Langhans, Christian (belegt 1723, Dichter) 225
Langhausbau 253
Lateindichtung 183
Lateinschule 264
Lauban 193, 233, 266
Laudemium s. Handwechselabgabe
Lausitz 2, 15, 19, 21, 33, 37, 44, 61ff, 73, 83, 85, 93, 100, 102, 116, 129, 133, 147, 149, 162, 171ff, 189, 231, 252
Lausitzer Heide 300
Laute 272
Lautenisten 272f
Lautenistenfamilie 273
Lautenkomposition 272
Lautenmusik (schles.) 272f, 325
Lebensmittel 159
Lechner, Leonhard (1553-1606, Komponist) 264
Leder 142, 145, 175
Lehen (Umsetzung) 113
Lehensmann (v. Brandenburg) 99
Lehnen 151
Lehnert, Johann Georg (nachweisb.

Register

1729-71, Bildhauer aus Regensburg) 257
Lehnhaus (Burg) 41
Lehrbuch 263, 265
Lehrdichtung 199, 200
Lehre (ev.) 7, 12f, 16, 31, 59
Lehrer 41, 100, 124, 204f, 269
Lehrerstand 266
Lehrgedicht 214
Lehrlinge 278
Lehrzeit 144, 172
Leibeigene 275
Leibgewand 161
Leiden 209ff
—, Universität 191, 209, 215, 219, 309
Leimten s. Leinwand
Leinenausfuhr (agrarische) 176
Leinenfabrik 175
Leinenhandel 148, 174, 177, 299
Leinenzünfte 149
Leinwand 145-149, 151, 153, 161, 165, 170-177, 248, 299
Leinwandordnung 174
Leipnik/Mähren 259
Leipzig 142, 146, 149, 173, 176, 184, 191, 220, 226f, 269, 276f, 282, 309
—, Apels Garten 256
Lemberg/Galizien 141
Leobschütz 3, 268
Leopold I. (dt. Ks. 1658-1705) 100, 108, 110f, 113f, 116, 125f, 138, 296
— (Erzhg., B. v. Straßburg u. Passau 1598-1625) 57, 61
— Wilhelm (Erzhg., B. v. Breslau 1656-62) 90, 101, 293
Lesedrama 212
Lessing, Gotthold Ephraim (1729-81, Dichter) 205, 207
Leubus, Abt 53, 117
—, Kloster 24, 28, 47, 53, 182, 242f, 254ff, 259, 317
—, Städtel 249
Leutschau (Slowakei) 75
Lewald, Ursula (* 1912, Historikerin) 300
Lidlau († 1565, Propst in Glogau) 240
Liebenthal 66, 149, 173, 249
Liebesgedichte 211f, 226
Liebhold († um 1730, Komponist) 278
Liebholdt, Zacharias (1552-1626, Stadtschreiber v. Silberberg) 193
Liechtenstein s.a. Lukretia
—, Fürstenhaus 107
—, Anton Florian v. (1712-21) 244
—, Johann Adam (Andreas) v. († 1712) 245
—, Gundakar v. († 1658) 77
—, Karl v. (Fürst v. Troppau u. Jägerndorf 1614-27) 59, 65f, 71f, 75, 320
—, Karl Eusebius († 1684) 88
Liechtensteiner Dragoner 80
Lied (s.a. Kirchenlied) 192, 199, 227f, 264, 282f
Liedersammlung (H.J. Moser) 324
Liederschule (1. und 2. Berliner) 283
Liedsätze 266
Lieferungsverträge 146
Liegnitz 6, 15, 18, 118, 205f, 227, 233f, 236, 242f, 245, 249, 263f, 267, 274, 324
—, Jesuitenkolleg 244
—, Piastenschloß 114, 235, 255
—, Fürstentum 7, 24, 32, 37, 45, 55, 77, 90, 92, 98, 109ff, 113f, 121, 123f, 200f, 217
Liegnitz-Brieg, Fürstentum 12, 19, 28, 46, 252
Liegnitz-Brieg-Wohlau, Fürstentum 82, 107, 110, 113, 296
Liegnitz-Wohlau, Fürstentum 6

Register

Liga (kath., 1609) 63, 73
Lindenbusch/NS 84
Lindenkirche b. Römerstadt 250, 259
Lindner, Friedrich (um 1542-97, Komponist in Nürnberg) 261
Linz a.d. Donau 9, 88
Lischka, Christian († 1712, Maler, Stiefsohn Willmanns) 258
Lisenen 235, 243
Lissa b. Breslau 99
— (Polen) 162, 210
Literaturbarock 182, 208, 311
Literaturdrama (protest.) 220
Literaturgeschichtsschreibung (schles.) 307
Literaturreform 208
Liturgie (protest.) 322
Livland 148
Lobendau b. Liegnitz 282
Lobkowitz, Zdenko (1558-1626, Oberstkanzler) 68
—, Wenzel Eusebius (1609-77, Gf.) 87, 102
—, (böhm. Adelsfamilie) 107, 243
Löwen b. Brieg 275
Löwenberg 145, 163, 194, 272
—, Rathaus 233
—, Vorstädte 160f, 165
Logau b. Krossen 253
Logau, Friedrich v. (1604-55, Dichter) 205ff, 209, 214
—, Georg v. (1500-53, Humanist) 186, 206
—, Kaspar v. (B.) s. Kaspar
Logen 252
Lohenstein, Daniel Casper v. (1635-83, Dichter) 219-225, 255
Lohn 144, 156
Lokationsverträge 155
London 117, 281f

Longinus, Eleutherius Vincentius († 1503, Humanist) 186
Loslau 31, 165
Lossen b. Brieg 274, 291
Lothringen, Herzogshaus 127
Lubienski, Matthias (B. v. Posen 1626-31) 294
Lublin 301
Lublinitz 23
Lucae, Friedrich (1644-1708, Chronist) 218
Ludwig II. (Kg. v. Ungarn 1516-26) 1, 3, 5, 9, 261
— IV. (Sohn Johann Christians v. Brieg) 109, 206
— XIV. (Kg. v. Frankreich 1643-1715) 122
— (Hg. v. Bayern 1516-45) 2
— d. Fromme (Landgf. v. Thüringen 1216-27) 182
Lübeck 325
Lüben 114
Lüneburg, Herzogtum 88, 271
Lützel/Elsaß 256
Lugano 234
Lukretia (Hgin. v. Teschen 1625-53) 77, 86, 99
Luise (1631-80, Hgin. v. Liegnitz-Brieg) 114
Lurago, Carlo (um 1618-84, Baumeister) 243
Lustspiele 213
Luther, Martin (1483-1546, Reformator) 6, 9, 12f, 40, 67, 183, 189, 196, 261, 308, 323
Lutheraner 67
Lutherbibel 241
Luthertum 31, 41, 93, 102, 123, 189, 195
Luxemburger, Herrscherhaus 8

359

Register

Luxus 158
Luzern 256
Lyon 256
Lyrik 199, 210, 212, 214, 216, 218f, 225ff
Madonnenbild 240
Madrigale 267
Mähren 2ff, 39, 42, 44, 50, 59, 68ff, 73f, 79f, 89f, 108f, 129, 131, 148, 180, 236, 242
Mährisch-Neustadt 256
Mährisch-Trübau
—, Pfarrkirche 246, 259
—, Schloßbau 235
—, Schloßportal 231
—, Torturm 236
Märtyrerdrama 212
Mäzenatentum 268
Magazin (in Triest) 130
Magdalenengymnasium s. Breslau
Magdeburg 21, 37, 46, 82, 130
—, Erzstift 46
Magistrat (Breslau) 308
Mahlgroschen 180
Mailand 233
Main 281
Mainz 127, 246
Majestätsbrief (böhm.) 60
— (schles.) 60-63, 65ff, 70, 86, 101, 291
Maler 239ff, 245, 247f, 255, 257, 259, 320
Maler, Matthäus (nachweisb. 1511-25, Musikwissenschaftler?) 262, 322
Maltzan zu Militsch (Gfn. v.) 165
Mandat v. 1527/28 22
— (Troppau 1567) 39
Mangoldt, Franz Josef (nachweisb. 1725-53, Bildhauer) 256
Manierismus 218, 227, 241, 254, 258

Mannrecht 39, 155
Mannschaft (berittene) 72
Mansfeld, Ernst v. (Feldherr 1580-1626) 78ff, 159
Manufaktur 175f
Maria Theresia (Kaiserin 1740-80) 125, 132, 282
Maria v. Lück (Äbtissin v. Trebnitz 1603-16) 52
Marienberg/Meißen 239
Marienkapellmeister (Danziger) 262
Marienkirche s. Grüssau, Krakau
Mariensäule 256
Marienwallfahrtskirche (Jägerndorf) 245
Marinismus 218f,
Marino, Giambattista (1569-1625, Dichter) 218
Markgraf, Hermann (1836-1906, Historiker) 301
Marklissa 149
Markt (Brieger) 177
— (innerer) 142
— (poln.) 163
— (westeuropäischer) 171
Marmorfiguren 255
Marperger, Paul Jakob (1656-1730, Ökonomist) 176
Marpurg, Friedrich Wilhelm (1718-95, Musiktheoretiker) 278, 327
Martial, Marcus Valerius (um 40-104, Dichter) 204, 206
Martin (Gerstmann) (B. v. Breslau 1574-85) 41, 47f
Martinelli, Anton Erhard (1684-1747, Baumeister) 245
Maß (Breslauer) 175
Maßwerk (gotisches) 237
Maßwesen 129
Mathematik 217
Mathey, Jean Baptiste (um 1630-95,

Register

Baumeister) 249
Matthias (dt. Ks. 1612-19) 28, 41, 59, 61f, 65f, 68, 70, 239
— I. (Corvinus) (Kg. v. Ungarn 1458-90) 1, 5, 9, 188, 230
Mattheson, Johann (1681-1764, Komponist) 270, 273-276, 279ff, 326f
Matutin 322
Maulpertsch, Franz Anton (1724-96, Maler) 259
Maurer (ital.) 232
Mausoleum (am Krakauer Dom) 230
Mauten 167, 177
Maximilian II. (dt. Ks. 1564-76) 20, 30, 33f, 37f, 40, 42f, 49, 56, 106, 190
— (Erzhg. 1558-1618) 41, 49f, 239
Mayer, Martin (um 1671-1709, Bernhardin-Organist in Breslau) 270ff
Mayner, Paul (um 1600, Bildschnitzer) 239

Mecklenburg 82, 168, 234
Mecklenburg-Güstrow 110
Medizin 191, 215
Mehl 160
Mehrchörigkeit 270, 272
Meißen 233, 239
Meister 143-147, 172, 262, 270
Meistergesang 191f, 266, 271f, 323
Melanchthon, Philipp (1497-1560, Reformator) 41, 188f, 191, 231
Melodien 192, 269, 271, 276, 280, 282f, 327
Melodik 271
Memorialbuch (H. v. Schweinichen) 313
Mendelssohn, Arnold (1855-1933, Komponist) 325
Mensuralmusik 264
Menzel, Beda Franz (*1904, OSB) 316
Mergentheim 248

Merkantilismus 108, 129f, 136f, 166, 174
Messen 142, 146ff, 173, 176, 261ff, 265, 282, 322
Meßkompositionen 270
Meßmelodien (Gregorianische) 261, 263
Metalle 43, 142
Metrik 198, 203
Metropolit (Gnesener) 291
Metzler, Dr. Hans (16. Jh.) 188
Meusel (Meisel) (1687-1728, Bresl. Lautenist) 272
Militsch 7, 34, 121, 140, 146, 167, 170, 179, 253
Minderherren 34, 55, 85, 289
Minister 102, 106
Minnesang 182
Minoriten (s.a. Franziskaner) 66, 88
Minoritenkloster s. Glatz
Minoriten-Provinz 125
Mischehen 121, 123
Mißernten 171
Mitgift 87
Mitleidung 24, 39f, 56
Mitprüfungsrecht 54
Mitstände (böhm.) 40
Mittel s. Zunft
Mittelalter 3, 27, 137, 141, 150f, 158, 166, 287
Mittelrisalit 246, 248, 251
Mittelschlesien 37, 77f, 100, 157
Mittelstädte 158
Mittelwalde 257
Mode 145
Modedichtung (elegante) 219
Mönche (s.a. Kloster) 182
— (poln.) 60
Mohács 1
Moiban(us), Ambrosius (1494-1554, Bresl. Reformator) 13, 192

361

Mondschütz b. Wohlau 238
Monodie (ital.) 270
Monodistichen 214
Monogramm-Buchstabe 319
Monopolgeist (zünftlerischer) 143
Montanwesen s. Bergwesen
Montecuculi, Raimund (1609-80, ksl. Feldherr) 105
Monumentalmalerei 242
Morelowski, Marian (1884-1963, poln. Kunsthistoriker) 319
Moritz (Hg. u. Kf. v. Sachsen 1541-53) 22, 132
Morper (20. Jh., Kunsthistoriker) 259
Moser, Hans Joachim (1889-1967, Musikwissenschaftler) 325
Moskau 217
Motette(n) 264f, 268, 277f, 323, 327
Mühlen 154, 167
Mühlpfort, Heinrich (1639-81, Dichter) 204, 226
Müller, Heinrich (Epitaph) († 1503) 239
Müllrosekanal 176
Müllrosesee 140
Münch, Gotthard (* 1897, Historiker) 316f
München 258, 264
—, Kirche St. Michael 247
Münster/Westf. 86, 92, 301
Münsterberg 264
—, Fürstentum 7, 13, 16, 24, 55, 92, 106, 121
Münsterberg-Frankenstein 34
Münsterberg-Oels 7
Münze (Brieger) 113
— (kgl.) 21
Münzen 40
Münzherren 159
Münzordnung 19
Münzpächter 76

Münzprägung 19, 34, 54f, 76, 84, 130, 159
Münzrecht 138
Münzreform 17
Münzstätte 76
Münzwerk 19, 109
Münzwesen s. Münzprägung
Mundart 193f, 213, 221
"muratori" 243
Museum (Schles., Breslau) 320
— (Städtisches) 324
Musik 267
— (geistl.) 266
— (ital.) 270, 280
— (niederl.) 265, 322
— (weltlich-bürgerliche) 266
— (weltliche) 279, 282
Musikalienhändler 270
Musikalienverleger 270
Musikanten 275
Musikeraustausch 322
Musiklexikon 278
Musikpädagoge 263, 270
Musikpflege 267, 273
Musiksaal (Univ. Breslau) 248f, 259
Musiktheoretiker 323
Musikunterricht 264
Muster (antike) 185
Musterungen 40
Muttersprache 31, 289
Mystik 194, 196, 208f, 213-217, 266
Mystizismus (protest.) 271
Mythologie 199
Naboth, Ferdinand (um 1700, Maler) 259
Nächstgesessenentage 62, 69, 73
Nachlaß (Gustav Aubin) 299
— (Czepko) 312
— (Hatzfeldt) 294
— (Johann v. Oppeln) 9

Register

— (Patzak) 317
Nachvermessung 153
Nachwuchs (im Handwerk) 144f
Nachtragsinstruktion (1657) 109
Nahrung 139, 144, 164. 172
Namslau 171
—, Weichbild 6
Narwa 301
Naß, Sabina v. (Äbtissin v. Trebnitz 1594-1602) 52
Nationalbewußtsein 244
Nationalitätenverhältnisse 94 s.a. Bevölkerungsgeschichte, Volkstumsfrage
Naturallieferungen 161
Nationalliteraturen (westl.) 198
Nationen 185
Naturerkenntnis (moderne) 195
Naturlehre (magische) 195
Naturphilosophie 215f
Naturwissenschaft 195, 214
Naumburg a. Bober 23, 165
Naumburg a.d. Saale 261, 277
Neapel 218, 232
Nebenbehörden 27
Nebendienste 169
Nebengewerbe 147
Nebenländer 2f, 20, 43, 61ff, 67, 72
Nebenrezeß (Prager 1635) 85f
Neigungen (sektiererische) 189
Neisse 31, 48, 66f, 71, 76f, 98, 101, 150, 164, 173, 240, 242f, 246, 263, 265, 269, 292, 320, 324
—, Annenkapelle 231
—, Kreuzherrenkirche 247, 249, 258
—, Tumba d.B. Jakob v. Salza 233
—, Fürstentum 90, 160, 246
—, Kommissariat 104
Nepomuk, Johann v. (um 1330-93, Heiliger) 320
Nepomuk-Säule 256

Nettesheim, Agrippa v. (1486-1535, Philosoph) 195
Neuaussetzungen 170
Neubauten 236, 242
Neubesetzung (v. Pfarreien) 114
Neubesiedlung 151, 156
Neubürger 301
Neuburg a.d. Donau 247
Neukirch, Benjamin (1665-1725, Dichter) 226f
Neuklassizismus 228
Neuland s. Neubesiedlung
Neulateiner 184
Neumann, Balthasar (1687-1753, Baumeister) 248
Neumarkt/Schlesien 164, 187, 263
—, Johann v. (um 1310-80, Kanzler Karls IV.) 183f
Neumittelwalde 167
Neumutungen 150
Neunhertz, Christian († um 1689, Schwiegersohn Willmanns) 258
—, Georg Wilhelm († um 1750, Neffe Willmanns) 258
Neuordnung s. Neubesiedlung
Neurätter (um 1700, Graveur i. Prag) 256
Neurode (Grafschaft Glatz) 243, 269
Neusalz a.d.O. 29, 140, 150, 253
Neusohl/Slowakei 73
Neustadt/OS 23, 87, 157, 173, 175, 266, 268
—, Pfarrkirche 249, 320
Neutralität 83, 90
Nicolai, David (1702-64, Organist u. Bachschüler) 277, 326
Niederlagsstreit 139, 142
Niederlande (Niederländer) 64, 140, 149, 174, 261f, 322
Niederösterreich 3, 236, 301

Niederschlesien 6, 23, 25, 43, 78, 80, 83f, 100, 128
Niederschlesische Heide 150, 170, 300
Niederschloß s. Ottmachau
Niederwiesa a.Qu. (Grenzkirch) 277, 326
Nikolsburg/Mähren 75
Nimptsch 82, 220, 263, 277f, 280
Nitsch, Paul (1548-1609, Gold- u. Silberschmied) 240
Niuron, Bernhard (nachweisb. 1565-87, Baumeister) 234f, 237
Nördlingen 85
Nonnen s. Kloster
— (poln.) 52
Nordböhmen 147, 151, 174
Norddeutschland 241f
Nordeuropa 301
Nordmähren 147, 151, 235, 245
Nordostdeutschland 168
Nordschlesien 155f
Nordsee 179
Nordungarn 93
Norm (Breslauer) 129
Nostitz, Otto v. (1608-64, Landeshauptmann) 293
Notar (ksl.) 193
Notbauten 252
Notenausleihe 278
Notenbestand 264
Novelle 194
Nucius, Johannes (1556? -1620, Komponist, Abt) 265, 322
Nürnberg 129, 149, 184, 192, 230, 261f, 286, 301, 322
—, Archiv 302
Numerus clausus 172
Nuntius (Prager) 53
— (Wiener) 48
Nutzbarkeiten 167

Nutzungen (bäuerliche) 153
Nymwegen 111
Oberamt 1, 7, 11f, 18, 25-28, 40, 47f, 53, 56f, 59-62, 66f, 69, 74, 76, 78ff, 83, 88f, 94, 96, 101, 104, 109, 123, 127f, 159, 267, 296
Oberamtsdirektor 128, 281
Oberbehörden 164
Oberdeutschland 146, 149
Oberfaktor 149
Obergericht 39
Ober Gläserdorf b. Lüben 238
Oberglogau 41, 259
—, Herrschaft 23, 168, 288
Oberhauptmann 268
Oberhof 24
Oberinstanz 26
Oberkapellmeister 267
— (ksl.) 327
Oberlausitz 194, 252
Obermarchthal 247
Oberösterreich 3, 257, 301
Oberrecht 10, 21, 26, 38f, 45, 58, 60, 66, 94
"Oberrechte" 155
Oberrhein 2f
Oberschicht (landwirtschaftliche) 152
Oberschlesien 7, 13, 17f, 23, 43, 52, 57, 71, 77-80, 83f, 87, 100ff, 128, 150ff, 154f, 168f, 171, 242, 253, 289, 294
Oberschwaben 146
Oberstkanzler (böhm.) 68
Oberungarn (Slowakei) 32, 43, 115, 142
Obstsorten 154
Ode(n) 211, 226, 282f
Oder 26, 29, 108, 139f, 150f, 154, 156f, 160, 166, 170f, 179f, 281
Oderberg, Herrschaft 7, 9, 13, 17, 23, 38, 56f, 61, 66
Oderberg-Beuthen 24

Register

Oderbett 140
Odergarn 173
Oderhandel s. Oderschiffahrt
Oderland 78, 179
Oderschiffahrt 26, 82, 129, 139f
Oder-Spree-Kanal 133, 180
Oderufer (linkes) 166
— (rechtes) 160
Ölgewinnung 171
Oels
—, Schloß mit Kirche 234, 239
—, Fürstenhaus s. Podjebrad
—, Fürstentum 6f, 13, 24, 34, 37, 47, 82, 92, 96, 100f, 112, 115, 127, 220, 268
—, Landesordnung 157, 180
Österreich 33, 42, 59, 69, 111, 133, 165f, 179ff, 190, 209, 219, 226, 234, 243, 245, 254, 301
—, Johann Melchior (um 1725, Bildhauer) 316
Ofen, s.a. Budapest 4, 185f, 232
—, Burg 230
Offenburg 264
Offizial 101
Offiziere 166
Ohlau 90, 234, 273
—, Fürstentum 166
—, Kreis 161
—, Weichbild 113f
—, Wittum 46
Olmütz 4, 259
—, Bistum 34, 53, 58, 108
Oltaschin (Herzogshufen) 41
Oper(n) 200, 221, 267f, 276, 279, 281f, 327
Operngesellschaft 280
Opernkomposition 279
Opernperiode 280
Operntruppe (Breslauer) 281

Opernsaison (ital.) 280
Opernverzeichnis 281
Opitz, Martin (1597-1639, Dichter) 182, 190, 192, 197-199, 200-205, 208f, 214, 219, 267f, 324
— Schulkreis 191, 203f
Opitzjünger 191, 204f, 214
Oppeln 66, 103, 116, 125, 157, 160
—, Archidiakonat 99
—, Herzogtum 6f, 90, 156, 319
—, herzogl. Kammerverwaltung 154
—, Kommissariat 104
Oppeln-Ratibor, Fürstentum 8f, 13, 15, 17, 22ff, 29ff, 37, 48, 54, 76, 87, 102f, 113, 116, 138, 155, 158, 160, 294
—, Pfandschaft 102
Oppersdorff, Georg III. v. (1588-1651, Landeshauptmann v. Glogau) 77
—, Hans Georg III. v. (1649-93, Landeshauptmann v. Münsterberg) 24
Oratorium 325
Orden (kirchl.) 77, 86, 88, 104, 114f, 165
— (Deutscher) 76
Ordensbrüder (poln.) 51
Ordensgeneral 51
Ordensprovinz (böhm. Dominikaner) 116
—, (poln. Dominikaner) 51
Ordensprovinzen 297
Ordination 60
Ordnung (Zunft-, 1731) 130
Organist(en) (Ober-) 269f, 274-279
Organistenamt 277
Orgel(n) 262, 273, 278, 317
Orgelbauer 274
Orgelchoral 277, 327
Orgelkomposition(en) 273
Orgelmusik 276

365

Orgelprospekt 275
Orgelspiel 262f, 273, 278
Orgelspieler 273-277
Orgelwerke 274
Orientalistik 204
Orientwaren 141, 177
Orlando di Lasso (Lassus) (um 1532-94, niederl. Komponist) 264f
Ornat (bfl.) 238
Orphanotropheum s. Breslau
Orthodoxie 123, 189, 195
Ortsherrschaft 166
Ortspfarrer (Rechte) 121, 124
Ortspfarreien (kath.) 116
Osmanen s.a. Türken 1, 49
Osnabrück 86, 92, 98
Ospel, Anton (1677-1756, Baumeister) 245
Ossig b. Lüben 194
Ostdeutschland 139, 151
Osterode/Ostpreußen 85
Osterspiel (Wiener) 182
Osteuropa 301
Ostgebiete 152, 160
Ostgrenze 1, 33
Osthandel 142, 145
Ostmissionen 190
Ostowska, Danuta (20. Jh., poln. Kunsthistorikerin) 320
Ostpreußen 262
Ostsee 1
Ostseekunst 250
Ostwanderung (mittelalterliche) 33, 144
Ost-West-Handel 176
Ottmachau 245ff
—, Kreis 161
Ovid (43 v. Chr. -17 n.Chr., römischer Dichter) 219
Owen, John (1560-1623, neulat. Dichter) 204, 206

Oxenstierna (1583-1654, schwed. Kanzler) 84
Oybin (Kloster) 24
Pachtwirtschaft 113, 131, 153, 167
Padua 187, 231, 274, 309
Pahr, Franz († 1580, Sohn d. Jakob Pahr) 234
—, Jakob (um 1547-75?, Baumeister) 234f
Palais (Esterházy-, Wien) 243
— (Hatzfeldt-, Breslau) 246, 258
— (Schreyvogel-, Breslau) 244
— (Spätgen-, Breslau) 244
Palestrina, Giovanni Pierluigi (1525-94, Komponist) 264, 327
Palmbaum 253
Pannonischer Raum 301
Pantenau b. Nimptsch 263
Pantoffeln (Besteuerung) 160
Papiererzeugung 175
Paracelsus, Philippus (1493-1541, Arzt, Philosoph) 195f, 216
Parchent s. Barchent
Parchwitz b. Liegnitz 114, 238
Paris 200, 219, 256, 326
Partei (dt., Kloster Trebnitz) 52
— (kath., schles. Stände) 65, 70, 76f, 102
— (poln., Kloster Trebnitz) 116
Partikularismus 177
Partituren 327
Passarowitz, Friede v. (1718) 176
Passionen 266
Paßlandschaften (Landeshuter) 160
Passau 231
—, Vertrag 1552 21f
Patriziat 190, 230, 232
Patrizier (Breslauer) 280
Patronat (ksl.) 48f
Patronatskirchen (fürstliche) 114

Register

Patronatsrecht 16, 28, 87, 114, 291
— (geistliches) 30, 80, 103
Patrone (ev.) 101, 115
Patschkau 11, 186, 324
Patzak, Bernhard (1873-1933, Kunsthistoriker) 248, 255, 317
Paul Albert (B. v. Breslau 1596-1600) 53
Paul, Matthäus (Abt v. St. Vinzenz 1656-1672) 254
Pedalorgel 275
Peintner, Johann Blasius († 1732, Baumeister) 248
Peitz/Brandenburg 15
Pennsylvanien 195
Permoser, Balthasar (1651-1732, Bildhauer) 256
Pernstein, Gf. Johann († 1548) 19
—, Wratislaw II. v. (Großkanzler v. Böhmen 16. Jh.) 234
Personalpolitik (ksl.) 78
Personalunion (sächs.-poln.) 129, 132
Personenkult s. Humanismus
Perugia 309
Pessimismus s. Gryphius, Andreas
Pest 46, 83
Pestaluzzi, Grabmal s. Breslau, Maria Magdalenen-Kirche
Peterswaldau b. Reichenbach/Schlesien 175
Petrarca, Francesco (1304-74, ital. Dichter) 183
Petrikau 51, 294
Peucker, Nikolaus (um 1623-74, Dichter) 226
Pfalzgraf s. Karl Philipp und Schönborn
Pfalz-Simmern 110
Pfandherrschaft (Pfandschaft) 9, 13, 17, 22ff, 31, 38, 56f, 66, 83, 87, 101f
Pfandsumme 61, 65f

Pfarren (ev.) 96, 124
Pfarrer (ev.) 114, 118, 263
Pfarrgeistlichkeit (kath.) 104
Pfarrkinder (protest.) 124
Pfarrkirche s. Groß Wartenberg, Mährisch-Neustadt, Mährisch-Trübau, Neustadt/OS, Sagan, Städtel Leubus, Troppau
Pfarrkirchen 236
Pfarrkirchen/Ndb. 233
Pfarrstellen (offene) 16
Pfeileraltäre 320
Pferde 162
Pfründen 32, 52
— (an Polen) 101
Pfründenangelegenheit (Magdeburger) 46
Pfuscher 143
Philosophie 195
Philosophie (antike) 223
Piasten 7, 15, 24, 46, 54f, 67, 77, 80, 82-85, 88, 93, 96, 100f, 109-113, 115, 132, 205, 235, 255, 272, 296
Piastenhof 267
Piastenschloß s. Liegnitz
Piastenstamm 46
Piccolomini, Ottavio (1599-1656, Feldmarschall) 90
Pietismus 123f, 216
Pietsch, Johann Valentin (1690-1733, Dichter) 205
Pilaster 233, 243, 249, 251
Pitschen 6, 13, 50
Pius II. (Papst 1458-64) 186
— IV. (Papst 1559-65) 31
Pläne (maritime) 82
Plätze s. Festungswesen
Plagwitz b. Löwenberg 233
Planetensystem 225
Plastik 240, 244, 248, 253f, 257f, 316f

Register

Plastik (Prager) 258
Pleisse (Fluß) 282
Pleß 99, 170
—, Dekanat 116
—, Kammerdörfer 170
—, Standesherrschaft 7, 20, 22, 31, 152, 155, 157, 168
Plock, Bistum 77
Plotin (um 205-270, griech. Philosoph) 196
Podjebrad s. Georg v. Podjebrad
—, Adelsfamilie 7, 16, 24, 34, 47, 67, 85, 92, 110
Podrosche (Grenzkirch b. Rothenburg/OL) 253
Pönfall (1549) 21
Pöppelmann, Daniel (1662-1736, Baumeister) 246
Poesie (erotische) 199
— (galante) 226
Poeten (lateinische) 185, 188
poeta laureatus 186, 193
Poetik s. Opitz und Tschnerning
Polen 2, 6, 14, 31f, 41, 44, 49-52, 64, 71, 84, 87, 94, 100ff, 105f, 110f, 116, 122, 132, 139, 141, 148, 160, 162f, 166f, 176, 179, 232, 234, 239, 241, 252, 257f, 293, 319f
Polentum 51, 166, 187
Polenpolitik (wettinische) 133
Polkwitz (Heerwegen)/NS 165
Polonisierung 52, 141, 157
Pommern 82f, 262, 294
Porta, Antonio (um 1631-1702, Baumeister) 243
Portal s. Breslau (Rathaus), Brieg und Görlitz
— s. Liegnitz, Jesuiten-Kolleg
Portovergünstigung 129
Porträt 231, 240f, 245

Posen 233, 301
—, Archiv 302
—, Bischof 294
Postwesen 109, 124, 129, 131
Pozzo, Andrea (1642-1709, Baumeister) 247, 258
Prädikantentum 188
Prämonstratenser(-innen) 32, 242
Praetorius, Michael (1571-1621, Komponist) 265, 270
Prag 2ff, 9, 11, 17, 20f, 23, 25, 30, 32, 38, 42-45, 47, 53, 57f, 61ff, 67-73, 79, 85f, 181, 183, 208, 231f, 239, 241, 244, 248, 251, 257f, 316
—, Archiv 301
—, Burg (Wladislawscher Saal) 233
—, Clementinum 243, 249
—, Karlsbrücke 255f
—, Kleinseite 249
—, Kunstzentrum 245
—, Niklaskirche 251
—, Schwarzenberg-Palais 236
—, Universität 184
—, Appellationskammer 26, 109
—, Landtag 130
Pragmatische Sanktion 128, 132
Praunstein, Simon († 1624, SJ) 269
Prausnitz 238
Prediger s. Geistlichkeit
Predigtkirche s. Kirchenbau
Predigtstuhl s. Schlawa
Preise 144, 158f, 171
Přemysliden 7
Presbyterium 237f, 258
Preßburg 1
Preusler (Hüttengeschlecht um 1600) 151
Preußischer Einmarsch 1740 124, 132, 134
Priebus 23

Register

Priester 48, 223
Priestermangel 101
Priesternachwuchs 31
Priesterseminar 41, 48
Principale 275
Privileg s. Juden
— (Hirschberg, 1630) 173
— (oberherrliches, 1498) 9, 11
— (oberherrliches, 1510) 18, 23
— (oberherrliches, 1511) 111
Privilegien 18f, 24, 29, 62, 70, 72, 74f
Privilegiensammlung (unter Karl VI.) 127
Produktionsprogramm 173
Profe, Ambrosius (1589-1661, Kantor, Organist) 269f, 325
Professoren 184, 187, 200, 204f
Prokurator s. Fiskal
Promnitz 22f, 99
Propaganda (gegenreformatorische) 191, 220
Propstei s. Kasimir
— (Rosenberger) 52
Proskau (Schloßfassade) 236
Proßnitz 234, 259
Protestanten 8, 12f, 14, 16, 18f, 30, 32, 40, 42, 48f, 52, 58, 66, 70, 75, 80, 85f, 92f, 95, 99, 103, 108, 110, 115, 117f, 124f, 142, 189, 191, 208f, 219, 236, 240f, 252f, 262, 269, 291
Provinzial (Krakauer) 51
Provinzialkonservator (v. Niederschlesien) 317
Provinzialsynode (1628) 294
— (Petrikau, 1577) 51
Prozesse (fiskalische) 80
— (Glaubens-) 124
Prozession 104
Prunkaufzüge (jesuitische) 212, 220
Prunkbauten (kirchl.) 165
Prunkoper 222
Przala, Jan (20. Jh., poln. Kunsthistoriker) 319
Psalmenübersetzungen 261
Publikum (Theater-) 220
Publizisten (politische) 185
Pühringer-Zwanowetz, Leonore (20. Jh., Kunsthistorikerin) 317
Pufendorf, Esaias (1628-89, schwed. Gesandter) 296
Puget, Pierre (1622-94, Bildhauer) 256
Puschmann, Adam (1532-1600, Schneider und Meistersinger in Görlitz) 192, 266, 272
Putten 256
Puy, Pierre du (1582-1651, Geschichtsforscher) 219
Qualität (Zunftarbeit) 143, 146f, 175
Quartalgericht 26
Quertrakte 244
Quiel, Johann Gottlieb (* um 1715, Komponist, Sohn d. Joh. Heinrich) 278
—, Johann Heinrich (1680-1768, Organist) 278ff, 327
Rabe (Corvinus), Lorenz (um 1465-1527, Humanist) 187f
Radmeritz b. Görlitz 224
Räte 19, 41
— (ev., Oberamt) 47f
— (ksl.) 53, 62, 71, 88, 109, 123, 209, 219f, 293
Raps 171
Rat (Breslauer) 7, 13, 16, 20f, 28, 30, 32f, 39, 52, 60, 76, 83, 88, 90, 104, 130, 263f, 268, 272, 280
— (Brieger) 206
— (Liegnitzer) s. Opitz
Rathaus s. Brieg, Bunzlau, Lauban, Löwenberg

Register

Rathausbauten 165, 236
Ratibor 66, 254
—, Herzogtum 7, 23, 116, 138, 160
Ratsältester (Breslau) 11
Ratspräses (Breslau) 219
Ratsstube (Breslau) 232
Ratswahl (Schweidnitz) 39
Raub 159
Raubbau 150
Raubrittertum 137
Rauchfangsteuer 108
Rauchmiller, Matthias (1645-86, Bildhauer) 255
Rauchwerk 142
Rauden/OS 52, 259, 265, 316
Raudnitz/Böhmen 243, 255
Raumgestaltung 244, 247, 250
Rawitsch/Großpolen 162
Rechenberg (Adelsgeschlecht) 237
Recht (lassitisches) 158
— (mährisches) 38
— (poln.) 155
— (slawisches) 157
Rechte (grundherrliche) 155, 171
— (hgl.) 65
— (Juden-) 167
— (oberherrliche) 66, 155
— (verfassungsmäßige) 42, 61
Rechnungswesen 126
Rechtfertigungspatent (1634) 84
Rechtsansprüche (böhm.) 9
Rechtsbelehrungen (Rechtszug) 17, 21, 26, 38, 45, 62
Rechtsgrundlage s. Religionsfriede
Rechtssprechung s. Finanzwesen, Generalvikariat
Rechtsstellung s. Oberschicht, landwirtschaftl.
Rechtstitel (1740) 112
— s. Georg v. Jägerndorf

Rechtsverweigerung 10
Redern, Georg Friedrich v. († 1564, Kammerpräsident ab 1558) 25, 27f
—, Hans u. Anna v. (Tumba, 1585) 238
Redeschule 220
Rednertribüne 233
Reduktion (1653/54) 99, 101
Refektorium 249
Reform (im Spätmittelalter) 183
Reformation 3f, 6, 9, 12, 14, 16, 30ff, 33, 41, 64, 123, 184, 188, 191, 193, 196, 308
Reformbestrebungen s. Georg Friedrich v. Jägerndorf
Reformen s. Opitz
Reformierte (Benachteiligung, 1648) 121
Reformplan (Steuer unter Karl VI.) 128
Reformversuche (unter Ferdinand III.) 90
Regalbetrieb (Versiedung) 140
Regalienwesen 10, 25, 27, 130f
Regelbücher s. Opitz
Regelgebäude s. Meistergesang
Regensburg 19, 87, 231, 257
Regierung (ksl.) 139, 141, 143, 156, 158 162, 164f, 167, 170, 174, 177
— (Brieger, 1678) 112
— (vormundschaftliche, Jägerndorf 1543) 17
Regierungswechsel (1576) 42
— (1637) 86
Regiments-Abdankung (Troppau, 1607) 58
Register (Land-) 168
Registerführung (Herrschaft Falkenberg, 1647) 161
Reglement (1718, Tuchschau) 130
Rehdiger, Thomas (1540-76, Humanist) 190, 232

Register

Reich (Deutsches) 3, 20, 32, 55, 63ff, 67, 74f, 78, 82, 85, 93, 95, 222
Reichenbach/Schlesien 145, 147, 160, 163
Reichenberg/Böhmen 299
Reichenstein/Schlesien 34, 55, 112, 149f
Reichsacht 21
Reichsfürsten 4, 46, 70, 75, 79, 99, 102, 118
Reichsfürstenhäuser 6, 110
Reichsfürstenstand 110
Reichsglieder s. Reichsstände
Reichsmünzordnungen (1551, 1559) 25
Reichspolitik s. Ferdinand I. und Karl V.
Reichsstände (ev.) s. Intervention
— 58
Reichstag (Deutscher) 12, 94
— (Augsburger 1530) 9, 11
— (Augsburger 1555) 23
— (Speyerer) 18, 56
— (ungarischer, Neusohl 1620) 73
Reichszunftordnung 1731 130, 172
Reigersfeld, Daniel Czepko v. (1605-60, Dichter) 214
Reimann, Johann Balthasar (1702-49, Komponist) 276, 326
—, Matthäus v. Reimannswaldau (1544-1597, Komponist) 272
Reinerz, Bad 257
Reise (niederl., Mich. Willmann) 258
Reiseeindrücke (Joh. Riede) 256
Rekatholisierung 76f, 86, 99, 115f, 189, 269
Rektor s. Chr. Gryphius, Trozendorf
Religionserlaß 1527 (Ferdinand I.) 4, 12f
— nach 1548 (Ferdinand I.) 22
Religionsfriede (Augsburger, 1555) 21, 46, 58, 63f
Religionsanliegen (böhm., 1618) 68f

Religionsfreiheit s. Majestätsbrief, schles.
Religionsfreiheiten s. Akkord, Dresdener
Religionsgespräche s. Burg Lehnhaus, Langenau
Religionsmandat (1541) 16
Religionsmandate (Leopold I.) 115
Religionsprivileg (Teschener, 1598) 66
Religionsübung (nach 1648) 96f
— (freie) 41, 60, 79, 85, 92f, 121
Religiosität (mystische, Görlitz) 195
Rembrandt (1606-69, Maler) 258
Renaissance 142, 184, 207f, 233f, 265, 316, 319
— (ital.) 183, 230
— (Prager) 231
— (sächs.) 231
Renaissanceanlage (Klein-Kotzenau) 251
Renaissanceformen (Dt. Poesie) 203
Renaissancefürst s. Bischof Johann V.
Renaissancehof (Matthias Corvinus) 230
Renaissancekirchen 316
Renaissancemenschen s. Rehdiger
Renaissancemode s. Krakau
Renaissanceornamente 232f, 237
Renaissanceschlösser (sächs. u. schles.) 316

Rentamt (ksl.) 27, 77
Rentschreiber (ksl.) 131
Repertoire 264, 277, 282
Reputation 217
Residenzen 42f, 54, 244, 246
Restaurierung (Schloß in Brieg) 319
Restitutionsedikt (1629) 82
Reskript 1572 s. Bischof Kaspar v. Logau
Reuchlin, Johann (1455-1522, Humanist) 186
Reuschel, Wilhelm 317f
Reußen (Rotreußen) 205

Reußendorf b. Waldenburg/Schlesien 238
Reusner, Esaias (1636-79, Komponist) 261, 272f, 326
— (Vater des Vorstehenden) 326
Reval 250
Revers (Liegnitz-Brieger, 1585) 46
Revision (d. Grundsteuer unter Karl VI.) 128
Revisionsbefehle (Bergwerksstreit, Georg Friedrich v. Jägerndorf) 38
Rezeß (Linzer 1645) 88
Rhein 281
Rheinland 300
Rhythmen 210
Richter, Gregor (1560-1624, Hauptpastor in Görlitz) 197
Richtjahr (1624) 93
Richtung (Schwenckfeldische) 32
— (Tiepoleske) 259
Ried, Josef (um 1750, Baumeister) 242
Riedel, Johann (1654-1736, SJ, Barockkünstler) 256
Riehl (Rüll), Anton († 1567, Porträtist) 241
—, Andreas? (Jüngerer) (um 1551-1613, Porträtist) 241
Rieht, Benedikt (um 1454-1534, Architekt) 233
Rienzo, Cola di (um 1313-54, röm. Volkstribun) 183
Riesengebirge 301
Riesengebirgsdichtung 200
Rindvieh 154, 162, 171
Ring s. Breslau, Brieg, Fulnek
Ringmann, Heribert (1900-45, Bresl. Dozent) 325
Risalitbildung 243f
Risiko (Leinwandabsatz) 174
Rister, Herbert (* 1908, Bibliograph) 284

Ritteracker 167
Ritterakademie (Berlin) 226
— (Liegnitz) 124, 245
Rittergut 152, 154, 157f, 171
Rittermannschaft (1587/88) 50
Ritterroman 224
Ritterschaft s. Erbfürstentum Glogau, Schweidnitz-Jauer, Fürstentum Jägerndorf, Troppau
Rittersitze 155, 161
Rivulo, Franziscus de (16. Jh., Kapellmeister in Danzig) 262
Robertin, Robert (1600-48, Dichter) 205
Robot 156, 170
Rodeland 170
Röder, Johann Michael (18. Jh., Orgelbauer) 274
Römer (Lohenstein) 223
Römerstadt 250
Rohnstock (Schloß) 251
Rohstoffe 148, 163, 175
Rokoko 251, 259
— (bayer.) 257
Rollwerkornamentik 239
Rom 58, 246, 256, 274
Roman 222, 224f
Romanisten (niederl.) 241
Romantik 197
Ronsard, Pierre de (1525-85, franz. Dichter) 198f
Rosa, Bernhard (Abt v. Grüssau 1660-96) 102, 116, 215, 271, 295
Rosenberg (böhm. Adelsgeschlecht) 55
—, Peter Wok v. (1539-1608/11) 55
—, Wilhelm v. (1535-93) 34
—, Herrschaft 23
—, Propstei 52
Rosenkreuzer (Geheimbund) 195
Ros(s)kopf, Wendel (um 1480-1549,

Register

Baumeister) 233, 235
Roßkünste (Bergbau) 150
Rostersdorf b. Steinau 252
Rostock s. Sebastian
Rothsürben (Rothbach) 239, 316
Rottmay(e)r, Joh. Michael (1660-1730, Maler) 258, 317
Rubens, Peter Paul (1577-1640, Maler) 258
Rudelstadt b. Jauer 238
Rudolf II. (dt. Ks. 1576-1612) 28, 39, 42-45, 49-52, 56-63, 65f, 148, 158, 190, 239, 272
Rudolfinischer Vergleich (Glatz 1591) 158
"Rudolphina" 267, 324
Rudolstadt/Thüringen 276
Rückfracht 140
Rückkaufsrecht (Ferdinand I.) 15
Rüpelspiel 213
Rüstung (1618) 69
Rummelsdorf (Dobrischau) b. Strehlen 257
Rußland 175, 313
Rybisch, Heinrich (1485-1544, Bresl. Patrizier) 232, 319
—, Seyfried (1530-84, Sohn d. Vorstehenden) 232
Rybnik/OS 150
Saalbau (großer, Mährisch-Trübau) 235
Saalkirche s. Breslau, Univ. Kirche
Saalkirchen (Brüdergemeine) 253
— (einschiffige, ländl.) 237
Sabor (Schloß) 251
Sachs, Hans (1494-1576, Dichter) 192
Sachsen 56, 67, 73f, 82-86, 93, 117f, 132, 147, 149f, 171, 193, 205, 226, 242, 250, 252f, 269, 274
Säkularisation 324

Sämischgerberei 145
Säulen 235, 237f, 250
Sagan 121, 145, 163, 242, 253, 262, 266, 293
—, Pfarrkirche 254
—, Schloßbau 243
—, Herzogtum 4, 6f, 13, 16, 20, 22f, 79, 83, 87, 93, 100, 102, 293
Sagen 225, 281
Sakramente 64
Sakristeiportal 1517 s. Breslau, Dom, 231
Salzburg 244, 255
Salzhandel 130
Salzsiedewerk 29
Salzverwaltung 33
Sammelstimme s. Fürstentag
Sammlung (W. Reuschel) 317f
Sammlungen s. Lyrik
Sandinsel s. Breslau
Sandkirche s. Breslau
St. Vinzenzkirche s. Breslau
Sapolja s. Zapolya
Sarabande 326
Sarmatenland 287
Sartorius, Daniel († 1671, Kantor in Breslau 1647-70) 270, 325
Satz (alter polyphoner) 272
— (achtstimmiger) 267
Satztechnik 275
Sauer (Grabmal, 1533) 232
Sauermann, Georg (1492-1527, Humanist) 185
Scaliger, Julius Cäsar (1484-1558, Humanist) 198
Schächte s. Reichenstein
Schäden s. Krieg, 30-jähriger
Schädigungen (Türkenbesetzung) 141
Schäfer 171, 173, 175
Schäferpoesie 200, 206, 212, 215, 221f

373

Register

Schafe (Schafzucht) 154, 162, 169, 171, 167
Schaffgotsch, Frhr. Hans Ulrich v. (1595-1635) 84, 87
—, Gf. Johann Anton v. (1675-1742, Oberamtsdirektor) 281
—, Frhr. (nachweisbar 1551) 22
—, Hans Anton (Landeshauptmann v. Schweidnitz-Jauer 1704-40) 128
—, Adelsgeschlecht 202
—, Standesherrschaft 236
—, Tumba 1567 238
Schatzung 25, 138
Schaubühne 220
Schauspielkomposition 193
Schedlau b. Falkenberg 238
Scheerhofer, Franz Michael (nachweisb. 1737-41, Baumeister) 245
—, Johann Jakob (nachweisb. 1726-58, Baumeister) 249
Scheffler, Felix Anton (1701-60, Freskant) 258
—, Johann (Angelus Silesius) (1624-77, Mystiker) 189, 197, 204, 214ff, 271, 295, 325
Scheibenschießen 40
Scheidt, Samuel (1587-1657, Orgelkomponist) 273, 326
Scheiterhaufen s. Kuhlmann
Schelle, Johann (1648-1701, Thomaskantor) 278
Schema (basilikales) 247
Scherffer v. Scherffenstein, Wenzel (1603-74, Dichter) 205f
Scherzspiele 206, 213
Schiedsrichteramt (Breslauer Rat) 39
Schiffahrt (Adria) 177
Schiffbauholz 171
Schiffskanzel 257
Schildberg, Dekanat 104

Schlacht (Nördlinger, 1634) 85
— (am Weißen Berg 1620) 236
Schlachten s. Krieg, 30-jähriger
Schlaube (Fluß) 140
Schlaupitz b. Schweidnitz 186
Schlawa b. Fraustadt 237
Schleier 165, 173, 177
Schleierherren 174
Schleierordnung (1724) 174
Schleinitz, Ernst v. († 1548, Dompropst in Prag u. Meißen 1531) 233
—, Georg v. (Bruder des Vorstehenden) 233
Schlenger, Herbert (1904-68, Geograph) 300f
Schlesiersee s. Schlawa
"Schlesisch Singebüchlein" 263
Schletterer, Jakob (1699-1774, Künstler) 257
Schleuderarbeit 174
Schlichtingsheim b. Fraustadt 252
Schlichtungsversuche s. Troppau
Schloß s. Brieg, Dresden, Deutsch Krawarn, Goschütz, Johannesberg, Plagwitz b. Löwenberg, Raudnitz
— (kgl.) s. Breslau
Schloßbau s. Eisenstadt, Goldenstein, Groß Ullersdorf, Mährisch-Trübau, Ottmachau, Raudnitz, Sagan
Schloßhof s. Grafenort
Schloßkapelle s. Carolath, Ober-Glogau, Pleß
Schloßkapellen (piastische, nach 1675) 114
Schloßkirche s. Oels
Schloßpark s. Bransdorf b. Jägerndorf
Schloßportal s. Mährisch-Trübau
Schlüsselromane 222
Schlüter, Andreas (1664-1714, Bildhauer, Architekt) 251

374

Register

Schluß (polygonaler, Saalkirchen) 237
  s. auch Goldenstein
Schmalkalden 237
Schmiedeberg 150, 172, 252, 279
Schmolck, Benjamin (1672-1737, Kirchenliederdichter) 227f
Schneider, Martin (17. Jh., Stadtmusiker in Hirschberg) 271, 325
Schnitzwerk 240
Schön, Wolf (um 1600, Nürnberger Kaufmann) 149
Schönaich, Frhr. Fabian v. (1509-91) 54
—, Frhr. Georg v. (1557-1619, Vizekanzler 1611) 68, 190, 237
Schönaichianum 190, 200, s. auch Beuthen a.d. Oder
Schönborn, Georg v. (1579-1637, Pfalzgf.) 209
—, Eugenie v. (Tochter d. Vorstehenden) 212
Schönbrunn b. Wien 242
Schönhengstgau 259
Schönstein/Westerwald (Schloß) 294
Schönwaldau 251
Scholastik s. Univ. Prag
Scholz-Babisch, Marie (*1891, Historikerin) 301
Scholze, Johann Sigismund (1705-50, Komponist) 227, 282f, 327
Scholzenbrauereien 172
Schramm, Melchior (1553-1619, Komponist) 261, 264
Schreiben (ksl., 1618) 69
Schreiberhau 151
Schreinerrenaissance (dt.) 235
Schreyvogel, Johann Rudolf v. (18. Jh., Großkaufmann) 244
—, Gottfried Christian v. (Großkaufmann) 244
Schrifttum (dt. im Spätmittelalter) 184

Schrotholzbau 253
Schubart, Matthäus (Militärkartograph 1723-58) 129
Schubert, Johann († 1792, Baumeister) 259
Schürer (Hüttengeschlecht um 1600) 151
Schürfrechte 43, 149
Schütz, Heinrich (1585-1672, Komponist) 200, 267f, 270, 280
Schuhe (Besteuerung) 160
Schuhmacher 275
Schuldenwesen 34, 37, 46, 160
Schuldrama 193f, 204, 212, 220
Schuldramen (lat.) 193
Schule 324
— (Frankenthaler) 258
— (die 3. niederl.) 264
— (venezianische) 265
Schulen (auswärtige, hohe) 191
Schulkollegen 270, 275
Schulkomödien 193
Schulkreis s. Opitz
Schullehrer (protest., Entfernung 1660) 102
Schulleiter s. Trozendorf
Schulmann s. Gryphius, Christian
Schulmeister s. Göbel, Georg, Haertel, Schwedler, Speer, Daniel;
Schulmusik 263, 323
Schulrektor s. Besler, Samuel
— s. Rabe, Lorenz
Schulwesen 13f, 60, 63, 118, 124, 184, 188, 191, 200, 218, 221, 248, 308
Schurgast 23
Schutzverhältnis s. Konjunktion
Schwaben 257
Schwabenpartei (im Breslauer Domkapitel) 290
Schwärmer 195, 217

Schwarzenberg-Palais s. Prag
Schwarzes Meer (Pontus) 136, 141
Schwarzwasser/OS 34
Schweden 82f, 86, 90, 92f, 95, 100f, 123, 159, 173, 234, 250, 269, 294
Schwedeneinfälle s. Krieg, 30-jähriger
Schwedisch-Pommern 168
Schwedler, Chr. (um 1626, Kantor in Glatz) 269, 324
Schweidnitz 124, 145, 147, 163, 179, 185, 227, 242, 252f, 256f, 266, 274, 277, 319f
—, Friedenskirche 92, 276, 326
Schweidnitz-Jauer 4, 23, 26, 30, 39, 76, 80, 87, 90, 102, 128, 148, 158, 160f, 293
Schweigel, Andreas (1735-1812?, Bildhauer) 257
Schweinichen, Hans v. (1552-1616, Ritter) 217, 290
Schweiz 64, 256
Schwenckfeld, Kaspar v. (1489-1561, Sektierer) 6, 194f, 286
Schwenckfelder 16, 32, 124, 195
Schwerin 234
Schwiebus (niederschl. Exklave) 111, 113, 294
Scianzi, Giacomo (nachweisb. 1680-1700, Bernini-Kreis) 244
Scultetus, Abraham (1566-1624, Hofprediger) 292
— (Scholz), Andreas (um 1620-71?, Dichter) 204
Sebastian Rostock (B. v. Breslau 1665-1671) 101ff, 109, 204, 215
Sebastini (Schebesta), Franz Anton († 1789, Maler) 259
Sedli(e)tz b. Kuttenberg/Böhmen (Zisterzienserkloster) 259
Seelsorge (in d. Muttersprache) 31, 100

Seelsorger (kath.) 48
Seelsorgerstellen s. Kuratien
Seesalz 140, 150
Segmentbogen 234
Seitenaltar 245, 254, 256f
Seitendorf b. Frankenstein 257
Seitenschiff (Ohlau) 237
Seilerzunft 232
Seitsch b. Glogau 250f, 259
Sekretär s. Kammer; Kanzlei, dt.
Sekte s. Schwenckfelder
Selbstbestimmung (konfessionelle) 93f
Selbstbewußtsein (nationales) 188, 222
Selbstbiographie s. Handke
Selbsteinschätzung s. Grundsteuer 1527
Selbstversammlungsrecht (Versagung 1552) 12
Selbstverwaltung 143
"Seligmacher" (Liechtensteiner) 189
Senatoren (poln.) 71
Seneca, Lucius Annäus (4 v. Chr.-65 n. Chr., Philosoph) 194, 200, 212
Sensenhandel 301
Sepultur 238
Sequenzen 323
Servitut 156
Seuchen 94, 162
Sgraffito-Malerei (figurale) 236, 243
Shakespeare, William (1564-1616, Dramatiker) 213
Sidney 200
Siebenbürgen 23, 54, 202
Siederei (Salz-) 150
Siedlungen 151, 157, 301
Siege (in Ungarn) 165
Siegmund s. Sigismund
Siegwitz, Joh. Albrecht (nachweisb. 1724-56, Künstler) 256
Sigismund I. (Kg. v. Polen 1508-48) 1, 14, 187, 230

Register

— II. August (Kg. v. Polen 1548-72) 37
— III. (Kg. v. Polen 1587-1632) 50, 69, 71
Sigmaringen 264
"Signator" 263, 323
Silberaltärchen 232
Silberausfuhrverbot 9, 25
Silberberg 34, 55, 193
Silberfabrik 175
Silbermünzstätte 16, 19
Silberrevier 149
Silberschatz (Joh. v. Oppeln) 9
Silberschmiedearbeit 240
Singebuch (-büchlein) 266, 322
Singekunst s. Meistergesang
Singschule(n) 266, 323
— (Breslauer) 192
Singspiele 213
Sinzendorff, Philipp (Kardinal, B. v. Breslau 1732-47) 125, 282
Sitsch, Anna Hedwig v. (1611-39, 2. Gemahlin Johann Christians v. Brieg) 77
Skandinavien 234
Skotschau/OS 34
Slawentum 181, 194, 289, 308
Slawentzitz s. Ehrenforst
Slensanen 166
Sobieski, Jakob Ludwig (1667-1737, Sohn Johann III. v. Polen) 113, 273
Söldnerscharen 69, 71
Sodalität (gelehrte) 186
Sold 73, 158f
Soldatenleben 159, 162, 166, 193, 226
Soliman II. (Sultan 1520-66) 2
Solmisation 270
Sololieder (geistl.) 271
Sommer, Friedrich Wilhelm (1698-1756, Dichter) 227f

Sommerfeld, Elias (Weihbischof 1714-1741) 125
— /Niederlausitz 15
Sommerfrucht 170
Sommerprälatur s. Breslau, Kreuzherrenstift
Sommerresidenz (bfl.) 245f
Sonderabteilung (schles.-lausitzische) s. Kanzlei, dt.
Sonderbefehle (ksl.1581) 48
Sonderfriede (Prag 1635) s. Friede, Prager
Sondernuntiaturen 285
Sonderrechte (schles.) 18
— (städtische) 138, 158
Sonderumlagen (Geistlichkeit) 125
Sonderzölle 160
Sonett 210f, 226
Sophie (um 1525-46, Tochter Friedrichs II. v. Liegnitz) 15
Sophokles (496 v.Chr.-406, griech. Tragiker) 200
Sorau/Niederlausitz 23, 145
Sorten 147f, 173
Sozialgeschichte (schles.) 302
Sozialstruktur 148
Sozietät (Hirschberger 1658) 173
Sozinianismus 41
Spaccio s. Wacz
Spätbarock 239, 249, 251
— (Prager) 249, 259
Spätgen, Heinrich Gottfried Frhr. v. († 1750) 244, 246
Spätgotik 233, 239f
Spätmanierismus 238f
Spanien 47, 173, 208, 213, 215
Spannungen (nationale) 125
Speer, Daniel (1636-1707, Schulmann, Musiker) 225, 261
Spekulation (neuplatonische) 215

377

Spenden 141
Sperontes s. Scholze, J. Sigismund
Speyer 18, 56
Spezialisierung (Handwerk) 143
Sphäre (höfische) s. Hofhaltung
Spielarten (dramatische) 212
Spinnerei 173ff
Spitzen 255
Sporck, Franz Anton Gf. v. (1662-1738, böhm. Statthalter) 280
Sprache (antike) 183
— (lat.) 187
— (slaw.) 289
Sprachform (neuhochdt.) 183
Sprachenfrage 289, 295
Sprachpomp s. Manierismus
Sprachschatz (schles.) 205
Sprachstil (J.v.Neumarkt) 183
Spranger, Bartholomäus (1556-1610, niederl. Maler) 239
Spree 26, 108, 140, 171, 180
Sprengel (Breslauer) 47
Sprengelteile (Krakauer und Olmützer) 108
Sprottau/NS 164
Spruch (ksl.; Troppauer Streitfrage) 68
Spruchdichtungen 325
Staat 51, 94, 133, 136ff, 166
Staatsauffassung 138
Staatsbeamtentum 217
Staatseinheit (Polen) 64, 141
Staatsverband (böhm.) 2ff, 70, 84, 93
— (habsburgischer) 136, 190
Staatswirtschaftspolitik 108, 139, 151, 175, 180
Staatswissenschaft 217
Stabelwitz b. Breslau 99
Stadtbaumeister 245, 250
Stadtbibliothek (Breslauer) 190, 325
Stadtbräuche 161

Stadtbürger (als Exulanten) 162
Stadtgericht (Breslau) 34
Stadtgerichte s. Appellationskammer
Stadthaus (bayr.-österr.) 252
Stadtkirche s. Glogau
Stadtmusicus (-musikant) 271, 275
Stadtobrigkeit (Breslau) 13
Stadtobrigkeiten s. Zunftordnung
Stadträte s. Patrone, ev.
Stadtschreiber 185
Stadtsiedlungen (im Nordosten) 300
Stadtwirtschaft 140
Stadtzölle (Breslauer) 130
Stadt-Land-Verhältnis 172, 175
Städtchen (Südwest-Posen) 162
Städte 39, 55, 57f, 67, 73, 80, 84f, 88f, 92, 97, 104, 115, 137ff, 141-149, 160ff, 165, 172, 175, 177, 251
Stände (böhm.) 18f, 33, 40, 53, 60f, 68, 72
— (Erbländer) 69f
— (ev.) 75, 80, 118, 121
— (kath.) 71, 103
— (der Nebenländer) 289
— (schles. Landstände) 3, 10ff, 15, 19f, 25-28, 30, 34, 38, 42, 44f, 53f, 56, 58-60, 62, 65, 67ff, 71-76, 83f, 86, 89, 93ff, 96, 103, 105f, 109f, 114, 116, 128, 139, 159, 163f, 166, 267, 289, 291
— (soziale) 158, 165
— (Teschener) 54
— (unierte, 1619) 71
Ständetag s. Konjunktion
Ständeversammlungen s. Fürstentag
Ständevertrag (Schweidnitz-Jauer, 1545) 158
Stagnation (der Dichtung) 228
Stallen (Blattlauben) 254
Stammbaum (Schloß in Brieg) 235

Register

Stammbuchblätter 241
Standesehre (Ritterschaft) 39
Standesherren 7, 20, 30f, 55, 58, 67f, 80, 84f, 87, 92, 94, 96f, 116, 292
Standespersonen 275f
— (Eheschließung 1716) 123
Standpunkt (theosophischer, J. Böhme) 196
Stapelrecht 139, 187
Statistik 152, 160
Statthalter 280
— s. Erzhg. Ferdinand; s. Fr. v. Knobelsdorff
Statuen 255ff
Steiermark 3
Stein, Barthel (1476-1522, Humanist) 187
Steinau a.d.O. 29, 167
Steinauer Schanzen 83
Steinborn, Bożena (20.Jh., poln. Kunsthistorikerin) 320
Steinl, Matthias (um 1644-1727, Baumeister) 248, 255, 317
Steinmetzarbeiten 231, 234
Steinmetzen (ital.) 232
Stellenzahlen (bäuerliche) 168
Stephan (Bathory) (Kg. v. Polen 1576-86) 49
Stephanskrone 1f
Sternberg/Mähren 47, 259
Stettin 140, 237
Steuer 45, s. auch Biergeld und Grundsteuer
Steuergesetzgebungsrecht 107
Steuerlisten (landesherrliche) 152, 161
Steuern (indirekte) 106
Steuer-Untereinnehmer 40
Steuerwesen 10f, 25, 37, 56, 60, 71, 77f, 80, 89f, 108f, 113, 125, 128f, 138f, 159f, 165, 180

Stiche 230, 232, 236, 255f
Stichkappen 247
Stiefel (Besteuerung) 160
Stiegenaufgänge 259
Stifte (geistl.) 20, 24, 31f, 39, 51, 101, 114, 125
Stiftsdorf 41, 97
Stiftsgebiet (Grüssauer) 102, 116
Stiftsgüter 104
— (Trebnitzer) 115
Stil (böhm.) 251
— (leipzigisch-berlinischer) 226
— (monodischer) 265, 268
Stilcharakter (frühbarocker) 254
"stile nuovo" 266
Stileigentümlichkeiten (Literaturbarock) 311
Stillstand (Handels-) 177
Stimmen s. Fürstentag
Stockholm 250
—, Hof 117
Störer 144
Stoizismus 216
Stolle-Leander, Gottlieb (1673-1744, Dichter) 227
Stollenhilfen 43, 150
Stoltzer, Thomas (1450-1526, Komponist) 261ff, 265, 322
Strafwesen 27, 74, 79, 143, 158
Stralenheim, Henning Frhr. v. (1665-1731) 297
Straßburg 57, 191, 194, 214f, 261f
Straßen 139, 160
Straßenkarte 129
Strebepfeiler 237
Strehlen, Dekret 46
—, Klostergüter 22, 80
Streichinstrumente 272
Streifzüge (poln.) 50
Streitschriften 214

Register

Streittheologie (lutherische) 190
Striegau 163
Strobel(l), Bartholomäus (1591-nach 1648, Maler) 241, 320
Strophenbau 211, 219
Strümpfe (seidene) 175
stuccatori 243, 259
stuccolustro 248
Stuckdekoration 243, 316, 320
Stuckhauptmann 245
Stuckmarmor 248
Studium 184, 188, 190, 221, 226, 277, 282
Stufenreihe (Plotinische) 196
Stuhl s. Webstuhl
Stuhlweißenburg 1
Stuttgart 238
Sudermann, Daniel (1550-1631, Schwenckfelder) 195
Sudeten 179, 300f
Sudetenländer 2, 43, 78, 173
Südfrüchte 177
Südostverkehr 176
Suite 272, 326
Sultan 2, 73, 217
Sunnegk (Adelsgeschlecht) 100
Superintendenten 101
Supper, Judas Thaddäus Joseph (1712-71, Maler) 259
Supplikationsrecht 54
Sylvius Nimrod (1622-64, Hg. zu Württemberg u. Oels) 92, 215
Syndikus s. Gryphius, Andreas, s. Lohenstein
Synoden 47
Tabakmonopol 130
Tabellenmaterial s. Kataster
Tabulatur 192
Tabulaturbuch (Görlitzer) 326
Tafelholz 29

Tanz 220
Tarnowitz, Bergordnung 43
—, Herrschaft 7, 17
—, Stadt 149
Tattenitz/Mähren 259
Taufbecken 259
Tausch, Christoph (1673-1731, SJ, Maler) 247ff, 258
Taxen 129, 172
Technik (Fortschritt) 137, 144, 149f, 212
Teichenau 122f
Teichwirtschaft 154ff
Teilfürstentümer 55
Teilung (1653) 109
Telemann, Georg Philipp (1681-1767, Komponist) 278, 280
Temesvár (Banat) 126
Tempel (Salomonischer) 320
Tenortechnik 269
Terenz (um 195 v.Chr.-159, röm. Lustspieldichter) 187
Teschen, Fürstentum 7, 16, 34, 37, 50, 54, 66, 86, 90, 99, 106, 127, 157, 172, 298
—, Franziskaner-Kloster 116
—, Gnadenkirche, ev. Gemeinde 121, 123f, 253
—, Kirche St. Maria Himmelfahrt 320
—, Kommissariat 104
Testament (d. Gr. Kf.) 111
— (Kaiser Karl V.) 56
Teuber, Hans (um 1600, Nürnberger Kaufmann) 149
Textilwesen 129, 146, 173, 175, 177, 300
Theaterwesen 212, 220ff
Theatralingenieur s. Beduzzi
Theologie 267
Theoretiker 265

380

— (der Laute) 272
Thesenverkündung (1517) 124
Thorn 85
Thou, Jacques Auguste de (1553-1617, Politiker, Geschichtsschreiber) 219
Thronbewerbungen 1f, 44, 110
Thüringen 274
Tiepolo, Giovanni Battista (1696-1770, Maler) 259
Tilly, Johann Tserclaes, Gf. v. (1559-1632, Feldherr) 73
Tintelnot, Hans (1909-70, Kunsthistoriker) 316, 320
Tintoretto, Jacopo Robusti (1518-94, Maler) 258
Tirol 3
Titel 92, 110, 123
Titz, Johann Peter (1619-89, Opitz-Schüler) 204f, 311
Tobler (Dobler), Johann Peter († 1695, Künstler) 247
Tochter-Kloster 101
Töne s. Meistergesang
Töpper, Johann (1699-1778, Baumeister) 249
Toleranz 63f, 208
— (poln.) 85, 291
Toleranzedikt (Johann Sigismund v. Brandenburg) 195
— (1713) 297
Toleranzpolitik (habsburgische) 134
Tomicki, Petrus (1464-1535, Kanzler Sigismund I. v. Polen) 232
Tonbuchstaben 270
Tonkopien (plastische) 256
Torstenson, Lennart (1603-51, schwed. Feldherr) 90
Torturm s. Mährisch-Trübau
Tost/OS 23, 27
Totenfeier s. Opitz

Trachenberg, Standesherrschaft 7, 31, 87
Tradition (handwerkliche) s. Handke
— (humanistische) 186, 196, 198
Traffikanten 175
Tragiker (griech.) 194
Tragödie 194, 212f, 220
Traktat (theologischer) s. J. v. Frankenstein
Transportwesen 141
Trauerrede s. Opitz
Trauerspiel s. Tragödie
Trebnitz, Hedwigstumba 238
—, Kloster 32, 47, 51ff, 96, 103, 116, 125, 242, 259
—, ev. Pfarrer 41
—, Stiftsgüter 115
—, Weichbild, Kreis 6, 169
Treu, ("Fedele"), Daniel Gottlieb († 1749, Opernkomponist) 281f, 327
Treugelöbnis (1621) 74
Tricinien-Sätze 269
Trient 47f, 96
Trier 127, 246
Triest 130, 179
Triller, Valentin (um 1520-73, Liederbuchherausgeber) 263, 322f
Trombonen (Posaunen) 325
Troplowitz 257
Troppau 30, 33, 58, 61, 130, 157, 160, 242, 244, 257, 259
—, Fürstentag 1567 33
—, Fürstentum 13, 23, 26, 38f, 58f, 65f, 68, 70, 74, 76, 90, 127, 293
—, Jesuitenkolleg u. -Kirche 204, 216
—, Kirchen 320
Trostgedicht 214
Trozendorf, Valentin (1490-1556, Pädagoge) 191, 264
Truppen (brandenburgische) 111

Register

- (dänische) 78
- (Erzhg. Matthias) 59
- (ksl.) 44, 75, 79, 90, 159, 161
- (poln.) 111
- (schles.) 69, 78
- (schwed.) 86, 90, 294

Truppenführer (1632) 83
Truppenwerbungen (poln. 1619) 71
Tscherning, Andreas (1611-59, Dichter) 204, 216
Tschesch, Johann Theodor v. (1595-1649, Mystiker) 213
Tuchmacherei 130, 142, 145, 162f, 171, 175, 269
Tuchmacherstädte (nordostdt.) 300
Tuchordnung (1717) 174
Tuchweberstädte (schles.) 163
Tübingen 220
Türken 3f, 10f, 13, 15f, 20, 40, 44, 106, 108, 111, 125f
Türkenbelagerung (v. Wien 1529) 194
Türkenfeldzug (1566) 37
Türkengebet 11
Türkenkriege (Türkenbekämpfung) 3f, 10f, 15f, 20, 33, 40, 44, 49, 106, 108 111, 125, 136, 138f
Türkensteuer 40, 125f
Tugendideal (christl.-stoische) 212
Tumba (d. Bischofs Jakob v. Salza) s. Neisse
Tumbengrab s. Redern-Krappitz
s. Schaffgotsch-Reußendorf
Tumult (1542) s. Troppau
Turm s. Schloß Klein-Kotzenau
Typenwanderung (Schiffs-Kanzelmotiv) 257
Überfälle (a.d.poln. Grenze) 44
Übergriffe (konfessionelle) 82
Überlieferung (mystische) 194
- (schles.) 250

Überschüsse (landwirtschaftliche) 154
Überschußgewerbe 165
Übersetzung (im Handwerk) 143
Übersetzungen 194, 200, 206, 213f, 226
Übertritt (zum Katholizismus) 133, 215, 221
- (zum Protestantismus) 123, 221
Ultimatum (1740 Friedrich II.) 132
Umbau (profaner) 251
Umbauten (kirchl.) 236, 242, 320
Umwandlungsprozeß (agrarrechtlicher) 157
Unduldsamkeit 59
Ungarn 1, 6, 15, 25, 33, 44, 49, 58f, 73ff, 78, 100, 106, 115, 118, 140, 149, 165, 176, 230f, 261
Ungebildete 185
Ungläubige 220
Union (protestant., 1608) 63
Unitarier 100
Universität(en) 6, 24, 29, 76, 134, 184, 187, 190f, 209, 218, 227, 249, 293, 298, 309
Universitätskirche s. Breslau
Universitätsrang (Collegium Germanicum) 48
Unruhen (bäuerliche) 169
Untereinnehmer 25
Unterherrschaften 288
Unterkommissionen 128
Unternehmer 131, 163
Unternehmungsgeist (wirtschftl.) s. Juden
Unterströmungen (religiöse) 194
Untertanen 58, 107, 134, 189
- (ländl., Bindungen) 131, 155, 157, 159, 164f, 169f

Register

— (ev.) 60, 67, 111, 122f, 126
Unterweisung (religiöse) 100
Uppsala 234, 326
Urbanski, Johann Georg (nachweisb. 1693-1727, Bildhauer) 256, 320
Urbare 152, 156
Urkunden 19, 175
Urschkau 100
Ursulinerinnen 115
Urteil (Beuthen-Oderberg 1617) 66
— (kgl.; Breslau 1546) 19, 111
Utrecht 309
Vakanz (Bistum) 41, 53, 59
Vasallen (fstl.) 8, 58, 63, 112, 127
Velius, Caspar Ursinus (um 1493-1539, Humanist) 185
Venedig 141, 179, 239
Veränderungen s. Kammergüter
Veräußerungsverbot s. Privileg 1510
Veranlagung s. Kataster
Verbildlichung (allegorisierende) 241
Verbote s. Gegenreformation
Verbrauchssteuer 106, 108, 128
Verfassung (Handwerks-) 143
— (ländl.) 168
— (poln.) 155
— (schles.) 12, 16, 18, 22, 28, 70, 90, 105, 109, 138
Verfassungsänderungen (Böhmen-Mähren) 79
Verfassungsanliegen s. Oberamt
Verfolgungen s. Schwenckfelder
Verfügung (ksl., 1737) 124
— (katholikenfreundliche, 1653) 96
Vergänglichkeitserlebnis s. Hofmannswaldau
Vergänglichkeitsmotiv s. Gryphius, Andreas
Vergeltungsmaßnahmen (gegen Breslau) 90

— (d. Fürstentags) 66
— (poln.) 14, 50
Vergleich (Rudolfinischer) 148
Vergleichsverhandlungen (Oels) 34
Vergünstigungen (1648) 92, 117
Verhandlungen (Altranstädter) 121
Verkauf s. Kammergüter
Verkehr (zollfreier) s. Handel
Verkehrsmittel s. Postwesen
Verkehrsverbindungen s. Postwesen
Verlagssystem 145
Verleger 270
Verlust s. Krieg, 30-jähriger
Verluste s. Bauernland
Vermächtnis (Georg Friedrich v. Jägerndorf, 1595) 56
Vermessung (staatliche) 129
Vermittler s. Handel
Vermittlungsversuche (1618) 69
Vermögen s. Schleierherren
Vermögenssteuer 10
Vermögenswerte s. Grundsteuer
Vermögenszerstörung s. Krieg, 30-jähriger
Verordnungen 142, 149
Verordnungstätigkeit (Karl VI.) 127
Verpachtung s. Kammergüter
Verpfändung s. Kammergüter
Verpfändungspolitik (oberherrliche) 17f, 20, 31, 113, 160, 294, 296
Verpflegungsforderungen 159
Verpflegungsgelder 161
Vers (Versformen) 193, 198
Versailles 256
Versbau (niederl.) 190
Verschuldung s. Anleihen
Versiedung 140
Verslustspiel 213
Versmaße (antike) 268
Versnovelle 182

Register

Verteidigungsbündnis (1609) 60
Verteidigungsordnung (1578) 44
Verteilungsschlüssel (unter Karl VI.) 131
— (1527) 89
Vertoner (Vertonung) 261, 324
Vertrag (Altranstädter) s. Konvention
— (Kolowratscher 1504) 53, 59
— (Liegnitzer 1537) 15
— (Olmützer 1479) 4
— (Passauer 1552) 21
— (Prager 1531) 9
Vertreibung s. Juden
Vertreter (schles. 1611) 61
Vertrieb s. Textilwesen
Verwaltung 17, 79, 94, 105, 109, 112, 126, 134, 164, 166
Verwüstung s. Krieg, 30-jähriger
Viadana, Ludovico (1564-1627, ital. Komponist) 269
Viatis u. Peller (Firma in Nürnberg um 1600) 149
Vieh 153ff, 159-162, 169
Viehhandel 177, 301
Viehsteuer 25, 108
Vierteltonklavier 276
Vierzehn Nothelfer 254
Vinzenzaltar s. Breslau, Dom
Vinzenzkloster s. Breslau
Violine(n) 272, 325
Violoncello 272
Visitation s. Kloster St. Adalbert, Breslau
— (1651 in Brieg, Liegnitz, Wohlau) 96
— (Bistum) 47, 96, 104
Visitationsberichte (kath.) 289, 295
Visitationskommissionen s. Grundsteuer
Visitatoren (Johanniter-Orden) 291
Vitriol 25
Vizekanzler 62, 293

Vocal-Stimmen 325
Vogelschießen 40
Volckmar, Tobias (1678-gegen 1730, Kantor in Hirschberg) 278
Volksauflauf (Breslau 1608) 60
Volksbrauch 182
Volkskunde 205
Volkslieder 263, 322
Volkstumsfrage 94, 115, 183, 287, 289
Volksstück 213
Voluten 249
Vondel, Jost van den (1587-1679, Dichter) 212
Vorbilder (ital.; Kirchen-, Schloßbau) 236, 247
Vorgebirgsgegend (Vorgebirgsland) 147f
Vorhalle s. Brieg, Rathaus
Vorladung (1563) s. Fürstenrecht
Vorlagen 230, 232
Vorlesungen 209
Vormachtsstellung (literarische) 228
Vormiete s. Gesinde
Vormundschaftswesen 116f, 121
Vorrechte (adlige) 172
Vorreden s. Gryphius, Christ.
Vorschrift s. Hufen,, wüste
Vorschüsse (Bar-) 147
Vorstadtkirchen (Breslauer) 99, 115, 124
Vorstädte s. Breslau; Glogau; Löwenberg
Vorwerke 152, 154-156, 167, 169
Vries, Adrian de (1560-1627, Bildhauer) 239
Vulturinus s. Geyer, Pankratius
Wachdienste 155
Wachs 142
Wachsbossierungen 232
Wacz, Antonio († 1553, Wanderkünstler) 234

Register

Wälder 25, 151, 153, 171, 253, 300
Waffenhilfe (1588) 50
Waffenstillstand (1538, Nizza) 15
Wagenseil, Johann Christoph (1633-1705, Schriftsteller) 192
Wagner, Richard (1813-83, Komponist) 192
Wahl s. Abtswahl, Bischofswahl
Wahlen (im Kloster Trebnitz) 53
Wahlhandlung (Böhmen 1526) 2
— (Schlesien 1527) 3f
Wahlkapitulation (1574) 41
Wahlstatt (Kloster) 249, 255, 258, 316
Waldhufensiedlung 157
Waldwirtschaft 171
Walen s. Welschen
Walfischhandel 257
Wallachen 142
Wallenstein, Albrecht, Frhr. v. (1583-1634, Hg. v. Sagan, Heerführer) 79, 82ff, 87, 293
—, Truppen 159
Wallfahrtskirchen 247, 257, 262, 320
Walther, Andreas (um 1506- um 1568, Steinmetz) 234, 319
—, J.G. (1684-1748, Musiklexikograph) 278
Wanderjahre (Gesellen) 144, 172
Wanderkünstler 239
Wandertheater 212
Wandertruppe 221, 222
Wanderungen (Hüttengeschlechter) 151
Wandmalerei 240, 255, 316
Wanning, Johann (1537-1603, Kapellmeister in Danzig) 262
Wappengruppen 319
Waren 140, 142, 146ff, 173ff
Warenhandel 129, 166f, 301
Warenpreise 153
Warenschau 146, 175

Warmbrunn 256
Warschau 69, 71, 73, 276
Warter, Jakob (Steinmetz, nachweisb. Brieg 1553) 234
Wartha 247
Wasa (in Polen) 50
— Fürstenhaus 50, 78, 110
Wasserhaltung s. Bergwesen
Wasserverbindung, Wasserweg s. Kanalprojekt
Wawel 230, 232
Weber, Georg Leonhard (nachweisb. 1665/70-1730, Bildhauer) 256, 320
Weber (Weberei) 146-149, 163, 172ff
Webersiedlung 170, 172
Weberzins 147, 153
Wechselplatz 176
Wecker, Chr. Gottlieb (* um 1700, Kantor in Schweidnitz) 276, 326
Wehrkirche 11
Wehrwesen 40, 133
Weichbild s. Namslau, Ohlau
Weichbilder 145
Weiderecht 170
Weihbischof 41, 125, 288
Weihnachtsoratorium 276
Weiler 170
Wein 161
Weinausfuhr (aus Ungarn) 301
Weingarten 127
Weisen (gregorianische) 266
Weiß, Johann Adolf Faustinus (um 1741-1814, Lautenist) 273
—, Johann Sigismund (nach 1690-1737, Lautenist, Bruder d. Silvius Leopold) 273
—, Silvius Leopold (1686-1750, Lautenist) 261, 272f
Weiße, Michael (um 1488-1534, Kirchenliederdichter) 192

385

Register

Weißer Berg 1620 158
Weißfeld, Thomas (1670/71-1725, Bildhauer) 250, 254
Weisheit (kabbalistische) 195
Weisung (ksl. 1717) 124
Weisungen (kgl.) s. Rudolf II.
Weißgarn 147
Weißgerber 145
Weißgerberzunft (Krakauer) 46
Weizen 170
Welschen 234, 247
Weltbild 194, 196, 209, 212, 216
Weltgefühl (neues) 185
Weltgeistlichkeit (Breslauer) 88
— (kath.) 101, 114
Weltgewandtheit s. Humanismus
Welthandel 140, 149
Weltklerus s. Weltgeistlichkeit (kath.)
Weltkonjunktur s. Weltmarkt
Weltmann s. Hofmannswaldau; Opitz
Weltmarkt 147, 173
Weltordnung (göttliche) s. Gryphius, Andreas
Weltruf s. Textilwesen
Weltschau s. Reigersfeld, Czepko v.
Wendt, Heinrich (1866-1946, Historiker) 288, 301
Wendisch-Ossig/Oberlausitz 314
Wenzel III. (Hg. v. Teschen 1528-79) 16, 20
Wenzelskrone 1, 43, 70, 73
Werbungen 50, 69, 78, 106
Werchensee/Brandenburg 140
Werk (lyrisches) s. Gryphius, Andreas
Werke (vielchörige) 270f
Werkliste (v. Georg Leonhard Weber) 320
Werkmeistertagung (Annaberg 1518) 233
Werkstatt 239, 254, 256, 258f

— (Wittenberger) 241
Werner, Georg (um 1490-1556, Humanist) 186
—, Bernhard (1690-1778, Kupferstecher) 253
—, Siegmund (Hofprediger Friedrich II. v. Liegnitz) 16
Wernigke, Christian (1661-1725, Dichter) 228
Westerwälder 87
Westhandel 145
Westungarn 93
Westwanderung 167
Wettbewerb(e) 144, 147f, 163, 171, 175
— (unzünftiger) 143
Wettbewerber (im Textilwesen) 173, 177
Wettiner 6, 22, 24, 93, 108, 133
Wiecek, Adam (20. Jh., poln. Kunsthistoriker) 320
Wiederaufbau 160, 162-165, 167
Wiedertäufer 16, 22, 32
Wieland, Johann Wolfgang († 1736, Militärkartograph) 129
Wien, Akademie 257
—, Archivalien 300
—, Hof, Regierung 30, 47, 69f, 74, 79, 96, 105, 109, 111f, 117f, 127, 129, 131, 179, 209, 218, 220
—, Hofbibliothek 326
—, Kunstzentrum 231, 241-245, 247ff, 255, 257f,
—, Stadt 3, 32, 63, 145, 181, 185f, 208, 232, 274
—, Universität 309
Wiesenwirtschaft 148, 154, 156, 173
Wilhelm IV. (Hg. v. Bayern 1508-50) 2
Willmann, Michael (1630-1706, Barock-

Register

maler) 250, 257f
Wilna 257
Winckler, Franz Tiburtius († 1706, Bresl. Dom-Organist) 274f
Winterquartiere (1626) 79
— (1663/64) 108
Winzig b. Wohlau 6, 173, 283
Wipperzeit s. Kipperzeit
Wirrwitz (Barockschloß b. Breslau) 316
Wirtschaft (bäuerliche) 155, 168, 171
Wirtschaftsführung (herrschaftliche) 153
Wirtschaftsgeschichte (schles.) 302
Wirtschaftskräfte s. Abwanderung
Wirtschaftsleben 43, 129, 136-139, 141, 148, 158ff, 163, 165ff, 175, 177
Wirtschaftspolitik 129, 131, 134, 137, 165, 180, 298
Wirtschaftssystem (städtisches) 143
Wirtschaftstheorie 166
Wirtschaftswillen (landwirtschaftl. Oberschicht) 152
Wissenschaft 185, 191, 195, 218, 223
Wissenschaften (geheime) 195
— (schöne) 188
Wittelsbacher (Kurpfalz) 46
Wittenberg, Arvid, (1606-57, schwed. Feldherr) 90
—, Stadt, Universität 16, 186f, 191, 240, 309
Wittum (Ohlauer) 46
Wladislawscher Saal s. Prag
Wohlau, Fürstentum 6, 28, 46, 54f, 96, 110f, 113, 121, 123
—, Konsistorium 118, 123
—, Stadt 167
Wohlstand 163, 165
Wolff, Christian (1679-1754, Philosoph) 205
—, Joh. Georg v. (1658-1722, ksl.

Kommerzienrat) 245
—, (Grabmal) 255
Wolfgang Georg (1659-83, Pfalzgf. v. Neuburg, B. v. Breslau) 116
Wolkenstein, David (1534-92, Komponist in Straßburg) 261
Wolle 140, 160, 171, 174ff
Wollweberei 145, 175, 180
Worms 127
Würben (Adelsgeschlecht) 235, 237
Würde (bfl.) 60
Württemberg (Fürstenlinie in Oels) 46, 103, 112, 127, 276
Wüstungen 151, 153, 156f, 168
Xav(i)er, Franz (1506-52, SJ, Ostasien-Missionar) 248
Zahlungsfähigkeit (1639) 89
Zahlungsmittel s. Münzen
Zamoiski, Jan (1541-1605, poln. Kanzler) 50
Zapolya, Gf. Johann († 1540, Kg. v. Ungarn 1526-38) 1, 3
—, Isabella (1519-59, Witwe d. Vorstehenden) 23f, 31
—, Johann Siegmund (Fürst v. Siebenbürgen 1540-71, Sohn d. beiden Vorstehenden) 24, 241
Zecher 143
Zedlitz, v. (schles. Adelsgeschlecht) 194
Zehntfreijahre 43
Zeitkritik 207, 214
Zeller, Franz Georg (1658-1722, Bildhauer in Breslau) 254
Zentralanlage (Kirchenbau) 250, 253
Zentralbautypus (ital.) 250
Zentralbehörden 63, 109
Zentralgewalt 26ff, 54, 75, 95, 105, 134
— (ständische) 10

Register

Zentrum (künstl.) s. Residenz
Zerfall (Polens) 122
Zersplitterung (territoriale) 6f, 106
Zerstörung s. Krieg, 30-jähriger
Zerstörungsbefehl (Teichenauer) 123
Zeuge (halbleinene) 175
— (halbwollene) 145, 175
— (seidene) 175
Zeutschner, Tobias (1621-75, Organist) 296, 271, 325
Ziegenhals 173, 247, 249
Ziegler u. Kliphausen, Heinrich Anselm v. (1663-96, Dichter) 224f
Zierotin (Adelsgeschlecht) 235, 237
—, Ladislaus Welen v. (1589-1622) 236
Zierkunst s. Manierismus
Zierquaderung s. Grafenort
Zierstil (poetischer) 227
Zinkgref, Julius Wilhelm (1591-1635, Dichter) 200
Zinngießer 232
Zinnhumpen 232
Zinsen (grundherrliche) 158, 163, 171
Zinsland 153
Zinzendorf, Gf. Nikolaus (Niklas) Ludwig, (1700-60, Stifter d. Brüdergemeine) 195, 253
Zips 142, 231, 301
Zisterzienzer 104, 242, 257, 259, 295
Zisterzienzerkirche (Himmelwitz) 320
Zisterzienzerkloster 265
Zittau 256, 278
Zlat, Mieczyslaw, (20. Jh., poln. Kunsthistoriker) 319

Zobten, Stadt 20
Zoll (Zölle) 25, 29, 33, 43, 84, 89, 138, 142, 167, 176f
Zolleinheit 40, 80, 89, 130
Zollgebiet s. Zolleinheit
Zollgerichtsbarkeit 106
Zollmandat (1718) 130
— (1739) 130
Zollpatent (1623) 76
— (1638) 89
Zucht (Kloster-) 52
Zuckmantel 150, 173
Züchner 278
Züchnerzunft 175
Züllichau b. Schwiebus 15
Zülz/OS 166f
Zufluchtskirchen 100, 295, 316
Zufluß s. Zuwanderung
Zufuhr s. Handel
Zugehörigkeitsstreit (Troppauer) 38
Zunftfremde 146
Zunftordnung (1558) 143
Zunftwesen 39, 130, 143-147, 149, 172, 174f, 266
Zusammenbruch s. Krieg, 30-jähriger
Zusammenkünfte (Prager 1585 und 1587) 44
Zuwachs s. Zuwanderung
Zuwanderung 17, 94, 115, 141, 166, 175
Zwangsanleihen 20, 139
Zwangsarbeit 156
Zwangsbekehrung 124
Zweihundertjahrfeier (1717, 1730) 124
Zwingerarchitektur (Dresden) 246

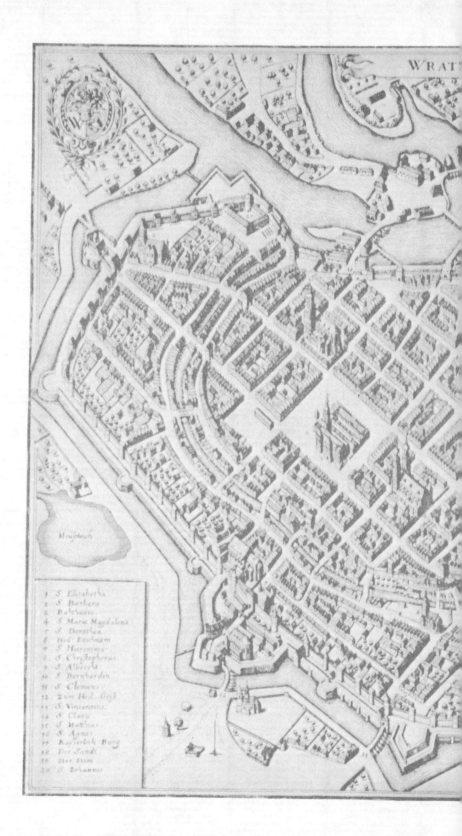